Julius Euting

Tagebuch einer Reise in Inner-Arabien

Zweiter Teil

Literaricon

Julius Euting

Tagebuch einer Reise in Inner-Arabien

Zweiter Teil

ISBN/EAN: 9783959134514

Auflage: 1

Erscheinungsjahr: 2017

Erscheinungsort: Treuchtlingen, Deutschland

Literaricon Verlag UG (haftungsgeschränkt), Uhlbergstr. 18, 91757 Treuchtlingen. Geschäftsführer: Günther Reiter-Werdin, www.literaricon.de. Dieser Titel ist ein Nachdruck eines historischen Buches. Es musste auf alte Vorlagen zurückgegriffen werden; hieraus zwangsläufig resultierende Qualitätsverluste bitten wir zu entschuldigen.

Printed in Germany

Cover: Giulio Rosati, Backgammon-Spieler, Abb. gemeinfrei

Meckel
25.II.85.

TAGBUCH EINER REISE

IN

INNER-ARABIEN

VON

JULIUS EUTING.

ZWEITER THEIL.

HERAUSGEGEBEN VON

ENNO LITTMANN.

BUCHHANDLUNG UND DRUCKEREI
VORMALS
E. J. BRILL
LEIDEN — 1914.

DRUCKEREI vormals E. J. BRILL, LEIDEN.

DEM ANDENKEN SEINER MAJESTÄT

OSCAR II

KÖNIGS VON SCHWEDEN UND NORWEGEN

DEM ZUM FÜNFUNDZWANZIGJÄHRIGEN REGIERUNGS-JUBILAEUM
DER ERSTE THEIL DIESES BUCHES
GEWIDMET WAR.

VORREDE ZUM ZWEITEN THEIL.

Als im Jahre 1896, noch während meiner Studentenzeit, der Erste Theil von Euting's Tagbuch einer Reise in Inner-Arabien erschien, habe ich nicht ahnen können, dass ich einmal die Aufgabe haben würde, den Zweiten Theil dieses Tagbuchs herauszugeben. Als aber im Jahre 1913 die Aufforderung an mich gerichtet wurde, diese Aufgabe zu übernehmen, habe ich gern und freudig zugesagt.

Lange haben die Freunde Euting's, die in ihm nicht nur den Epigraphiker und Palaeographen, sondern vor Allem auch den unermüdlichen Reisenden und vortrefflichen Menschen verehrten, auf die Vollendung seines Tagbuchs gewartet. In den Jahren, während derer ich mit ihm im schönen Strassburg zusammen war, habe ich oft gesehen, wie er selbst daran arbeitete; und manchmal las er mir auch aus dem mit so sorgsamer Hand geschriebenen Manuscripte einzelne Capitel oder Schilderungen vor. Viele seiner Erlebnisse haben wir auch mündlich besprochen, meist in seinem Arbeitszimmer im Rohan-Schloss, dort wo viele Orientalisten ihre epigraphischen Kenntnisse erworben haben. So war mir der Inhalt des Tagbuchs schon zum Theil vertraut. Zugleich hatte ich durch eigene Reisen in Palästina, Syrien, der syrisch-arabischen Wüste, Ägypten und Abessinien eine persönliche Anschauung vom Orient gewonnen und konnte mich um so eher in die von Euting geschilderten Erlebnisse hineinversetzen, namentlich auch in die epigraphische Thätigkeit in jenen Ländern.

In der Schilderung seiner Erlebnisse, Eindrücke und Beobachtungen zeigt sich so ganz die liebenswürdige Persönlichkeit des Mannes, der in Allem ungeschminkt, echt und natürlich war. Wie er sich über jede kleine Blume in der Natur freute, so hatte er auch Interesse für alle kleinen Ereignisse des täglichen Lebens, das ihn umgab. Als Maler hatte er zugleich das Beobachten gelernt. Und mit einem feinen Humor wusste er die Dinge selbst zu nehmen und für Andere darzustellen. Gerade in dieser Detail-Malerei des Lebens in Inner-Arabien liegt wohl der Hauptwerth des Tagbuchs. Dazu kommen dann auch die vielen Zeichnungen und Bilder aus einem so fernen Land.

Denn Inner-Arabien ist ein verhältnissmässig noch recht wenig bekanntes Land. Aber gerade in unserer Zeit macht die Europäisierung des Orients ungeheure Fortschritte. Syrien und Palästina werden schon von einem Netz von Eisenbahnen durchzogen, während es dort um 1900 erst zwei ganz kurze Eisenbahnlinien gab. Sogar Damascus und Medinah werden bereits durch das Stahlross verbunden. Dies hat natürlich auch die Wirkung, dass manche alte Sitten und Lebensgewohnheiten aufgegeben werden und dass Land und Leute sich in Vielem verändern. Aufzeichnungen wie die Euting's werden daher immer ihren Werth behalten, auch wenn sie erst 30 Jahre nach der ersten Niederschrift der Öffentlichkeit übergeben werden. Es war daher für mich nicht nur eine liebe Pflicht der Pietät gegen den Freund, die Herausgabe seines Werkes zu übernehmen, sondern auch eine Pflicht gegenüber Allen, denen die Kenntniss Arabiens und der Araber am Herzen liegt.

Bei der Herausgabe nun bin ich in folgender Weise verfahren. Capitel IX—XIII lagen druckfertig vor, von Euting's Hand geschrieben. Capitel XIV und XV habe ich auf Grund des von Euting auf der Reise geführten Tagbuchs ausgearbeitet.

In Capitel IX—XIII habe ich zunächst nur die Orthographie und die Interpunction etwas consequenter durchgeführt. Wer den I. Theil aufmerksam durchliest, wird bald bemerken, dass die von Euting gewählte Orthographie willkührlich ist. Ich legte mir daher, um auch hierin möglichst treu Euting's Eigenart zu wahren, ein Verzeichniss der verschiedenartigen Schreibungen auf Grund des I. Theiles an. Dabei fand ich, dass die deutsche Rechtschreibung ein Land der unbegrenzten Möglichkeiten ist. Und davon hatte Euting ausgiebigen Gebrauch gemacht: manche Worte sind bald mit s, bald mit ss, bald mit sz geschrieben, andere bald mit tz, bald mit z, wieder andere hier mit ck, dort mit k u. s. w. Um hierin ein gewisses System zu bringen, habe ich die ältere deutsche Orthographie, etwa aus den Jahren von 1860—1880 zu Grunde gelegt und habe dann meist je eine der verschiedenen im Ersten Theil gebotenen Möglichkeiten durchzuführen gesucht. Ganz ist mir das aber doch nicht gelungen; so habe ich z. B. bei dem Worte „Nichts" manchmal die Schreibung mit kleinem Anfangsbuchstaben stehen lassen. Bei dem Namen des Finanzministers in Ḥâjel, den Euting Nâṣir Sebḥân schrieb, der aber nach Hess Nâṣir es-Sebhân heisst, hätte ich von vorn herein die letztere Form wählen sollen.

Im Übrigen ist Alles, was ich zu den Worten Euting's in Capitel IX—XIII hinzugefügt habe, in eckige Klammern — [ ] — eingeschlossen. Das sind zum grossen Theile Anmerkungen, die ich Prof. J. J. Hess verdanke. Letzterer arbeitete in Cairo mehrere Jahre mit einem Central-Araber, namens Mûhidz ibn ʿAǵǵâǵ, zusammen, und er hatte die Freundlichkeit mir eine grosse Anzahl von Fragen entweder direct aus seinen Sammlungen oder nach Erkundigung bei Mûhidz zu beantworten. Alles, was von ihm stammt, ist durch ein H. gekennzeichnet. — Das, was ich selbst zur weiteren Erklärung von Capitel IX—XIII beigetragen habe, bezieht sich meist auf sprachliche und inschriftliche Fragen.

In Capitel XIV und XV bin ich etwas freier und selbständiger vorgegangen. Natürlich hätte ich das ursprüngliche Tagbuch wörtlich zum Abdruck bringen können; aber dann wären diese Capitel ein Torso geblieben. Vieles war von Euting nur kurz angedeutet, manche Sätze waren im Telegramm-Stil niedergeschrieben. Um nun nicht eine zu grosse Kluft zwischen IX—XIII und XIV—XV zu lassen, habe ich versucht, in dem selben Stile fortzufahren, in dem Euting sein druckfertiges Manuscript verfasst hatte. Ob mir das gelungen ist, mögen die Leser beurtheilen. Die Möglichkeit der Nachprüfung ist ja immer gegeben, da die ursprünglichen Tagbücher Euting's von allen seinen Reisen zusammen mit seinen Zeichnungen aus dem Orient auf der Universitäts-Bibliothek in Tübingen aufbewahrt werden [1]). Aber alles Sachliche, was ich in den letzten beiden Capiteln hinzugefügt habe, ist auch hier in [ ] eingeschlossen.

Die Abbildungen sind fast sämmtlich von Reg.-Baum. D. Krencker, der auch selbst längere Zeit im Orient war, nach den Original-Zeichnungen Euting's hergestellt. Die Inschriften habe ich selbst gezeichnet. In Capitel IX—XIII ist genau nach den Angaben im Original-Manuscript verfahren; in XIV—XV sind die meisten der Zeichnungen des Tagbuchs wiedergegeben. Dagegen konnte der „Atlas", auf den im I. Theil mehrfach hingewiesen ist und auf den auch im Manuscript zu Cap. IX—XIII einige Male Bezug genommen war, aus leicht begreiflichen Gründen nicht hergestellt werden.

Hier möge noch auf mehrere Einzelheiten hingewiesen werden.

Der auf S. 171 erwähnte Jud Süss ist der Finanzmann Joseph Süss Oppenheimer, der unter der Regierung des Württembergischen Herzogs Karl Alexander (1733—1737) als Geheimer Finanzrath eine verhängnissvolle Rolle spielte. Nach dem Tode des Herzogs wurde er hingerichtet; die Erinnerung an ihn ist heutigen Tags noch in Württemberg lebendig.

Eine Anzahl süddeutscher Ausdrücke, die der Schreibweise Euting's hie und da einen besonderen Reiz und besonderen Nachdruck geben, die aber von Norddeutschen und Ausländern nicht ohne Weiteres verstanden werden dürften, seien hier erklärt.

Als weiter! = Immer nur weiter!
Als zu! = Immer zu!
gäh = steil.
Kaib = Aas (Schimpfwort).
Muhr = Moor.

1) Ein Verzeichniss davon findet sich am Ende dieser Vorrede.

mulzig = schwammig, wie schmelzender Schnee.
Runse = Rinnsal.
Sack (im Anzug) = Tasche.
Springerle = kleines Gebäck.
Stundenhalter = Pietist, der Gebetsstunden abhält.
Tobel = Schlucht.
ungattig = ungeschickt, unbequem.

Hieran möge sich gleich ein Verzeichniss der in Theil II vorkommenden, nicht immer erklärten arabischen Wörter schliessen, soweit sie nicht bereits in Theil I, Seite VII angeführt sind.

Derb el-Ḥagg, Pilgerstrasse.
Dîwân, Empfangsraum.
Ḥagg, Pilgerfahrt nach Mekkah, Pilgerkarawane.
Khangar (so, mit *kh*), breiter Dolch.
Makhzan, Magazin, Vorrathsraum.
Megîdî, türkischer Thaler.
Meglis, Rathsversammlung, Versammlungsraum.
Ragâgîl, Soldaten.
Rebâbeh, beduinische Geige.
Rijâl, Thaler (*reale*).
Schaᶜîb, trockenes Flussbett.
Sûḳ, Bazar.

Der Titel Schijûkh (Pluralis majestatis von Schech) ist auch hier mehrfach für den Fürsten von Ḥâjel gebraucht. Es wäre zwar folgerichtiger, auch im Deutschen, wie im Arabischen, das Verbum dazu in den Plural zu setzen; aber meinem Gefühl nach widerspricht das zu sehr dem guten deutschen Sprachgeist.

Bei der Umschreibung arabischer Wörter habe ich mich nach der Tabelle in Theil I, Seite VII und VIII, gerichtet und mich dabei bemüht, möglichst consequent zu sein. Aber mehrfach habe ich auch, wie Euting, š und sch, ṯ und th neben einander für den selben Laut gebraucht, meist nach dem mir vorliegenden Manuscript. Auch hätte durchgängig Ṛázû, Bélî geschrieben werden sollen; auf beiden Worten fehlen zu Anfang die Accente.— Die auf S. 226 genannte Stadt ᶜAnêzeh hätte wie auf S. 14 ᶜOneizeh geschrieben werden sollen. — Den Namen der Stadt el-ᶜÖla schreibe ich, Euting folgend, ohne Accent, obgleich él-ᶜÖlâ richtiger gewesen wäre. — Am meisten Schwierigkeiten macht das g; es wird bei den verschiedenen Stämmen verschieden gesprochen. Ich habe darin immer die von Euting gewählte Schreibart, ob g, oder ǵ, oder g̣y, stehen lassen, obwohl ich an manchen Stellen ǵ für richtiger denn g gehalten habe. — Der auf S. 262 genannte Sclave Mubârak wird wohl derselbe wie Mabrûk sein.

Bei der Herstellung der Register habe ich zunächst für den deutschen Index dieselbe äussere Form gewählt wie in Theil I; ich habe ihn jedoch etwas ausführlicher gestaltet und sämmtliche Eigennamen darin aufgenommen. Im arabischen Index glaube ich durch die Ordnung nach Wortstämmen und die gleichzeitigen Erklärungen den Wünschen der Orientalisten mehr entgegengekommen zu sein.

Die von Euting besuchten Orte sind später, nach Herstellung der Eisenbahn, zum Theil von den Patres Jaussen und Savignac besucht und erforscht worden. Sie hatten mehr Müsse und bessere Arbeitsgelegenheit in el-Ḥegr und el-ʿÖla als Euting. Ihr Werk „Mission en Arabie" ist denen, die sich genauer mit den Ruinen und den Inschriften beschäftigen wollen, unentbehrlich. Hier sei noch bemerkt, dass sie auch die arabischen Inschriften von den Kastellen el-Akhḍar, el-Muʿaẓẓam und Tebûk veröffentlicht haben, und dass die von Euting gelesenen Daten (unten S. 170, 175, 181) durch sie bestätigt sind.

Mein Dank gebührt den Herren Präsident A. Euting, dem Bruder des Verfassers, ferner J. J. Hess, D. Krencker und der Firma E. J. Brill in Leiden.

Möge dies Buch nunmehr allen Freunden Euting's ein Andenken sein an ihn und an seine Reisen, möge es ihm aber auch noch nach seinem Tode neue Freunde zu den alten hinzugewinnen!

Göttingen, Ende April 1914. E. LITTMANN.

VERZEICHNISS

der Tagbücher u. s. w. von Julius Euting, die in der Universitäts-Bibliothek Tübingen aufbewahrt werden, zusammengestellt von A. Euting.

Reise nach Tunis, 2. Sept.—24. Okt. 1869: 1 Tagbuch, 1 Skizzenbuch.

Türkische Reise, 10. Nov.—31. Dez. 1870: 1 Tagbuch, 1 Skizzenbuch.

Orientalisten-Kongresse in London 1874, Berlin 1881, Wien 1886, Stockholm 1889: 1 Tagbuch.

Reise in Inner-Arabien, Mai 1883—August 1884: Tagbuch I—VI, VIII; 1 liber inscriptionum, 1—65 und 1—95; Arabische Notata Nr. II; Skizzenbuch I—V; 1 Panoramenbuch; 4 Aquarelle; 1 Panorama vom Gipfel des Samrâ, 1 Übersichtskarte.

Reise nach Ägypten - Sinai, 15. Febr. — Ende Mai 1889: Tagbuch I—III.

Reise nach Nord-Syrien (Sendschirli — Urfah — Aleppo — Sendschirli) 27. Dez. 1889 — 27. Mai 1890; Tagbuch I—IV; 1 Skizzenbuch.

Reise nach Port-Said — Jaffa — Jerusalem — Petra — Udruḥ (Expedition Brünnow), 23. Jan. — 22. April 1898: Tagbuch I—II.

Reise nach Jaffa — Jerusalem — Meschatta — Jerusalem — Cairo, 16. Sept. — 23. Nov. 1903: Tagbuch I—II.

Orientalisten-Kongress in Algier, 9. April — 15. Mai 1905: Tagbuch I—II.

IX. CAPITEL.

Ḥâjel.

17. November 1883 — 22. Januar 1884.

Samstag 17. Nov. 1883]. Gleich beim Erwachen war unser erster Gedanke wieder: wie ist der Ṛázu verlaufen? Machen wir uns klar, was überhaupt ein Ṛázu [1]) d. h. ein beduinischer Raub- oder Kriegszug ist, wie er ins Werk gesetzt wird, was seine Möglichkeiten und Aussichten sind, und hören dann im Besonderen, wie es mit dem vorliegenden Kriegszug des Ibn Raschîd [2]) gegangen ist. Ein Ṛázu kann unternommen werden schon von einzelnen Beduinen, die sich auf eigene Faust und Gefahr zusammenthun, um ihr Glück durch Raub und Diebstahl an Hab und Gut der Angehörigen eines fremden Stammes zu versuchen. Solche Freibeuter vermeiden, wenn es irgend angeht, Blut zu vergiessen; denn das blosse Räuberhandwerk ist dort ganz ehrenhaft, und für die meisten armen Teufel sogar das einzige Mittel, sich ein neues Hemd, Mantel, oder Waffen und Reitthiere zu verschaffen; wenn aber auch nur ein einziger Tropfen Menschenblut dabei vergossen wird, so zieht das vermöge der Blutrache unauslöschliche Familien- und Stammesfehden nach

1) Der arabische Name ist unter der veränderten Form Razzia auch in die abendländischen Sprachen übergegangen. — Geradezu typisch ist ein Ṛázu der Amalekiter geschildert im ersten Buch Samuelis im 30. Capitel. [Im Arabischen sind die beiden Worte *ṛazu* und *ṛázija* von derselben Wurzel abgeleitet und haben dieselbe Bedeutung. Das letztere Wort ist zu einer Zeit in die europäischen Sprachen übergegangen, in der das *r* bereits als Zäpfchen-*r* gesprochen wurde; wahrscheinlich kam es aus Algier nach Frankreich. Sonst wäre, wie bei Gazelle, aus dem *ṛ* ein *g* geworden].

[2) Der Name wird in Arabien meist Ibr-Raschîd gesprochen].

sich. Im grossen Stil aber spielt sich ein Ṛázu zwischen ganzen Stämmen ab. Die Macht und der Reichthum eines Stammes hängen ganz unmittelbar von der Häufigkeit und dem Erfolg der Raubzüge ab; es wäre bald um das Ansehen und den Einfluss eines grossen Schechs geschehen, wollte er nicht darauf bedacht sein, wie er den Wohlstand seiner Stammesgenossen und die Anzahl ihrer Heerdenthiere durch glückliche Unternehmungen vermehrte. Ein Ṛázu kann natürlich nur unternommen werden gegen Angehörige eines fremden, feindlichen Stammes, überhaupt gegen solche, die sich bisher zu keinem Bündniss oder zur Tributzahlung verständigt haben. Heutigen Tages, wo im Herzen Arabiens ein ungeheures, für beduinische Verhältnisse geordnetes, Staatswesen unter der starken Hand des Muḥammed ibn Raschîd zusammengehalten wird, ist ein Ṛázu immer ein weitausschauendes Unternehmen. Was an kleineren widerborstigen Elementen an den Grenzen des Schámmar-Staates vorhanden war, ist längst aufgerieben oder einverleibt, und zahlt unweigerlich die regelmässigen Abgaben, den Zéka [1]). Es kommen also nur in Betracht die ganz grossen mächtigen Stämme, wie im Norden die ᶜÁnezeh, speziell die Rúalah, im Westen die ᶜAleideh, Béli, Geheineh, im Süden die Muṭêr, Ḥarb, Ḳaḥṭân [1]), im Südosten der alte Rivale Ibn Saᶜûd zu Rijâḍ im Mutterlande der Wahhabiten. Diese liegen aber sammt und sonders mindestens 500 Kilometer von der Hauptstadt Ḥâjel entfernt, dabei dehnen sich ihre wechselnden Waideplätze vielleicht noch ebensoweit, und müssen für den entscheidenden Augenblick zuvor ausgekundschaftet sein. Unter drei oder vier Wochen ist demgemäss nicht dran zu denken, dass die Ausrückenden wieder nach Hause kommen. Ohne triftigen Grund kann Keiner der persönlichen Kriegspflicht sich entschlagen; jedenfalls muss er eine Kriegssteuer zahlen, die in Geld, Darlehen von Waffen, Thieren oder anderer Ausrüstung bestehen kann.

[1) H. gibt *zikâh* = Tribut, und schreibt die Stammesnamen folgendermaassen: ᶜÄníze, Rúwala, el-Eidā, Bílī, Ǵĕhêne, Mĕṭâr (bei Ḥadar: Mĕṭêr), Ḥarb, Ḡeḥaṭân (oder Ḡḥaṭân).]

Für einen Monat müssen die Leute mit Lebensmitteln (Datteln) ausgestattet sein, und dürfen nur solche Thiere bei sich haben, die den aussergewöhnlichen Anstrengungen in jeder Beziehung gewachsen sind. Sobald ein Ṛázu geplant ist, wird jede Andeutung nach aussen strengstens vermieden (vgl. Bd. I, S. 206, 208). Gegen wen es jeweils gilt, weiss nur der Fürst und sein Kriegsrath. Am festgesetzten Tag und Ort finden sich 4—5000 Kameelsreiter zusammen, und sobald der Fürst selbst anlangt, setzt sich der Zug in aufgelöster Gangart in Bewegung. Täglich 21, ja 22 Stunden wogt der lebendige Haufen durch die Wüste; zwei Stunden müssen genügen zum Schlafen, daneben müssen noch die Kameele mit ausgesteinten Datteln, oder ein paar Handvoll Mehl gefüttert, die Pferde mit Gerste gestärkt und aus dem mitgeführten Wasser getränkt werden. Setzen wir einen günstigen Fall, so wird am Abend des zehnten Tages von den vorausgeeilten Kundschaftern [1]) gemeldet, der feindliche Stamm lagere an der und der Stelle in fünf oder sechs grossen Gruppen in einer Ausdehnung von 2 bis 3 Stunden; es sei aber zu befürchten, dass sie schon morgen früh die Zelte abbrechen, weil die ganze Gegend gründlich ausgefressen sei. Jetzt wird Alles drangesetzt, um den Feind noch vor Tagesanbruch zu überfallen, die abgehetzten Thiere werden zur letzten, entscheidenden Kraftaustrengung angetrieben: in weit ausgreifendem Bogen soll der Feind gefasst werden. Gleich einem Wirbelsturm brechen die Kameelsreiter in die Lager ein. In wenigen Minuten ein wildes Chaos von Menschen und Thieren, in den Kriegsruf der Männer, in das Wehklagen der Weiber und Kinder mischt sich das Brüllen der Thiere, Zelte stürzen, durch die halbverglommenen Lagerfeuer rasen die toll gewordenen Schafe und Ziegen; was sich wehrt, wird zu Boden gestochen oder niedergesäbelt. Nach allen Richtungen stieben die Flüchtlinge auseinander, mit sich schleppend, was sie noch erraffen konnten. Aber das Entrinnen wird ihnen sauer gemacht. Schon haben

---

1) عيون [H.: *ᶜyjún* oder *ᶜijún Ibr Raschíd* oder *Ibn Soᶜúd* sind zwei Kundschafter, die dem Ṛazu des I. R. oder I. S. vorausreiten].

von den Verfolgern die besten Schützen ihre bisher lose mitgeführten Pferde [1]) bestiegen, und jagen ihnen, was sie geborgen glaubten, zuletzt noch ab. Wohl mögen Einzelne im Dunkel auf flüchtigem Delûl entronnen, Hunderte von Schafen und Kameelen mögen ausgebrochen sein. Das verschwindet indess gegen die geschlossen zusammengepferchte Masse von Mensch und Vieh. Vor Allem werden den Besiegten die Waffen abgenommen, Sclaven, Mädchen und Weiber, soweit sie noch begehrenswerth sind, ausgeschieden, die Männer halbnackt, von ihrem Hab und Gut weg, mit Hohn dem Elend zugetrieben. Nichts wird den Unglücklichen belassen; ist ja der lausigste Mantel, ein durchlöcherter Kessel, der gemeinste Zeltpflock, ein Stück Holz von 1 Fuss Länge, noch der Mühe werth, als Beutestück nach Hause geschleppt zu werden. Doch die Vertheilung der Beute nach Würde und Verdienst kommt erst später dran. Einstweilen handelt es sich bloss um Essen und Trinken, dann aber Ruhe und Schlaf. Zunächst gibt der grosse Schech Befehl, dass einmal tausend Schafen oder Ziegen der Hals abgeschnitten wird — denn auf fünf Beduinenmägen rechnet man ein solches Thier [2]). Im Handumdrehen lodern schon die Feuer, halb gar wird das Fleisch verschlungen, noch der letzte Schluck aus dem Schlauch, dann aber: schlafen, schlafen! Nur die ausgestellten Wachtposten zünden, um sich mühsam die Augen offen zu halten, bis zur ungewissen Ablösung, ihre Pfeifen an. Die Kameele, zu müd um zu fressen, haben sich mit geschlossenen Augen und wagrecht vorgestrecktem Hals in den Sand geworfen, dazwischen liegen, die Waffen im Arm, die Krieger und schnarchen. Sie weckt nicht das Blöken der hungrigen Schafe, noch das Klagen der nicht gemolkenen Kameele. Da ist der beste Kirchenschlaf eines Artillerieregiments nichts dagegen; das jüngste Gericht mit seinen Posaunen müsste hier unbeachtet vorüberziehen: languor, torpor, sopor — — —.

---

1) Vgl. Bd. I, S. 198—199.

[2) Auch die Abessinier rechnen eine Ziege auf fünf Mann; vgl. Littmann, Publications of the Princeton Expedition to Abyssinia, Band IV, S. 606, V. 9].

Wie ganz anders steht's mit den Besiegten, den ausgeplünderten Unglücklichen! Hab und Gut, Weib und Kinder sind dahin; von Allem entblösst, dem grimmen Hunger preisgegeben, gestachelt von Rachedurst und Verzweiflung, haben sie nur den einen Gedanken: wie kann der Spiess umgedreht werden, das heisst: wo sind die nächsten kräftigen Bundesgenossen aufzutreiben? Noch sind einige gute Renner gerettet; die mögen zusammengeschunden werden und gar drauf gehen, mâ ikhâlif! [1]) Helf was helfen mag! Keine acht Tage sind's her, da konnte man drüben im Osten an den blauen Bergeshängen die schwarzen Linien der befreundeten Zelte ganz deutlich unterscheiden. Jetzt, wo sind sie hingezogen? Wer wird sie zuerst ausfindig machen? Den Spuren folgend jagen die jungen Bursche bereits 24 Stunden drauf los, 200 Kilometer haben sie hinter sich. Wie sie bei Tagesanbruch den Zelten in Sicht kommen, werden sie zuerst selbst für die Vorläufer eines Ṛázu gehalten, bald erkannt, und mit Unruhe und Spannung ihr Anritt erwartet. Am Zelte des Schechs brechen die Thiere zusammen. Umringt von den waffenbereiten Männern erzählen die Bursche rasch, was geschehen, und rufen die Freunde um Hilfe an. Nicht die bewegliche Schilderung von dem Elend, wohl aber die Aussicht auf glänzende Beute gibt den Ausschlag. Es bedarf keiner langen Berathung der Stammeshäupter, da ist schon entschieden, dass man das Wagstück versuchen wolle. Binnen einer halben Stunde sind alle Vorbereitungen beendet, dann wird aufgesessen; los! Am zweiten Morgen stossen sie auf den Eilboten eines befreundeten, vier Tagreisen im Westen waidenden Stammes, und erfahren, dass die Räuber mit ihrer Beute nach Norden abgezogen seien, zugleich erhalten sie die Weisung, mit Aufbietung aller Kräfte eine Umgehung des Gebirges auf der Ostseite und eine Sperrung des Ausgangs aus dem Engpass von Norden her zu versuchen, während die Freunde aus dem Westen von Süden her auf die Räuber drücken wollten. Sofort wird nach Nord-

---

1) „Thut nichts!"

westen abgebogen; am fünften Tag Nachmittags ist der Pass von Norden her geschlossen, die Felsen sind besetzt, die Schützen liegen in guter Deckung. Es war höchste Zeit. Aus dem Hintergrund der schwierig gangbaren Schlucht drängt sich der schwere Tross beladener Kameele. Knatterndes Gewehrfeuer bekundet das Nachdrängen der Verfolger. Von allen Seiten wird in die sich stauenden Massen hineingefeuert. Nutzlose Proben des Heldenthums ändern Nichts an der verzweifelten Lage. Genug der Opfer sind bereits gefallen, weiterer Widerstand ist gänzlich aussichtslos. Bedingungslose Ergebung, Herausgabe des Raubes wird geheischt. Ehe die Sonne sich neigt, hat sich das Blatt gewendet. Aus den stolzen Räubern sind nackte Bettler geworden. Verfolgt von den Spottliedern der übermüthigen Sieger schleppen sie in die Nacht hinein die Verwundeten mit sich. Der Eine stösst Verwünschungen aus, der Andere murmelt: Lâ ḳúwwah íllâ billâh („Es ist keine Kraft, ausser bei Gott"). Hinter sich blickend gewahren sie, wie die Todten bestattet, das heisst mit einem Haufen Steine zugedeckt werden; sie müssen zusehen, wie das wiedergewonnene Eigenthum zunebst der Beute getheilt wird. Unter den Weibern steht eine Debora auf und singt aus dem Stegreif von den neuen Heldenthaten ihres Stámmes. Es währt gegen Mitte der Nacht, bis die Feuer verglosten und die Lieder verklingen.

Nun, wie ist es aber mit dem jüngsten Ṛázu der Schámmar gegangen? Der in der verflossenen Nacht eingetroffene Beschîr oder Siegesbote des Fürsten hatte trotz aller natürlichen Beredsamkeit Mühe, die mageren Ergebnisse des Ṛázu aufzubauschen. Der Raubzug hatte den Muṭêr im Ḳaṣîm [1]), südlich vom Wâdī er-Rúmmah, gegolten. Am siebenten oder achten Tag, noch im Dunkel des Morgens, waren die Leute des Fürsten zuerst auf eine kleine Abtheilung berittener Muṭêr gestossen, die gerade selbst auf Raub ausgezogen waren. Bei dem sich

[1) H.: Die Mĕṭâr waren ursprünglich in el-Gaṣîm, wie mir gesagt wurde, zogen aber nach Osten (*ᵉḥdérou*)].

entspinnenden Kugelwechsel büssten Einige das Leben ein, während es ein paar Anderen gelang zu entrinnen. Die Hauptmasse der Muṭêr war mit den Heerden auf einer weiten Ebene gelagert; auf eine Entfernung von zwei Stunden konnten sie schon die anreitenden Schámmar wahrnehmen. Sofort Alarm durchs Lager, Abbruch und Aufpacken der Zelte, Auflösung der Heerden. An Einschliessung dieser weit auseinander eilenden Massen war nicht zu denken. Was den Schámmar in die Hände fiel, mögen ein paar Hundert Kameele und vielleicht 3000 Schafe gewesen sein, also nicht mehr wie ein Fleischessen für 8 Tage. Der übrige Gewinn an Zelten, Vorräthen, Waffen, Kleidern scheint auch kaum der Rede werth gewesen zu sein. Kurzum: der Ṛázu ist missglückt. Der Bote des Fürsten überbrachte uns auch von Ḥamûd el-Migrâd einen Brief, worin dieser unterwegs alle Örtlichkeiten, Berge, Thäler, besonders alle Lagerstätten aufgeschrieben hatte. Obwohl der Brief von orthographischen Fehlern wimmelte, war er doch für uns werthvoll.

Den Tag über habe ich viel gezeichnet und gemalt. Gegen Abend kam ein Mann auf Krücken an, der vor anderthalb Jahren fünf Kugelschüsse in den Leib erhalten hatte; vier der Wunden waren ganz verheilt, die fünfte Kugel aber, die ihm den Kopf des linken Oberschenkelknochens zerschmettert hatte, sass ihm noch im Leib, und aus dem Schusskanal in der Leistengegend wurden Knochensplitter und reichlicher Eiter abgeschieden. Bei oberflächlicher Untersuchung mit der Sonde war keine Spur der Kugel zu entdecken. Abgesehen von einer entsetzlichen Magerkeit, hatte er die Verwundungen gut überstanden, war auch ganz vergnügt, aber nur schwer darüber zu belehren, dass es uns mit dem besten Willen nicht möglich sei, ihm das abgeschossene und abgeeiterte Knochenstück durch ein neues zu ersetzen.

Kaum war der fortgehinkt, so stellte sich der Steifbettler Ṛânem ein, und fieng wieder von einem Revolver an. Was sollte ich drauf sagen? Nichts. Es war mir ganz lieb, dass Muferrig durch sein Erscheinen dem Gebettel ein Ende setzte.

Mit Bezug auf die gestern angekommenen 200 Kameelsladungen Reis erzählte er, diese reichen für 20—25 Tage. Eine Ladung (ḥâml) im Gewicht von etwa 2 Centnern [1]) enthalte 90—100 Ṣâᶜ (Maass). Wenn der Ḥagg stark sei, brauchen sie im Schloss jeden Tag für die Bewirthung der Pilger und Beduinen bis zu 800 Ṣâᶜ, also etwa 8 Kameelsladungen Reis. Muferrig wollte sein Bildniss (Bd. I, S. 225) sehen, und war davon sehr befriedigt; Ṛânem und sein mittlerweile dazu gekommener Sohn Muḥammed verlangten auch noch die anderen Bilder von Gyôhar (Bd. I, S. 129) und von ᶜAbdallâh al-Muslimânî (Bd. I, S. 190). Als Ṛânem das Bild des ᶜAbdallâh betrachtete, machte er, ohne dass Huber oder ich es gleich verstanden hätten, eine abfällige, unanständige Bemerkung [2]). Unglücklicherweise war ᶜAbdallâh schon längere Zeit ungesehen vor der Schwelle der offenen Thüre gestanden und hatte Alles mitangehört. Plötzlich trat er in grosser Erregung herein, und nun gieng zwischen Beiden eine heftige Schimpferei los: sie verfluchten gegenseitig ihre Eltern und Kinder, Ṛânem hiess den ᶜAbdallâh einen Jehûdî [3]); dieser erwiderte: „Allerdings ist mein Vater und mein Bruder Jude; ich habe doch wenigstens eine Religion, wer aber bist denn du? Du bist ja ein Ibn Scherârî, kennst deinen Vater gar nicht!" [4]) Für uns war die Scene äusserst peinlich, ebenso für den greisen Muferrig, der mit patriarchialischer Würde die Streitereien zu beschwichtigen suchte, und Mühe hatte, den ᶜAbdallâh von Ṛânem zurück-

---

[1) H.: hímîl (حِمْل) wurde mir angegeben als 150—200 wezne, d. i. 219—292 Kilogramm, und damit stimmt Burckhardt p. 359, der sagt, dass ein Kameel auf kurzen Reisen 3—4, auf langen 4—5 Centner trage. Meine Angabe ist von Ḥaḍar (d. i. ansässigen Arabern); Mûhidz meinte, das sei zu viel. In Leonard, The Camel, London 1894, p. 187, finde ich, dass die Kebābîš im Sûdân ihre Transportkameele durchschnittlich mit 300 ℔ beladen. — Ein ṣâᶜ ist in el-Ḳaṣîm = 3 midd, d. i. 3 × 1.33 Liter = 4.00 Liter].

2) قَحْبَة ابن, قَوَّاد.

3) يا يهودى لعن الله والديك انا نائك امّك واختك.

4) Objiciens, eum non e patre legitimo stirpis schammaricae, sed a vagante quodam Scherario, quocum mater lignans in deserto convenisset, genitum fuisse, يا وَلَد الزِّنَا.

zuhalten. Endlich verliess Ṛânem mit seinem Sohn das Haus, kurz danach auch Muferrig; nur ʿAbdallâh blieb noch einige Zeit da, um sich zu verschnaufen. Als einzige Genugthuung wünschte er, dass der Emîr bei seiner Rückkunft durch uns von dem Betragen des Ṛânem erfahre.

Zuletzt kam auch noch der Schmied Ḥusein. Als er mich mit meinen Fusswunden beschäftigt sah, zeigte er mir an seinem linken Waden Spuren derselben Geschwüre (vgl. Bd. I, S. 223), wie ich sie habe; er meinte, das komme vom Wasser, und habe bei ihm 40 Tage gedauert. — Er erzählte von einem Christen, der sich unlängst zu Mekkah selbst den Hals abgeschnitten habe, sodann von einem anderen Christen, der durch Bestechung des Scherîfen sich in Mekkah nicht nur aufgehalten, sondern sogar ein Haus gekauft habe. Auf Drängen der Einwohner habe der Scherîf ihm selbst empfohlen, sich wieder von dannen zu heben, und nach Ǵiddeh (Dscheddah) zu verziehen. Unterwegs sei er von den Beduinen niedergemetzelt worden. Darob seien dann Kämpfe zwischen den Beduinen und den türkischen Soldaten entstanden, in deren Verlauf — nachdem auf beiden Seiten etliche 50 Mann gefallen waren — die Beduinen ungehindert bis Ǵiddeh vorrücken konnten. Das sei vor einigen Monaten geschehen, und wird also wahrscheinlich die in Damascus (25. Aug. 1883) als Tatarennachricht angelangte Erstürmung Dscheddahs durch die Beduinen gewesen sein.

So. 18. Nov. 1883]. Wer hätte gedacht, dass wir hier einen Streik erleben? Unser Diener Maḥmûd hatte schon gestern dem ʿAbdallâh erklärt, er müsse höheren Lohn haben. Huber habe ihm in Damascus kein Wort gesagt, dass er zwei Herren zu bedienen habe; mit einem allein wolle er für den bisherigen Preis von 300 Piastern per Monat (= beinahe 3 Napoleons) überall hinreisen, aber nicht mit zweien. Er nannte als Preis, den er jetzt verlange: 500 Piaster (4½ Napoleons). Da könnte er sich aber doch hinsichtlich seiner Unentbehrlichkeit etwas täuschen, und dürfte bald zu Kreuz kriechen. Nachdem er ein paar Stunden stolz in der Stadt herumgestrichen war, kam er

Nachmittags 3 Uhr mäuschenstill heim, lieferte ziemlich niedergeschlagen Gewehr, Revolver, Hausschlüssel u. dgl. ab, und verliess dann mit seinen paar Habseligkeiten das Haus. ʿAbdallâh, der ihm aus Barmherzigkeit einen Unterschlupf einräumte, wird ihm schon den Kopf wieder zurechtsetzen. Einstweilen waren wir einmal unsre Herren und Diener zugleich. — Der Schech Nâïf ibn ʿAtîdz [1]) aus Gyobbeh meldet in einem Brief, er könne unsrem Verlangen nach einem oder ein paar Baḳar el-waḥsch [2]) (grosse weisse Gazellen) zunächst nicht entsprechen, weil sie augenblicklich keine haben, werde aber sobald als möglich uns welche zu verschaffen suchen. Der Brief war gebracht worden durch Ḥâmid ibn Ṛânem, den wir seiner Zeit im Gyôf [3]) unter den Soldaten des Schijûkh getroffen hatten. Nach ihm kam auch noch sein Bruder Muḥammed ibn Ṛânem, und entschuldigte seinen Vater, so gut es gieng, wegen der Scene, die derselbe dem ʿAbdallâh gestern Nacht in unsrem Hause bereitet hatte.

Nachdem schon den ganzen Abend Regen gefallen war, brach zwischen 8 und 9 Uhr ein unerhörtes Gewitter los. Der ganze Hof stand einen halben Fuss tief unter Wasser, so dass wir keinen Schritt über die Schwelle wagen konnten. Huber war nicht einmal im Stand, sein gewohntes Nachtquartier unter der Dachhalle aufzusuchen, sondern musste unten bleiben. In der Nacht wachte ich auf an dem Geräusch, wie der Regen im Nebengemach durch die Decke herunterkam und unsre Koffer beträufelte.

Der zweite Bote des Emîr, der sogenannte N a t t â f [4]) meldete in der Stadt auf morgen früh die Ankunft des Schijûkh, und kündigte den Weibern an, es sei Zeit, sich auf die bevorstehende Rückkehr der Männer zu schmücken [5]).

[1) H.: ʿÜtîdz].
[2) H. *bygar él-wäḥäš*, = Oryx beatrix J. E. Gray, wird auch *wuḍâḥī* genannt].
3) S. Bd. I, S. 127, Anm.
4) النّتّاف depilator.
5) Pubem depilandam jubens.

Mo. 19. Nov. 1883]. Was der Regen während der Nacht im Hofe und im Dache des Hauses zerstört hatte, wurde gleich durch die Sclaven ausgebessert. ʿAbdallâh berichtete von seinem Hause, da sei auch Alles caput, und durch den Sûḳ (Bazar) in der Hauptstrasse sei ein tiefer Bach geströmt. Um 9 Uhr hielt der Fürst zu Pferd mit dem Gefolge seinen Einzug auf dem Meshab (Schlossplatz); eine halbe Stunde später traf die Fahne ein. Da noch immer etwas Regen niederrieselte, liess ich mich entschuldigen, dass ich nicht zur Begrüssung erscheine. Seit ich nämlich meine Fusswunden dem zu häufigen Gebrauch des kalten Wassers zuschreibe, habe ich eine ganz arabische Scheu vor vielem Waschen und Durchfeuchten. Als der Regen aufhörte, machte ich einige Besuche, bei Nâṣir Sebḥân [1]), den ich aber nicht zu Haus traf, dann bei Jûsuf el-ʿatîdz und seinem Bruder Nâṣir el-ʿatîdz (dem Secretär des Schijûkh), denen ich eine Säbelklinge und einen spanischen Knicker verehrte.

Beim Durchschreiten des Sûḳ, wen traf ich auf dem Boden hockend, in vollem Staat, einem persischen Kaufmann gleich, die Wasserpfeife rauchend? — unsern weiland Diener, jetzt Freiherrn Maḥmûd! Feierlichen Ernstes stand er auf und entbot mir mit aller Ehrerbietung den Gruss; ich ebenso mit Herablassung. Es muss ihm doch in der kurzen Zeit der Herrlichkeit die Dummheit seines Streiches und Streikes zum Bewusstsein gekommen sein. Was wollte er denn mit seinen paar Napoleons im Sack unter den Beduinen für ein Dasein führen? Der Fürst hätte ihn als Türken doch über kurz oder lang zu seiner Familie nach Maʿân abgeschoben! Ohne Zweifel hatte ihm auch ʿAbdallâh in der Zwischenzeit den Kopf tüchtig gewaschen. Drum gieng's, wie vorauszusehen war: Nachmittags trat er bei uns wieder an, und wurde nach kurzer Frage und Antwort zu den früheren Bedingungen von neuem in Dienst genommen. O quae mutatio rerum!

Ḥamûd el-Migrâd ergänzte die ersten Nachrichten vom Ṛázu

---

1) [H.: Nâṣir es-Sebhân. — Vgl. Hess, Beduinennamen aus Zentralarabien, S. 28].

noch durch folgende mündliche Erzählung: Der Zug galt den Muṭêr. Unterwegs stiessen sie um die Mittagszeit auf zehn Angehörige dieses Stammes, die aber Feuer gaben und dem Schijûkh drei Pferde erschossen. Bei der sofort eingeleiteten Verfolgung wurden sieben eingeholt, und ihnen ohne Weiteres die Köpfe abgeschnitten. Den drei Andern aber waren sie auf den Fersen noch die Nacht, den folgenden Tag und eine zweite Nacht, ohne sie zu erwischen. Es lag begreiflicherweise Alles dran, dass diese ihren Stammesgenossen keine Nachricht von dem Raubzug geben konnten. Am Morgen des dritten Tages, wo natürlich Alle halb caput waren, kamen sie auf eine grosse, keine verborgene Annäherung gestattende Ebene, auf welcher in der Ferne die Muṭêr gelagert waren. Diese hatten Zeit in die Berge zu entrinnen und mussten bloss ihre Ziegen- und Schafheerden zurücklassen. Ḥamûd behauptete, die Schámmar hätten in einer Nacht 10000 [1]) Stück davon geschlachtet. Im weiteren Verlauf stiessen sie auch auf eine Anzahl feindlicher Ḥarb, von denen sie 20 mit Martinigewehren erschossen. Ḥamûd selbst hatte sich bei der Verfolgung verirrt; auf Befehl des Fürsten wurden aber alle Anstalten getroffen, ihn wieder aufzusuchen. Ḥamûd's Pferd gieng drauf in Folge von Erschöpfung; er hofft auf einen Ersatz von Seiten des Fürsten.

Abends redeten wir mit Ḥamûd noch viel von unsern Reiseplänen für die Zukunft. Er meinte, wenn wir nach Sedûs und Schaḳrâ wollten, sei ein einziger Empfehlungsbrief des Schijûkh mehr werth, als alle etwa mitgebrachten Geschenke. „Denn, sagte er, du solltest doch jetzt allmählich die Araber kennen: wenn du ihnen eine Nadel schenkst, so wollen sie ein Messer; gibst du ihnen das Messer, so wollen sie eine Pistole; haben sie die Pistole, so brauchen sie noch eine Flinte; haben sie die Flinte, so begehren sie auch noch eine Kanone. Du siehst's ja an mir: Du hast mir einen Revolver geschenkt, und ich habe gleich noch eine Doppelflinte verlangt".

1) Wird eine runde arabische Zahl sein!

Di. 20. Nov. 1883]. Ṛânem lieferte ein von Huber bestelltes silbernes Gehäuse für seinen Chronometer ab, und erhielt dafür 10 Megîdî. Von zwei persischen Kaufleuten (Maschâhĭdeh) bekam ich einen Pfeifenkopf verehrt. Mittags haben wir einen langen Besuch vom Prinzen Mâgid zu erdulden gehabt, der die bettelhafte Habgier von seinem Vater Ḥamûd el-ʿObeid geerbt oder erlernt hat. Zuerst wollte er mein Luftkissen, dann, trotzdem dass er einen Mauser-Revolver von mir als Geschenk erhalten hat, auch noch meinen kleinen Revolver dazu. Ich schlug ihm Beides ab. Der Alte hat auch schon wieder ein ganz nettes Kunststücklein eingefädelt. Heute Abend erzählte ʿAbdallâh, im Lauf des Tages habe Ḥamûd el-ʿObeid einen Boten geschickt und ihm sagen lassen, es sei ihm zu Ohren gekommen, dass er mit einer Uhr von uns beschenkt worden sei. Nun möchte er die Uhr nur gern sehen, doch so, dass wir nichts davon erführen. Gewiss hatte ʿAbdallâh alle Ursache, sich vor dem blossen Uhrenblick des ʿObeid zu fürchten. Wir meinten darum, er solle sagen, die Uhr sei ihm nicht geschenkt, sondern nur zum Staatmachen als zeitweiliges Lehen übergeben worden, versprachen uns indess auch nicht viel von diesen Flausen. Das einzig Richtige traf der noch hinzugetretene Ḥamûd el-Migrâd mit seinem allerdings schmerzlichen Rath: das Gescheidteste sei, wenn er die Uhr dem ʿObeid möglichst bald und möglichst freundlich zu Füssen lege. Der Vielfrass wird ihm zwar ein ganz erkleckliches Geschenk machen, aber schliesslich ist die Uhr für ʿAbdallâh dahin.

Der Schech Muḥammed ibn ʿAṭijjeh (Bd. I, S. 224, 226) verabschiedete sich von uns; er wolle morgen in seine Heimat aufbrechen, begleitet von ʿAnêber (Bd. I, S. 130), der die Steuer von den westlichen Stämmen eintreiben soll.

Mi. 21. Nov. 1883]. In der That: Noch im tiefsten Morgendunkel hat der ʿObeid dem ʿAbdallâh einen Besuch gemacht, und ihm die Uhr einfach abgenommen. Er drückte ihm dafür in die Hand eine verlotterte amerikanische Uhr, die er wegen ihres ketzerischen Geruchs vielleicht nicht ungern weggab; auf dem Zifferblatt war nämlich das Bild des Präsidenten Lincoln emaillirt; nur hatte sie die böse Untugend, täglich um 10 Minuten nachzugehen. Diesem Fehler konnte ich mit meinen schwachen Maschinenkenntnissen eben noch abhelfen, habe sie auch in Ermanglung eines feineren Fettes gründlich mit Erdöl geschmiert.

Sehr naïv meinte Ḥamûd el-Migrâd, nachdem der Ṛázu so glücklich hinter ihm liege, könnte es eigentlich nichts schaden, wenn er einmal wieder einen inneren Generalausputz seines Körpers vornähme, er würde vor keinerlei Kraft eines Arzneimittels[1]) zurückbeben, und fügte dann noch gütigst hinzu, am besten wäre es wohl, wenn er die Kur in unsrem Hause durchmachte. Wir gaben ihm im Laufe von 10 Stunden 3 Tropfen Croton-Oel auf Zucker.

Nachmittags liess der Emîr mein Skizzenbuch holen, um die Bilder des Muferrig, Ṛânem und ʿAbdallâh zu sehen. Abends wurden wir noch selbst zum Emîr befohlen, der übrigens ermüdet und gealtert aussah. Er liess verschiedene Mineralien vorlegen, die er auf dem Ṛázu für uns hatte sammeln lassen: Granaten, Glaskopf, eine kleine versteinerte Muschel, auch Glimmerschiefer, von dem sie die schwache Hoffnung hegten, es könnte Gold drin enthalten sein. Mein unausstehlicher Freund Ḥamûd el-ʿObeid, neben dem zu sitzen ich die Ehre hatte, erkundigte sich, ob wir auf dem Ausflug nach dem Gildijjeh (Bd. I, S. 227 ff.) keine Steinkohlen getroffen hätten, ferner wollte er Auskunft haben über die modernen Sprengmittel (Nitroglycerin) und deren Wirkungen, über Attentatsbomben und dergleichen. Dann liess er sich das Wesen und die Handhabung einer Windbüchse erklären, die schon seit mehreren Jahren im Schloss als Geschenk herumlag, ohne dass Jemand das Geheimniss des Gewehres verstanden hätte. Zum Abschied verehrte uns der Emîr 50 süsse Citronen und einen Sack ausgesteinter Datteln, für ihn eigens in der Stadt ʿOneizeh bereitet. Auf die Frage,

1) Sursum ac deorsum efficacissimum.

ob wir sonst irgend einen Wunsch hätten, erbaten wir uns eine Laterne grösserer Gattung.

Do. 22. Nov. 1883]. Den Prinzen Mâgid, der kein Mittel unversucht liess, mit einem erneuerten Bettelbesuch uns zu beehren, haben wir nicht eingelassen. Es ist sicherlich eine der unausstehlichsten Empfindungen, hinter einer Thüre sich still verhalten zu müssen, und draussen einen Menschen mit kurzen Unterbrechungen fünf Minuten lang an derselben Thüre klopfen zu hören und rufen zu lassen. Dagegen ist es ziemlich unterhaltend, ihm bei dieser Beschäftigung ungesehen zuzugucken. So machte ich mir denn den Spass, stieg auf das Dach des Hauses, legte mich auf den Bauch, zündete eine Pfeife an, und betrachtete ruhig alle die Seelenäusserungen und Geberden eines Unzufriedenen: Unbegreiflich! Sie müssen zu Haus sein! — Nachbarn versicherten, sie hätten noch vor kurzem den Diener Maḥmûd ins Haus hineingehen sehen. Der ist also jedenfalls zu Haus, nur wahrscheinlich im hinteren Hof, der hört er's nicht. Drum etwas vernehmlicher klopfen! — Alles still. — Noch eindringlicher! Jetzt, das müssen sie gehört haben. — Dann ist nur denkbar, dass Maḥmûd das Haus gleich wieder verlassen hat! — Zu guter Letzt gieng dem Mâgid doch die Geduld aus, und er zog mit seinen Sclaven ab. Sobald die Strasse sauber war, und ich sicher sein konnte, ihm nicht gleich wieder in die Hände zu laufen, schlüpfte ich hinüber zum Waffenschmied Ṛânem, um nach dem Säbel zu sehen, den ich mir bei ihm bestellt hatte. Von da gieng ich allein hinaus auf den Begräbnissplatz[1]) im Norden vor der Stadt draussen, wo unter Anderem die Angehörigen der jetzigen Herrscherfamilie beerdigt sind. Schmucklose kaum behauene Steine weisen die Namen der hier Begrabenen auf, so zum Beispiel

1) S. den Plan in Bd. I, auf S. 173.

N⁰. 1.[1]

عبد الله
ابن رشيد
رحمه
الله

N⁰. 2.[2]

توفي
طلال ابن
رشيد قدس
الله روحه
سنه ١٢٨٤
١٧ ذا
+ |

N⁰. 3.[3]

فيصل ابن
رشيد رحمه
الله سنه ١٢٧٨

N⁰. 4.[4]

توفي
زيد ابن
طلال قدس
الله روحه
سنه ١٢٨٨
٢٥ ص

N⁰. 5.[5]

هيا بنة عبد
الله ابن رشيد

N⁰. 6.[6]

| +
منيرة
البدر

Unweit davon ein Grab, in welchem, wie ich mir nachträglich sagen liess, zwei vom jetzigen Herrscher bei seiner Thronbesteigung abgeschlachtete Einwohner der Stadt (s. Bd. I, S. 171, Mitte) untergebracht sind. Denksteine für Bender (Bd. I, S. 170) und für Met^{c}ab[7] (Bd. I, S. 169) konnte ich nicht entdecken. Es finden sich viele Steine ohne jedwede Aufschrift, oder höchstens mit den Familienzeichen versehen.

---

1) ^{c}Abdallâh ibn Raschîd, s. Bd. I, Seite 166 ff, † an einem Freitag 1843.

2) Ṭalâl ibn Raschîd, s. S. 168 f, † 17. Ḏû 'l-ḳa^{c}deh 1284 = 11. März 1868. Die dem Namen nachgesetzte Formel قدس الله روحه „möge Gott seinen Geist heiligen" wird sonst nur bei der Erwähnung von verzückten Mystikern und heilig gehaltenen Schwärmern höchsten Ranges gebraucht, hier aber auch auf Personen angewendet, die in einem Anfall von Schwermuth und Irrsinn sich selbst das Leben genommen haben, wobei eben vorausgesetzt wird, dass Gott ihren Geist schon vorher zu sich genommen haben.

3) Feiṣal ibn Raschîd, † 1278 = 1861/2.

4) Zeid ibn Ṭalâl, † 25. Ṣafar 1288 = 16. Mai 1871.

5) Hajâ, Tochter des ʿAbdallâh ibn Raschîd.

6) Munîrah, [Tochter des] Bedr [ibn Ṭalâl].

[Das über dem Namen stehende Zeichen | + ist das Familienzeichen von Ibn Raschîd. — H.: Die Zeichen stehen aber nicht nebeneinander, wenn sie auf dem Kamel eingebrannt sind. Das Kreuz + (*el-^{c}örgaʾ*) steht auf dem Oberschenkel des rechten Hinterbeins, der Strich | (*el-muṭrag*), auf dem rechten Vorderbein. — Über diese Stammeszeichen vgl. Littmann, Zur Entzifferung der thamudenischen Inschriften, Anhang].

[7) Auch *Mit^{c}yb* gesprochen; vgl. Hess, Beduinennamen, S. 18].

Abends waren wir zum Emîr befohlen, und überreichten ihm einen Vorrath Pulver und Schrot. Um mir eine Artigkeit zu erweisen, begrüsste er mich mit meinem abendländischen Namen: „Kêf khâṭrak [wie geht's dir], jâ Julius Euting?" Als ich erzählte, ich sei heute auf dem Friedhof gewesen und habe dort Grabsteine abgeschrieben, erkundigte sich Ḥamûd el-ʿObeid nach der bei uns üblichen Begräbnissweise und nach dem Einbalsamiren. Aus Anlass eines Streites über einen Spruch aus dem Koran wurde der Khaṭîb (Hausgeistliche) gerufen, und musste zur Richtigstellung einen langen passus aus dem heiligen Buch hersagen. Der Emîr liess heute einen feinen Thee aus dem Harem kommen; dazu wurden süsse Citronen zum Einträufeln herumgereicht. Zum Schluss fand grosses allgemeines Gebet Statt.

Fr. 23. Nov. 1883]. Der Prinz ʿAbd el-ʿAzîz, sonst gewiss ein lieber Mensch, konnte sich auch nicht versagen, bei seinem Besuche meine Reisetasche zu durchwühlen, war aber wenigstens so anständig, nichts davon für sich zu begehren.

Ḥamûd el-Migrâd, über die Ausdehnung des geographischen Begriffs Negd befragt, gab zur Auskunft: Zum Negd werden gerechnet folgende Örtlichkeiten:

1. Gebel en-Nîr جبل النير
2. Er-Rass [H.: ér-Rass] الرسّ
3. Ed-Dawâdimî [H.: ed-Dwâdmī] الدوادمى
4. Es-Sîr [H.: és-Sirr] السير
5. Eš-Šaʿrâ الشعرا
6. ʿArwâ [H.: ʿÄrwā] عروا
7. ʿArgâ [H.: ʿÄrgā] عرجا
8. Wâsiṭ واسط
9. Ḥalabân [H.: Ḥĕlebân] حلبان
10. Šêtsîr (?) [H.: Ušêdzir, أُشَيْقِر] شيقير (?)
11. Šáḳrâ شقرا
12. El-Khanûḳah [H.: el-Ḫanûge] الخنوقه
13. Ṛaul [H.: Ġoul oder Ġâl] غول
14. Šbêrmeh [H.: Šbârme] شبيرمه
15. Kebšân كبشان
16. Ḍêrijjeh [H.: Ḍerîje, ضريه] ضيريه
17. Mis-tse مسكه
18. El-Ḥaid الحيد
19. Nifî [H.: Néfī.] نفى
20. Uḍâḥ [H.: Uḍâḫ, وُضَاخ] وضاح
21. El-Iṯleh [H.: el-Eṯle] الاثله
22. Er-Rebḳijjeh [H.: er-Ribdzîje] الربقيه

23. Dikhneh دخنه
    [H.: Ḫesjân Dyẖne]
24. Eš-Šebaikijjeh الشبيكيه
    [H.: eš-Šbētsîje]
25. Ed-Dâṯ الداث
26. Wâdî Sbêʿ وادى سبيع
    [H.: Widjân Sbâʿ] [1])
27. Wâdî ed-Dawâsir وادى الدواسر
28. Abû Gelâl ابو جلال
    [H.: Obū Ǵelâl]

[Eine genaue Karte des Neǵd, auf der u. a. auch fast alle der hier angeführten Orte vorkommen, ist von J.-J. Hess gezeichnet, aber noch nicht veröffentlicht].

Bei einer sich daran knüpfenden Erörterung wurde festgestellt, dass die 4 letzten (N°. 25—28) nicht allgemein als zum Negd gehörig betrachtet werden.

Nachmittags holte mich Mâgid ab und schleppte mich in sein Haus. Abends bei der Rückkehr aus ʿAbdallâhs Haus constatirte ich wieder einmal eine erstaunliche Lauscolonie in meinem Hemd. Das Kleidungsstück wurde oben auf dem Dach im Wind gespannt [2]). Das können die Luder nicht vertragen.

Sa. 24. Nov. 1883]. Dem ʿAbdallâh habe ich heute eine chinesische Tasse verehrt. — Die persischen Kaufleute (Maschâhîdeh), als Schiïten den Christen allenthalben ungünstig gesinnt, scheinen vom Emîr einen Wink bekommen zu haben, sehr zuvorkommend gegen uns zu sein. Als ich zum Haus hinaus gieng, lud mich ʿÂbed, unser Nachbar zur Linken, unterthänigst ein, bei ihm einzutreten. Ich lehnte es zunächst ab, weil ich bei ʿAbd el-ʿAzîz einen Besuch machen wollte. Da aber dort Niemand zu Haus war, begab ich mich auf dem Rückweg zu ʿÂbed hinein. Die Ausstattung des Empfangszimmers war so einfach als denkbar. Auf dem Boden Strohmatten, ein einziger schmaler Teppich an der Hälfte der linken Wand, eingerahmt von zwei Armlehnen [3]) aus Lehm, daneben ein Heerd und einige wenige Geschirre. Ich bin überzeugt, dass der Méschhĕdî diesen Raum mit seiner mageren Möblirung ausschliesslich für den Empfang von

[1]) H.: So heissen nach ihren Bewohnern die beiden Thäler W. Ránje und W. Ḫurme].
2) Vgl. Bd. I, S. 120 f.
3) زَبْر, auch مَرْكَة genannt. [H.: *zebĕr*, „Lehmbank" (in Ḥâjil); *markā* „Lehne aus Lehm".]

nicht-schiītischen Gästen vorbehalten hat, und dass z. B. aus der Tasse, die durch meine Berührung und mein Kaffee-Trinken verunreinigt war, vor- wie nachher nie ein Perser getrunken hat. Es mag auch sein, dass das dürftige Aussehen des Empfangsraumes bei einem Uneingeweihten jeden Gedanken an etwa hier aufgehäuften Geschäftsgewinn von vornherein ausschliessen soll.

Von da wurde ich zusammen mit Huber zu Ḥamûd el-ʿObeid gerufen. Ich verlangte seine Schwerter, darunter ein paar altberühmte, auch die seines Vaters, zu sehen. Er nahm sie aus den Tuchumhüllungen, in denen sie ihm gereicht wurden, heraus und erklärte sie; von einem behaupte er, er habe damit auf einen Hieb Einem den Kopf und den Arm abgehauen. Auch verschiedene Ḥangar (breite Dolche) wurden vorgelegt, Prachtstücke aus Baḥrein und ʿOmân; allein bei dem düsterfrommen Halbdunkel, das in seinem Ḳăháwah herrschte, konnte ich leider nichts genau sehen. Er fragte immer, was er uns verehren könne; wir lehnten Alles dankend ab. Doch schickte er uns, kaum dass wir zu Haus angekommen waren, durch unsern Freund ʿAbdallâh, dessen er sich jetzt als einflussreichen Mittelsmanns mit Vorliebe bedient, je eine ʿAba (Mantel) und einen indischen Ḳumbâz oder Zebûn, zusammen im Werth von mindestens 50 Megîdî (175 Mark). Die mir verehrten alttestamentlichen Feierkleider sind mir natürlich alle viel zu lang, und müssen hinaufgenäht oder um ein gutes Stück abgeschnitten werden. Nach einer Stunde kam ʿAbdallâh abermals als Abgesandter des Ḥamûd und des Emîr: die eine japanische Tasse war zerbrochen, wie sie Ḥamûd im Dîwân des Schijûkh eigenhändig spülen wollte. Ich schickte zum Troste eine Tasse aus Limoges und eine chinesische. Von den ächt-chinesischen glauben sie nämlich, dass wenn man vergifteten Thee oder Kaffee darin darreiche, so zerspringen sie; darum sind sie so hoch geschätzt.

Nach dem Abendessen kam noch Muḥammed ibn Ṛânem und lieferte einige Arbeiten aus seiner Kunstwerkstätte ab. Die

Wasserentnahme aus einem an einem Holznagel [1]) aufgehängten Thierfell (Schlauch) durch Aufbinden des zugeschnürten Halses habe ich immer als eine eben so schwierige, wie lästige und umständliche Handlung empfunden. Desshalb hatte ich ihm einen mitgebrachten Messinghahnen übergeben, den sollte er nach rückwärts durch ein anzulöthendes Röhrenstück mit Wulst verlängern, so dass man ihn bequem in den Hals des Schlauches hineinstecken und festschnüren könnte. Sein Machwerk war ganz gut ausgefallen und lieferte auch gleich staunenswerthe Proben seiner Nützlichkeit. Ausserdem hatte er noch ein paar silberne Sicherheitsnadeln für uns verfertigt, sowie einen zersprungenen grossen Kautschukring, den ich unlängst weggeworfen hatte mit silbernen Schliessen versehen. Er hatte seiner Tochter Sohn, den kleinen ʿAbdallâh, mitgebracht, einen netten fünfjährigen Buben, dem ich durch Zeichnung etlicher Thiere und durch ein paar Pfeffermünzküchlein grosse Freude bereitete.

Ganz unerwartet brach noch ein Gewitter los, das aber die Stadt nur leicht streifte. Um $^3/_4$ 9 Uhr kam Ḥamûd el-Migrâd, war aber durch Fasten und meine abschlägige Antwort in Betreff des von ihm eigenmächtig für den Schijûkh begehrten Feldstechers in sehr giftiger Laune; er bekam von mir zu hören: in solcher Stimmung bleibe man besser zu Haus, und mache keine Besuche.

So. 25. Nov. 1883]. In aller Morgenfrüh kam schon wieder ʿAbdallâh mit der Eröffnung, dass Ḥamûd el-ʿObeid uns einige Hemden machen lassen wolle. — Ich war eben beschäftigt, für den Emîr eine grosse Karte von Europa, Nordafrika und Vorderasien aus dem Gedächtniss zu malen, da kam der Stutzer und Finanzminister Nâṣir Sebhân, und war sehr begierig zu sehen, was das Ding sein solle. Da er sich recht eingebildet und nasenweis benahm, so fragte ich ihn, ob er im Stande sei, die Landschaften des südlichen Negd in ihrer verhältnissmässigen Grösse und Lage zu einander richtig darzustellen. Ohne sich nur einen Augenblick zu besinnen antwortete er: „Ja wohl!"

---

1) جازة gâzah.

Ich händigte ihm Papier und Bleistift ein, darauf gab er mit einigem Zögern folgendes Machwerk von sich.

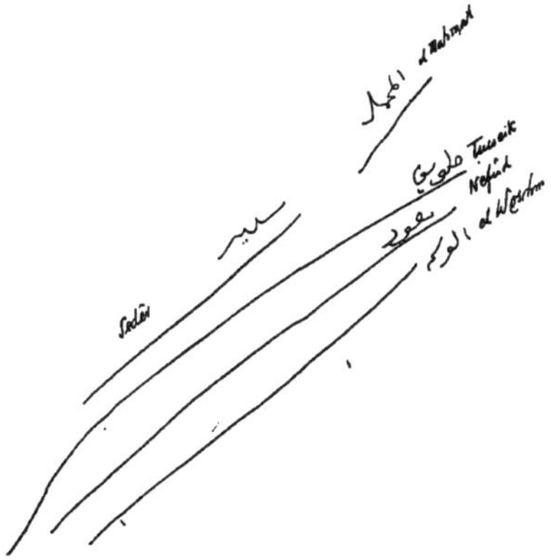

Kartenbild des Neǵd von Nâṣir es-Sebhân.

Als eigentlichen Zweck seines Besuchs gab er an, er möchte von uns einige Scheeren haben; er meinte, in unseren Kisten müssten mindestens zwanzig Stück sein, wir sollten nur einmal recht nachsehen. Dem war jedoch nicht so; ich besass nur eine einzige, und Huber hatte selbst eine von Ḥamûd erbettelt. Also war nichts zu machen. Wie er fort war, habe ich — strassburgisch zu reden — eine „hirnwüthige" Laus gefangen. Das war ein Prachtexemplar! Hätt' ich sie doch gleich mit Gummi arabicum auf ein Papier gepappt; gewiss hätte ich bei einem Sammler und Spezialisten alle Ehre damit eingelegt!

Um 3 Uhr gieng ich spazieren hinaus an den Brunnen Sĕmâḥ. Da gerade im Süden und Südosten ein Gewitter am Himmel heraufzog, bestieg ich einen nahen Felsenhügel, um den Anblick besser zu geniessen. Gleich darauf kam der Emîr mit Ḥamûd und einem gewissen ʿÂïd [1]) ʿAlî zu Pferd zur Stadt herausgeritten, hinten drein viel Gefolg zu Fuss. Kaum hatte er mich erblickt, so rief er: „Jâ Julius! kêf khâṭrak, kêf ḥâlak?" [2]) Auf das hin eilte ich vom Hügel hinab, ihn zu begrüssen. Er ritt

1) [H.: Man spricht ʿÂjid, Nâjif, wobei das *j* allerdings etwas reduziert wird].

2) O Julius! wie geht's, wie steht's?

einen prächtigen Rappen und trug einen wunderschönen Ḫangar mit goldener Scheide und Griff. Da die Pferde sehr unruhig waren, ritt er nach kurzen Worten mit dem Gefolge weiter. Eben hatte ich meinen Felsensitz wieder erstiegen, da kam auch Ḫamûd el-Migrâd zur Stadt heraus. Er hatte mich sofort entdeckt, kam heraufgeklettert, und war verwundert, mich so ganz allein zu sehen: es wäre immerhin besser, wenn ich allemal Jemand mitnähme. Ich erwiderte ihm, er brauche sich meinethalben nicht zu beunruhigen; da ich aber nun doch einmal seine Gesellschaft geniesse, möchte er so gut sein, und mir den Sĕmâḥ zeigen.

Der Brunnen Sĕmâḥ bei Ḥâjel.

Der Brunnen S ĕ m â ḥ, auf der Südseite der Stadt gelegen, ist ein ziemlich zusammengesetztes Anwesen. Er besteht 1) aus der eigentlichen B r u n n e n s t u b e mit dem etwa 25 Meter tief durch den lockeren Granitfelsen gebrochenen, 4 m. im Durchmesser haltenden Schacht, aus welchem das Wasser in Lederkübeln in die Höhe gezogen wird; 2) aus der 35 Meter langen von Mauern eingefassten B a h n, in welcher zwei Kameele hin und zurück gehen, um die Lederkübel über die Holzräder heraufzuziehen und wieder hinabzulassen; 3) aus dem länglichten Eckgebäude, mit einem Saal (Rôšen) im ersten Stock, von wo aus man den Brunnen und den anstossenden fürstlichen Garten, sowie den Platz ausserhalb der Mauer übersehen kann. An dem einen Ende führt eine Treppe hinauf in den schlanken Thurm. Diese drei Stücke sind alle mit Thoren verschlossen. Ursprünglich nur für die Bewässerung des Gartens berechnet, ist der Brunnen doch so ergiebig, dass der Emîr, auf dessen Kosten er das ganze Jahr „gezogen" wird, seinen Überschuss den Einwohnern der Stadt zum freien Genuss einräumt. Zu diesem

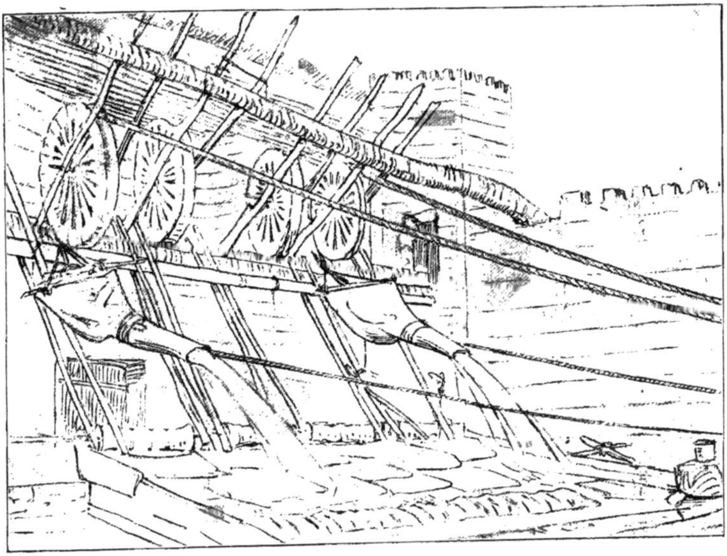

Der Brunnen Sĕmâḥ bei Ḥâjel.

Zweck ist 4) ein etwa 40 Quadratmeter haltender Hof neben der Brunnenstube eingerichtet, an dessen Wänden in einer Rinne das zu Tag geförderte Wasser hindurchströmt, und, bevor es in die Gartencanäle abfliesst, abgefangen und in Schläuche gefasst werden kann. Den grössten Theil des Tages ist der Brunnenhof von Wasser holenden Weibern besetzt, die dies Geschäft mit Musse und reichlichem Geschwätz betreiben: Eile hat's ja keine, und für das Wasser ist es ganz gut, wenn es ein bis zwei Stunden steht oder hängt, andernfalls, sagen die Leute, bringt die Bodenwärme (28°—29° C) dem Trinkenden Fieber. — Den Heimweg nahm ich mit Ḥamûd durch den Garten, der, ohne sonderlich gepflegt zu sein, doch eine Fülle von Reben, Granaten-, Orangen-, Citronen-, Pfirsich- und anderen Fruchtbäumen beherbergt.

Nach dem Abendessen mussten wir in's Schloss. Ich verehrte dem Emîr den Feldstecher und die Karte von Europa (S. 20); letztere sollte von nun ab im Vorsaal an der Wand prangen. Er schenkte uns eine Handschrift der altarabischen Preisgedichte, der sogenannten Muʿallaḳât, mit Commentar, und zeigte uns auch noch eine schöne Handschrift der Gedichte des Mutanabbi mit Erklärung. Aus beiden las er längere Stücke laut vor. Eine Kröte, die sich in den Saal verirrt hatte, wurde von einem Sclaven mit der Kohlenzange gepackt und an die Luft gesetzt.

Mo. 26. Nov. 1883]. Düsterer Tag. Ḥamûd el-Migrâd brachte seinen zwölfjährigen Sohn Fáhad und seinen achtjährigen Neffen Mûsâ ibn ʿAlî; ich holte Jedem ein kleines Notizbuch, dazu je einen Megîdî.

In ʿAbdallâhs Haus wollte ich einige Skizzen seines Empfangssaales anfertigen. Der Besitzer musste fort in seinen Laden und liess mich allein. Da ich mich beim Zeichnen ganz ruhig verhielt, glaubte seine Frau, ich sei fort, und guckte einmal neugierig zur Thüre herein. Ich that, als ob ich Nichts gemerkt hätte.

Der persische Ḥagg (Pilgerkarawane aus Mekkah) soll in angeblich zwei Tagen hier eintreffen.

Nachts Wetterleuchten. Gegen Morgen Regen.

Di. 27. Nov. 1883]. Als ich durch den inneren Schlosshof schritt, um dem Prinzen ʿAbd el-ʿAzîz einen Besuch zu machen, glaubte ich gerade noch zu bemerken, dass der Gesuchte rechts hinüber um die Ecke zum Fürsten verschwunden sei. Desshalb fragte ich den Sclaven an der Thür des Prinzen: „Ist ʿAbd el-ʿAzîz zu Haus, oder ist er zum Fürsten?" und erhielt die Antwort: „Nein, er ist zu Haus", und dann mit hinaufgezogenen Augenbraunen, leicht erhobenem Kopf und schwachem Zungenschnalzen den naïven Beisatz; „esch-Schijûkh iḳajj" [1]). ᶜAbd el-ᶜAzîz war sehr erfreut über den Besuch und suchte mich auf alle erdenkliche Weise zu ehren und zu unterhalten. Ich blieb wohl ein paar Stunden bei ihm; wir stöberten in verschiedenen Höfen des Schlosses umher, in der Küche, im Gefängniss, im Garten, und besahen zuletzt noch die Pferde.

Nachmittags vollendete ich im Brunnen Sĕmâḥ die gestern angefangenen Skizzen.

Auf den Abend waren wir vom Prinzen Mâgid zum Essen eingeladen. Wir wurden zwar in seinem Hause empfangen, aber — ob er den Künsten seiner Küche nicht recht traute, oder ob er seine Weiber ärgern wollte? — zum Essen mussten wir über die Strasse hinüber ins Schloss und zwar in die düster-fromme Höhle seines habgierigen Vaters. Vier Sclaven schleppten die mächtige Platte mit den Gerichten herein. Aus besonderer Aufmerksamkeit für mich, den Suppenschwaben, war unter Anderem Fleischbrühe bereitet worden, und der Diener Maḥmûd hatte zu grösserer Bequemlichkeit meinen häuslichen Esslöffel mitbringen müssen [2]). Nach Beendigung des Essens wollte Mâgid einige Proben seiner Zeichenkunst ablegen, die sich indess über die Fläche der seit Jahrhunderten von den Beduinen geübten Kunstart keineswegs erhoben.

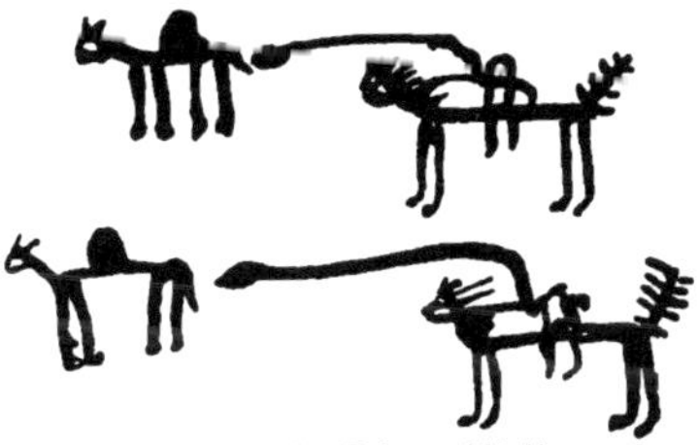
Zeichnung des Prinzen Mâgid.

Da ich ausser Standes war, diesen Leistungen die erhoffte Anerkennung zu zollen, im Gegentheil versicherte, man würde in Europa derartige Schanden-Machwerke einem Schüler höch-

1) „Princeps vomit", das soll heissen, der Emîr hat heute ein Brechmittel eingenommen, man kann ihn darum nicht besuchen. Diesen mündlichen Hofbericht weiss dann gleich die ganze Stadt.

2) Dabei musste ich an die ehemaligen Stadt-Zinkenisten in Tübingen denken, die noch zu meiner Studentenzeit, wenn sie Sonntags und Donnerstags sich zu ihrem Freitisch im Speisesaal des Stiftes einfanden, ihr Ess-Besteck in einem Futteral mitbrachten. Ich sehe noch, wie sie nach erfolgtem Gebrauch die Geräthe säuberlich abschleckten, und dann dem Futteral wieder einverleibten. Mein Esslöffel hier wurde von irgend einem Sclaven am Zipfel seines Hemdärmels geputzt.

stens ein paar Mal um den Kopf schlagen, gestand er, das sei auch noch nicht gerade das Vollkommenste, was er auf dem Gebiete der Malerei hervorzubringen befähigt sei. Diese Äusserung bewog mich nur um so mehr, ihn noch weiter in die Enge zu treiben, bis er sich das zweite Kunstwerk abrang, womit ich mich etwas befriedigter erklärte.

Zeichnung des Prinzen Mâgid.

Er war, glaub' ich, ganz froh, als zum allgemeinen Gebet gerufen wurde. Nach demselben gieng man noch hinüber zum Fürsten. Auf diese Weise kamen wir spät nach Haus. Das Einschlafen fiel mir schwer, nicht allein wegen des vielen Kaffees, den ich getrunken hatte, sondern hauptsächlich noch darum, weil mir ʿAbd el-ʿAzîz diesen Morgen den Bart dermaassen parfümirt hatte, dass mein Haupt den unruhigen Wallungen dieser Wohlgestänke sich nicht zu entziehen im Stande war. Zuletzt machte ich kurzen Process: ich stand — was ich schon längst hätte thun können — nochmals auf, wusch mit Seife den ganzen Kopf, schwemmte ihn tüchtig ab, schnaubte die Nase zehnmal aus, und zog über den gestern blank rasirten Schädel ein frisches Kopftuch. Dann gieng's.

Mi. 28. Nov. 1883]. Morgens kam Nâṣir Sebhân. Es wurde ihm Thee gereicht, in den vielleicht etwas zuviel Citronensaft gerathen war. Plötzlich bekam er Angst; ob da am Ende Wein oder Arak drin sei? Die Versicherung des Gegentheils half Nichts. Seine Gewissensbisse steigerten sich bei unsrem Gelächter bis zum förmlichen Leibweh, und veranlassten ihn zu baldigem Aufbruch.

Bei ʿAbd el-ʿAzîz ibn Metʿab fertigte ich einige Zeichnungen an, unter Anderem eine Skizze des Prinzen selbst[1]). Aus dem

1) Siehe das Bild unter dem 3. December. Auf die Frage, ob er seine Zöpfe selbst mache,

Harem hatten sie in der Zwischenzeit einen zweijährigen Buben Namens Ṭalâl ibn Nâïf[1]) geholt. Dessen Vater Nâïf (ein Sohn des früheren Herrschers Ṭalâl † 1868) hatte ein Alter von kaum 18 Jahren erreicht; er war dem Prinzen Mâgid in seinen Absichten auf die spätere Thronfolge im Weg gestanden, und desshalb von diesem vor etwa 2 Jahren bei einem Reiter- und Fechtspiel mit einer, zufällig, nicht blind geladenen Flinte erschossen worden. Gern hätte ich den netten Buben abgemalt; sie hegten aber die Besorgniss, es könnte ihm zum Unheil ausschlagen, vor Allem müssten sie zuerst den Emîr fragen, ob er's erlaube. Auf dies hin stand ich natürlich von meinem Vorhaben ab.

Heute wurde das Dach unsres Hauses ausgebessert; zum Glück, denn nach Einbruch der Dunkelheit entlud sich wieder ein Gewitter.

Spät Abends kamen zu Besuch Ṛânem, Ḥamûd el-Migrâd und der Schmied Ḥusein. Der Letztere brachte zwei Kohlenzangen und einen Stahl zum Feuerschlagen; er erhielt dafür einen Kugelzieher und eines der grossen Sägenblätter, welche mir mein Freund Commerzienrath Ferdinand Schmidt in Neuenbürg (Württemberg) aus feinstem Sensenstahl hatte anfertigen lassen.

Do. 29. Nov. 1883]. Der persische Ḥagg, die Pilgerkarawane auf ihrem Rückweg von Mekkah war angekommen, und auf dem grossen mauerumschlossenen Grundstück, das nördlich an den Garten des Semâḥ stösst, untergebracht. Ich eilte dorthin, muss aber gestehen, ich war sehr enttäuscht. So erbärmlich hatte ich mir ihn nicht gedacht! Es fehlen eben dies Jahr die schiïtischen Perser, welche sonst den Hauptbestandtheil der Überlandpilger durch Central-Arabien bilden. Alljährlich bringen die Perser 8—10000 in Felle eingenähte Leichen nach Kérbĕlah und Méschhĕd am Euphrat, um sie neben der Moschee mit ihren vergoldeten Kuppeln, woselbst die Märtyrer Ḥasan und Ḥusein, die Söhne des Khalifen ʿAlî, begraben liegen, in

---

erwiderte er, nein, seine Mutter, zuweilen seine Frau. Wie oft? Vielleicht alle drei Wochen — wenn's eben nöthig sei.

1) Vgl. oben S. 21, Anm. 1.

geweihter Erde zu bestatten. Viele der Begleiter dieser Todten-Karawanen haben den Wunsch, an den Besuch der höchsten schiïtischen Heiligthümer auch noch die Wallfahrt nach Mekkah und Medînah anzuschliessen. Der nächste Weg dahin — etwa 60 Tage zu reiten — führt schräg durch die arabischen Wüsten, grösstentheils durch das Gebiet des Emîrs von Ḥâjel. Um die passende Zeit schickt der Emîr seine Leute nach Négef an den Euphrat, damit sie die persischen Pilger abholen, und unter sicherem Geleit nach den allgemein muslimischen Heiligthümern zu Mekkah und Medînah befördern. Für die Lieferung der Reitthiere (Kameele) und des Wassers und für das Geleit haben die Pilger im Hinweg 30 Megîdî, und, falls sie denselben Rückweg wählen, noch dazu die Hälfte, also im Ganzen 45 Megîdî d. h. etwa 150—160 M., zu zahlen. Der grösste Theil dieses Geldes fliesst in die Kasse des Fürsten, was bei gewöhnlich 800—1000 Theilnehmern, selbst nach Abzug aller eigenen Unkosten, eine nicht zu verachtende Summe ausmacht. Nun hatte im vorigen Jahr der Führer jener Begleitmannschaft auf eigene Faust sich das unkluge Vergnügen bereitet, zwei oder drei Tage vor der Rücklieferung der Pilger nach Négef, von den verhassten Schiïten noch einen besonderen ganz unvernünftig hohen Bakschisch zu erpressen. Die Mehrzahl der Schîʿah, durch den Besuch der Stätten zu Mekkah und Medînah — wo man das fromme Zwicken aus dem ff versteht — schon längst weiss geschröpft, erklärte sich für gänzlich unvermögend, noch irgend etwas zu bezahlen. Der augenfällige Beweis der leeren Säcke und Taschen wurde mit Hohngelächter aufgenommen: „So ist's recht, ihr Hunde, Gott verfluche eure Väter, hier im Sande sollt ihr verrecken, oder Geld schwitzen‘; es ist einerlei, ob ihr durch Hunger oder Durst draufgehet. Wenn ihr nicht wollet oder könnet, so nehmen wir unsre Kameele und unsre Wasserschläuche zu uns und lassen euch hier hocken; dann möget ihr zusehen!" Der auch nach beduinischen Begriffen unehrenhafte Handel wurde dadurch beigelegt, dass die paar noch vermöglichen Perser überdies für die anderen die geforderte Summe entrichteten. In die Heimath zurückgekehrt brachten die Pilger ihre Beschwerden der Regierung vor. Der Karawanenführer seinerseits lieferte in Ḥâjel das erpresste Geld ab, wurde aber, statt der erhofften Belobung und Belohnung seiner Finanzkünste, vom Fürsten hart angelassen ob seiner schandbaren, zugleich unpolitischen Handlungsweise, und kurzer Hand ins Gefängniss geworfen. Durch einen besonderen Boten sandte der Fürst an den persischen Wakîl (Sachwalter) in Négef ein Schreiben zur Beförderung nach Ṭeherân, worin er sich entschuldigte, der unsaubere Raub sei ganz ohne sein Wissen und Wollen geschehen, der Thäter sei bestraft, hiemit erstatte er das Geld den Beschädigten zurück, und gebe die Versicherung, dass die persischen Unterthanen künftig ebenso sicher und ehrlich wie bisher durch das Beduinengebiet begleitet würden. Eine ähnliche Mittheilung schickte er nach Mekkah an den Scherîfen und an den dortigen persischen Wakîl. Bevor jedoch das Schreiben in Ṭeherân eintraf, hatte der Schâh von Persien bereits an den Wakîl, den der Emîr von Ḥâjel zu Mekkah unterhält, die Mittheilung abgehen lassen, dass er angesichts der treulosen Behandlung seinen Unterthanen verboten habe, bis auf weiteres den Weg durch das Schámmar-Gebiet zu nehmen. Und dabei blieb's. Die Folgen zeigten sich dies Jahr bei der Ankunft des sogenannten persischen Ḥagg.

Die persische Pilgerkarawane.

Auf dem genannten Platz waren etwa 30 Zelte aufgeschlagen, theils runde, theils dachförmig-länglichte, aber auch Unterschlupfe allereinfachster Art, die nicht mehr den Namen von Zelten verdienen; ich gewahrte sogar einen tragbaren Abtritt [1]) mit faltbaren Wänden. An den Zeltstricken waren Wäschestücke oder vom gestrigen Gewitter durchnässte Kleider und dergleichen

1) مرحاض mîkhr.

zum Trocknen aufgehängt; zwischen den ruhenden Kameelen und Eseln standen Säcke und verschnürte Ballen aller Art umher; neu waren mir eigenthümliche rohrgeflochtene Körbe mit hölzernen Füssen und hochgewölbtem tuchbespanntem Dach. Rechts vom Thor lehnte in einer Ecke die zusammengelegte Fahne. Abseits war für diese Tage ein kleiner Markt aufgeschlagen. Der Theilnehmer an dem Pilgerzug mögen es im höchsten Fall 150 gewesen sein, darunter 4 oder 5 Frauen mit einer Negerin. Die Menschentypen erschienen mir auffallend civilisirt; der Gesichtsausdruck stach von dem beduinischen merklich ab (vgl. Bd. I, S. 236, Anm.). Solche Kleidung und Bartschnitt, die halbmilitärische Gangart hatte ich seit Damascus nicht mehr gesehen, ausgemusterte türkische Soldatenhosen, Fes, Schnürstiefel, persische Schuhe und Strümpfe. Obwohl angeblich 4 Perser, wahrscheinlich Kaufleute aus Meschhed, im Zug sich befanden, konnte ich doch nirgends eine persische Kegelmütze aus Filz oder Schaffell entdecken. Die Mehrzahl der Leute war mit Trocknen und Ausbessern der Habseligkeiten beschäftigt, Andere machten Einkaufsgänge in die Stadt; Alle schienen zufrieden, einmal ein paar Tage lang von den Anstrengungen der Reise sich ausruhen zu können.

Um 7 Uhr Abends kam ein erstes Gewitter, das schon ziemlich kräftig war, so dass der Regen an ganz ungewöhnlichen Stellen von der Decke herunterrann, auch z. B. die Bücher nässte; nach 9 Uhr kam das zweite und um 10½ Uhr das dritte und zwar allerheftigste. Ich hatte mich unter die Thüre gestellt, ununterbrochen folgten sich die Blitze, das Krachen des Donners war erschreckend, von den Dächern, von den Treppen schoss das Wasser zusammen in den Hof. Auf einmal prasselten Hagelstücke hernieder, so dass ich mich rasch hinter die verriegelte Thüre rettete, mit Wonne und Beben hörte ich, wie sie zischend in die tosende Wasserfläche einschlugen, versprengte Stücke flogen durch die schmalen Mauerschlitze [1] in den Ḳă-

1) فضوة faḍwah.

háwah herein. Immer noch hatte ich eine fast kindische Freude, dass dieses dürre Land doch endlich einmal gründlich eingeweicht werde: Als weiter, es kann nicht dick genug kommen! Sobald der Hagel nachliess, öffnete ich die Thüre wieder; es goss noch immer in Strömen. Die Lampe, mit welcher Maḥmûd auf den See im Hof hinausleuchten wollte, wurde vom Luftzug ausgelöscht, doch hatte die kurze Beleuchtung genügt, um die Gefahr erkennen zu lassen: die Wassermasse mit ihrer mulzigen, gewiss handtiefen Schichte von Eiskörnern schwabbelte immer höher, und drohte jeden Augenblick die Schwelle der Wohnung zu überfluthen. Geschwind wurden die Teppiche und was am Boden lag zusammengerafft und auf den Heerd sowie auf die gemauerten Armlehnen aufgeschichtet. Zum Glück hatte jetzt der Regen ein Ende. Auf einmal — was ist das? Ein schauerliches Brausen in der Luft: rast ein neuer Sturm daher? Mit geheimnissvollem Schaudern ruft Maḥmûd: Der Sêl kommt, der Sêl! [1]) Ich wollte es zuerst nicht glauben, und doch hatte er Recht. Von dem 1½ Stunden weit entfernten Gebirge rollte das Wasser als Bäche, als Strom, als wandelnder Damm gegen die Stadt heran. Wie sich am anderen Morgen herausstellte, hatte er unter Anderem auch die Beduinenzelte ausserhalb der Mauern weggerissen. Einstweilen in der Nacht konnte man aus dem Rauschen nur so viel abnehmen, dass der Hauptstrom auf der Ostseite der Stadt vorüberzog.

Huber, schon mehrere Tage her nicht wohlauf, hatte heute einen ernstlichen Fieberanfall, er klagte besonders über Schmerzen im Hinterkopf und redete ganz wirr; ich gab ihm Chinin in drei Portionen, musste aber, um meiner Sache sicher zu sein, die Pulver selbst zuvor versuchen.

Fr. 30. Nov. 1883]. In der Früh eilte Ḥamûd el-Migrâd herein: der Scha'ib (das sonst trockene Flussbett im Osten der Stadt) sei bis an den Rand voll; der Schijûkh und Alle seien soeben hinausgeritten, um das seltene Schauspiel [2]) zu sehen. Ich er-

1) Wildwasser.
2) Das war vielleicht in 20 oder mehr Jahren nicht vorgekommen.

klärte mich bereit, sofort mitzugehen; er wollte aber nicht auf mich warten: ich gehe ihm zu langsam. (Wegen der bisherigen Wunden an meinen Zehen hat er mich noch nie ausschreiten gesehen; jetzt sind sie geheilt). Wart' nur, Kaib, dachte ich, dich will ich schon kriegen, dir werd' ich deinen Blasbalg warm treten! Wie der Wind war ich an ihm vorüber zur Hausthüre draussen, und griff aus, dass er nur so hintendrein keuchte. Ich liess ihn ruhig mehrfach rufen: schwôje, úṣbur („langsam, wart doch!"), dann drehte ich den Kopf halbrückwärts über die Achsel und höhnte ihn: „Auf dich kann ich nicht warten, du gehst mir zu langsam!" In zehn Minuten hatte ich die Ṣüdseite der Stadt umgangen. In der That, durch die enge Schlucht zwischen den nebelbehangenen Bergen Umm Erkâb und Samrâ [1]) wälzte sich ein rothgelber Strom dahin, vielleicht 60 m. breit und mindestens 2 m. tief. Die Leute, die am Rande umherstanden, versicherten, er habe bereits um 1 Elle abgenommen.

Hochwasser in der Wüste.

Das Herz schwoll mir beim Anblick des wellenbewegten Wassers. So etwas hatte ich lange nicht gesehen. Ein grosser Theil der Bevölkerung war auf den Beinen; am Ufer füllten die Weiber von dem köstlichen Getränk ihre Schläuche, indess die Kinder sich scheu an die Kleider der Mütter anklammerten.

1) Siehe auf dem Plan Bd. I, S. 173.

Meckel
25. II. 85

Während ich Nachmittags meine Briefe für Europa abschloss, die der persische Ḥagg nach Baghdad mitnehmen soll, kam Mâgid, um einige Schachteln Jagdpulver und die Skizze zu der unlängst für den Emîr gezeichneten Karte von Europa[1]) zu erschnappen. Sein Vater, der ʿObeid, missbraucht jetzt den in Gnaden angenommenen ʿAbdallâh zu allen Botschaften und Bettelaufträgen an unsere Adresse; so liess er heute sagen, wir hätten nun Alle hier beehrt und beschenkt, nur noch nicht seinen vielgeliebten zweiten Sohn Sâlim. Auf das hin wurde ihm der drittletzte (angeblich letzte) Revolver verehrt. Als Erwiderung sandte er noch spät Abends einen Bock ins Haus, der morgen geschlachtet werden soll.

Da heute so viel Regen gefallen war und man aus tausend Pfützen Wasser schöpfen konnte, war der Betrieb des Brunnens Sĕmâḥ eingestellt, in Folge davon den ganzen Tag Wassernoth im Hause. Ich weiss nicht, von woher die Brühe stammte, die wir zu trinken bekamen.

Nachts 10 Uhr kam noch Ḥamûd el-Migrâd, in unausstehlicher Laune. Hab' mich nicht viel um ihn gekümmert. — Als er fortgieng, zeigte das Thermometer nur noch 8° C.

Sa. 1. Dec. 1883]. Die Trauer des Ḥamûd el-ʿObeid, dass wir noch nicht ganz nackt aller unsrer europäischen Herrlichkeiten beraubt sind, blüht lustig weiter. Noch besitzt Huber einen schönen Spiegel, den er aber nicht hergeben will, und noch wissen sie mich im Besitz meines kleinen Mauser-Revolvers (7 mm). Mit Zagen, weil er fürchtete, von uns hart drum angesehen zu werden, brachte ʿAbdallâh den Schmerz des ʿObeid unter vielen Entschuldigungen vor. Wir beruhigten ihn, wir wüssten wohl, wenn er sich nicht zum Ausrichten solcher Aufträge hergäbe, würde sich gleich ein Dutzend Anderer finden, die mit Vergnügen bereit wären, sich ein rothes Röcklein zu verdienen. Erleichtert gieng er von dannen, erschien aber bald von Neuem. Aha, was ist jetzt schon wieder los? Unter dem

1) S. oben S. 20.

Mantel hervor brachte er in ein Tuch eingewickelt ein Packet zum Vorschein: der ʿObeid lasse mir statt meines kleinen Revolvers hier einen anderen als Ersatz anbieten. Ich stellte mich dumm: „Mir ist mein Revolver gerade recht, ich brauche keinen Ersatz; er soll doch dies Stück selbst behalten, nach solch zweifelhaftem Lumpenzeug trag' ich kein Begehr." In richtiger Voraussicht dieser Antwort hatte er die neue Anfrage bereit, ob ich Geld oder sonst was Anderes dafür haben wolle. Ich möchte doch nachdenken, ob ich nicht einen Gegenstand nöthig hätte, mit dem er auszuhelfen im Stande wäre; er werde mir sonst aufs Geradewohl irgend etwas in's Haus schicken. Aus Furcht, einen theuren unerwünschten Schund aufgehalst zu bekommen, der mich, abgesehen von der aufdringlichen Dankesverpflichtung, schon durch sein blosses Dasein tagtäglich geärgert hätte, liess ich mich zu der unbedachten Äusserung verleiten, mein einziger von Damascus mitgenommener Zebûn (langer Rock) sei allmählich ziemlich schadhaft geworden, es wäre wahrlich kein Übermuth, wenn ich einen neuen trüge; am liebsten wäre mir allerdings ein weisser goldgeblümter, wie sie aus Indien für die hiesigen Prinzen bezogen werden, und wie z. B. sein Sohn Mâgid einen hätte. Ganz glücklich über den greifbaren Bescheid wickelte ʿAbdallâh sein Packet wieder ein und eilte davon. Nach einer halben Stunde kehrte er zurück — auf dem Arm zwei neue Hemden als Vorläufer der weiteren zugedachten Geschenke. Der ʿObeid bedaure lebhaft, weisse goldgesprenkelte Zebûn hätten sie augenblicklich im Schloss keine mehr vorräthig, eine Umfrage bei den persischen Kaufleuten sei ergebnisslos verlaufen, er sei aber bereit, seinem Sohn Mâgid den Rock auszuziehen und für mich richten zu lassen. Übrigens hätten sie im Schloss eine grosse Auswahl syrischer und indischer Zebûn, darunter einen rothseidenen, der vielleicht noch schöner sei als ein weisser, jedenfalls weniger heikel; ob ich nicht den wünsche? Ich erwiderte, das könne ich jetzt nicht sagen, ich wolle ihn einmal gelegentlich ansehen; die Sache habe ja gar keine Eile. Obschon mir ganz klar war, dass ich den Revolver nicht auf die Dauer vor seinen Klauen retten könnte, so war ich doch entschlossen, den Mann möglichst lang am Bratspiess der Geduld zappeln zu lassen, wobei ich nur eines bedauerte, dass ich mich nicht in der Zwischenzeit an dem Gesicht von dem Hallunken und an seinen verlängerten Schmerzen waiden konnte.

Abends stellte sich Ḥamûd el-Migrâd ein, leidlicher als sonst, er verweilte fast drei Stunden. — Bis 2 Uhr Nachts las ich einmal wieder den ersten Theil des Faust an einem Stück. Das war mir ein feierlicher Genuss, durch den ich wieder in eine ganz andere Welt versetzt wurde.

So. 2. Dec. 1883]. Morgens vor der Sonne aufgestanden; bald kam ʿAbdallâh. Ist's möglich? ohne Auftrag? ohne Staatsstreich? Ja. — Huber klagt wieder über Fieber und sieht schlecht aus. Zur Unterhaltung gieng ich hinaus zum Lager des Ḥagg, und besah den dortigen Markt; nebenher fertigte ich einige Skizzen. Um die Mittagszeit wollte ich mit ʿAbdallâh den Prinzen Mâgid besuchen. Da es aber hiess, er sei bei den Weibern im Schloss, so wandten wir uns zurück nach ʿAbdallâhs Haus, um uns dort aufs Dach in die Sonne zu setzen. Bevor wir die Treppe hinaufstiegen, rief ʿAbdallâh seiner jüngsten Frau, der Baghdaderin [1]), „Jâ Zháwah!" Arglos gehorsam eilte sie aus einem Nebenraum, bloss mit einem blauen Hemd angethan, heraus, gerade auf mich zu. Mit einem leichten Schrei und das Gesicht mit den Händen bedeckend stürzte sie wieder davon, indess der Mann ihr einen Auftrag nachrief. Sóviel hatte ich gesehen: sie hatte schöne grosse Augen, und, was hier sehr selten ist, rothe Backen und Lippen; dem Haar freilich hätte etwas mehr Pflege nichts geschadet [2]). Es war mir eigentlich leid, dass er das Wesen so schwer in Verlegenheit gebracht hatte, und ich enthielt mich,

1) Vgl. 5. Jan. 1884.

2) Das verstehen die Weiber hier überhaupt nicht, ist auch bei der Tracht und Sitte kaum anders möglich. Wären unsere Frauen genöthigt, den ganzen Tag ein langes schweres Tuch über den Kopf zu tragen — kein Theater-fichu — und dasselbe bei Annäherung eines fremden Mannsbildes bald rechts bald links über das Gesicht zu ziehen, so dürften sie binnen Kurzem arg verhaart und verhext aussehen und könnten das Frisiren aufstecken.

wiewohl er darauf zu warten schien, jedweder Bemerkung. So stiegen wir schweigend die Treppe hinauf. Oben angekommen that er vertraulich eitel die Frage: „Hast sie gesehen?" Ohne eine Miene zu verziehen sagte ich bloss: „Ja, mit einem Auge". Wir hatten uns eben auf dem Dach zurecht gesetzt, und uns mit den Fliegen in den Genuss des Sonnenscheins getheilt, da klopfte an der Hausthüre ein Bote von Mâgid, wir möchten zu ihm kommen. Ich musste des längeren von Kanonen erzählen, auch einige Thiere zeichnen; vier jüngere Brüder des Mâgid hörten und sahen aufmerksam zu, mit einer ihrer Jugend entsprechenden Bescheidenheit.

Die Wasserpfeife, um die ich den Mittag bei ʿAbdallâh gekommen war, wurde Abends bei ihm geraucht; mit Huber war auch noch Ḥamûd el-Migrâd gekommen.

Mo. 3. Dec. 1883]. Die Maschâhîdeh brachten einen ihrer Landsleute Slîmân Mîrzâ, der mit dem Ḥagg von Medînah gekommen war, zu Besuch. Er und namentlich sein in Meschhed lebender Vater, den Huber auf der früheren Reise kennen gelernt hatte, sind um ihres Reichthums willen sehr angesehene Leute.

Auf dem Weg zum Lager der Pilger stellte mich ein Unbekannter auf der Strasse und hielt mir drei Finger der rechten Hand ins Gesicht mit den Worten: „Da, riech!" Auf mein beifälliges Nicken strich er mir ohne Weiteres seine Finger in den Bart, und während ich noch ganz erstaunt dastand, sagte er im Weitergehen: „Gelt, das ist feines Rosenöl und Zabâd?" [1])

Zum Prinzen ʿA b d e l-ʿA z î z brachte ich in meinem Zeichenbuch die in Aquarell ausgeführte Skizze seines Porträts [2]); er schien nicht ganz befriedigt — wer ist ganz befriedigt, wenn man ihm sein Bildniss hinhält? — er zeigte es zur eigenen Beruhigung und zur Stillung der weiblichen Neugier im Harem vor.

Wenn er auch persönlich nicht unter der Angst litt, wie sein Verwandter, der ʿObeid, der von den unnützen und sünd-

---

1) Moschussalbe. [In Wirklichkeit ist *zabâd* (oder wie H. schreibt *zibâd*) das Zibet, das im Orient als Parfüm sehr beliebte Sekret der Zibetkatze].

2) Vgl. oben S. 26.

haften Bildern alsbald unabwendbares Unheit wittert, so war er doch offenbar durch den Gedanken bekümmert, dieser edle Vetter und Onkel könnte sich hinter den Emîr stecken, um irgend eine Handhabe gegen ihn daraus zu schmieden. Es wurde ihm sichtlich leichter, wie ich vor seinen Augen das Blatt aus dem Skizzenheft lostrennte und ihm die Zusage gab, dass ich Niemanden davon reden und fürderhin keinem Menschen hierzulande das Bild zu sehen geben werde. ᶜAbd el-ᶜAzîz schlug einen Gang durch den Garten vor; dort trieben wir allerlei Kurzweil, warfen mit Lanzen und Steinen. Da die Beduinen die Lanzen nur zum Stechen gebrauchen, hatte natürlich keiner eine Übung. Den schönsten Kernschuss that ich mit einer Lanze mitten in einen Palmstamm hinein. Wie der lange Bambusschaft sekundenlang wagrecht in der Luft zitterte, brachen Alle in Bewunderung aus. Wir rannten an den Baum, um den Treffer zu besehen. Die Schneide stak so tief drin, dass der Sclave Fendî Mühe hatte, sie wieder herauszuziehen; das Eisen hat er dabei gründlich verbogen. Um wenigstens in éiner Kunst seine Fertigkeit zu zeigen, verfiel der Prinz aufs Wettlaufen. Ich rieth ihm davon ab, da ich ihn, selbst bei belassenem Vorsprung, bald am Genick haben würde; darauf wolle er es doch noch ankommen lassen, er sei flink wie eine Gazelle. Gut, dann werde ich wie ein Panther sein. Ausser den hinaufgesteckten Hemden und den Filzkappen (Ṭeḳijjeh)[1]) wurden alle Kleidungsstücke abgelegt.

Prinz ᶜAbd el-ᶜAzîz.

[1) طاقية, daher *ṭāḳijjeh* zu schreiben; H. schreibt *ṭâǵîje*].

Zehn Schritte Vorsprung; eins zwei drei, los! Barfuss über die Büsche wegspringend und die mitrennenden Sclaven weit überholend, erwischte ich ihn nach vielleicht achtzig Sätzen an seinen Zöpfen. Wir waren Beide ziemlich ausser Athem und hatten an unsrer gegenseitigen Hochachtung genug; überdies war mein Fusswerk bös mitgenommen, ich blutete an mehreren Stellen und zog aus der Fusssohle einen Holzsplitter. — Nach Beendigung der Leibesübungen und unter dem frischen Eindruck derselben trat Einer von dem vornehmen Stamm der ʿAbdeh mit uns in den Dîwân ein. Er begann sofort mit der unvergleichlichen Überlegenheit der Beduinen über christliche (!) Soldaten zu prahlen, von denen er ja noch nie einen gesehen hatte. Wenn wir auch möglicherweise vollkommenere Waffen besitzen, so seien die Araber dafür jederzeit im Stand, alle in ihre Reihen gerissenen Lücken durch immer neue Menschenmassen zu stopfen. Ich gab mir Anfangs Mühe, seine hochmüthigen und dummen Vorstellungen zu verbessern, erklärte aber bald, ich müsse es aufstecken, da es vergeblich sei, mit einem Blinden über Farben zu streiten. Seinen verschiedensten Anreden und Herausforderungen setzte ich ein ganz hartnäckiges Stillschweigen entgegen, ja verstärkte dasselbe noch durch zeitweiliges vergnügliches Anstarren. Da dieses ausser in einem Narrenhaus kein Mensch auf die Dauer aushalten kann, so zog er es nach 5 Minuten vor, den Platz zu räumen. Für den Herrn des Hauses, der offenbar befürchtet hatte, wir kämen noch ernsthaft hintereinander, war diese Lösung jedenfalls die angenehmste.

Um 4 Uhr schickte der Emîr nach uns. Er sass vor dem hell lodernden Feuer in einem goldgestickten, pelzgefütterten Mantel, neben ihm Ḥamûd el-ʿObeid wie gewöhnlich mit einem neuen geschmacklosen Gewand angethan. Da unter dem Pelzmantel des Fürsten ein seidener[1]) Rock hervorguckte, drückte ich mein Erstaunen aus: „Ist das Seide?" Der Fürst nickte. Das

1) S. Bd. I, S. 158, Z. 22 und 168 unten.

ist doch Sünde? Was sagt denn dein Hauspfaff dazu? Ich möchte ihm nicht rathen, dass er etwas sagte. Der Fürst wollte wissen, ob ich in diesen Tagen wieder gemalt habe, und liess meine zwei Skizzenhefte holen. Für die Landschaften hatte er keinen Sinn, er wollte die Sclaven sehen, die ich abconterfeit hatte. Wie bin ich froh, dass das Bild vom Prinzen ᶜAbd el-ᶜAzîz herausgeschnitten war; höchst wahrscheinlich war ihm doch was zu Ohren gekommen. — Von einem Wabr (Klippendachs)[1]) der voriges Jahr geschossen worden war, brachten sie einen sonderbaren Magenstein daher. Dann kam der Fürst auf die Nachrichten zu sprechen, die ihm durch den Ḥagg aus Mekkah gebracht worden waren; er erkundigte sich dringlich, ob wir nicht wüssten, was das europäische Kriegsschiff zu bedeuten habe, das zwischen Janboᶜ und el-Wegh im Rothen Meer die Gegend beunruhige. Wir konnten nur sagen, das sei das erste Wort, das wir hören, vielleicht handle es sich um die Ausfindigmachung einer Kohlenstation. Er fuhr dann fort, der „Pascha" in Mekkah habe den Karawanenführer ᶜAbd er-Raḥmân zur Rede gestellt und lasse ihn (den Emîr) fragen, was denn die zwei Christen treiben, die er in Ḥâjel als Gäste feiere. Ohne Zweifel fürchten die Türken auch hier eine politische Anzettelung. — Von da giengen wir hinüber zu den Pferden; ich hatte dem Fürsten den Wunsch geäussert, seinen schwarzen Hengst zu zeichnen, merkte aber sogleich, dass es ihm (aus abergläubischer Angst)[2]) nicht angenehm war, und so kam ich nicht mehr darauf zurück. Dagegen zeichnete ich in seiner Gegenwart sein Lieblings-Delûl, ein schlankes Thier von der Rasse Noᶜmânijjeh. Dabei wollte er noch die Farben sehen, mit denen ich male; ich zeigte ihm die kleine Blechbüchse mit den feuchten Wasserfarben. — Huber hatte einen schönen Khangar (Dolch) bei einem der Pilger gesehen, und dem Nâṣir Sebhân den Auftrag gegeben, ihn zu kaufen. Sobald der Emîr davon hörte, befahl er, ihn aus seinem

---

[1) H.: *wabĕr* Klippschliefer, Hyrax syriacus Schreber.]

2) Huber belehrte mich nachher, dass die Araber nicht bloss hier äusserst misstrauisch seien, wenn einer ein Pferd nur recht anschaue; ich solle nie mehr von Abzeichnen reden.

Beutel zu beschaffen. Beim Abschied forderte er uns nochmals auf, doch stets zu sagen, wenn wir irgend etwas wünschten.

Di. 4. Dec. 1883]. Dem Prinzen Mâgid eine Anzahl Holzschnitte mit Darstellungen von Pferden verehrt. Im Heimweg zu Ḥamûd el-ʿObeid gerufen worden, der mir den rothen goldgewirkten Zebûn verehrte. Also schon wieder einen Schritt weiter: timeo Danaos! Nachmittags bei einigen persischen Kaufleuten Besuch gemacht.

Mi. 5. Dec. 1883]. Morgens war ich zu einem Méschhĕdî eingeladen, wurde bald abgerufen, weil Mâgid mit zweien seiner Brüder uns besuchen wollte. Nachmittags zu Ṛânem; später einen Spaziergang auf den Steinhügel im Südosten des Sĕmâḥ gemacht, von wo aus man das Treiben im Pilgerlager übersehen konnte. Abends bei ʿAbdallâh zum Nachtessen; bei der trostlosen Langeweile des hiesigen Daseins doch eine kleine Abwechslung.

Do. 6. Dec. 1883]. Der Emîr liess uns holen wegen der nach Europa bestimmten Briefe. Aus besonderer Artigkeit wollte er sie nicht durch die zurückkehrende Karawane, sondern durch einen Expressboten befördern lassen. Die Briefe waren von uns bereits in Leinwand eingenäht, dazu kam noch ein eigener Begleitbrief an den Inspector der Quarantäne in Meschhed Ali (Negef) am Euphrat, einen Dr. Lubitsch; ausserdem eine Blechrolle, in die einige von mir gefertigte Abklatsche (aus Murduk, aus ʿOrmân und aus Gyobbeh) eingelöthet waren. Vor unsren Augen wurden die drei Stücke zusammen nochmals in eine Leinwandhülle vernäht, vom Secretär des Fürsten überschrieben und einem Eilboten übergeben, der dieselben nach 10—12 Tagen in Negef abliefern soll. Die Post wird von dort möglicherweise über Bombay nach Europa befördert werden. — Um den Hals trug ich an rothseidener Schnur hängend ein Schiebbleistift in Elfenbeinhülse. Ḥamûd el-ʿObeid rückte an mich heran und fragte, das Bleistift ergreifend, mit bedeutungsvollem Blick, ob ich nicht noch so eines hätte. Wie ich den Menschen ansah, dachte ich: Pfui Teufel! Wahrscheinlich konnte ich den dazu gehörigen Gesichtsausdruck nicht ganz beherrschen. Der Emîr gab ihm ärgerlich einen abwehrenden Wink mit den

Worten: „Äh! hâda ḥáḳḳuh" („das-gehört ihm" = das braucht er selber).

Vor dem Schloss wurde grosser Meglis abgehalten. Nach dem Essen zu ʿAbd el-ʿAzîz, Ṛânem und ʿAbdallâh. Dabei hörte ich, gestern seien Scheche der ʿAteibeh [1]) hier angekommen, um über Verbrüderung oder Unterwerfung zu unterhandeln. Die Raubzüge werden ihnen offenbar zu heftig und zu häufig. Abends kam der Kameelshändler Ḥusein, er dictirte mir auf Verlangen Auskünfte über die Kameele, ihre Namen, Krankheiten, Gangarten und dergleichen. Der Schmied Ḥusein und der Diener Maḥmûd betheiligten sich an der Vervollständigung seiner Angaben.

Mit dem heutigen Tag begann auch der Emîr zu fasten, d. h. solange die Sonne am Himmel steht, auf Speise und Trank zu verzichten. Der vorletzte Ṛázu war nämlich in den Ramaḍân, in den eigentlichen Fastenmonat (diesmal Juli bis August) gefallen. Im Krankheitsfall oder auf einer Reise oder während eines Krieges ist der Muslim des Fastens überhoben, muss es aber zu einer anderen gelegeneren Zeit hereinbringen, also nachfasten. Das thut demgemäss in diesen Tagen hier die Mehrzahl der waffenfähigen Männer. Ḥamûd el-Migrâd z. B. fastet heute den 14ten Tag; dabei trägt er in Ermanglung eines Kalenders einen Fetzen Papier bei sich und macht zur Sicherheit jeden Abend nach Sonnenuntergang einen Strich darauf. Die Faster vermeiden, wenn eine andre Person, die raucht, in die Nähe kommt, den Tabaksrauch in die Nase zu kriegen [2]); so habe ich heute zwei gesehen, die in diesem Fall die Keffijjeh dicht über das Gesicht zogen. Selbst bei Räucherung mit Wohlgerüchen weigern sie sich, davon Gebrauch zu machen; sie lehnen es ab mit den Worten: „Ich faste".

---

[1]) Nach H., der lange mit Leuten dieses Stammes zusammen war, sprechen sie selbst ihren Namen ʿ*Otâbe* aus.]

2) Das mag damit zusammenhängen, dass man im Arabischen für rauchen sagt „Rauch trinken". Das Trinken ist verboten, ergo —. [Auch im Türkischen sagt man „Rauch trinken" für „rauchen", und derselbe Ausdruck war in früherer Zeit in Europa gebräuchlich. Die orthodoxen Juden pflegen am Sabbath nicht zu rauchen.]

Fr. 7. Dec. 1883]. Bei dem Waffenschmied Ṛânem gelingt es mir selten, ihn oder seinen Sohn Muḥammed bei der Ausübung ihrer Kunst beobachten zu können. In seinem Haus ist von Besuchern ein ständiges Geläuf, wodurch der Mann allemal abgerufen wird und gezwungen ist, in seinem Ḳăháwah die Müssiggänger zu empfangen. Da ist nur zu verwundern, dass er daneben noch so schöne Sachen fertig bringt. Wie ich sah, dass er alle Schnipfel und Späne seiner Arbeit von Zeit zu Zeit auf den Lehmboden ausschüttelte, stellte ich ihn zur Rede, was er denn mit dem Abfall der Edelmetalle, wie er sich beim Graviren und Ciseliren ergebe, anfange. Was sollte er damit anfangen? Es werde halt aller Kehricht miteinander in das Wasserloch (بلّاعة) im Hof und in die Dohle geschüttet. Vergeblich suchte ich ihm klar zu machen, was das für eine unverantwortliche Verschwendung und Thorheit sei. Bei unseren Goldarbeitern und in den Fabriken werden die Überbleibsel („Krätze") sorgfältig gesammelt, weil sie umgeschmolzen einen ganz erheblichen Werth darstellen. Ja, es sei sogar ein eigenes Gewerbe, die Kleider und Geräthschaften, Tische und Stubenböden zu reinigen und aus dem Schmutzwasser das Edelmetall wieder zu gewinnen. Wenn auch das Einzelne winzig erscheine, durch die Masse komme doch so viel dabei heraus, dass die Wäscher das Geschäft nicht etwa bloss unentgeltlich besorgen, sondern noch Geld darauf bezahlen. Vater und Sohn lachten ungläubig über die Mückenseigerei; bei ihrem eigenen Betrieb kämen solche Lappalien gar nicht in Betracht. Dann also!

Mittags bei Slîmân Mîrzâ (oben, S. 36) einen Abschiedsbesuch gemacht. Auch unser Nachbar Mîrzâ will, angeblich auf ein Jahr, nach dem ʿIrâḳ zurück; es kommt mir aber eher vor, er habe das Leben unter den Beduinen satt, und wolle überhaupt nichts mehr davon wissen. — Nachmittags den Schmied Ḥusein aufgesucht; da er selbst nicht zu Hause war, besah ich wenigstens seine Werkstatt.

Mâgid, der an Schmerzen leidet wegen eines hohlen Zahnes, schickte einen Sclaven um Arznei. Huber übersandte ihm Carbolsäure mit der Weisung, er solle einen Tropfen auf Baumwolle thun, die daraus gebildete kleine Kugel in die Höhlung drücken und noch etwas trockene Baumwolle darauf, aber Acht geben, dass nichts an das Zahnfleisch oder die Zunge komme, weil das brenne. Kaum im Besitz des Mittels stach ihn der Nasenweis; er liess einen Sclaven die Zunge herausstrecken, um daran die Wirkung der Carbolsäure zu probiren.

Seinem Vater Ḥamûd el-ʿObeid fehlen zwei obere Schneidezähne. Er hatte gehört, in Damascus sei ein Zahnkünstler, und möchte nun von dort zwei Einsetz-Zähne kommen lassen. Ich wundre mich eigentlich nur, dass er nicht längst einem Sclaven sämmtliche Zähne zur Probe hat einschlagen lassen, um zu sehen, ob ihm keiner von diesen passt und gleich hält. Es war schwer, ihm begreiflich zu machen, dass die Kunst darin bestehe, die Zähne genau an den Kiefer anzupassen. Dazu müsste er dem Damascener zuvor einen Abdruck seines Oberkiefers etwa in Wachs einsenden. Natürlich wäre es noch gescheidter, wenn er selber nach Damascus reiste; doch dazu wäre er ja nicht um alles in der Welt zu bringen. Dagegen kam ihm der Gedanke, ob der Mann nicht vielleicht hieher käme, wenn er ihm ein Delûl zur Reise und das fürstliche Geschenk von 200 Megîdî (750 M.) schickte. Er wurde ganz bös, wie ich bezweifelte, ob der Mann damit zufrieden wäre. „Was sagst Du? das ist doch, weiss Gott, genug für zwei Zähne!" — „Ja freilich! aber bedenke doch: wenn der Mann reiten würde wie verrückt und ohne auszuschnaufen, so brauchte er von Damascus nach Ḥâjel 20 Tage. Thatsächlich wird er 30 brauchen. Dann kommt er hier an mit Klagen über die ausgestandenen Schmerzen [1]) und Entbehrungen, und muss sich doch etwas ausruhen. Bis deine Zähne angefertigt und eingesetzt sind, vergehen mindestens 10 Tage. Zum Rückweg braucht er wieder 30, thut summa summarum 70 Tage. In der Zeit hätte er in Damascus täglich doch mindestens seine 4 Megîdî, also im

1) Vgl. Bd. I, S. 33 f.

Ganzen 280 Megîdî (980 M.) verdient, ohne sich dabei abzuschinden und wund zu reiten". Dieser geschäftsmässigen Rechnung konnte er schliesslich die Richtigkeit nicht absprechen; ich bin aber überzeugt, dass er, wie ich zum Haus draussen war, meine ganze Beweisführung für den Werth der Zeit als graue Theorie über Bord geworfen hat: Narr! lächerlich!

Sa. 8. Dec. 1883]. Morgens kam der Schmied Ḥusein, den ich gestern verfehlt habe; er begleitete mich zu den drei alten Ithelbäumen (Tamarisken) in der Nähe seines Hauses. Nachdem ich einen derselben in Wasserfarben gemalt hatte, nahm er mich mit in seine Werkstatt, woselbst ich seinen Neffen Ḥamûd ibn Khalaf zeichnete. Auf dem Heimweg gewahrte ich im Stadttheil Sarḥah einen Palmbaum, dessen Stamm bis hinauf in die Hälfte zwischen Bretter und Stangen mit Stricken fest eingebunden war. Ḥusein nannte mir den Namen der Krankheit, an der der Baum leide, und gab eine längere Erklärung davon, von der ich aber nicht viel verstanden habe. Er begleitete mich noch bis zu ʿAbdallâh ins Haus.

Ithel-Baum in Ḥâjel.

Nachmittags 3 Uhr liess sich plötzlich der Emîr zu Besuch

ansagen. Er erschien auch gleich darauf mit Ḥamûd el-ʿObeid, ʿAbd el-ʿAzîz und einigen Leibdienern. Da er fastete, konnten wir ihm nichts anbieten. Nach einer Viertelstunde machte er den Vorschlag, wir wollten etwas ins Freie gehen gegen den Brunnen Sĕmâḥ zu. Voran gieng der Emîr mit Ḥamûd, einen halben Schritt hintendrein Huber und ich mit ʿAbd el-ʿAzîz an der Hand, dann in breiten Reihen ein Schwarm von Schwertträgern und Sclaven. Am Brunnen Sĕmâḥ (oben S. 22 f.) klopften wir, überraschten fünf Weiber, die behaglich in der Sonne auf dem Boden lagen. Bei unsrem Eintritt fuhren sie erschreckt in die Höhe, verhüllten sich und wurden von den Sclaven nicht gerade sanft hinausgeschoben. Der Emîr erklärte den Brunnen und den Garten, und dann hockten wir Alle an einer Innenmauer auf den blossen Boden; nur für den Emîr zog Einer den Mantel aus und breitete ihn auf das Erdreich. Auf seinen Wunsch zeichnete ich ganz flüchtig einen einäugigen Diener und einen Sclaven. Von da nahmen wir unseren Gang in die Ebene gegen ʿAḳdeh zu. Unterwegs rief ein alter Bettler den Emîr an; dieser blieb stehen und wechselte mit ihm einige Worte. Ein paar hundert Schritte weiter kamen wir an eine niedrige Steinmauer mit einer Ḳiblah-Nische, welche die Richtung nach Mekkah andeutete. Hier traten sie in zwei Reihen zusammen zum Gebet; der Khaṭîb stellte sich auf ein paar erhöhte Steine

Stehende Beter.

und betete vor, während dessen Huber und ich, weiter rück-

Knieende Beter.

wärts sitzend, uns unterhielten. Nach beendetem Gebet setzte sich der Emîr mit Gefolge hier ebenfalls auf den Boden. Er erkundigte sich, wie es denn komme, dass Leute behaupten, die Sonne stehe still und die Erde bewege sich. Er hörte der Begründung dieser weltumstürzenden Theorie mit Interesse zu, schien aber nicht recht folgen zu können, eher beunruhigt zu sein, denn mit einem Seufzen der Erleichterung meinte er, im Koran stehe nichts davon, und es sei jedenfalls besser, man lasse es beim Alten [1]). Er gab sodann Befehl, aus der Stadt ein paar Esel zu beschaffen, um nach Hause zu reiten. Mittlerweile kam des Wegs daher der Khaṭîb vom Dorfe ʿAḳdeh; dieser musste in den Halbkreis hocken, und aus dem Koran auswendig etwas vortragen. Dazwischen kam auch noch ein junger Mann und brachte eine Klage vor; der Emîr versprach, sich um die Sache zu bekümmern, dann schoben sie den Menschen bei Seite. Als die Esel zur Stelle waren, empfahlen wir uns und giengen mit Ḥamûd el-Migrâd zu Fuss in unser Quartier zurück. Vor dem Hause trafen wir mit dem Prinzen Mâgid zusammen, der uns noch eine volle Stunde bis zur Essenszeit elendete.

Abends erzählte ʿAbdallâh, Ḥamûd el-ʿObeid habe ihn darauf angeredet, er habe gehört, ich besitze eine Uhr. ʿAbdallâh erwiderte, er habe noch nie eine bei mir gesehen. Ich liess ihm

---

1) Als vor etwa 15 Jahren auf der Plattform und auf der Spitze des Strassburger Münsters meteorologische Instrumente verschiedener Art angebracht wurden, erklärte mir der 83-jährige Thurmwächter — Bernard hiess er — alle diese Neuerungen seien werthlos und dummes Zeug, aber das Gescheidteste sei, jedem Narren seine Kappe zu lassen. Da sei unlängst ein Fremder heraufgekommen und habe ihn belehren wollen, dass die Erde sich drehe und die Sonne stillstehe. Ja, was solle man dazu sagen? Seit mehr als 40 Jahren sehe er schier Tag für Tag alle Morgen da drüben hinter dem Schwarzwald die Sonne heraufsteigen, und da komme nun so ein nasenweiser Grünschnabel und meine, ihm alten Manne könne man schon einen derartigen Bären aufbinden. „Aber wisse Se, Herr Euting, es mües au só Veeh gän [es muss auch solches Vieh geben.]" Der Fremde war gerichtet. — [Aus Ägypten ist mir folgende Geschichte bekannt: „Ein Schutzmann sah einmal bei Nacht einen Betrunkenen auf der Strasse stehen. Da sprach er zu ihm: „Warum stehst du hier so herum, du Bursche?" Der antwortete: „Ich habe einmal gehört, wie einer sagte, die Erde drehe sich, doch ich glaubte seinen Worten nicht. Aber jetzt sehe ich, wie die Welt sich dreht; und da sagte mir mein Verstand: „Statt deine Füsse bis nach Hause müde zu laufen, bleib lieber stehen; wenn du dann siehst, wie dein Haus vorbeikommt, geh, greif nach einem von den Fenstern und geh hinein! Adieu!" In *kitāb mi'at ḥikāya wa-ḥikāya*, von *Muḥammad Effendi ʿAbd al-Fattāḥ*, Alexandria, ohne Jahr, S. 13.]

sagen, freilich habe ich eine, die sei aber von gemeinem Kupfer, trotzdem gebe ich sie nicht her. Kriegt denn der Uhrenfresser nie genug? (Bd. I, S. 187 und oben S. 13 f.). Auch unsrem Reisemarschall Ḥamûd el-Migrâd liegt er allzeit weinerlich in den Ohren: warum bringt du uns nichts mehr von Huber und ʿAbd el-Wahhâb? Vor ein paar Tagen habe ich dem fünfjährigen Enkel des Ṛânem, dem ʿAbdallâh[1]) ibn Ḥamd ez-Zehêrî, ein kleines Schiebbleistift verehrt in Gestalt einer Flinte, in dem Perlmutterschaft war auch noch eine Messerklinge untergebracht. (Frau Alfred Jobst in Stuttgart hatte es mir mit anderen Gegenständen zum Verschenken auf der Reise mitgegeben). Heute höre ich, dass der ʿObeid, von dieser Köstlichkeit in Kenntniss gesetzt, zu Ṛânem gelaufen sei, und unter der Betheuerung, dass er doch auch Kinder genug besitze, die ich in erster Linie hätte beschenken können und sollen, das Ding dem Buben weggenommen habe. — Ach! dieser Mensch!

So. 9. Dec. 1883]. Der Prinz Mâgid, sonst ja nicht gerade künstlerisch veranlagt (siehe oben S. 25), ist doch von einer ungemein raschen Auffassungsgabe. Als ich diesen Morgen in seinem Empfangssaal zeichnete, stellte er mich zur Rede, warum denn in der Flucht der Säulen die hintersten immer kleiner werden, sie seien doch thatsächlich alle gleich gross. Ich liess ihn nun zunächst ein Auge zuhalten, und zeigte ihm dann die mit der Entfernung zunehmende Verkürzung; bald begriff er auch die von oben oder unten auf den Augenpunkt (Horizont) zulaufenden Linien, so dass er, ehe zehn Minuten um waren, perspectivisch richtig sehen gelernt hatte. Eben sollte er durch eine anzufertigende Zeichnung beweisen, dass er jetzt auch wirklich richtig die Linien und Winkel zu Papier bringen könne, da wurde gemeldet, der Emîr wolle mit den Prinzen ausreiten. Die Hausthüre wurde geöffnet, die Pferde hinter einander aus dem gegenüberliegenden Stall herausgeführt, die Prinzen schnallten sich die Khangar (Dolche) um, und zogen auf der Strasse

1) Dem Kind des Leibdieners des Fürsten.

ungenirt die weiten Unterhosen auf den blossen Leib an, während ich und andere gerade anwesende Personen zuschauten.

Von Ṛânem wollte ich gerne hören, wie der ʿObeiḍ eigentlich in den Besitz von dem Flinten-Bleistift gekommen sei. Bis ich in seinem Hause ankam, hatte wahrscheinlich mein Gesicht einen so galligen Ausdruck angenommen, dass Ṛânem ganz erschreckt behauptete, nicht der ʿObeid, sondern der Emîr selbst habe seinem Enkel das Geschenk weggenommen. Was wird denn der Emîr um ein solche Bagatelle sich bekümmern! Unter Verwünschungen verliess ich das Haus. Auf den Steinhügeln Buêḍah im Ṡüdosten der Stadt kaute ich noch an meinem Ärger weiter.

Mo. 10. Dec. 1883]. Morgens vor dem Essen hinter dem Sĕmâḥ ein grosses Panorama von Ḥâjel gezeichnet. Nachmittags den Sohn des Wolfes (Bd. I, S. 187) in seiner düsteren Höhle aufgesucht. Er hatte die Frechheit, mir sofort zum Empfang das aus der Tasche gezogene Flinten-Bleistift vor die Nase zu halten und sich damit zu brüsten: „Sieh, jetzt hab ich's doch! Warum hast du mir's nicht gleich gegeben?" Nur mit Mühe konnte ich mich beherrschen: „Ich hätte nie gedacht, dass du nach solchem Tand Verlangen trügest, und dann wollte ich es eben gerade diesem Buben geben, weil ich meine Freude an ihm habe." „Ach! was hast du mir an dem Buben für einen Affen gefressen, das ist ja ein ganz einfältiger Kerl!" — Heiliges Gewitter! Da könnte man spornstreichs das grüne Fieber kriegen! Ich glaube, es ist rein unmöglich, in Ḥâjel irgend Jemanden persönlich zu beschenken. Ehe drei Tage vergehen, ist das Geschenk ins Schloss gewandert; der Ḳaṣr ist der grosse Glückshafen, in den freiwillig oder gezwungen Alles zusammenläuft. — Doch damit hatte der heimtückische Vielfrass noch nicht genug; er hub an, auch noch auf Ḥamûd el-Migrâd zu schimpfen, der doch im Interesse des Ḳaṣr ein wackerer Kämpe uns schon ganz tüchtig ausgeplündert hat, und dem sie selber alle Geschenke, die wir ihm gegeben, weggenommen haben. Er hatte offenbar beim Emîr den Mann bereits angeschwärzt, und wollte nun auch bei meiner Person den Versuch machen, doch vergeblich, denn ich liess Nichts auf unsern alten Rafîḳ (Reisegefährten) kommen, vertheidigte ihn vielmehr nach Kräften.

Abends wurden wir zum Emîr ins Schloss geholt. Nach dem Gebet mussten mehrere Sclaven antreten und ihre Kunstfertigkeiten zeigen. Der Eine ahmte alle möglichen Thierstimmen nach, dann das Gebet eines Schîʿah (Persers), das er mit einem plumpen Laute [1]) abschloss. Ein Anderer legte die hohle Hand in die Achselhöhle, und brachte durch Drücken mit dem Arme die beliebten unfeinen Töne hervor, wie sie Jeder aus seiner Kinderzeit kennt. Ein Dritter verstand es, verschiedene stadtbekannte Persönlichkeiten nach der Eigenart ihrer Gangweise, Reden und Geberden auftreten zu lassen; köstlich ahmte er die kläglichen Laute der Rebâbah nach, und führte zuletzt noch einen Nationaltanz aus seiner Heimath auf. Bei allen diesen an die Gränzen des Anstandes streifenden Vorstellungen lachte die ganze Gesellschaft, einschliesslich des Fürsten, nach Herzenslust. Zum Schlusse zeigte sich noch ein anderer Sclave, Namens Khuméjjis, von ziemlicher Körperkraft. Er musste auf einem Fusse tanzen, und dabei den grossen Zehen des andern mit den Zähnen halten; dann: durch den von ihm selbst wag-

Arabische Akrobaten.

recht gehaltenen Stock vor- und rückwärts springen, auf einem Schemel die Wage halten, gleichzeitig den Kopf niederbeugen und mit den Zähnen einen Gegenstand vom Boden aufheben. Sein schönstes Stück, versicherte der Emîr, könne dieser Sclave nur im Nefûd (Flugsandwüste) ausführen, nämlich vom Höcker des Kameels den Kopfsprung in den Sand machen, und die Beine senkrecht in die Luft strecken, bis er umfalle. Mein Nebensitzer, der Vetter des Fürsten, Ḥamûd el-ʿObeid, fühlte

1) Crepitum imitans.

sich durch die eben gesehenen Kraftäusserungen in seiuem nationalen und muslimischen Bewusstsein offenbar sehr gestärkt, denn er wollte mir das Geständniss erpressen, dass es im Christenlande keine so kräftigen und gewandten Leute gebe. Auf das hin guckte ich ihn einen Augenblick ruhig an und sagte: „Lass einmal die gepriesensten von deinen Sclaven zu mir herkommen, ob mir da einer das Knie biegt". Gleich kamen zwei auf einen Wink herbei. Sehr hochmüthig drehte ich mich halb auf die linke Seite, streckte aus meinen Kleidern das nackte rechte Bein hervor, und forderte sie auf, damit anzustellen, was sie könnten. Allsogleich stemmte Einer seinen Fuss in meine Kniekehle und packte mich am Fuss und Knöchel, um das Knie zu biegen. Lachend spottete ich der verzweifelten Anstrengungen: „Du kannst dir noch von zweien helfen lassen, und dann bringt ihr's zu dritt erst noch nicht zuweg". Sofort sprangen zwei herbei, die ich aufmunterte zuzugreifen: Als zu! Dieweil nun alles Drücken, Treten und Zerren umsonst war, verfiel einer in seiner Raserei auf ein ganz unerlaubtes Auskunftsmittel: mit einem wüthenden Faustschlag lähmte er mir urplötzlich einen Muskel des Oberschenkels, so dass das Knie umschnappte und alle drei nach rückwärts stürzten. Allgemeine Heiterkeit. Ḥamûd war damit immer noch nicht zufrieden, und meinte, ob ich den Kunststücken, wie seine Neger vorhin einige gemacht, etwas Ähnliches gegenüber stellen könnte. „Gewiss!" Ich verlangte eine oder zwei Ithelstangen, wie man sie zum Eindecken der Zimmer braucht, möglichst glatt und gerad, doch nicht zu dick. Eiligst rannten Einige fort, und brachten ein halbes Dutzend, wovon ich mir eine als Reckstange auswählte. Allerdings war die Rinde nicht sehr günstig für den Zweck, darum schnitzelte ich mit dem Messer einige Astansätze glatt. Zwei Paare von Sclaven mussten die Stange auf den Achseln halten; ich probirte das wacklige Gestell. Nachdem ich Mantel und Kopftuch abgelegt, und das Hemd in einen umgeschnallten Gürtel zusammengerafft hatte, konnte die Vorstellung losgehen. Ich commandirte: „Festhalten!" Da ein rascher Bauchaufschwung um ein Haar die Sclaven zu Boden geworfen hätte, wurden zur Sicherheit noch vier weitere Sclaven angestellt. Unter athemloser Spannung des Publicums brachte ich die seit 20 oder mehr Jahren nicht mehr geübte Kniewelle zu Stande, freilich nicht ohne schmerzhafte Einbusse von Haut in meiner ungeschützten Kniekehle.

Turnkunststück.

Mitten in der Aufführung einiger weiteren staunenswerthen Kunststücke wurde der Besuch eines sehr frommen Mannes, des Khaṭîb ʿAbdallâh, gemeldet. Der Emîr rief mir noch rasch zu: Ilbis („zieh dich an!"); ich hatte knapp Zeit, in meinen Mantel hineinzuschlüpfen und keuchend meinen Platz zu erreichen, da trat auch schon der Khaṭîb herein. Befremdet, doch ohne Aufklärung zu verlangen, schritt er auf den ihm angebotenen Platz zu. Es herrschte ein verlegenes Schweigen im Saal, und Alle hätten, statt den Gruss zu erwidern, den guten Mann am liebsten zum Kuckuck gewünscht, denn der Abend war schmerzlich unterbrochen. Ich hatte Musse, über die Vergänglichkeit meiner Künstlerlaufbahn nachzudenken: Qualis artifex pereo! Ob er's nun von selbst merkte, oder ob es ihm in der Stille gesteckt wurde, dass er als Störefried eingedrungen, weiss ich nicht; jedenfalls wollte der Khaṭîb sich mir gefällig erzeigen, und erzählte mir: am Berge Serrâʾ[1]) (eine starke Tagreise im Süden von hier) habe er in der Nähe des Wassers eine Inschrift in unbekannten Zeichen am Felsen abgeschrieben, er wolle mir bei Gelegenheit seine Abschrift zeigen.

Di. 11. Dec. 1883]. Ich war ganz erstaunt, schon in der Früh durch einen Boten des Fürsten ein Blatt Papier[2]) mit der

1) السرّاء.

2) Auf dem Blatt stand: وجدت مكتوبا على صخرة جبل سرآء الماء الذى كان فى بلاد طيّ. ما صوّرت هكذا. („Ich fand eine Inschrift auf dem Felsen vom Berge Sérrâʾ, bei dem Wasser in der Landschaft Ṭajj. Meine Abzeichnung ist wie folgt:")

Zeichnung des Khaṭîb ʿAbdallâh zugeschickt zu erhalten. Es ist sicherlich selten, dass ein Beduine auf Schriftzeichen Achtung gibt, ganz unerhört aber ist, dass einer aus freiem Antrieb die Buchstaben abzeichnet. Wie richtig und pünktlich der Mann das gethan hatte, davon konnte ich mich am 27. Januar 1884 durch Augenschein überzeugen, als ich selbst am Sérrâʾ vor dem Felsen stand.

Die stetige Abnahme der Luftwärme wird schon recht empfindlich (7° C); ich legte heute ein wollenes Unterhemd und sogar Socken an. Um 9 Uhr sandte Mâgid, wir möchten auch zu ʿAbdallâh kommen, damit wir gemeinsam dort einen Besuch machten. Von da schleppte mich Mâgid noch in seinen Garten. Unterwegs erkundigte er sich, was ich denn in der Brusttasche meines Hemdes stecken habe. Die geheimnissvolle Auskunft: „ein [faltbarer] Trinkbecher aus Gummi [Kautschuk]", wirkte auf seine Neugier und Habsucht dermaassen, dass er sich nicht mehr beherrschen konnte, vielmehr mit einem raschen Griff das Wunderding glücklich entwendete. Meine Einsprache, dass das nichts für ihn sei, er mache es doch in den nächsten fünf Minuten caput, half nichts. Der Becher musste gezogen und gedehnt sein bis ins Unmögliche; ich konnte die kindische Misshandlung nicht mit ansehen, sondern drehte den Kopf auf die Seite. Zur Begütigung versprach er mir einen Messing-

---

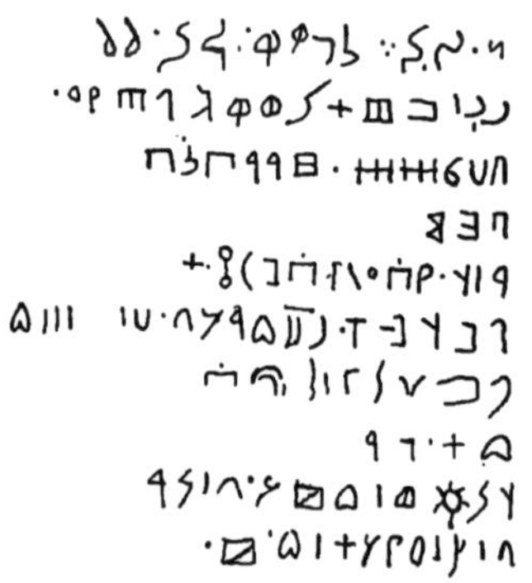

[Eine genauere Kopie ist unten, unter dem 27. Januar, abgebildet].

Becher oder -Schale aus dem Schloss zu schicken, wiewohl ich mich lebhaft gegen ein derartiges Möbel verwahrte, das ich nur schwierig in der Tasche bei mir führen könnte. In einem an Mâgids Haus anstossenden Hof bekam ich die Jagdfalken zu sehen. Es sind sechs Stück gewesen, die aut gestielten Holztellern angekettet sassen. Ich musste einen derselben malen, dazu einen Sclaven Namens Feneisân (فنيسان), der die Jagdvögel[1]) zu besorgen hat. Nebenher wollte ich mir gerne die Art und Weise der Abrichtung erklären lassen, muss aber gestehen, dass ich, dem die Sache selbst fremd war, von den Kunstausdrücken so gut wie nichts verstanden habe. Die Leute haben auch ihre Jägersprache, für die es noch kein Wörterbuch gibt[2]).

Feneisân mit einem Falken.

---

1) صقر (Plur. صقور) ṣaḳar [H.: *ṣagĕr*], Falke.
برقع (Pl. براقع) burḳaᶜ [H.: *burgaᶜ*], Lederkappe.
متكاكة (Pl. متاكيك) mitkâkeh, Lederbändel.
مركابة merkâbah [H.: *myrkûbe*], Sitz(-teller).
سيخ sîkh, Stil des Sitzes.
دس diss, Handschuh, aus dem Leder des grauen Fuchses, ḥuṣni حصنى genannt.
مربط السلسلة murbaṭ es-silsileh, Lederbändel mit der Kette.

Ihren Falken geben sie Namen wie
عرجان ᶜArǵân.
هزّاع Hazzâᶜ [Beutezerfetzer].
غنّام Ṛannâm [H.: Beutevertheiler].
عزّام ᶜAzzâm.
سويد Suêd.
جردان Gerdân.

[H. kennt auch noch خطاف Khaṭṭâf "Raffer", صفّاق Ṣaffâg, „der mit deu Flügeln schlägt". Dagegen wurde ihm Ǵerdân als Name eines Lastkamels gegeben.]

2) Als Eigennamen, wie sie für Jagdhunde (سلوقي slûḳî, Pl. سلقان sulḳân) gebraucht

Nachmittags zu Ḥamûd el-ʿObeid, der die Gelegenheit nicht vorbeigehen lassen konnte, wieder etwas zu erbetteln; diesmal war es eine silberne Sicherheitsnadel, die ich aus Versehen an meinem Mantel hatte stecken lassen; er versprach, durch Ṛânem mir eine andere anfertigen zu lassen. Bei der Rückkehr nach Hause stiess ich auf einen Sclaven Mâgids, der mir ein plumpes Trinkglas von giftig grüner Farbe zu überbringen hatte. Auf die Frage: „Nun, zerrt ihr Alle noch immer an dem Gummibecher herum?" antwortete er: „Ach nein, er ist caput; gleich wie du fort warest, hat Mâgid aus Leibeskräften dran gezogen, und ihn auseinandergerissen. Jeder von uns hat ein Stück davon bekommen. Da, guck!" — Ja, so sind die Kerle.

Zum Essen fanden sich Ḥamûd el-Migrâd und ʿAbdallâh ein. Letzterer erzählte, Ḥamûd el-ʿObeid habe zu ihm gesagt: „Ich genire mich [1]), rede doch du mit Huber [— vor mir genirt er sich scheint's noch mehr —], er solle mir noch eine schöne Uhr, oder einen Revolver, oder eine Flinte schenken." — Ach, hab' ich den Menschen satt! — Huber gieng später ins Schloss, um ihm eine versprochene Arznei [2]) zu überbringen. Ḥamûd el-Migrâd, von mir befragt, warum er nicht mit Huber gegangen sei, meinte, er sei im Schloss gegenwärtig nicht zum besten angeschrieben.

Mi. 12. Dec. 1883]. Lange nicht aufgestanden wegen der grimmigen Kälte (7° C). Bei einem Méschhĕdî Aḥmed Raschîd Gegenbesuch gemacht, auch den Bruder unsres nach Méschhed abgereisten Nachbars Mîrzâ getroffen. Aḥmed liess einige aus seiner Heimath stammende Süssigkeiten reichen, z. B. weisse Küchlein [3]), rothe Pasten [4]), stark verzuckerte Pistazien [5]), Bonbons [6]), geröstete Mandeln und andere Kerne.

---

werden, führten sie an: طرفة Ṭurfah, سطحة Saṭḥah, شلّة Schélleh, شلحة Schelḥah, ردّة Roddeh. Der Koppelmeister oder Hundeführer wird اربيطة Erbeiṭah genannt.

1) استحي. 2) für die قوّة.

3) سنوبر Senôbar. 4) قناطى Ḳanâṭî. 5) فستق Fustuḳ. 6) ملبّس Mlábbäs.
[H: *Ṣenóbar* sind Pinicnnüsse, die wohl auf *ḥilu*, d. i. unter Umständen Küchlein, gegessen werden (wohl syrisch)].

Bei ʿAbd el-ʿAzîz wollte ich Besuch machen, konnte aber nicht hineingelangen; der Hausschlüssel war abgebrochen oder einige Zähne in dem Riegel stecken geblieben. Der Prinz fand sich persönlich hinter seiner Hausthüre ein, um sich zu entschuldigen. Die Unterhaltung zweier sich gegenseitig nicht sehenden Personen ist aber auf die Dauer nicht erquicklich, und unser Zwiegespräch wurde darum bald aufgehoben.

Der Emîr liess uns um ½7 Uhr ins Schloss rufen. Ḥamûd el-ʿObeid, der mir so wenig zugethan ist, wie ich ihm, machte, als der Emîr mein Zeichenheft kommen liess, nun zum zweiten Mal die Bemerkung, Menschen zu zeichnen sei eine Sünde. Wie ich ihm erwiderte, bei uns ist es keine Sünde, fuhr er mich an: „Du bist aber hier nicht in deinem Lande!" Indess glaube ich kaum, dass die Sache damit abgethan ist; wahrscheinlich schüren die Pfaffen. Zwar rief mir der Fürst, als Ḥamûd zeitweilig zum Gebet sich entfernt hatte, herüber: Lâ takhâf („brauchst keine Angst zu haben!"), und erkundigte sich, wie ich dazu gekommen sei, Feneisân den Sclaven mit den Falken zu zeichnen. Es kam ihm ganz gelegen zu vernehmen, dass Mâgid und seine Brüder mich dazu aufgefordert hätten, weil sie sehen wollten, wie man mit Farben umgehe. Ins Ohr aber sagte er zu Huber, er solle mir beibringen, dass es besser sei, wenn ich hier keine Menschen mehr zeichne; Huber rieth mir auch, sobald es Gelegenheit gäbe, meine Tagbücher und Zeichenhefte sei es nach Damascus oder nach Baghdad in Sicherheit zu schaffen. Die Dummheit, welche aus religiösem Aberglauben entspringt, ist doch die boshaft-gefährlichste.

Beim Nachhausegehen zeigte der Himmel wieder dasselbe wunderbare Rothglühen, das wir schon gestern und in den früheren Tagen angestaunt hatten (vgl. Bd. I, S. 196).

Do. 13. Dec. 1883]: Morgens kamen zu Besuch der Khaṭîb Ṣâliḥ, Ḥamûd el-Migrâd, Nâṣir Sebhân und der Perser Aḥmed Raschîd Mîrzâ. Der Khaṭîb hatte als Geistlicher den Ehrenplatz auf meinem Teppich inne; wie der Schiïte eintrat, war ich so gedankenlos, ihm meinen Platz (also auf demselben Teppich neben einem wahhabitischen Pfaffen) anzubieten. Huber verbesserte stillschweigend mein grobes Versehen und führte den Ketzer an der Hand hinüber auf seinen Teppich. Nach kurzem Aufenthalt entfernte sich der Khaṭîb zusammen mit Ḥamûd.

Huber gieng allein zum Vetter des Fürsten, zu ʿObeid. Dieser empfieng ihn, mit Bezug auf den gestrigen Zwist mit mir, mit der Anfrage: Ḳûm? („ist Feindschaft?") [1]), wurde aber von Huber beruhigt mit: Istaṛfir allâh („Gott, wo denkst du hin!").

Heute ist ein Scherârî, Namens Mubârak, durch Gyôhar im Gyôf abgesandt, in Ḥâjel angekommen, war Tag und Nacht geritten, um den Emîr zu benachrichtigen, dass die ʿAnezeh einen Ṛázu auf die Schammar im Norden und Nordosten von hier unternehmen. Auf der Stelle musste eine Anzahl Ragâgîl aufsitzen, sollten reiten was Zeug hält, alle Schammar in der Richtung des Ṛázu lagernd zu warnen. Sodann wurde ʿÂïd es-Sitr, der Oberhirte [2]), gerufen und erhielt den Auftrag, die Pferde und Kameele des Fürsten auch wenn nicht unmittelbar gefährdet, unbedingt in Sicherheit, d. h. näher an die Hauptstadt, zu bringen [3]).

Der Oberhirte ʿÂïd es-Sitr.

Ḥamûd el-Migrâd ist wieder viel aufgeräumter; er hat uns zwar nichts davon gesagt, soll aber im Laufe des Tages mit dem Fürsten und ʿObeid eine ganze Stunde allein gewesen, demnach wieder ganz zu Gnaden angenommen worden sein. Das Nachtessen haben wir zur Abwechslung bei ʿAbdallâh eingenommen.

Fr. 14. Dec. 1883]. Ḥamûd el-Migrâd war sehr widerborstig, sogar unartig gegen mich. Er brachte den Scherârî Mubârak ins Haus. Huber liess sich von ihm die Verzweigungen (Zuflüsse) des Wâdî Sirḥân nennen; unser Diener Maḥmûd, der die arabischen Namen aufzuschreiben hatte, behauptete nachher, die

---

[1) H.: *gôm* heisst 1) Truppe; 2) Feind.]

2) راعي الجيش.

3) Vgl. Bd. I, S. 198.

Hälfte der Angaben sei, auf Anstiften des Migrâd, erlogen gewesen. Mir machte es eher den Eindruck, als ob der Mann aus Gewohnheit, Angst und Argwohn gelogen hätte.

ʿAbdallâh erzählte von den früher so zahlreichen Köpfungen, die er mitangesehen habe. Einmal sollte einer geköpft werden, und sei beim ersten Streich in den Nacken umgefallen. Da er aber nicht todt war, habe der Scharfrichter ihm noch die Gurgel durchgeschnitten. Wie das Blut reichlich herausgeflossen sei, habe er ihn für todt liegen lassen. Nach einiger Zeit kam der Mensch wieder zu sich, und es wurde beim Emîr angefragt, was mit ihm anzufangen sei. Dieser ertheilte den Befehl, man solle ihn am Leben lassen, aber er solle sich fortscheeren. Darauf nähten sie ihm die Haut zusammen, und der Mensch verzog sich in den Ḳaṣîm. Die Köpfungen, oft 5, 6, 7 auf einmal, hörten eigentlich erst auf, seit die Herrschaft des Muḥammad ibn Raschîd sicher begründet war. Käme aber heute der ʿObeid ans Ruder, so würde wahrscheinlich wieder lustig drauf los geköpft, und einem Christen möchte es schwer fallen, sich im Negd blicken zu lassen.

Der Bruder des ʿObeid, Feid [1]), hatte von einem persischen Pilger eine silberne Uhr um 13 Megîdî (45 M.) gekauft, leider mit dem Bildniss des Czaren und der Czarin auf dem Zifferblatt. Als er damit in die Moschee gieng, und unvorsichtigerweise vor dem Khaṭîb die Uhr herauszog, erklärte ihm dieser, das sei Sünde, und mit einer derartigen Uhr auf dem Leib dürfe er nicht hier hereinkommen, um zu beten. Jetzt will er suchen, unsrem Freund ʿAbdallâh die Uhr aufzuhängen; der soll sehen, wie er sie weiter verkauft.

Dem Méschhĕdî ʿAmrân, dem ich vor einiger Zeit 1800 francs geliehen habe, machte heute der Emîr einen Besuch, und liess sich von ihm die neuerdings aus Mekkah mit dem Ḥagg bezogenen Waaren vorlegen. Er wählte sich — natürlich unentgeltlich [2]) — einige Lampen aus. Das ist die Art und Weise, wie

[1) H. wohl = Fhêd.]

2) بلاش balâš (بلا شىء).

der Fürst von den sich hier als Kaufleute bereichernden Persern eine ihm bequeme Abgabe erhebt.

Sa. 15. Dec. 1883]. Mittags zu ʿAbd el-ʿAzîz, abends zum Emîr eingeladen. Als wir eintraten, war der Khaṭîb und Vorleser des Fürsten Gârallâh eben dabei, aus Ḳasṭallânî's Leben Muḥammeds, das ich in Cairo als Geschenk eingekauft hatte, einen Abschnitt verzückt, doch eintönig, vorzulesen. Noch seltsamer klang mir der schulmässig und für unerlässlich geltende Singsang, womit er Stücke aus den Muʿallaḳât (Preisgedichten der alten Araber) vortrug. Ich war froh, wie der feierliche cantus zu Ende war, da ich doch in der Geschwindigkeit nicht das Geringste zu begreifen im Stande war. In einem Gegensatz hinzu ḳamen noch andere der Neuzeit entsprungene Kriegs- und Spottlieder, sowie sonstige Gedichte [1]) zur Geltung. — Unser Freund ʿAbdallâh liess sich beim Emîr anmelden. Nachdem er einige Zeit Platz genommen, trat er vor und hockte vor dem Emîr nieder. Er erzählte, er habe schon vor Jahren Einem 35 Rijâl geliehen, nun sei derselbe gestorben, sein Sohn wolle nicht zahlen, sondern verjuble [2]) Alles. Er erbitte sich desshalb von ihm einen Brief

---

1) So führte z. B. der Emîr mit Bezug auf die Arten der hier zu Lande wachsenden Trüffeln (كماء Tsemà') den Vers an:

الغَلاسى لرأسى
الجباد لأُمّ البنات
الزُبيّدى للعَبيّدى
للبُلوخ للشِيُوخ

[H. kennt den Vers folgendermaassen:

el-ḫlâṣī r-râsī	Die *ḫlâṣī* sind für mich (لراسى).
el-ǧibât l-úmm el-banât	die *ǧibât* für die Mutter der Mädchen,
ez-zebêdī l-ʿöbêdī	die *zebêdī* für meinen kleinen Sclaven,
el-belûḫ l-eš-šijûḫ	die *belûḫ* für die Scheche.

Die einzelnen Arten sind nach H. die folgenden: *ḫlâṣī* rothe Trüffelart, nahe unter der Erde; Burckhardt 48, Huber 62. — *él-ǧibā* (nomen unitatis *ǧibât*, classisch جبء) aussen röthlich, innen weiss, tief gelegen. — *zebêdī* weisse Trüffel; Burckhardt 48, Huber 62. — *belûḫ* rothe (?) Trüffeln; Huber 62 (falsch *belûḥ*) sagt „weisse".]

2) Wie man das hier fertig bringen kann, ist schwer abzusehen.

(Zahlungsbefehl). Der Secretär musste gleich einen Zettel schreiben, rieb dem Emîr etwas Tinte auf die linke Hand, dieser tupfte seinen Ring hinein und untersiegelte das Schriftstück, mit welchem ʿAbdallâh sich alsbald entfernte. Mit dem Brief geht er zum Schuldner; falls er auf dies hin immer noch keine Bezahlung erhält, bringt er ihn vor den Emîr, der dann Beide zum Ḳâḍî (Richter) schicken wird.

So. 16. Dec. 1883]. Zu Mâgid gegangen, jedoch ohne ihn zu treffen, dann zu Ṛânem. Ich liess mir heute vom Diener Maḥmûd die Namen des Gewehrs und seiner Theile dictiren. Als Abends Huber von ʿAbdallâh sich alle Arten von Kleidungsstücken benennen und durch Maḥmûd aufschreiben liess, kam Ḥamûd el-Migrâd dazu. Es erregte schon seine Eifersucht, dass da etwas ohne ihn geschieht. Bei jedem Stück, das genannt wurde, sagte er ganz ärgerlich: bess („genug, fertig"), um die Arbeit abzukürzen und der Langweilerei ein Ende zu machen. Er wollte lieber schwatzen.

Mo. 17. Dec. 1883]. Morgens kam Nâṣir Sebhân und Mâgid mit Gefolge. Er schickte später zu meiner Benützung ein grosses arabisches Wörterbuch [1]. — Einer unsrer persischen Nachbarn, Maḥmud N. N., holte mich in sein Haus, und liess mich — oh nie gesehnes Wunder! — aus seiner eigenen Pfeife rauchen. — Gegen Abend brachte Ḥamûd einen Singârî, der seine Stammeseintheilung angeben sollte. Das war ein Geklemm, Gestöhn, eine Besorgniss zum Lachen und Erbarmen; vor dem grausamsten Chirurgen mit Knochensäge, Meissel und Hirnbohrer hätte er nicht diese Ängsten ausgestanden. Man musste ihn schliesslich springen lassen; es war zu wenig aus ihm herauszupressen.

Abends zum Emîr befohlen worden. Schallendes Gelächter schon aus der Ferne vernehmlich; sie practicirten bereits an sämmtlichen Sclaven das Flaschenreiten mit übergelegtem einem Bein und gleichzeitigem Kerzenanzünden, das ich diesen Morgen

1) Den Ḳâmûs von Fîrûzabâdî. Diese vocalisierte Ausgabe war lithographisch gedruckt zu Lakhnau [Lucknow] in Indien i. J. 1298 H. = 1881 in 4 Bänden folio, in Mekkah für 6 Megîdî (21—22 M.) gekauft.

dem Mâgid und Nâṣir gezeigt hatte. Neben dem jeweiligen Versuchs-Subject sass immer der tönegewandte Neger (oben S. 49), und lauerte nur darauf, bei jedem misslungenen Anlauf den Ungeschickten anzublasen.

Unterhaltungsspiel in Ḥâjel.

Der thörichten Beschäftigung machte ich ein Ende, indem ich versprach, etwas viel Merkwürdigeres zu zeigen. Ich entnahm einer Flasche den Korkpfropfen, drückte eine Nähnadel mit dem Öhr hinein, und steckte von schräg unten her zwei Messer sich gegenüber stehend in den Kork. Dann liess ich einen Sclaven antreten, der einen gezückten Säbel senkrecht vor sich halten musste. Mit verhaltenem Athem und wachsendem Staunen schaute die ganze Gesellschaft zu, wie ich die Nadel mit Zubehör auf der Säbelspitze aufpflanzte, und dann das ganze Kunstwerk mit dem Finger in drehende und wakkelnde Bewegung setzte. Dass das nicht herunterfiel?! Mâ schâ 'llâh! Lâ ḳúwwata illâ billâh!

Der Emîr erkundigte sich, ob es wahr sei, dass es im Christenland Geld aus Papier gebe, und wie es sich eigentlich damit verhalte, ob denn eine Papiermasse so kostbar sein könne, oder was sonst dem Papier den Werth verleihe, und ob sich die Leute nicht weigern, ein Papier statt Geld anzunehmen. Die Fragen konnte ich nur durch rein kindliche Beispiele beantworten: „Wenn du z. B. auf ein Stück Papier schreiben lässest: ich befehle dem Nâṣir Sebhân (dem Finanzminister), an den Überbringer dieses 100 Rijâl auszubezahlen und drückst dein Siegel darunter, so wird sich der Nâṣir Sebhân keinen Augenblick besinnen, dem Mann die 100 Rijâl in Silber einzuhändigen. Also kannst du auch sagen: jenes Papier sei 100

Rijâl werth, oder so gut wie Silbergeld. Nun hat unser Kaiser vielerlei zu thun, und überträgt manche Geschäfte an seine grossen Wezîre. So muss z. B. der Wezîr des Geldes — der, wohlverstanden, viel grösser ist als euer Nâṣir Sebhân — auf die Geldpapiere seinen Namen und Siegel setzen. Natürlich haftet er mit seinem Kopf dafür, dass Alles in Ordnung zugeht. An und für sich könnte also Jedermann, sobald er ein solches Papier erhält, in das Schatzhaus laufen, und aus den Truhen sich dafür Gold oder Silber geben lassen. Allein die Kaufleute haben es gar nicht gerne, sich mit so schwerem Metall zu schleppen, sondern ziehen es vor, das Papier von Hand zu Hand weiter zu geben oder zu nehmen." „Ja ja, ganz recht; jetzt möchte ich aber nur einmal so ein Stück in natura sehen." Mit den Worten: „Das kannst du gleich sehen" erhob ich mich, gieng nach Hause und holte von dort einen Hundertmarkschein. Der Emîr befühlte das Papier und betrachtete es von vorne und hinten. Es hielt nicht schwer, ihm die Zahl 100 erkennbar zu machen, auch die Unterschriften auf verschiedene Ämter (des grossen Wezîrs, Truchsessen, Schatzmeisters, Rechners u.s.w.) zu vertheilen. Wie er auf die geflügelten Knaben oder kranzhaltenden Engelein deutend wissen wollte, was das sei, rettete ich mich durch die kühne Behauptung, das seien eben Dschinn (Genien). „Was!! só sehen Dschinn aus? Da kommet Alle her; jetzt könnt ihr einmal Dschinn sehen!" Mit Ausrufen wie: mâ schâ 'llâh, und subḥâna 'llâh, oder jâ sattâr („Gottes Wunder, es wird doch nichts passieren?") liessen sie der Neugierde und dem geheimen Schauder freien Lauf. Jeder Einzelne musste natürlich das Papier in die Hand bekommen, bis er sich satt gesehen. Als ob ich die neuesten und zuverlässigsten Nachrichten über die Dschinn besässe, ertheilte ich mit angenommener Gleichgültigkeit alle gewünschten Auskünfte. Eigentlich seien die Dschinn natürlich viel grösser, manche sogar erschreckend gross, jetzt wegen der geringen Fläche des Papiers habe man nur von den kleinsten genommen, überdies seien sie aus der harmlosen, sogar wohlthätigen Classe ausgewählt worden. — Meinen Hundertmarkschein bekam ich übrigens erst nach 3 oder 4 Tagen zurück, denn Ḥamûd el-ʿObeid liess ihn gleich hinüber in seinen Harem wandern, von da machte er die Runde bei Mâgid, ʿAbd el-ʿAzîz und so weiter; sie wollten sich augenscheinlich Alle daran waiden, wie es ihren Weibern bei der Vorführung der Dschinn gruselt.

Di. 18. Dec. 1883]. Heute schrieb ich verschiedene Sprechübungen nieder von Wortgruppen [1]), deren rasche Wiederholung

---

1. طحين حنطه طحين دخن
ṭaḥîn ḥanṭah ṭaḥîn dukhn;
[d. i. Weizenmehl, Hirsemehl].

2. عمّى طرمان ذبح كبشه طبخ على كرش كبشه كشك
ʿammî Ṭaramân ḏabaḥ kabšuh ṭabakh ʿalâ kirš kabšuh kišk
[d. i. mein Oheim Ṭaramân schlachtete seinen Hammel, er kochte zu dem Magen seines Hammels Milchklösse].

3. بررر يا مطيب كرش كبش عمّى طرمان لطبخ عليه الكشك
brrr jâ maṭjab kirš kabš ʿammî Ṭaramân laṭabakh ʿaleihi ʾl-kišk.
[ah, wie gut ist der Magen des Hammels meines Oheims Ṭaramân, wenn er Milchklösse dazu kocht.]

4. قضيب القيضلنضب وعصاية العيصلنصب وطيرٌ تقفقف وقف على قفى قفص من القصب الاصفر
ḳaḍîb el-ḳaiḍalanḍab waʿaṣâjet el-ʿäṣalanṣab waṭairun taḳafḳaf waḳaf ʿalâ ḳafâ ḳáfaṣ min el-ḳaṣab el-aṣfar.
[Der Zweig von *ḳaiḍalanḍab* und der Stock von *ʿäṣalanṣab*, und ein Vogel zitterte und sass auf dem hinteren Theile des Bauers aus gelbem Rohr. — H. hat für die merkwürdigen Worte am Anfang keine Bedeutung erhalten können; man sagte ihm, sie seien als Sprechübung fabricirt ohne Sinn.]

5. سبع خشبات بقص بسقف باب حبس حمص
sabʿ khašabât boḳṣ ebsaḳf bâb ḥabs Ḥömṣ
(„sieben Buchshölzer an der Oberschwelle des Gefängnissthores zu Ḥomṣ").

6. Zur Kennzeichnung der verschiedenen Nationalitäten gebrauchen sie hier folgenden Vers

العربى غرفٌ من بَحْرٍ	„Der Araber ist ein Spritzer aus dem Meer,
التركى نَقْرٌ فى الصَّخْرِ	der Türke eine Höhlung im Stein,
الفرنساوى لُمٌّ من الجَمْرِ	der Franzose ein Ballen feuriger Gluth,
الفارسى قُطْبٌ من الزَهْرِ	der Perser ein Strauss von Blumen,
الكردى لُمٌّ من البَعْرِ	der Kurde ein Bollen von Dreck".

7. اصل لفظ عربس aṣl lafẓ ʿárabas

heiteres Stolpern verursacht, ähnlich dem Kottbuser Postkutschkasten oder: 's liegt e Klötzle Blei glei bei Blaubeuren, u. dgl.

Mi. 19. Dec. 1883]. Ich war sehr erstaunt, als vor dem Haus zwei Esel erschienen, auf denen Huber und ʿAbdallâh angeblich gegen Osten einen Ausflug für diesen Tag unternahmen. — Um 9 Uhr zu Mâgid, später zu Ṛânem. Mittags wurde ich zu Ḥamûd el-ʿObeid gebeten. Seine Reden waren eitel Honig. Er erkundigte sich angelegentlich über Deutschland, Württemberg, das Elsass. Um der Verständlichkeit willen liess ich mich bloss

---

تركى هونرس	turkî hônaras
فارسى شكرس	fârsî šákaras
عجمى دوغرس	ʿağamî dúṛaras.

Von dem letzteren Spruch wusste weder Maḥmûd, noch sonst Jemand einen Sinn anzugeben; es sei eine Redensart.

[Der Spruch ist in Wirklichkeit persisch, und es ist merkwürdig, dass keiner der Araber in Ḥâjel ein Wort persisch verstand, da doch Perser unter ihnen ansässig waren. Andererseits wäre es denkbar, dass man den Spruch aus Höflichkeit nicht übersetzen wollte, da sich in ihm die Überhebung des Muslimen über die Nichtmuslimen ausdrückt. Mit geringen Änderungen lässt sich der oben wiedergegebene Spruch so übersetzen:

„Die älteste Sprache ist das Arabische.
Das Türkische ist Vortrefflichkeit;
Das Persische ist [süss wie] Zucker;
Das Fremde [1]) ist Vogel[gezwitscher]" [2]).

Dieser Spruch scheint im Orient ziemlich weit verbreitet zu sein. Mein Freund G. Jacob kannte ihn aus Constantinopel. Auf meine Bitte hatte mein früherer Schüler H. Ritter, jetzt in Hamburg, die Freundlichkeit, sich bei dem dortigen Perser, Dr. Nisan, zu erkundigen. Dieser kennt ihn folgender Form:

اصل لفظ لفظ عرب است
تركى هنر است
فارسى شكر است
كردى گوى خر است

Danach ist auch der von Euting gehörte Text zu verbessern; zunächst ist in Z. 1 das Wort لفظ zweimal zu setzen. Die letzte Zeile heisst hier: „Das Kurdische ist Eselsdreck". Ob nun *kurdî* oder *ʿağamî* das ursprüngliche ist, weiss ich nicht. Aber statt دوغر wird doch گوى خر zu lesen sein].

[1) Darauf dass das Fremde hier gegenüber den drei muslimischen Sprachen das Nicht-Muslimische ist, machte mich Dr. R. Tschudi zuerst aufmerksam].

[2) Falls die Lesung richtig ist, könnte man an طغر denken, das einen Vogel bezeichnen soll].

auf Folgendes ein: Deutschland besteht aus vier Königreichen, Preussen, Bayern, Sachsen, Württemberg; ein jedes wird für sich verwaltet und hat seinen besonderen König, doch ist der König von Preussen der grösste von den vieren: und für den Fall eines Krieges hat er alle unter seiner Hand, darum heisst er auch Kaiser. Vom Elsass hatte ich früher einmal ein Wort fallen lassen, das er wieder aufgriff. Da ich gewiss allen Grund hatte, meinen staatsrechtlichen Kenntnissen über das Reichsland selbst nicht zu trauen, entzog ich mich jeder weiteren Prüfung durch die sprunghafte Abfertigung, das Einfachste wäre gewesen, wenn nach dem Krieg das Elsass vom König von Preussen eingesteckt worden wäre. Vom Kaiser (Wilhelm I.) wollte er alles Mögliche wissen, ob er viele Söhne habe, schöne Pferde besitze, wie alt die Kaiserin sei. Unbegreiflich erschien ihm, dass er keine neue Frau nehme, da die Weiber mit 50 Jahren doch keine Kinder mehr bringen können.

Do. 20. Dec. 1883]. Morgens stellte sich Gârallâh el-Ḥumeid ein; er erzählte vom Ḥagg, den er mitgemacht, und dass die Leute in Mekkah meinen, der Pascha[1]) sei am Ende selber ein Christ. Er bestätigte, was uns nun schon von mehreren Seiten berichtet war, dass an einem Tage im Monat Schaʿbân des vergangenen Jahres 1300 (6. Juni—4. Juli 1883) in ganz Arabien ein grosses Getöse in der Luft vernommen worden sei. An jedem Ort behaupteten sie, es könne gar nicht weit entfernt sein und müsse von Flintenschüssen in der nächsten Stadt herrühren. Nur in Khaibar versicherten sie, es habe unmittelbar über der Stadt in der Luft geknattert. Es handelte sich offenbar um das Niedergehen irgend eines nicht weiter beobachteten Meteors.

Nachmittags habe ich wieder einen Felshügel ausserhalb der Stadt erstiegen, um dort die Stille zu geniessen. Das Alleinsein ist einem ja so selten hier vergönnt. Sobald man einen Schritt zum Haus hinaus thut, ohne einen Diener hinter sich

---

1) ʿAun Pascha, Wâlî des Ḥigâz.

zu haben, ist dies höchst auffällig. Jeder, den man nur einmal mit einem Auge gesehen, fühlt sich gedrängt zu fragen: „Was thust du denn? wo kommst du her? wo willst du hin?". Ja, er würde es geradezu für unhöflich halten, sich nicht als Begleiter anzuhängen. Am ehesten habe ich die Leute immer losgebracht, wenn ich sagte: „Ich muss vor die Stadt hinaus, muss nach der Luft und dem Regen sehen". Bei diesem geheimnissvollen Geschäft, denken sie, könnte ihre Anwesenheit eher ungünstig einwirken.

Bei der Rückkehr durch den Sûḳ (Bazar) rief mich Mâgid an, der zwischen seinen Sclaven in dem vollgepfropften Laden eines Meschhĕdî sass. Er erzählte mir, der Emîr habe gegen Ḥamûd el-ʿObeid sein Erstaunen geäussert, dass ʿAbdallâh, und nicht ich, gestern mit Huber in die Berge geritten sei. Er habe die Esel für Huber und mich, nicht aber für ʿAbdallâh hergegeben. Ich glaub's. — Der Raubzug der ʿAnezeh (oben, S. 56) soll den Schammar einen Verlust von 10 Menschen und 3 Pferden gebracht haben.

Fr. 21. Dec. 1883]. Vormittags 9 Uhr hielt Ḥasan Muhánnâ, der Herrscher von Bereideh, seinen Einzug in Ḥâjel. Der Besuch war schon seit Wochen erwartet. Eine Masse Menschen war auf den Beinen, um das Schauspiel zu sehen. Voran zwei Reiter zu Pferd, die der Fürst von Ḥâjel seinem Gast zur Begrüssung entgegengesandt hatte, der Secretär Nâṣir el-ʿatîdz (العتيق) und Fahad; dann, hoch zu Delûl, Ḥasan Mehánnâ selbst, hintendrein seine acht Begleiter auf tänzelnden und sich drängenden Kameelen. Es waren lauter ausgesuchte Thiere, prächtig geschirrt und behängt. Dazwischen schob sich viel Volks, hintendrein eine Menge Kinder.

Einzug des Emîrs Ḥasan Muhánnâ in Ḥâjel.

Noch am selben Vormittag kam Nâṣir Sebhân; er wollte wissen, ob ich den Ḥasan Mehánnâ bereits gezeichnet hätte. Ja, Lieber — dachte ich — dir binde ich auch nicht Alles auf die Nase, und sagte: „Nein, hier zeichne ich überhaupt Nichts mehr, damit ist's fertig; ihr seid zu thöricht, haltet das Zeichnen für eine Sünde." Er erwiderte: „Ach nein, das ist keine Sünde, bloss in den Augen des Ḥamûd; der Emîr ist viel zu gescheidt". Ähnlich hatte seiner Zeit ʿAbd el-ʿAzîz sich geäussert. — Mit Rücksicht auf die kühle Temperatur beschlossen wir, unsern Aufenthaltsort in den sogenannten Ḳăhâwah meštâ (Winter-Salon [1])) zu verlegen. Das Zimmer ist wärmer, weil es keinen unmittelbaren Ausgang auf den Hof hat. — In der Nacht brachen zwei Gewitter los.

Ḥamûd el-ʿObeid's zweiter Sohn Sâlim hat heute zum ersten Mal eine Frau bekommen. Ohne dass diesem Ereigniss eine besondere Feier gewidmet worden wäre, hatte er doch, als Zeichen dass er jetzt eigene Wirthschaft führe, auf den Abend Gäste zum Essen eingeladen. In den Gemächern seines Vaters mussten wir lange warten, bis das Essen fertig war.

Ḥamûd el-ʿObeid erklärt Schwerter.

Der Vater, Ḥamûd el-ʿObeid, vertrieb sich und uns die Zeit, indem er verschiedene Säbel hervorsuchte und erklärte. Die Erinnerung an die alten Heldenthaten schien sich zu leibhaftigem Köpfgelüst zu beleben, und, unter dem Staunen seines

1) S. den Plan in Bd. I, S. 178.

vorletzten 14 Monate alten Sprösslings Sa'ûd ergieng er sich in Lufthieben und fuchtelte mit den schwanken Klingen im ganzen Zimmer herum. O Atta Troll! Endlich wurden wir zur Mahlzeit gerufen. Die Speisen — wie das bei jungen Haushaltungen vorzukommen pflegt — waren beinahe kalt, dazu leicht angebrannt. Es wurden 5 Platten mit Reis und Ziegenfleisch

Die Speisen werden aufgetragen.

hereingetragen. Sclaven leuchteten mit der Laterne, andere hielten Wasserschalen für die Durstigen bereit.

Gastmahl bei Sâlim.

Von da wurden wir zum Emîr geholt. Vor der Thüre trafen wir mit Ḥasan Muhánnâ von Bereideh zusammen. Er scheint auf einem Auge blind zu sein. Ich kam zwischen ihn und den alten Slîmân zu sitzen. Dieser letztere, mein Nachbar zur Rechten, erzählte, auf mehr als einem Raubzug im Osten des Gebel

Ṭuweits[1]) habe er bei Sedûs[2]), 20 Tage im Südosten von hier, ausserhalb (من طالع) der Stadt, eine Säule gesehen, die mit seltsamen Schriftzeichen bedeckt sei. Ich habe, um sicher zu gehen, den Slîmân am folgenden Tag noch besonders aufgesucht, in der Hoffnung, vielleicht noch Genaueres von ihm zu hören; er wusste jedoch nichts Neues hinzuzufügen; er sagte nur, jeder Mensch weit und breit in der Gegend kenne die Säule, auch versprach er mir, bei einem künftigen Ṛázu wenigstens einen Theil der Buchstaben abzeichnen zu lassen. Von welchem Volke kann nun jene Säule herrühren? Sind es Phönizier, die auf ihrem Wege von Gerrhae am persischen Meer in der Richtung nach Petra das Denkmal setzen konnten? Nabatäer dürften kaum in Frage kommen, ebensowenig Sabäer und Himjaren. Am ehesten möchte ich an ein Siegesdenkmal von durchziehenden assyrischen Eroberern denken. Jedenfalls kann diese Säule noch sehr wichtig werden für die älteste Geschichte von Arabien. Aber wie lange mag es dauern, bis es einem kühnen Reisenden gelingt, in jene gefährlichen Gegenden vorzudringen? Palgrave war ja dort, hat aber nichts bemerkt.

Sa. 22. Dec. 1883]. Schon einige Zeit her klagte unser Freund ʿAbdallâh über zunehmenden Rheumatismus. Ich wickelte ihn in ein nasses Hemd und hüllte ihn in fünf Mäntel ein. Die letzteren waren aber zu steif und wenig schmiegsam, so dass die Schwitzkur nur unvollkommen von Statten gieng. Der Erfolg war desshalb auch gleich Null. — Ich bekam Lust, mich an eine lange nicht mehr geübte Kunst zu machen, an die Feuerwerkerei. Nachdem ich mir einen Mehlkleister bereitet, fertigte ich aus Schreibpapier über einem mit Seife geschmierten Bleistift einen Vorrath von Schwärmer- und Froschhülsen an. Bei Ṛânem holte ich Eisenfeilspäne und liess mir einen Porcellanscherben fein stossen. Zusammen mit dem in Spiritus aufgelösten Pulver gab das eine lebhaft sprühende Mischung. Den Hülsen für die Schwärmer hatte ich enge Kehlen gewürgt

[1) H.: Ḍileʿ Ṭwêdz.] 2) Vgl unten S. 75.

und geschnürt, den Satz fest geschlagen, dann die Zünder eingesetzt. Es waren Prachtstücke; auch die Frösche konnten jede Prüfung aushalten. Wegen der den frisch geklebten Hülsen inne wohnenden Feuchtigkeit mussten die Stücke noch mehrere Tage in der Nähe des Feuerheerdes getrocknet werden.

So. 23. Dec. 1883]. Ich erstieg allein den Berg Umm erkâb gegenüber dem Samrâ und genoss von da eine schöne Aussicht nach Osten und Nordosten auf die Gipfel des Gildijjeh und Eṭ-ṭuwâl. Beim Hinabsteigen traf ich den Prinzen ʿAbd el-ʿAzîz mit den Falken.

Ich liess mir heute noch besondere Gebirgs-Sandalen anfertigen, weil Ḥamûd el-Migrâd's Bruder, der Steinbockjäger ʿAlî, mich morgen ins Gebirge auf die Jagd mitnehmen will; habe mir auch gleichzeitig ein paar Beduinenstiefel bestellt. — Abends kam der Damascener Kameelshändler Muḥammed el-Maʿarrâwî und später noch ein Meschhĕdî zu Besuch.

Mo. 24. Dec. 1883]. Es war noch nicht 4 Uhr, da stellte sich bereits der Jägersmann ʿAlî (ibn Ibrâhîm ibn Mûsâ) el-Migrâd ein. Er hatte bei sich seinen achtjährigen Sohn Mûsâ und seinen Neffen ʿAbdallâh, Sohn des ʿAbd el-ʿAzîz el-Migrâd, den die ʿAteibeh vor acht Jahren beim Ḥagg in den Oberschenkel geschossen hatten, und der zu Mekkah seinen Wunden erlegen war. An der Hausthüre angebunden standen drei Esel. Ausser den Flinten und Patronen bestand unsre Ausrüstung in gestossenem Kaffee, einer Kanne, einer Tasse, etwas Reisig, einer Sardinenbüchse, drei Stücken Brod und ein paar Datteln; dazu kamen noch ein paar Kleidungsstücke. Ohne Zögern wurden die Thiere bestiegen. Bei grimmigem Wind ritten wir im Dunkel der Nacht gegen Südwesten zur Stadt hinaus. Nur mit Hemd, Mantel, Kopftuch und Sandalen angethan, fror ich peinlich; nach Kurzem waren meine Beine so erstarrt, dass ich, bei Abwesenheit von Steigbügeln kein Gefühl mehr hatte, ob die Sandalen noch an den Füssen hiengen, oder bei dem leichten Trab gar schon heruntergefallen seien. Um der ewigen Ungewissheit ein Ende zu machen, nahm ich sie auch vollends ab und steckte sie in die Satteltasche. So mochten wir zwei

Stunden geritten sein, durchweg in der Ebene, in spitzem Winkel auf das Gebirge zu. Vor dem Eingang zu einer Schlucht stiegen wir ab von den Thieren. Mit eiskalten Füssen auf dem groben Granitsand stehend hatte ich wenig Sinn, die im ersten Morgenschimmer erstrahlenden Felsspitzen zu bewundern. Was lag mir dran, ob sie rosenroth oder vergoldet aussahen! Wichtiger war mir zunächst die Bereitung eines wärmenden Trankes. Zu dem Kaffee assen wir Brot und Datteln. Schier mit Wehmuth schlachtete ich die unsterbliche Sardinenbüchse, welche, ein treues Leibthier, schon sechs Jahre lang alle meine Wanderungen durch Schwarzwald und Vogesen im Rucksack mitgemacht hatte. Meine Gefährten hatten noch nie in ihrem Leben Fische gesehen, mochten sie vielleicht für eine Art Gewürm halten, verspeisten dieselben aber doch mit vorzüglicher Hochachtung, ja die Buben schleckten noch die letzten Oelspuren aus der Büchse heraus. Nun erübrigte nur noch die jägermässige Umkleidung: ʿAlî legte ein braungelbes Hemd und Kopftuch an, welche beide durch Natur und Schmutz von der Gesteinsfarbe sich nicht abhoben; ich selbst trug ein grauwollenes Jägerhemd und dessgleichen Unterhosen, dazu ein Kopftuch; die Mäntel liessen wir beide zurück. Die Patrontaschen wurden umgeschnallt, und meine Sandalen hängte ich an einer Schnur über die Schulter. ʿAlî mit seiner Steinschlossflinte schritt voraus, ich mit dem Lefaucheux hintendrein. Jetzt konnte die Sache losgehen, fehlten nur noch die Steinböcke.

Auf der Steinbockjagd.

In einer Felsspalte gieng es sogleich gäh aufwärts. ʿAlî gedachte offenbar, mich stillschweigend in den Grund zu laufen — umsonst; mich freute nur, dass er, so gut wie ich, von Zeit zu Zeit gehörig verschnaufen musste. Nach einer halben Stunde näherten wir uns dem Kamm des Gebirgsstockes; vorsichtig schlichen wir uns an den Grat hinan. Allein alles Umherspähen war vergebens; obschon wir die kahlen Abstürze gegen ʿAḳdeh offen

Steinbockjagd: Anschleichen.

übersehen konnten, war doch kein Steinbock weit und breit zu erblicken. Die jüngste Losung war zwei, wenn nicht gar drei Tage alt. Vom Panther[1]) trafen wir viele und starke Spuren. In unzähligen Windungen über den Felskamm hinüber und herüber zogen wir uns nördlich gegen den Berg Merdijjeh, und legten uns dort in ein Menterîs[2]), d. h. in ein Jägerversteck mit Brustwehr aus groben Steinen, dazwischen unmerkliche Schiessscharten. An der gegenüberliegenden Felswand war die Höhle eines wabr (Klippendachses), der sich aber nicht zeigte. Aus einer Ritze schlug ich einen schönen Bergkrystall heraus und steckte ihn zu mir. Hier wuchs zahlreich das Kraut Ḥauăbau[3]), welches von den Steinböcken mit Vorliebe gefressen wird. Dann war noch eine andere Pflanze da: Gelwah[4]). ʿAlî brach den Stil ab, zeigte mir das gelbe Holz mit rothem Bast; er rühmte es als gute Augenarznei, brenne aber als Stift[5]) in die Augen gebracht und treibe das Wasser heraus. Da hier sonst Nichts weiter zu holen war, steckten wir das aussichtslose Handwerk auf. ʿAlî wollte noch allein einen letzten Versuch machen, und wandte sich gegen Süden einen Grat überkletternd in die schroffen Klüfte des Kischrijjeh. Ich selbst stieg durch eine rauhe schwierig zu begehende Schlucht gählings ins Thal hinab.

1) نمر [*nimĭr.* Felis pardus L. Auch nach H. kommt dies Raubthier in Arabien noch vor.]

[2) H.: *metres,* pl. *metārîs* u. *metârîs,* bei den ʿÄnîze auch *mitrâs,* ist ein Steinwall oder ein Steinhaufen, hinter dem der Schütze oder Jäger Deckung sucht.]

3) حوأبو? [H.: Dieser Name ist sicher falsch; ich kenne ein *ḥuwwā* حُوّاء und zwar *ḥ. eḏ-ḏîb* = Picridium tingitanum L.; *ḥ. el-ġazâl* = Zollicoferia glomerata Cass., *ḥ. el-ʿarab* Zollicoferia nudicaulis L. — Vielleicht ist *ḥauăbau* verhört aus *ḥuwwā buh* „dort ist *ḥuwwā*".]

4) جلوة [H.: Mir unbekannt; vielleicht جلاء „Collyrium im allgemeinen, Antimon".]

5) ميل.

Der Verabredung gemäss kündigte ich durch Gesang den Buben meine nahe Rückkehr an, und konnte schon von hoch oben herab mich überzeugen, wie sie in der Zwischenzeit den Kaffee zurüsteten. Rascher als ich gedacht traf ich unten beim Feuer ein. Welche Labsal war doch der schwarze Trank! — Bis ʿAlî zurück sein konnte, musste mindestens noch eine Stunde vergehen. Die Zeit zu nützen setzte ich mich nach kurzer Rast hinaus in die Ebene, um den Eingang in die Schlucht, im Hintergrund den Merdîjjeh und den Zinken des Kischrijjeh zu

Gebirge von Kischrijjeh.

zeichnen. Ohne auch nur einen Steinbock gesehen zu haben, kam ʿAlî vom Gebirge zurück. Etwas verstimmt verlangte er nur nach einer Tasse Kaffee. Dann bestiegen wir wieder die Esel. Der Heimritt war wieder kalt und windig, doch kam er mir kürzer vor, als der Weg von heute früh. Zu Hause wartete schon ʿAbdallâh und nahm mich mit zum Abendessen. Das schmeckte prächtig. Später sandte noch der Emîr den Kopf eines starken Steinbocks, dessen

Geweih 4½ Spannen in der Länge mass. (Vgl. unten, S. 97).

Di. 25. Dec. 1883]. Das Christfest wollte ich heute durch einen einsamen Spaziergang feiern. Es gelang mir natürlich wieder nicht, ohne Weiterung zur Stadt hinauszukommen. Denn zuerst fieng mich Mâgid auf dem Weg zum Waffenschmied Ṛânem ab, dann rannte noch ein Sclave hinter mir drein und bat mich im Auftrag des Mubârak el-Frêkh, des Fahnenträgers [1]), ich möchte bei ihm eintreten und einen Kaffee trinken. Von da aber entwischte ich glücklich ins Freie auf den Berg Umm erkâb. Hier konnte ich meinen Gedanken nachhängen, an die Lieben in der Heimath, an die geputzten Christbäume, an die Freude der Kinder, an den einschläfernden Schnee. Alle die Palmen zu meinen Füssen hätte ich unbedenklich verschenkt gegen eine einzige gesunde Weisstanne! Über den Kamm gegen Südosten stieg ich ins Thal hinab und kehrte durch das Viertel von Lubdeh in die Stadt zurück. Im Vorbeigehen trat ich bei meinem Jagdgefährten von gestern ʿAlî el-Migrâd ein, und liess mir ein Lied, das er gestern gesungen, dictiren, das Lied von dem Steinbockjäger Gâsir. Von da begab ich mich zum Fürsten, um ihm für das gestern verehrte Geweih meinen Dank abzustatten. Er erkundigte sich artig über den Verlauf des gestrigen Tages und ob ich mit ʿAlî zufrieden gewesen sei. Wie ich ihm von dem Lied des Steinbockjägers Gâsir erzählte, verlangte er die Niederschrift zu sehen, nahm sie mir aus der Hand, und fieng an das Lied laut vorzutragen. „Halt! da fehlen ja zwei Verse zwischen hinein." Er dictirte mir dann im Ganzen 4 weitere Verse, die ʿAlî nicht gekannt oder jedenfalls vergessen hatte.

Mi. 26. Dec. 1883]. Bei dem Prinzen ʿAbd el-ʿAzîz einen Besuch gemacht. Das Zimmer war voll von beduinischen Gästen, an deren Spitze Râkân ibn Ḥaṯlein [2]) vom Stamme der ʿAgmân, die im Osten von Ḥâjel gegen den Ḥásâ zu wohnen. Wie ich von da aufbrach, lief ich meinem Jagdgefährten ʿAlî el-Migrâd

---

1) بيراقدار Bêrâḳdâr.

2) راكان ابن حثلين [H.: Rākân ibn Ḥeṯlên.]

in die Hände; schon wieder ein Kaffee! Als ich von ihm loskam, wandte ich mich dem Berg Samrâ zu, oder vielmehr seinem östlichen Ausläufer. Vom Gipfel herab konnte man die Verwüstungen überschauen, die das Wasser vor vier Wochen in der Thalrinne angerichtet hatte. Da unten lag der Khreimî, ein junger Palmengarten des Fürsten, arg zugerichtet. Ich kletterte hinab, die Zerstörung aus der Nähe zu besehen. Durch eine breite Bresche in der Lehmmauer stieg ich ins Innere. Aus dem Schutt ragten niedergeworfen die Bäume, dazwischen das Wächterhaus mit klaffenden Rissen. Von da stieg ich noch weiter hinab in das trockene Rinnsal des Baches von Ḥâjel. In schmaler Linie dehnen sich die Trümmer des ehemaligen Stadttheiles ʿAinât, untermischt mit misshandelten Ithelbäumen und verfallenen Ziehbrunnen. Durstig kam ich heim, dazu hinkte ich: irgend ein Stein, Glasscherben oder derartiges hatte mir in den Fersen geschnitten.

Do. 27. Dec. 1883]. Vor Sonnenaufgang gieng Huber zum Emîr. Da scheinen irgend welche Machenschaften und Stupfereien unterzulaufen, um mich solo aus dem Land hinauszucomplimentiren, und mich am Besuch von el-Ḥegr und el-ʿÖla zu verhindern. Wer und was mag dahinterstecken? Ich habe zunächst den edlen Vetter des Fürsten im Verdacht, den Ḥamûd el-ʿObeid. Ist er beunruhigt wegen meiner vermeintlichen Zauberkünste und sündhaften Zeichnungen?

Nach dem Frühstück suchte ich Mâgid auf, wurde aber gleich zu Ḥamûd el-ʿObeid geholt. Ich hatte ihm ohnehin einen Besuch zugedacht, um mich zu bedanken für das gestern übersandte silberne Büchslein mit Zabâd [1]). Er war von überströmender Honigsüsse und bat mich, ihn täglich zu besuchen (O nein! nur das nicht! —). Bei meiner Rückkehr traf ich zu Hause einen Ḳaḥṭânî, Namens Khâlid mit dem Beinamen Abû ṯalâṯîn [2]), den auch sein Vater geführt hatte. Er ist ein noch kräftiger Mann mit schneeweissem Bart, stammt aus dem Süden,

---

1) Moschussalbe. [Zibet, vgl. oben S. 36, Anm. 1.]

2) يحكون انّه قوىّ كثير ينيك ثلاثين نوبه بيوم وليلة.

lebt seit 5 Jahren in Ḥâjel, und wird vom Fürsten wenn nöthig als Überbringer von Botschaften an Ibn Saʿûd in Rijâḍ gebraucht. Er dictirte Huber (d. h. dem Diener Maḥmûd) die Namen und Eintheilung der südlichen Stämme in Mittelarabien.

Abends nach dem letzten Gebet waren wir noch zum Emîr Ḥasan Muhánnâ von Bereideh (oben, S. 65) eingeladen. Ihm war vom Fürsten als Wohnung ein Haus neben dem Waffenschmied Râṅem eingeräumt. Ich war ganz betroffen, wie mich beim Durchschreiten des schwach erleuchteten Hausganges ein auf dem Boden knieendes Kameel anbrüllte. Es war das Leibthier des Muhánnâ, und wurde, was man sonst selten sieht, im Hause gehalten und gefüttert. Ausser uns war noch eine Menge anderer Personen geladen, auch unser Diener Maḥmûd kam in grossem Staat und mit brennender Laterne. Bald war der Empfangsraum voll von Menschen, und da es ziemlich heiss wurde, erleichterte sich Muhánnâ das Dasein dadurch dass er die Keffijjeh halb über den Kopf zurück schlug.

Die Unterhaltung drehte sich natürlich in erster Linie um den Regen und um das herrliche Grünfutter, dann um Bezeichnung, Preis und Stammbäume unsrer Pferde; man wollte wissen, wie es bei uns mit Gazellen, Straussen, Steinböcken bestellt sei. Auch die Säule bei Sedûs (oben, S. 68) war dem Ḥasan Muhánnâ wohl bekannt; er versprach, durch einen Schreibkundigen die Zeichen auf dem Stein copiren zu lassen. Nach Kurzem begaben wir uns in das Haus von Rânems Schwiegersohn Ḥamd Zhêrî, dem Kammerdiener des Fürsten. Da wurde wieder Kaffee bereitet, auch irgend eine Art Citronen oder Melonen mit Zucker gereicht.

Emîr Ḥasan Muhánnâ.

Fr. 28. Dec. 1883]. Der starke Wind draussen war nicht einladend ins Freie zu gehen. Die sonst lästigen Besuche der persischen Kaufleute kamen mir darum weniger ungelegen.

Sa. 29. Dec. 1883]. Des Morgens entschloss ich mich, ohne ein Wort zu sagen, ganz allein nur mit der Flinte und dem Rucksack auf die Steinbockjagd zu gehen. Mein Ziel war der felsige Munîf im Gebel Aga. Zuerst führte der Weg anderthalb Stunden durch die kahle Ebene. Näher dem Gebirge zu überschritt ich kleine Wasserabflüsse, die zwischen den aus dem Sand aufragenden niedrigen Klippen nach Nordosten einen Weg sich bahnten. Bald öffnete sich vor mir eine Schlucht, el-Ǧibbeh[1]) genannt, in welcher eine gemauerte Behausung zum Vorschein kam. Wie ich später erfuhr, war dieselbe zum Aufenthalt für Pockenkranke und Aussätzige bestimmt, also ein Siechen- oder Gutleuthaus. Rechts davon war eine kleine Höhle, voll von modernen Namen. Die Schlucht selbst wurde immer enger und schliesslich in Folge eines Tobels, der ein ziemlich tiefes Gesteinsbecken ausgehöhlt hatte, durchaus ungangbar. Ich wählte desshalb eine andere Rinne, die sich gegen Südwesten hinaufzog, um so willkommener, weil der starke Südwind jede Annäherung an das Wild von einer anderen Richtung her aussichtslos gemacht hätte. Um höher hinauf zu gelangen, tappte ich vielfach nutzlos umher. Hatte ich eine Spalte erwählt, so erwies sich dieselbe nach kurzem Klettern durch mächtige Steinkugeln verpfropft; also wieder heraus,

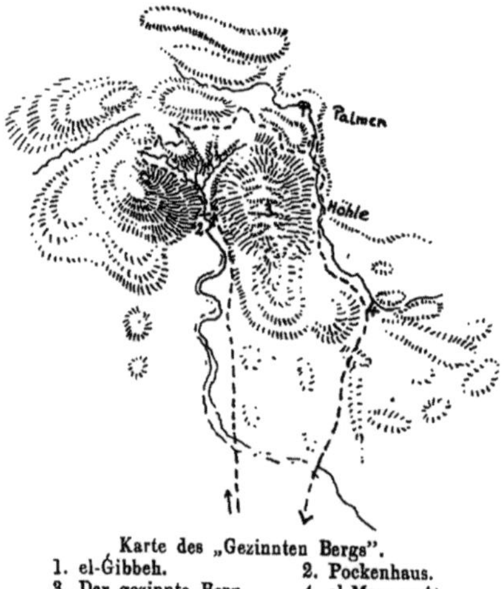

Karte des „Gezinnten Bergs".
1. el-Ǧibbeh. 2. Pockenhaus.
3. Der gezinnte Berg. 4. el-Merawwât.

---

1) الجبة.

und das Heil da und dort an den schrägen Gesteinswänden versucht. Nur immer aufwärts! Siehe, da stiess ich auf eine zweite Höhle, sogar mit Moos darin! Durch angewehten Granitsand waren die zarten Pflanzen stellenweise wie versteinert. Am Eingang rastend sah ich zunächst keine Möglichkeit weiter vorzudringen. Nach oberhalb zog sich in weit gedehntem Halbkreis ein fugenloser Steinwall, zum Theil überhängend; hinab in den gähnenden Kessel schienen die glatt gefegten Steinwände sich zu wölben. Ach was! Fortes fortuna juvat! Also einmal die Sandalen in den Rucksack, und dann quer hinüber über den feinen Tanzboden. Vorsichtig, mit ausgebreiteten Armen, betrat ich die unter etwa 40 Grad geneigte Fläche. Barfuss gieng sich's da ganz gut. Sonderbar war mir nur, dass unter meinen Fusstritten der Granit knisterte und in dünnen Schalen abblätterte. Da musste schon lang weder Mensch noch Thier geschritten sein. Allmählich waren es tüchtige Scherben, die ich lostrat, und es machte mir Spass, wenn sie in die Tiefe rutschten. Aber die Sache war schon nicht mehr ganz geheuer, wie grössere zusammenhängende Platten abbröckelten und mit Geklapper sich in Bewegung setzten. Als nun gar einige Schritte über mir Leben in die Schichten kam, warf ich mich erschreckt an den Hang zu Boden, indess der wackelnde und wachsende Steinteppich rechts und links an mir vorübersausend in dem Schlund zerschellte. Ich konnte froh sein, mit ein paar Schrammen an Armen und Händen davon gekommen zu sein. Noch zweimal warf ich mich in ähnlicher Gefahr nieder; dann kam ich wieder dauernd auf festen Felsboden, und pries mein Geschick, dass das Tänzlein mit der Atropos so glimpflich abgelaufen war. Nun aber meinem Ziele weiter entgegen; in einer Scharte aufsteigend erklomm ich einen Felsgrat, war aber nicht wenig enttäuscht, den Munîf, welchen ich ganz nahe wähnte, als hohe gezackte Wand, aus einer tiefen Kluft aufragend noch weit zurücktreten zu sehen. Sóviel war mir klar: wenn es überhaupt möglich ist — was ich fast bezweifle — den Munîf von der breiten Stirnseite aus zu erklettern, so gehören dazu jedenfalls mehr Stunden, als mir heute zu Gebot standen. Wollte ich nicht denselben Weg, den ich gekommen, auch für die Rückkehr wählen, so blieb mir nichts übrig, als gegen Norden und Nordosten hinter den Nadeln des Muschámrăkhah[1]) d. i. des „gezinnten Berges" mich durchzuwinden und von dort irgendwie einen Abstieg zu versuchen. Unter vielen Mühsalen rückte ich nur langsam von der Stelle. Ich hatte mich etwa 20 Meter in einer steilen Runse abwärts geschoben, und war unschlüssig, ob ich den bedenklichen Weg weiter verfolgen oder wieder aufwärts klettern sollte. Mit Händen und Füssen mich anstemmend beugte ich mich vorwärts, um einen Ausweg zu erspähen, da plötzlich gewahrte ich links drüben, 60 Meter vor mir, zwei prächtige Steinböcke, die, im selben Augenblick meiner ansichtig geworden, an gähem Felsenhang klappernden Schrittes dahin trottelten. Mir klopfte hörbar das Herz im Leib; ich war nicht einmal im Stande, die Flinte vom Rücken zu nehmen, hätte nicht wagen dürfen einen Finger oder Zehen loszulassen. Mit Gier und Wuth geladen, musste ich zuschauen, wie es den Lumpen nicht im Geringsten pressirte, denn díe, die hatten meine Unschädlichkeit sofort richtig erkannt. Nur einmal, ehe sie um's Eck verschwanden, drehten sie noch die Köpfe mit ihren schoflen Bärten! Hat nicht der eine Sakermenter gar die Zunge herausgestreckt und noch dazu gelacht? Hâ! infam!

Schlucht mit Steinböcken.

Es war unnütz, dem Ärger über die widerfahrene Verhöh-

1) المشمرخة; vgl. unten, S. 92.

nung und den Rachegedanken nachzuhängen. Ich hatte Nöthigeres zu thun. Zunächst galt es überhaupt, aus der bösen Klemme herauszukommen. An ein Ausweichen nach seitwärts war nicht zu denken, es konnte sich nur um den Abstieg nach abwärts handeln. Tief unten die Schlucht mit den Felsbrocken musste mein Ziel sein; nur konnte ich den dazwischen liegenden Theil nicht übersehen. Ich war schon ein gutes Stück abwärts gelangt, da gähnte vor mir ein dunkler Schlund: in die Rinne war nach vorne ein Felskeil eingeklemmt, und das Kamin erweiterte sich verhängnissvoll nach abwärts. Zur Vorsicht legte ich Flinte, Rucksack, Mantel ab, um die Lage sorgfältig zu untersuchen. Ich überzeugte mich, dass gar nichts Anderes übrig blieb, als hinter dem Steinpfropf durchzuschlüpfen und einen senkrechten Sprung etwa 2½ Meter hinab auf eine Steinkugel zu wagen. So kletterte ich denn wieder hinauf, um die zurückgelassenen Geräthe zu holen. An eine Schnur gebunden wurde sachte die Flinte hinabbefördert, Mantel und Rucksack flogen nach. Erschreckend rund guckte die Steinkugel herauf. Julius! deine Knochen müssen eben den Sprung aushalten! Ich prüfte noch einmal alle Gelenke, und dann — bismillah! — hinunter!

Ich dankte Gott, dass das Wagstück gelungen war, gedachte mir's aber doch als Warnung anzuschreiben. Was heisst Warnung? — Kaum war ich gerettet, so rannten meine Gedanken wieder hinter den Steinböcken drein. Wiewohl ich mir sagen musste, dass ich heute bei der vorgerückten Tageszeit am besten von allen weiteren Versuchen abstehen sollte, stachelte mich doch die Neugier, wenigstens den Verlauf der Thalsohle ein Stück weiter nach links aufwärts, auszukundschaften. Zuvörderst musste ich den im übrigen ungefährlichen Abstieg vollenden, dann wandte ich mich nach links und kletterte mühselig zwischen mannshohen Steinkugeln aufwärts. Nach etwa 20 Minuten konnte ich nicht weiter vordringen, die ganze Schlucht war mit Felsblöcken verrammelt, nur zwischen den Kugeln durchblickend konnte ich feststellen, dass da oben in einem mit

Sand verschwemmten Becken eine Gruppe verwilderter Palmbäume stand; dahinter ragten unersteigbare Felswände, von Steinböcken natürlich keine Spur. Betrübten Sinnes musste ich mich zur Umkehr bequemen. Der Abstieg in die Mṛawwât [1]) gieng, weil beschwerlich, nur langsam von Statten. Endlich war das anscheinend ganz geschlossene Sandbecken erreicht; rechts, abermals an einer kleinen Höhle vorbei, über niedrige Einsattlungen hinweg, schritt ich rasch über die Ebene hinaus, der Heimstätte zu.

Eigentlich hatte ich jetzt Trank, Speise, Rauch und Ruhe redlich verdient, fand aber nur Wasser, Datteln und Tabak. Das ganze Hauswesen war einzig und allein zugespitzt auf den Besuch des Emîrs Ḥasan Muhánnâ von Bereideh, der nach dem letzten Gebet bei uns erscheinen wollte. Bei ʿAbdallâh waren Geschirr, Tassen, Samowar entlehnt worden, bei unsrem persischen Nachbar (ʿAmrân) Lampen, Kupferplatten, Stearinlichter. Unser Diener Maḥmûd hatte Andeutungen gemacht, dass er ausgesuchte Feinheiten seiner Kochkunst entfalten würde, verweigerte aber jedwede weitere Auskunft; kurzum, es musste ein grossartiges Fest absetzen. — Nach dem mageren Nachtessen konnte ich mich des Schlafes kaum erwehren; die ganze Gesellschaft wünschte ich zum Kuckuck. Das letzte Gebet war längst vorüber und der Emîr mit Gefolge liess immer noch auf sich warten. Die hastig betriebenen Vorbereitungen zu seinem Empfang konnten schliesslich mit Seelenruhe abgemacht werden; er brauchte also nur noch selbst zu erscheinen. An den Wänden brannten drei Petroleumlampen, auf einem wackeligen Tischlein brannten gleichfalls drei Petroleumlampen, auf dem Hofe, in dessen Hintergrund ʿAbdallâh und Ḥamûd el-Migrâd erwartungsvoll standen, strahlten zwei frisch geputzte Laternen mit Stearinlichtern. Konnte überhaupt ein Haus hier heller beleuchtet sein? Im letzten Augenblick entschloss ich mich noch einen Theater-Streich auszuführen. Fast mein ganzer Vorrath

---

1) المغوّات.

selbstgemachter Schwärmer, vielleicht vier Dutzend Stück, musste dazu herhalten. Eiligst pflanzte ich dieselben an geeigneten Stellen der Mauer und der Treppe auf; ein Sclave wurde als Feuerwerker abgerichtet, und brannte vor Ungeduld, seines Amtes zu warten. Endlich um ½9 Uhr rückten die Gäste 10 Mann hoch an. Auf dem Kohlenbecken am Eingang wirbelte Weihrauch, Benzoë und Myrrhen. Schwärmer knatterten von rechts und links, von oben und unten. Allgemeines Staunen und Bewunderung. Durch die Wolke schreitend nahm der Emîr von Bereideh auf Hubers Teppich Platz, neben ihm der Schech Râkân (oben, S. 73) von den ʿAgmân; zwei Leute des Letzteren führte ich auf meinen Teppich. Während der Unterhaltung mit einem meiner Nachbarn bemerkte ich bei einer Drehung seines Kopfes, dass er vorne neben den Backen zwei Paare von Zöpfen [1]) herunterhängen hatte. Auf meine Frage, wie viel Zöpfe er denn habe, schlug er stolz, ohne ein Wort beizufügen, das Kopftuch in die Höhe, und zeigte mir seinen Nacken: ich zählte zehn Stück. Zum ersten wurde ein Thee gereicht, der durch langes Stehen und Citronensaft bitter, durch vielen Zucker kaum geniessbar geworden war, aber dem arabischen Geschmack vollkommen entsprach. Ich war ganz erstaunt als der Schech Râkân mit Maḥmûd einige türkische Worte wechselte, und vernahm nachher, dass er sieben Jahre in der Festung zu Nisch [2]) als Gefangener verbracht hatte. Er war nämlich vor ungefähr 20 Jahren durch Midhat Pascha gegen Zusicherung freien Geleites als Unterhändler in den Ḥásâ (an der Ostküste Arabiens) gelockt, dort aber gleich gefesselt und nach Europa geschleppt worden. Gerade solche Treulosigkeiten und Wortbrüche sind es, um derentwillen die Türken von den Beduinen mit unauslöschlichem Hasse verabscheut werden; begreiflich. Auf den Thee folgte eine Limonade, dann kam eine grosse Platte, gethürmt mit den Kochkünsten Maḥmûds: Citronen-

---

1) Für gewöhnlich trägt ein Beduine vier Zöpfe, zwei vorne und zwei hinten über die Schultern hinabhängend.

2) In Serbien; bis 1878 türkisch.

schnitze mit Zucker, Fastnachtsküchlein, Dattelkrapfen glacirt, eine Art Hefenküchlein [1]), dazu vier Schüsseln dickes Zuckerwasser. Zuerst sassen wir zu sechsen an der Tafel oder Platte, dann, nachdem sich Alle gütlich gethan, kamen die Andern an die Reihe. Da ihnen zunächst die Schüsseln mit dem Zuckerwasser vorgesetzt wurden, so tranken sie dieselben in ihrer Ungeduld gleich aus; mit dem Schmalzbackwerk räumten sie gleichfalls kahl auf. Eine derartige Schnabelwaide blüht ihnen halt nicht alle Tage. Jetzt kam der Kaffee, dann Räucherwerk, zuletzt Zabâd (Moschus-Salbe) [2]); auch diesmal reichte Maḥmûd mit gewohnter Vorsicht das Silberbüchslein nicht umher, sondern liess sich bei den Einzelnen herumgehend den Finger herstrecken, und tupfte jedem das Quantum darauf, dessen er ihn für würdig erachtete. Nach der Waschung der Hände wurde zum Überfluss für Alle zusammen ein Handtuch dargeboten; es sah auch am Schluss darnach aus. Höchlichst befriedigt erhoben sich die Gäste zum Aufbruch; sie konnten in der Helle des Hofes ihre Sandalen mühelos zusammenfinden. Ein paar vergessen gebliebene Schwärmer spieen noch den Abschieds-Salut, und erregten die trügerische Hoffnung auf ein neues Schaustück. Dann verzogen sich Alle in Stille. Innen im Hause gieng es noch lange unruhig zu: das Spülen und Aufräumen des Geschirrs nahm viel Zeit in Anspruch. Ich sandte noch einen letzten Gedanken an meine Steinböcke, dann stürzte ich mich in einen Götterschlaf.

So. 30. Dec. 1883]. Wenn die Sonne nicht scheint, kann der Mensch keine heiteren Gedanken haben. Es ist zu traurig, dass wir unsrem Ziel, den alten Ruinen und Gräberstätten im Westen gar nicht näher kommen. Wir sind ja hier sehr gefeiert, befinden uns aber eben doch nur in einer ehrenvollen Gefangenschaft zur Unterhaltung des „Schlosses." In Missmuth und aus Faulheit legte ich mich vor die Stadt hinaus auf einen Hügel.

Mo. 31. Dec. 1883]. Der Prinz Mâgid hatte einen Sclaven

---

1) Schwäbisch, Pfizauf.

[2) Zibet; vgl. oben S. 36, Anm. 1.]

geschickt, er wolle sogleich zum Besuch kommen. Da er aber nach einer halben Stunde immer noch nicht kam, gieng ich fort, und Huber liess die Hausthüre schliessen. Auf der Strasse begegnete ich dann dem Mâgid, und erklärte ihm, dass es uns jetzt zu spät sei, liess ihn stehen und gieng weiter. Statt seiner heftete sich Ḥamûd el-Migrâd an meine Fersen, und bat mich dringend, zu ihm nach Hause zu kommen. Nachdem der Kaffee getrunken und eine Pfeife geraucht war, nahm ich seinen achtjährigen Neffen Mûsâ ibn ʿAlî als Begleiter zu einem Spaziergang um die Mauern der Stadt herum. Auf den Abend waren wir zu Mâgid und zwar wieder ins Schloss, d. h. in den Gemächern seines Vaters, eingeladen. Während dieser Letztere sich in die Moschee begeben hatte, traten alle Gäste zum Gebet in Reih und Glied zusammen; als Vorbeter stellte sich Khairullâh an die Spitze; an den Wänden blieben nur Huber und ich sowie ein ganz junger Sohn des Ḥamûd el-ʿObeid sitzen.

Während der feierlichen Handlung ertönte ein unerhörter Rülpser — ohne irgend Jemanden zu stören. Huber und ich wechselten einen Blick, den ich aber nicht zu wiederholen gewagt hätte.

Gebet.

Di. 1. Jan. 1884]. Wie froh bin ich, dass es hier kein Neujahr gibt, keine Visitenkarten, keine Enthebungslisten, nicht die brutale Ohrenmarter des Glokkenläutens, nicht die katzenjämmerlichen Gesichter, noch die heuchlerischen Besuche bei den Vorgesetzten (im Nothfall bei deren Frauen). Trotz dem erleichternden Gefühl, den Auswüchsen der Civilisation entrückt zu sein, regt sich doch in mir die Lust, auf ein Viertelstündlein mich in die gute Stadt Strassburg hineinzuversetzen.

Dort haben bereits vor Tagesanbruch die Balbirer die Messer aufs feinste geschärft; schon rüsten sich die dreifach frisch gewaschenen Kaminfeger mit rosigen Gedichten, die Milchweiber, die Lampenanzünder, zu hoffnungsvollen Rundgängen.

Horch! was dröhnt da von ferne? Es sind mit schwankem Rosshaarbusch geschmückte Ulanen, von deren breitem ungesatteltem Kirchschritt die Mauern widerhallen. In der Meisengasse paradiren wohlduftende Fräulein von allen Altersstufen mit ihrem neugebackenen Staat, die jüngeren klopfenden Herzens den Gruss der Tanzstund-Herren erwartend. Ja, das ist die mit Recht so beliebte Bertha, die lange Paula, die süsse Emilie; die tanzwüthige Maria, bereit ihre Seele für einen Maskenball von der Länge einer Polarnacht zu verkaufen; die runde Martha (heute leider mit leicht verschwollenem Backen, daher hinter einem Schleier) kann trotzdem sich nicht versagen, ihren Biber-Muff spazieren zu führen. Ein paar stadtbekannte Junggesellen, mit irgend einer seltenen Blume im Knopfloch, stehen unzufrieden am Eck des Platzes; die gewohnte Cigarre scheint ihnen diesmal nicht sonderlich zu schmecken. Gigerl und Referendare, einen Prügel oder eine Fischbeingerte in der linken Überzieher-Tasche, schütteln sich die Rechte mit hochgestelltem Ellenbogen, und ziehen die Hände mit einer eckelhaften Schleifbewegung wieder auseinander. — Und wie sieht's im Innern der Häuser aus? Abseits vom Christbaum stellen die Buben seit 8 Tagen ihre Bleisoldaten auf, und schiessen sie reihenweise mit Erbsen nieder, wofern einer nicht eine staunenswerthere Methode aufgebracht hat. Ein älterer Kamerad hat sogar etwas Pulver bei sich (in einer Düte, die zum Theil in der Hosentasche aufgegangen ist), will aber damit erst herausrücken, wenn die Mama in die Kirche gegangen ist. Dem schönen Trompeter auf seinem Schimmel fehlt bereits der Kopf, aber so ein Musiker spielt unschwer mit dem Herzen weiter. Die kleinen Mädchen mit ihrer Puppenstube und -küche haben den besten Platz im Zimmer. Da riecht's aber bedenklich nach angebranntem Zucker und Milch. „He! mir scheint, ihr könnt nichts Ordentliches kochen!" „Ja wohl, Sie dürfen es sogar gleich selbst versuchen, Sie müssen nur noch einen Augenblick Geduld haben, es kommen noch Mandeln darauf." „Was soll denn das eigentlich sein?" „Das ist ein Crême de chocolat. Wissen

Sie, was das ist?" „O freilich, ihr lieben Affen, doch meine ich, es ist etwas wenig." „Allerdings, es ist nämlich die eine Hälfte ins Feuer gelaufen, und dann hat auch noch das Luisle, die doch eigentlich nur Spülmagd sein soll, gewiss vier Kaffeelöffel davon geschleckt." „Es ist ja nicht wahr; es waren kaum zwei!" „Ihr herzigen Fresssäcklein, könnt ihr denn überhaupt noch etwas in euch hineinstopfen? habt ihr euch nicht die Mägen verstaucht?". „Ja! — (mit einem Blick auf die Mama) — vorgestern, aber heute können wir schon wieder. Und Sie sagen ja immer: Thut nur langsam, Kinder, ihr glaubet gar nicht, was in euch hineingeht." „Also komm her, liebe Elsa, lass mich versuchen, gib mir einen Schmatz; da hast einen Lebkuchen, und du, Luisle, wirst auch noch einen Zimmtstern hinunterwürgen können". Ach! das ganz Kleine hätt' ich schier vergessen! doch, da hab' ich noch in der Tasche ein Springerle. So! da kannst daran schnullen. Jetzt aber: Ada!

Nun genug der Träumereien. Bei der Wende des Jahres vermag ich mich auch recht ernsthafter Gedanken nicht zu entschlagen. Was ich bis jetzt auf dieser Reise erlebt und getrieben, sollte ja nur Einleitung, ein Vorspiel zur eigentlichen Arbeit sein. Werden bald greifbar vor mir stehen die unklaren sagengehüllten Ruinen von el-Ḥegr und von el-ʿÖla? Werde ich finden, was ich hoffe? Kann ich leisten, was man von mir erwartet?

Um 9 Uhr zu Mâgid. Kaum war ich dort, so liess sich der Emîr zu Besuch ansagen. Er kam mit Ḥamûd el-ʿObeid, mit Ḥasan Muhánnâ von Bereideh und viel Gefolge. Der ganze Ḳăháwah war voll von Menschen. Nachmittags zeichnete ich an den Landkarten für Hubers Tagbuch. — In der Nacht regnete es stark.

Mi. 2. Jan. 1884]. Noch den Morgen tröpfelte der Regen gleichmässig aus dem grauen Himmel herab, dabei war es den ganzen Tag so finster wie bei uns im Winter. In den Strassen liefen Bäche, die man ungenässten Fusses nicht überschreiten konnte. Ich hockte mich auf einen Steinhügel im Osten der

Stadt in eine kleine Höhle, die sogenannte Ḳubbet ʿAlî. Hier hörte ich auf eine Entfernung von 6 Kilometer vom Munîf herüber das Tosen der Wasserstürze zwischen den Felsen. Ich konnte natürlich nicht unbemerkt bleiben; eine Anzahl junger Bursche gesellte sich zu mir und sang Lieder, die ich aber nicht verstand. — Zu Hause traf ich Barṛasch [1]), den Schech der Aslam aus dem Ḥásâ (Megmaʿah); er gab Auskunft über seine Stammes-Eintheilung, die von Maḥmûd niedergeschrieben wurde. Nachts kam neuer Regen. Mein Ṫabak saugt sich voll Wasser.

Do. 3. Jan. 1884]. Wer nicht Regenwasser gesammelt hat, ist in diesen Tagen ohne Haustrunk; die Brunnenmauern sind vom Regen so weich, dass man die Räder und Stangen ohne Gefahr des Einsturzes nicht in Bewegung setzen kann. — Seit acht Tagen leide ich an einem unbedeutenden aber stark beissenden Ausschlag, der vom Blut, d. h. von der vorherrschenden Dattelnahrung, herrühren soll. Das unvermeidliche Kratzen mit den Nägeln ist keinenfalls zuträglich, meine Abklatsch-Bürste muss für die schwer erreichbaren Stellen des Rückens herhalten.

Der Ḳaḥṭânî Khâlid, mit dem Beinamen Abû ṯalâṯîn (oben, S. 74) sollte uns seine Stammes-Eintheilung angeben; statt dessen rückte er mit ernstlichen Bekehrungsversuchen zum Islam an uns heran [2]). Wir seien doch jetzt so mächtig und angesehen, im Range eines Emîrs, wie der Emîr von Bereideh, oder noch höher. Wenn wir vollends Muslimen würden, gienge uns gar nichts mehr ab, wir könnten aus den edelsten Stämmen Frauen bekommen, den ganzen Tag in einem Garten sitzen, Schaffleisch essen so viel wir nur wollten; wenn es uns nicht behagte, brauchten wir die Beschwerden eines Ṛázu gar nicht auf uns zu nehmen, könnten ruhig zu Hause bleiben und würden doch unsern Theil an der Beute davon tragen. — „Da würd' ich mich schämen!" — Und dann erst im Paradies, da bekämen

1) برغش [H.: Barġaš ibn Ṭwâle, Schech der el-Eslam.]

2) Mahmud servus noster, lingua gallica utens, suasit: Parate jam novaculam ad amputandum tarbusch.

wir seidene Röcke, alle erdenklichen Herrlichkeiten und was sonst das Herz begehrt. Wir machten ihm begreiflich, dass wir zunächst mehr Werth auf seine Angaben über die Stämme der Ḳaḥṭân und ihre Gliederung legen würden. Ungerne, lückenhaft, ruckweise, vielleicht sogar absichtlich falsch, gab er die Namen von sich, die der Diener Maḥmûd niederschrieb; dazwischen hinein machte er seiner Beklemmung Luft durch neue Abschweifungen ins Paradies, und musste immer wieder ermahnt werden, bei der Sache zu bleiben und fertig zu machen. Nach der Meinung der Leute sind Huber und ich überhaupt der Rahm und Ausbund der Christenheit, kaum noch dem Namen nach Christen, in Wirklichkeit stehen wir dem Islam sehr nahe, jedenfalls hoch über den Schîʿah (den hier zeitweilig ansässigen persischen Kaufleuten aus Meschhed); unverständlich, dass wir nicht vollends übertreten, so vortheilhaft hienieden und im Jenseits. In derselben Weise hatte mir ja schon der achtjährige Mûsâ (oben S. 83) seine Hochachtung bezeugt: wir seien doch Christen, hätten ein Buch und eine Religion, aber die Maschâhîdeh (die persischen Kaufleute) das seien „Götzendiener — Gott verfluche ihre Väter" —, er wisse von seinem Vater, dass wir den Muslimen gleichkommen, und nicht ins [Höllen-]Feuer wandern müssen.

Heute trat der Emîr von Bereideh, Ḥasan Muhánnâ, die Rückreise an, und morgen will der Kameelshändler Ḥusein aufbrechen; er hat sich erboten, Briefe mitzunehmen, und denkt nach zwei Monaten in Damascus einzutreffen. — Nachmittags bei unsrem persischen Nachbar ʿAmrân Besuch gemacht.

Fr. 4. Jan. 1884]. Seit gestern Abend ununterbrochenes Nebelrieseln[1]), seit dem 24. December überhaupt kein Sonnenstrahl! Von dem vielen Regen stürzte eine Mauer in Mâgids Hause ein, mit solchem Getöse, dass man es drüben im Schlosse hörte. Im Stadttheil Lubdeh wurde ein Mann bis an den Hals verschüttet; sie haben ihn aber noch lebend herausgezogen.

---

1) نفناف nafnâf.

Der demnächst stattfindende Ṛázu ist nun angekündigt; Reitende wurden an die grossen Scheche abgesandt.

Aus Langweile fertigte ich heute Frösche und Schwärmer, die aber wegen der Feuchtigkeit der Luft nicht trockneten, vielmehr versagten. Ich will noch warten bis morgen, andernfalls werfe ich sie ins Feuer, da wird alle Bosheit weichen. — ʿAbd el-ʿAzîz schickte ein Päcklein feinen Kuḥl (Augenschwärze). — Bei dem persischen Kaufmann ʿAlî, dem Schwager ʿAmrâns, Besuch gemacht. Abends kam ʿAmrân und brachte das entlehnte Gold [1]) in Gestalt von Silber zurück, d. h. er erlegte statt der 90 Napoleons 427¼ Megîdî. Ḥamûd el-Migrâd, unser Adjutant, brauchte bei diesem Anblick plötzlich 6 Megîdî zum Ankauf eines Teppichs; ich konnte nicht wohl behaupten, ich habe kein Geld, musste also füglicherweise die 6 Megîdî springen lassen.

Sa. 5. Jan. 1884]. Da ʿAbdallâh sein zweites Weib, die schöne Baghdaderin Zháwah [2]), vor einiger Zeit geprügelt hat, ohne sie inzwischen durch das Geschenk eines neues Hemdes oder dergleichen wieder zu versöhnen, so entbehren wir seit 10 Tagen das gute Baghdader Brod; aber auch ohne diesen Streik haben wir seit 4 Tagen überhaupt kein Brod, weil ʿAbdallâhs Backofen, frei im Hof stehend, vom Regen ganz verwüstet und unbrauchbar geworden ist. — Auch heute hieng der Himmel voll leichter Regenwolken [3]); erst gegen Mittag kam die Sonne etwas zum Vorschein. — Nachmittags bei ʿAmrân Kaffee getrunken, Abends von dem Meschhĕdî Mehdî Besuch erhalten.

So. 6. Jan. 1884]. Heute morgen verspürte ich einmal wieder Häsläuse. Die Jagd war sehr ergiebig; mindestens 30 Stück erlitten unter Knistern den Feuertod; ein ganzer Haufen Nester wurde in den Falten des Hemdes zerstört; aus dem Hemd, auf einem Dach im Wind gespannt, wandern sie von selbst wieder aus. — Dem Mâgid einen kurzen Besuch gemacht; er hatte

---

1) Vgl. 14. Dec. (Seite 57).
2) Vgl. oben S. 35. 3) ديم dîm.

schon mehrfach den Wunsch geäussert, einmal éin paar Handschuhe zu sehen; ich konnte seiner Neugier abhelfen.

Wenn wir nur endlich einmal fortkämen von hier! Bald ist es ein Vierteljahr, dass wir da herumsitzen. Diese Menschen haben ja keine Vorstellung von der Zeit, keine Ahnung, welche Pein sie uns anthun. Was haben wir davon, dass wir Datteln, Reis und Schaffleisch essen können, so viel wir wollen? dass wir sorglos schlafen können, so lange es uns beliebt? dazu einige Geschenke und Ehrungen! Wir giengen zum Fürsten, um ihm Vorstellungen zu machen, dass wir nach Teimâ, el-Ḥegr, Tebûk aufbrechen möchten; er solle uns doch ziehen lassen! Wegen der beiden ersten Puncte, meinte der Fürst, habe es keine Schwierigkeit, aber nach Tebûk sei es zu gefährlich. Auf die Bemerkung Hubers, es werde nicht so arg sein, lächelte der Fürst: So? Er habe gerade die Nachricht erhalten, dass Muḥammed ibn ʿAṭijjeh [1]) zusammen mit ʿAnêber [2]) und den Ragâgîl des Schijûkh unweit Tebûk beim Steuereintreiben von einer Übermacht der Banî ʿEisâ (eines Theils der Banî Ṣakhr) überfallen und total ausgeplündert worden sei. Hm?? Der Zékâ (Steuer) im Betrag von 7000 Megîdî sei zum Teufel! — Mehr noch thut mir unser Diener Maḥmûd leid, der, zur Ablieferung an seine in Maʿân lebende Familie, dem Muḥammed ibn ʿAṭijjeh 10 Napoleons anvertraut hatte.

Diesen Abend hat uns der Emîr (zum erstenmal wieder seit dem 21. Dec.) nach dem Nachtessen zu sich rufen lassen. Er war überaus zuvorkommend; sein Vetter Ḥamûd el-ʿObeid, zu dem wir nachher giengen, von geradezu beängstigender Freundlichkeit. In seinem Ḳăhâwah herrschte übrigens ein Rauch, dass er die Augen beizte. — Zu Hause angekommen probirte ich noch einige der Schwärmer von vorgestern; die konnten jetzt trocken sein. Siehe da, sie spieen vorzüglich, kräftig und ausdauernd. Da muss ich mich noch mehr auf diese Kunst legen.

---

1) S. Bd. I, S. 224 u. 226.

2) Dem übermüthigen Sclaven, der seiner Zeit den Doughty so schlecht behandelt hatte. Könnt' ich doch dem Doughty diese befriedigende Nachricht telegraphiren!

Mo. 7. Jan. 1884]. In gewöhnlichen Jahren ist der Beduine eigentlich nie zufrieden mit dem Regen; wenn es nach ihm gienge, müsste noch zehnmal so viel vom Himmel fallen. Jetzt wird's aber den Leuten allmählich doch auch genug. In vielen, selbst guten Häusern, wie z. B. beim Prinzen ᶜAbd el-ᶜAzîz ist kaum ein trockener Platz zum Schlafen. Alle Gebäude sind dermaassen eingeweicht, dass kein Muʾéḏḏin (Gebetsrufer) sich mehr auf eine Mauer, geschweige auf ein Minâret traut. Auch bei uns kommt der Regen an ganz ungebräuchlichen Stellen herab. Unsere Kisten und Koffer müssen alle von der Stelle gerückt und geflüchtet werden. Von den Treppen, die aufs Dach führen sind grosse Stücke heruntergerutscht. Im Winterzimmer, das oben in der Decke ein Loch[1]) zum Abzug des Rauches hat, ist auf dem Lehmboden eine grosse Pfütze, die durch den Hagel diesen Morgen mit stattlichen Eisbrocken verziert war. Ein Mann, der von auswärts hier anlangte, musste seinen Esel dahinten lassen, und allein durch den tiefen Sêl (Winterbach) waten. Habe den ganzen Tag nicht zum Haus hinausgeschaut, und wusste nichts Besseres zu thun, als Schwärmer anzufertigen.

Di. 8. Jan. 1884]. Die ganze Nacht regnete es unentwegt weiter. In unsrem Makhzan, wo die Kisten stehen, kam das Wasser durch zwei Stockwerke herunter. Der Boden war ein Sumpf. Meine beiden neuen Zebûn (Röcke), die an den Wänden hiengen, waren von dem durchträufelnden Lehmwasser ganz eingeweicht und beschmutzt. Nachmittags begab ich mich hinaus an den Schaᶜîb, dessen Wasser etwa 2 Meter tief einherschossen. Im Stadttheil Lubdeh erzählten die Leute, es seien 20 Häuser gänzlich eingestürzt; eines habe ich gesehen, das war in einen 17 Klafter tiefen Brunnen hinuntergerutscht. Dabei waren wunderbare Errettungen vorgekommen. Die meisten Mauern an den Palmgarten sind schwer beschädigt, überall die Zinnen herabgefallen, Stösse zerbrochener Lehmziegel sperren

---

1) سوامه *suwâmah.* [H.: *samâwe* سماوه.]

die Wege. Zwischen lückenhaften Gartenmauern, über schlüpfrige Lettenhaufen kletternd, und durch Pfützen watend, stiess ich auf ein verlassenes Gebäude, und machte mir Gedanken, warum dieses einst stattliche Anwesen so ganz dem Verfall preisgegeben sei. Kaum war ich daran vorbei, so erfolgte ein Krachen und Getöse; wie ich mich umwendete, sah ich noch zwischen den stehen gebliebenen Umfassungswänden Wasser und Schlamm hoch emporspritzen. Ich wagte nicht näher hin zu gehen, da der Boden breiweich war. Vor der Stadt im Westen, aber auch sonst in den Palmengärten leben eine Masse Menschen in Zelten, weil ihre Häuser den Einsturz drohen, oder jedenfalls zunächst unbewohnbar sind.

Auch der Emîr in dem festen Ḳaṣr ist nicht ganz sicher, es regnet bei ihm allenthalben herein; zur Vorsicht hat er sich ausserhalb der Stadt ein mächtiges Zelt aufschlagen lassen, um im Nothfall sich dorthin flüchten zu können. Besucher, die zu uns kommen, versichern, unser Haus sei noch verhältnissmässig wenig beschädigt. Ärgerlich ist allein, dass man den Schäden nicht auf den Leib rücken kann; denn die Treppen, welche auf die 3 Plattformen führen, sind nicht mehr da, die Lehmstaffeln sind von den schrägen Palmstämmen heruntergerutscht, und den Mauern, gegen welche sie lehnen, ist gar nicht mehr zu trauen. — Man vernimmt, dass der Ṛázu verschoben oder ganz abgestellt sei. Der Fürst zeigte uns einen schwärzlichen Stein [1]), der gestern Nachmittag im Sclavenviertel nach Aussage der Leute aus der Luft heruntergefallen sei. Er erkundigte sich angelegentlich, ob das denkbar sei. Ich erinnerte ihn an das koranische Capitel vom „Elephanten" [2]), wornach eine Schaar Vögel glühende Steine aus der Luft auf das Heer herabwarf, und dasselbe vernichtete [3]).

---

1) Vgl. Bd. I, S. 219 und oben S. 64. 2) Sure 105.

3) Das bezieht sich auf den äthiopischen Vasallen, den christlichen König oder Vicekönig vom Jemen, Namens Abraha, der [nach der Tradition] im Geburtsjahr des Propheten Muḥammed (ca. 570 n. Chr.) mit einem zahlreichen Heer, dabei 15 Elephanten, einen verunglückten Feldzug gegen Mekkah unternahm.

Mi. 9. Jan. 1884]. Der herrliche Sonnenschein lockte mich ins Freie. Ich nahm die Flinte auf den Rücken und schritt

Der „Gezinnte Berg".

bei scharfem Nordwind (4½° C) dem Gebirge zu. Hinter dem Berg Muschámrăkhah gieng ich wieder in der Richtung auf

Am „Gezinnten Berg".

den Munîf, den mir bekannten Weg[1]) aufwärts, bekam aber keinerlei Wild zu Gesicht.

Die Schlucht im Hintergrund erstieg ich diesmal leichter, drang auch bis in das obere mit Palmen bewachsene Becken vor. Nachdem ich mehrere Wasserlöcher theils umgangen, theils durchwatet hatte, befand ich mich schliesslich ganz unmittelbar unter dem Gipfel des Munîf, der sich vor mir noch etwa 80 Meter hoch wie eine geschlossene Mauer aufthürmte. Wie

1) S. oben S. 76.

ich mich auf dem Rückweg beim Hinabsteigen zwischen den Felskugeln durchzwängte, war ich erstaunt auf einen Neger zu stossen, der ebenfalls mit der Flinte bewaffnet auf die Jagd gehen wollte; später traf ich noch einen zweiten Neger; sie hatten auch keinen Steinbock gesehen. Unten in der Ebene Mṛawwât angekommen setzte ich mich hinter einen Felsblock und rauchte dort, gegen den Wind geschützt eine meiner aufgesparten Cigarren. Dann suchte ich, nicht ganz glücklich, für die Rückkehr einen anderen Weg als ich gekommen, und langte nach dem ᶜAṣr (etwa 4 Uhr) zu Hause an. Bei dem grimmigen Hunger hatte ich keine Lust noch ein bis zwei Stunden auf die Mahlzeit zu warten, rief also dem Diener Maḥmûd, er solle mir irgend etwas zum Essen bringen. Wie nun dieser die Unverschämtheit hatte, sich zu weigern und mich zu belehren, jetzt sei keine Essenszeit, ich werde eben so gut noch warten können, wie andere Leute, entfuhr mir unwillkührlich ein: Sakerment! Auf das hin gebärdete sich Maḥmûd wie verrückt, fuchtelte mit den Armen und stiess einen kaum verständlichen Wortschwall hervor: ich habe ihm die grösste Beschimpfung angethan, habe seine Religion verflucht — „was?!" — ja freilich, er kenne das von Damascus her; es sei ein Unheil, dass er überhaupt mit uns gezogen sei. Nachdem er sich etwas erleichtert hatte, erklärte ich ihm, auf diese Weise werde es wohl nicht mehr lang anstehen, dass wir uns nach einem andern Diener umsehen müssen. Ich schickte ihn zum Zimmer hinaus, und holte mir aus den Vorräthen eine Hand voll Datteln. Gleich darnach trat der Diener wieder ein, bat um Verzeihung und wartete mit einem Kaffee auf. — Abends noch einmal zum Emîr gerufen worden.

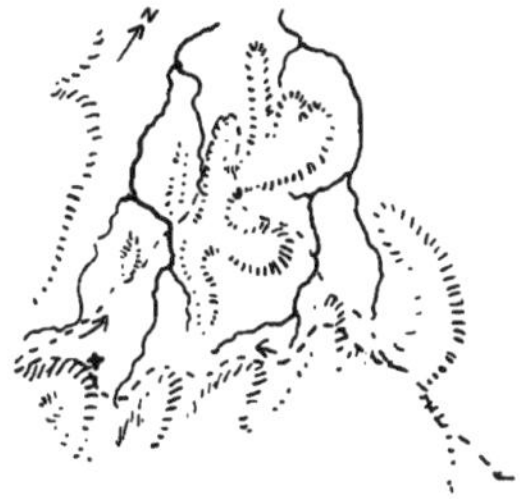

Lageplan des „Gezinnten Bergs". (+ von hier aus ist die vorige Abbildung gezeichnet).

Do. 10. Jan. 1884]. Eine kalte Nacht lag hinter uns. Im Hofe waren 2° C; ausserhalb der Stadt aber sei überall Eis gewesen. Ein Sclave des Emîr sei in der Gegend von Laķîṭah erfroren gefunden worden. Ich befand mich heute gar nicht wohl; es scheint, dass ich mich auf der gestrigen Gebirgstour bei dem Wind im blossen Hemd und Mantel doch etwas erkältet habe; dies macht sich durch Kopfweh bemerklich. Nun muss auch noch gerade in diesen kalten Tagen mein einziges wollenes Hemd aus bekannten Gründen auf dem unzugänglichen Dach hängen! — Ein Besuch von Mâgid war mir gar nicht willkommen.

Abends waren wir von ʿAbdallâh zum Essen eingeladen; es hatte nämlich in der Zwischenzeit eine Aussöhnung mit der Baghdaderin stattgefunden. Der Hauswirth brachte die Rede auf die Dschinn (bösen Geister), und erzählte ganz ernsthaft — es gruselte ihm noch jetzt, — wie er einmal spät Nachts im Bazar zu Baghdad, wo er einen Laden besessen, während einer ganzen Stunde von einem Dschinn geohrfeigt worden sei, und obwohl mit der Örtlichkeit vertraut bei der Finsterniss und in der Verwirrung alle Augenblicke den Kopf an ein Eck angestossen habe. Kein aʿûḏu billâh! („ich nehme meine Zuflucht zu Gott"), kein subḥân allâh! („Gott soll hüten")[1] habe gefruchtet. Mit Beulen am Kopf, mit blauen Mälern am Leib habe er kläglich durch die öden Gassen sich schleppend seine Wohnung erreicht. Mich kostete es Mühe, das Lachen zu halten. Hätte ich nicht von sonst aus seinem eigenen Mund gewusst, dass er den geistigen Getränken wenigstens nicht abhold war, so wäre ja zur Unterhaltung eine übersinnliche Erklärung des Vorganges immerhin erörterbar gewesen. So aber wollte ich diesen wunden Punct nicht unberührt lassen, und fragte, ob er denn nicht vielleicht an jenem Abend des Guten ein wenig zu viel gethan. Er verschwor sich jedoch hoch und theuer, er sei durchaus nüchtern gewesen, und könne es nur als eine Strafe dafür ansehen, dass er früher an dem Dasein der Dschinn lästerliche Zweifel geäussert habe. Ich meinte, diese Art der

---

[1) Eigentlich „Gott sei gepriesen!"].

Bestrafung sei ja gewiss sehr schmerzhaft und bedauerlich gewesen, indess, was er denn überhaupt bei nachtschlafender Zeit in so einem ausgestorbenen Bazar zu thun gehabt habe. Ja, er habe noch spät in seinem Laden aufgeräumt, und, wie er denselben abgeschlossen, habe er erst bemerkt, dass es stockdunkel geworden und der ganze Bazar verlassen und abgeschlossen gewesen sei. Der Wächter habe bei dem unheimlichen Poltern und jämmerlichen Geschrei sich gefürchtet, desshalb auch noch lange gezaudert, das Thor zu entriegeln.

Fr. 11. Jan. 1884]. Um in die abstumpfende Einförmigkeit des Daseins eine heitere Abwechslung zu bringen, beschloss ich meinen äusseren Menschen etwas zu verändern. Zu diesem Behuf hatte ich mich schon vor Tagesanbruch so schön wie möglich angethan: seidenes Hemd mit rothen Quasten, seidenes Kopftuch mit ganz neuer Einlage, seidenes Taschentuch, den neuen indischen dem Mâgid abgenommenen Rock[1]), an den Füssen fein gewobene, durchbrochene Strümpfe (seit mehr als 4 Monaten überhaupt zum erstenmal wieder Strümpfe), wollene Übersocken, rothe Beduinenstiefel mit blauer Quaste und eisernen Absatzgriffen, Goldschmuck, die Augen mit Kuḥl schön schwarz bemalt, den Bart leicht gestutzt. So gieng ich nach dem Frühstück mit dem Säbel in der Hand durch die Strasse, und grüsste gnädig und voll Würde die erstaunten Bewohner. Was kommen musste, war klar: schon nach 5 Minuten war dem Emîr gemeldet worden, ich hätte einen nie gesehenen Staat angelegt, da müsse etwas Besonderes los sein. Natürlich schickte er unverzüglich einen Boten, ich möchte ins Schloss kommen. Dort wartete bereits mit Ungeduld die gesammte hoffähige Gesellschaft. Ich wurde untersucht, betastet, und musste eingehende Auskunft ertheilen; ich gab an, heute sei meiner Schwester Geburtstag, und diesen wolle ich wie üblich feiern. Sie wollten dann wissen, ob ich im Christenland den ganzen Tag in solcher Tracht einhergehe. Diese falsche Vorstellung

---

1) S. oben, S. 34.

durch Beschreibung mit Worten zu berichtigen, war nicht gut möglich; darum liess ich mir ein Papier geben und fertigte einige Zeichnungen an. Der breitrandige Hut erregte Staunen und Bewunderung (ob er von Eisen sei?), Cylinder und Frack dagegen Gelächter, Touristentracht, Rucksack und Bergstock, Steigeisen, Schneeschuhe fanden keine Billigung, sondern blieben unverständlich. Wie ich gar das Schlittschuhlaufen erklären wollte, dabei aber mit meinem Arabischen etwas in die Brüche kam, merkte ich an den Gesichtern meiner Zuhörer, denen alle physikalischen Vorbegriffe mangelten, dass ich Gefahr lief, für einen Schwindler geschätzt zu werden, und brach daher ab mit dem Bedauern, sie verstünden es doch nicht, selbst wenn ich im Stande wäre, es in gewandteren Ausdrücken deutlich zu machen. Der Emîr lenkte das Gespräch auf die Musik, ob wir auch Lieder hätten? Ich setzte auseinander, dass die verschiedenen Volksstämme, Stände, Lebensalter und Geschlechter je nach der Gemüthsstimmung verschiedene Lieder bevorzugten, als da sind Tiroler, Soldaten, Jäger, Matrosen, Studenten, verliebte Mädchen, Kinder. Dem Verlangen, Proben [1]) zu hören, konnte ich nicht ausweichen. Da indess die deutschen Worte unverstanden blieben, und nicht so leicht arabisch wiederzugeben waren, hinterliessen die Melodieen für sich keinen sonderlichen Eindruck. Wie ich aber die Leonore aus dem Troubadour mit frech unterschobenem arabischem Text (höchst einfacher Art [2]) sang, brachen Alle in Entzücken aus, und forderten Wiederholung. Der Prinz Mâgid bat mich, ihn das Lied in seiner Wohnung zu lehren. Diese Matinée fand einen nicht ganz würdigen Abschluss durch Vorführung einer aus den Schatzkammern des Schlosses herausgezogenen Drehorgel. Nach Hause zurückgekehrt entledigte ich mich wieder der Maskerade.

---

1) Bin ein- und ausgangen im ganze Tirol u.s.w.; Wohlauf, Kameraden aufs Pferd, aufs Pferd; Ich hatt' einen Kameraden; Im Wald und auf der Haide; Auf dem Meer bin ich geboren; Gaudeamus igitur; Mein Schatz, der ist auf die Wanderschaft hin; So viel Stern am Himmel stehen.

2) قُم يا حبيبى من النوم قم من النوم يا غزالى يا غزال „Steh' auf, mein Lieb, aus dem Schlaf, steh' aus dem Schlaf, o meine Gazelle, o Gazelle!"

Zum Nachtessen hatte uns der Emîr eingeladen; es gab Reis, Fleischbrühe, Steinbockfleisch (in der Brunstzeit nicht gut) und eine Art Fleischwürste in Blätter eingewickelt. Jeder bekam neben sich eine mit bitterer Limonade gefüllte Schüssel, in der eine Tasse zum Herausschöpfen umherschwamm. Der Fürst verehrte mir das Geweih des Steinbocks[1]); es hatte eine Länge von über 4 Spannen.

Sa. 12. Jan. 1884]. Wieder herrlicher Sonnenschein. Schon in der Früh schickte Mâgid einen Sclaven, er möchte ein Bleistift und einige Schwärmer haben. Ich liess ihm sagen: Ja ja, er werde es im Laufe des Tages bekommen, — fällt mir natürlich nicht ein, er kann sich ein Bleistift im Sûḳ kaufen, und soll sich seine Schwärmer selbst machen. Die Botschaft war ohnedem, wie mir am folgenden Tag klar wurde, nur ein Vorwand gewesen; er wollte mich zu sich locken, um eine Singstunde von mir zu erhalten.

So. 13. Jan. 1884]. Mâgid hatte sich einstweilen in seinen vier Wänden die Melodie der Leonore einzuverleiben versucht. Es war erstaunlich, wie dieser begabte Mensch (den ich übrigens auch zu allem Schlechten[2]) für fähig halte), abgesehen von dem verfehlten Schluss, den ich ihm besonders austreiben, und unter dem Staunen der Sclaven mühsam neu einpauken musste — im Ganzen doch die Töne richtig behalten hatte. In der Schlussstelle fand er den tiefen Ton nicht. Ich tupfte ihm jedesmal tüchtig aufs Knie, und rief ihn an: ʿamîḳ! ʿamîḳ! („tief, tief!"). Ich glaube kaum, dass dieses arabische Wort je als musikalischer Kunstausdruck so gebraucht wird, jedenfalls erregte es Heiterkeit. Mâgids jüngere Brüder ahmten mich nach, indem sie, sobald die Stelle nahte, mit nach abwärts stupfendem Zeigfinger den Mâgid ärgerlich anschrieen: ʿamîḳ! ʿamîḳ! Da nun bald aus allen Winkeln des Hauses die Leonore misshandelt wiederschallte, machte ich mich aus dem Staub, und

1) Vgl. oben S. 72.
2) Er soll thatsächlich seinen Onkel, den Emîr Muḥammed ibn Raschîd, Ende 1897 vergiftet haben!

schickte dem Mâgid als Anerkennung seiner musikalischen Leistungen einige Schwärmer.

Mo. 14. Jan. 1884]. Morgens früh kam Mâgid mit seinen Brüdern Sâlim und Sulṭân zum Besuch. Nachher die nordöstlichen Quartiere der Stadt durchstreift. — Der persische Kaufmann ʿAlî sah bei mir Kautschuk-Bänder, und fragte ängstlich, ob sie aus Schweinsleder seien (vgl. Bd. I, S. 42, 190).

Di. 15. Jan. 1884]. Den Waffenschmied Ṛânem aufgesucht, den ich wegen seiner Aufdringlichkeit und Bettelei einige Zeit bei Seite geschoben hatte. Auf die Frage nach seinem fünfjährigen Enkel ʿAbdallâh [1]), gab er zur Antwort: „Der Bub hat so viele Läuse; er ist bei den Weibern, die suchen sie ihm heraus". — Abends hatten wir den Schech der Ṭumân Sened ibn Rubʿa [2]) mit 2 Genossen zu einem leckeren Mahle eingeladen. Dass nach dem Kaffee und Reis mit Hammelfleisch Maḥmûd auch noch Fastnachtsküchlein und Zuckerbrühe dazu auftrug, belebte die Bewunderung nicht minder als den Appetit. Nach einem Trunk Wassers entfuhr dem Einen ein Rülpser, den er mit einem aufrichtigen el-ḥamdu lillâh („Lob sei Gott!") begleitete. Der Schech, welcher ganz unten am Schaṭṭ (südlich von Baṣra) seine Waideplätze hat, versicherte aufs Bestimmteste, der viel gefragte Wâdî er-Rummah münde nach Zobeir hinaus, also viel östlicher als er auf den Karten angedeutet wird.

Nachdem die Gäste sich verabschiedet, nahm ich die zwei Bände von Ritter über Arabien zur Hand, las zuerst wieder die Feldzüge gegen die Wahhabiten, dann zum so und so vielten Male die Zusammenstellung aller Nachrichten über die Nabatäer, und die Aussagen orientalischer Geographen und Pilger über die Ruinen von Madâïn Ṣâliḥ (= el-Ḥegr). Es bedarf einer morgenländischen Geduld und Zufriedenheit, wenn man mit Schilderungen, von Orientalen gemacht, ins Reine kommen will. Nichts ist im Senkel, wenig Greifbares; haltlos

---

1) Vgl. oben S. 20, 46, 48.

2) سند ابن ربع [H.: Sened er-Rubeʿ, Schech der eṭ-Ṭumân.]

nach Maass, Zeit und Himmelsrichtung, lottert Alles, mit werthlosen frommen Brocken untermischt, einher; es ist zum Verzweifeln. Staunenswerth war mir immer, wie Ritter sich in diesem zuchtlosen Wust zurecht gefunden und wie er ihn verarbeitet hat. Wenn ich nur endlich daraus klug werden könnte, wie sich die Thamudäer zu den Nabatäern zu verhalten; wie der Theil zum Ganzen?[1]); ob die Inschriften in el-Ḥegr nabatäisch sind, oder was sonst? Es fiel mir schwer, mich aus diesem Labyrinth loszureissen. Drei Viertheile der Nacht waren vorüber, als ich die kümmerliche Lampe löschte.

Mi. 16. Jan. 1884]. Um 11 Uhr erhob ich mich beschämt von meinem Lager. Auf einem Gang im Osten um die äussersten Palmpflanzungen herum besuchte ich den Friedhof jenes Stadttheils. Die schmucklosen Steine trugen theilweise Namen (z. B. Ṣâlih ibn Ibrâhîm ibn Migrâd 1296), die meisten aber bloss ein Wasm d. h. Stammes- oder Familien-Abzeichen [2]).

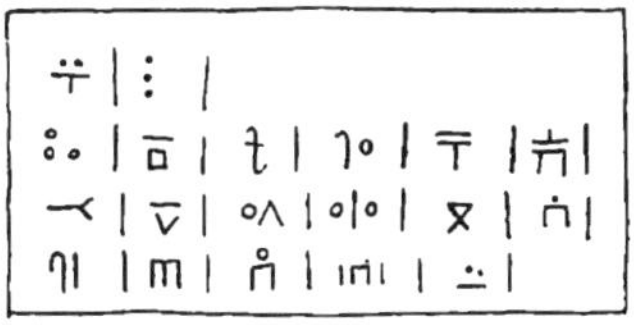
Stammeszeichen auf arabischen Gräbern.

[Aus dem Tagbuch seien hier noch die folgenden Inschriften angeführt: 1) شقرا رحمها الله; 2) هندى ابن ناصر; 3) سليمان ابن محمد; 4) عايشة. D. i. 1) Šaḳrâ, Gott habe sie selig!; 2) Hindî

[1) Die Nabatäer und Thamudener waren zwei verschiedene arabische Stämme, die ersteren mehr dem Westen, die letzteren mehr dem Osten Arabiens angehörig. Die Nabatäer gelangten zu grosser Macht und gründeten in Nordwest-Arabien, Südpalästina und dem Ostjordaalande ein Reich, das selbst den Römern gefahrdrohend erschien. Die Blütezeit des Reiches war etwa von 50 vor Chr. bis 50 nach Chr. Die Hauptstädte des Reiches waren Hegra (el-Ḥegr) und Petra. Im Jahre 106 n. Chr. wurde das nabatäische Reich von den Römern unter Cornelius Palma zerstört, und ein grosser Teil davon zur Provincia Arabia gemacht. Die Nabatäer hatten die Schrift und im offiziellen Gebrauche die Sprache der Aramäer angenommen und behielten sie auch nach Verlust ihrer Selbständigkeit bei. Aus der Form, die das aramäische Alphabet bei den Nabatäern erhielt, erwuchs später die arabische Schrift. — Die Thamudener jedoch blieben immer in bescheideneren Grenzen. Sie nahmen wenig oder gar nicht am Kulturleben der alten Welt teil. Ihre Sprache und ihre Schrift war rein arabisch; aber ihre Inschriften sind zum grössten Teile Kritzeleien und enthalten meist nur Eigennamen. In Hegra berührten Thamudener und Nabatäer einander, wie überhaupt manche Thamudener zum nabatäischen Reiche zur Zeit seiner höchsten Machtentfaltung gehört haben mögen. Hierzu vgl. auch unten das Tagbuch vom 25. März 1884.]

[2) Über Namen und Bedeutung der Stammeszeichen vgl. Littmann, Zur Entzifferung der thamudenischen Inschriften, Berlin 1904, S. 78 ff.]

ibn Nâṣir; 3) Sulaimân ibn Muḥammed (dazu Stammeszeichen X̿); 4) ʿÂîšah (dazu Stammeszeichen ⊥⊓)].

Auf dem Mesḥab (dem freien Platz vor dem Schloss) lagen 10 fremde Delûl; ich kannte die Stammesabzeichen nicht. Man sagte mir, es sei eine Anzahl Beduinen aus dem Norden angekommen, Rúălah, Ṣuḳûr und Andere. Die von den befreundeten Stämmen liefern Nachricht über die Orte, wo die Feinde liegen, und über das, was sie sonst ausspioniert haben; die von den feindlichen, wie z. B. eben von den Rúălah und Ṣuḳûr, bringen Geschenke an Pferden oder sonst was, und stellen sich überhaupt hier ein, weil ihr Stamm derzeitig an den Gränzen der Schammar waidet, in den Wudjân. Solange ihr Abgesandter bei den Schammar weilt, können sie unangefochten dort waiden; ein Überfall auf sie in dieser Zeit gälte für unehrenhaft. Natürlich wollen sie bei dieser Gelegenheit möglichst viel erhorchen und erspähen. Abends trafen wir die ganze Gesellschaft beim Fürsten als Gäste. Einer derselben hatte die Frechheit, seine mitgebrachte Wasserpfeife zu rauchen. Es fiel zwar von keiner Seite eine Bemerkung gegen das sträfliche Beginnen, wurde aber doch allgemein als ein Verstoss gegen die Sitte empfunden. Die Strafe folgte auch gleich auf dem Fuss: Beim Verlassen des Schlosses war es stockfinstere Nacht, der Beduine mit seiner Wasserpfeife hatte sich der Stufen, die zum Thore hinausführten, nicht mehr erinnert. Kaum war die Thüre hinter ihm zugeworfen, so flog er mit seinem sündhaften Geräthe, mitten zwischen uns durch hinaus auf den Platz. Er versuchte unter unsrer Beihilfe die einzelnen Bestandtheile wieder zusammen zu finden, allein es war zu finster; wir pochten daher kräftig und anhaltend am Schlossthor, um eine Laterne zu erhalten. Es stand geraume Zeit an, bis oben auf der Mauer die Wache erschien und herunterrief, es komme gleich eine. Während der Schech jammerte, es fehle ihm immer noch der Pfeifenkopf und der Deckel, gieng gerade der wahhabitische[1])

1) Vgl. Bd. I, S. 158 und 168 unten.

Pfaffe Ṣâliḥ vorbei und fragte, was denn da los sei und zu was der Spektakel. Es wurde ihm gesagt, der Schech N. N. sei mit seiner Wasserpfeife gestürzt und habe sie verloren, aber er werde sie — in schâ 'llâh — wieder finden. Voll Gift und befriedigt über das Missgeschick antwortete jener: „Und ich sage euch: in schâ 'llâh wird er sie nicht wiederfinden; geschieht ihm ganz recht."

Do. 17. Jan. 1884]. Huber meinte, jetzt bei dem bevorstehenden Ṛázu wäre der richtige Zeitpunct gekommen, um dem Fürsten meine letzten 11 Steinschlossgewehre[1]) zu verehren, er würde dadurch um so leichter sich bereit finden lassen, uns die Reise nach dem Westen zu gestatten. Ich erklärte mich einverstanden und schärfte ihm ein, die Verhandlungen recht eindringlich zu betreiben. So begab sich denn Huber — ich hatte keine Lust — von zwei die Flinten schleppenden Sclaven begleitet, vor Sonnenaufgang zum Fürsten, und legte ihm die Gewehre als unsre Beisteuer für den Ṛázu zu Füssen. Nach zwei Stunden kehrte er mit der frohen Botschaft zurück, dass wir in den nächsten Tagen die ersehnte Reise antreten könnten, und mit Thieren, Proviant und Führer versehen werden sollten.

Ḥamûd el-Migrâd brachte einen Ṣlúbî[2]), namens Dirbisch ibn Bannâḳ aus der Gegend von el-Ḥegreh (halbwegs zwischen hier und dem ʿIrâḳ). Die Ṣlêb leben zerstreut und geduldet unter den Beduinen, werden aber nicht zu ihnen gerechnet. Sie sind armselig, scheu, züchten nur Schafe und Esel, und liegen der Jagd auf Straussen und Gazellen ob. Dirbisch musste über die Eintheilung seines Stammes und über die Örtlichkeiten im syrisch-arabischen Wüstengebiet Angaben machen, welche der Diener Maḥmud für Huber niederschrieb. Ich hatte in der Zwischenzeit Musse, den Ṣlúbî zu betrachten und zu zeichnen. Er trug den für die Ṣlôb charakteristischen Mantel aus 15 bis 20

[1) H.: *bindeg̣ emzenned* oder *bindeg̣in dzeddâḥî.*]

2) Pluralis: صُلَيِّب Ṣlêb, oder صُلُبَة Ṣúlubah. [H.: Sing. *Ṣlúbî*, Plur. *Ṣleib* oder *Ṣlúbä.*]

Gazellenfellen zusammengenäht; die Ärmel schliessen das Handgelenk eng ein und gehen vor bis auf die Finger; der Mantel ist, im Gegensatz zu der ʿAbâ der Beduinen, nicht der ganzen Länge nach vorne offen, sondern hat bloss einen schmalen Schlitz an Brust und Hals zum Hineinschlupfen. Es gilt bei ihnen als Luxus, unter dem Mantel noch ein Hemd zu tragen.

Der Ṣlúbi Dirbisch.

Nachmittags machte ich einen Besuch bei dem Waffenschmied Ṛânem und traf da auch den Prinzen ʿAbd el-ʿAzîz, den ich zu Haus verfehlt hatte. Dem Schwiegersohn des Ṛânem, dem Ḥamd ibn Fâḍil ez-Zehêrî händigte ich für meinen dem Emîr verehrten Mauser-Repetir-Carabiner eine Schachtel Vaselin ein, dazu eine alte Zahnbürste. — Abends kam ein Ḥarbî, Namens Fâris; es war aber nichts aus ihm herauszukriegen über seine Stammes-Eintheilung oder die Namen der Scheche.

Fr. 18. Jan. 1884]. Bin sehr früh aufgestanden. Die Aussicht bald fortzukommen belebt meine Energie. Ich rüste Alles zurecht, so dass ich in der nächsten besten Stunde aufbrechen könnte. — Nachmittags bei ʿAbdallâh Kaffee getrunken. Aus schwerem Wolkenhimmel fiel Abends etwas Regen.

Sa. 19. Jan. 1884]. Morgens zu Mâgid und zu dessen Vater Ḥamûd el-ʿObeid [1]). Der Letztere hat bereits gestern wieder durch ʿAbdallâhs Vermittlung bei uns gewinselt: dem Emîr hätten wir jetzt abermals Flinten gegeben, ob wir ihm nicht auch für den bevorstehenden Raubzug etwas zu verehren hätten, etwa Revolver. (O te monstrum insatiabile! —) Ich musste mein Bedauern ausdrücken, dass wir keine übrigen Waffen mehr zu verschenken hätten.

---

1) De puero quodam Aethiope, novem vel decem annos nato, coffeae pocilla ministrante se excusarunt; quia omnes servi adolescentes abessent e palatio expeditionis impedimenta curantes, illum puerulum, revera eunuchum, e gynaeceo arcessitum esse. Quum rogassem, numne liceret, eum visere, Magid accitum illum tunica sublata oculis meis praebuit. Ferro testes caudulamque innocentem adeo radicitus misero demessuerant, ut tantummodo orificium urethrae ægre conspicuum ac cicatrix lævis a cutis colore vix discrepans sedem pristinae majestatis indicarent.

Ausser dem Ṣlúbî Dirbisch (S. 102) besuchte uns noch ein gewisser Fahad ibn Ṛâzî von Stamme der Drêrât aus der Gegend südlich von Mustagiddeh.

So. 20. Jan. 1884]. Jûsuf el-ʿAtîḳ (ʿAtîdz) brachte einen Huteimî [1]), der seine Stammeseintheilung und die Anzahl der Zelte dictiren sollte.

Im Laufe des Gesprächs ergab sich eine sehr bezeichnende Demüthigung für den Huteimî. Dieser mochte allerdings uns Fremden gegenüber etwas zum Prahlen aufgelegt sein, und hantirte darum nur mit fetten runden Zahlen, von denen ihm Jûsuf immer gehörige Abstriche machte. Endlich riss dem Jûsuf die Geduld, und verächtlich sagte er zu ihm: „Und wenn du 100 von euren Zelten vor dir siehst, so wirst du doch nicht die Frechheit haben zu behaupten, das sind Beduinen-Zelte [2]), sondern du kannst nur sagen, das sind Hetmân." Die Hetmân werden nämlich den Arabern (ʿÖrbân) nichts weniger als ebenbürtig erachtet; sie werden vielmehr verabscheut, auch wird ihnen als Vorwurf angerechnet, dass sie — wenigstens die Küstenbewohner — Fische essen; am ehesten lässt man von ihnen noch die Scherârât gelten. Ausser diesem Hutoimî fand sich noch ein weitgereister Schámmarî ein, Namens Dṛéjjem [3]), der mir versprach, den Weg aus dem Wâdî Negrân über den Wâdî Dawâsir bis nach el-Aflag anzugeben. Zuletzt stellte sich noch unser demnächstiger Reisebegleiter Ḥêlân [4]) vor, den der Fürst uns zur Führung auf der Reise nach dem Westen mitgeben wollte. Er ist ein Mann von über 60 Jahren, noch sehr rüstig und lebhaft, hat bis jetzt noch sämtliche Raubzüge mitgemacht, vom Fürsten als Kundschafter bevorzugt und geschätzt, kennt alle Wege, Entfernungen, Berge, Brunnen, und weiss ihre Namen mit Sicherheit anzugeben.

---

1) هتيمى, Pluralis: هتمان Hetmân.

2) بيوت العُرْبان; er vergönnte ihm sogar nur ungern des Wort Zelte (بيوت).

3) دغيّم. 4) حيلان.

Alle Bekannten kommen noch zu uns gelaufen; sie möchten ausser Flinten und Pistolen auch noch Pulver und Blei haben! Die Vorbereitungen zu einem Ṛázu sind ja die beste Gelegenheit zum Betteln und zum Verschenken. So hat der Emîr in diesen Tagen mehrere Tausend Megîdî an die Theilnehmer des Raubzuges zum Unterhalt der Familien sowie zur persönlichen Ausstattung vertheilen lassen. Wir können uns billiger loskaufen; ein paar Blechschachteln Pulver und etwas Schrot genügen als Beisteuer. Andere Leute, wie z. B. ʿAbdallâh, leihen ein paar Flinten.

Mo. 21. Jan. 1884]. Jetzt wird's Ernst! Da werden eben drei Kameele vors Haus geführt — Gottlob! — wir hatten freilich vier begehrt, und brauchen auch thatsächlich vier: zwei für Huber und für mich, eines für den Diener Maḥmûd, und eines für den Führer Ḥêlân. Obschon wir ja keine Zelte oder überflüssige Annehmlichkeiten mit uns führen, hat jedes der Thiere doch genug zu tragen, nämlich, ausser der Person des Reiters, vertheilte Stücke der Ausrüstung, d. h. Teppiche, Decken, Kleider, Waffen, Lebensmittel[1]), Kochgeschirre, Wasserschläuche, Stricke, Werkzeuge, Theodolithen, Sextanten, Arzneien, Bücher, die zerlegbare Leiter von 8 Meter Länge, und natürlich eine Menge Kleinigkeiten. Die Thiere wurden einstweilen im Hofe eines leerstehenden Hauses eingestellt. Bis zum Abend war ihnen bereits das Futter, wahrscheinlich durch unsre persischen Nachbarn, weggestohlen. Es waren übrigens nicht unsre eigenen im September zu ʿOrmân[2]) gekauften Hengste[3]) sondern drei der Heerde des Fürsten entnommene Stuten.

Abends liess der Emîr durch einen Sclaven mich allein rufen und ausdrücklich sagen, es solle Niemand sonst mitkommen. Im Empfangssaal war nur er selbst mit Ḥamûd el-ʿObeid, Slîmân und Ṣâliḥ er-Rakhîṣ. Nachdem der fertige Kaffee auf den Boden

1) 1 Sack Datteln, 1 Butterschlauch, Reis, Kaffee, Thee, Zucker, Salz, ein Säcklein Mehl, eine Dose Cacaopulver, 2 Dosen Suppenmehl, 1 Beutel Tabak, Wasserpfeifen.

2) S. Bd. I, S. 30.

3) Weil in der Brunst befindlich (ziml), gefährlich und unbrauchbar.

gestellt und die Diener hinausgeschickt waren, hub der Fürst an, mir auseinanderzusetzen, Huber trachte darnach ohne mich nach el-Ḥegr und nach el-ʿÖla zu gelangen; ich solle auf meiner Hut sein. (Wie ein Blitz durchzuckte mich die Erinnerung, dass ich schon vor einigen Wochen beim Waffenschmied Ṛânem und ein zweites Mal bei Mâgid gefragt worden war, ob ich auf den Besuch jener Ruinenstädte verzichte, was ich, ohne mir weitere Gedanken zu machen, als Unsinn zurückgewiesen hatte.) In grosser Erregung erwiderte ich dem Fürsten, ich begreife nicht, was er wolle. In der Meinung, ich hätte die arabischen Worte nicht richtig verstanden, wiederholte oder umschrieb Ḥamûd nochmals die Worte des Fürsten. Ich entgegnete: „Eure Worte habe ich ganz wohl verstanden, aber ich kann's nicht glauben! Wie sollte Huber solche Gedanken hegen? Habe ich nicht die ganze Reise mit ihm bloss zu dem Zweck unternommen, jene Orte aufzusuchen? Ist er nicht mein Reisebegleiter, ja mein Gast von Anfang an? Er wird's auch bis zu Ende sein!" Der Fürst zuckte mit den Achseln; ich schiod mit Unmuth aus dem Schloss. [Huber hat in der That seinen Reisegefährten hintergangen, auf dessen Kosten er doch zum grossen Theil reiste und der ihm volles Vertrauen entgegenbrachte; dies ist dem Herausgeber von Euting selbst sowie von Prof. Nöldeke bestimmt versichert worden. Aus dem Buche von Nolde, Reise nach Innerarabien, Kurdistan und Armenien, Braunschweig, 1895, S. 43, geht sogar hervor, dass Huber den Arabern gegenüber Euting als seinen Diener bezeichnet hat. Vgl. auch unten das Tagbuch vom 16. und 25. März].

Als ich in unser Haus zurückkehrte, fragte mich Huber, was der Fürst gewollt habe. Ich verheimlichte ihm nichts, was gesprochen worden war, erklärte ihm aber, es werde ihnen im Schloss mit nichten gelingen, Misstrauen und Unfrieden zwischen uns zu säen.

Di. 22. Jan. 1884]. In der Früh gieng Huber zum Fürsten, holte bei ihm die Empfehlungsbriefe ab (darunter auch einen an den Scherîfen in Mekkah), und erhielt auch noch das gewünschte vierte Kameel zugesagt. Dabei stellte sich heraus, dass mein stiller Widersacher Ḥamûd mich je früher je lieber nach Damascus oder Baghdad abschieben möchte. — Gegen Mittag begab sich der Emîr auf den Ṛázu, angeblich nach Norden. Abends machten wir noch die letzten Einpackungen für die schwere hoffnungsvolle Reise. Was wird sie bringen?

X. CAPITEL.

Ḥâjel bis Teimâ.

23. Januar — 15. Februar 1884.

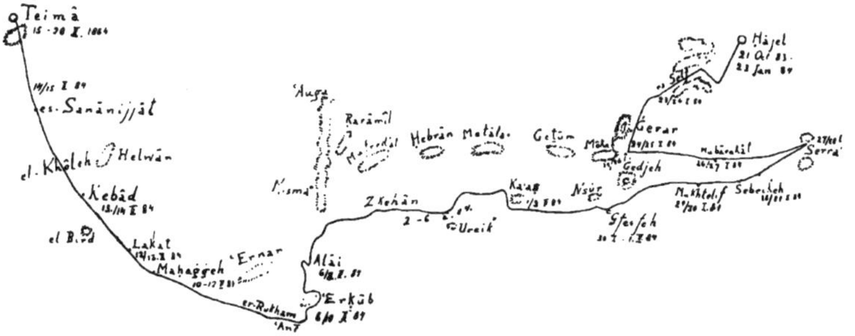

Mi. 23. Jan. 1884]. Vor Aufregung hatte ich wenig geschlafen. Kaum dass der Tag graute, durchschritt ich nochmals alle Räume des Hauses. Da standen meine zehn Kisten und Koffer mit Ausrüstungsgegenständen und Vorräthen, Kostbarkeiten, europäischem Geld, Bequemlichkeiten aller Art, die wir für die bevorstehende Expedition nicht brauchten, und desshalb in Ḥâjel für später zurücklassen wollten. An den von mir bemalten Wänden hieng ein Theil der Geschenke des Fürsten, Feierkleider, Waffen, Steinbockköpfe, Seltsamkeiten. Das ganze Anwesen war schön aufgeräumt und zusammengestellt. In 4, 5, 6 Monaten — in schâ 'llâh! — konnte ich Alles wieder in derselben Ordnung antreffen. Im Hofe waren aufgestapelt die zum Aufladen bestimmten Säcke und Gepäckstücke. Was da drin sich befand, war Alles schon Tage lang berechnet, ausgeklügelt, aufs Nöthigste eingeschränkt, zum Theil wieder ausgewechselt, und zum so und sovielten Male nachgeprüft wor-

den. Da konnte nichts fehlen. Wozu also noch das Gehirn kleinlich peinigen, ob nicht doch irgend ein Gegenstand vergessen sei, dessen Abwesenheit später schmerzlich zu vermissen wäre? Nur bald aufs Kameel! dann mag vergessen sein was will! Ich bin jetzt geladen mit Thatendrang, bereit allen Anstrengungen und Fährlichkeiten Trotz zu bieten. Auf der Strasse lagen wiederkäuend die Kameele und jammerten kläglich, als die für sie bestimmten Lasten — dabei die zusammengeklappte 8 Meter lange Leiter — herausgeschleppt wurden. Da die einheimische Bevölkerung auf den Raubzug abgezogen war, hatten sich zum Abschied nur ʿAbdallâh el-Muslimânî und unsre persischen Nachbarn eingefunden. Mich zu wärmen hatte ich die Hände mit verschränkten Fingern zusammengelegt, rieb dieselben langsam in einander und streckte dann die Handfläche nach auswärts. Der Nachbar ʿAmrân konnte diese Gebärde nicht mitansehen — erinnerte sie ihn an christliche Gebetsübungen? — kurzum er that mir die Hände auseinander mit den Worten: „Musst nicht so machen, das ist nicht gut". — ʿAbdallâh begleitete uns noch zur Stadt hinaus bis zum Brunnen Sĕmâḥ, beküsste den Huber zum Abschied ausgiebigst, hielt aber nicht für nöthig, mir auch nur die Hand zu reichen. Nun ja!

Auf unseren vier Kameelen ritten wir in spitzem Winkel auf die lang gestreckte Kette des Gebel Ágâ [1]) zu, voran als Führer Ḥêlân, dann Huber und ich, den Schluss bildete der Diener Maḥmûd. Über die Ebene blies der Wind kalt und scharf aus Süden. Um die Mittagszeit bekamen wir links das grosse Dorf Ḳefâr in Sicht, dessen Ausdehnung ich auf 3 Kilometer Länge schätze. Als wir beim Eingang ins Gebirge geschwind lagerten, um einen Kaffee zu bereiten, benützte ich die Gelegenheit, um durch ein europäisches wollenes Hemd und wollene Unterhosen meine Kleidung zu vervollständigen, die bis dahin lediglich aus einem Beduinen-Hemd, Mantel, Kopf-

1) Den Namen des Gebirges sprach Ḥêlân aus: Iga (mit Betonung des i), vgl. Zeitschr. f. Erdkunde 1865, N. F. 18, 243 Anm. 1.

tuch und Kopfstrick bestanden hatte. War die Wegrichtung bis dahin Südwest gewesen, so bogen wir jetzt unter WNW. in die scharfe Gebirgsspalte es-Self[1]) ein. Für das Nachtlager fanden wir einen etwas geschützten Platz, Ṛâr ṭalmah[2]) benannt, breiteten unsre Betten d. h. Teppiche aus, und wärmten uns an einem tüchtigen Feuer[3]).

Do. 24. Jan. 1884]. Die Kälte der Nacht hatte in der wassergefüllten Trinkschale eine Scheibe von Eis gebildet. — Nachdem wir noch eine Weile in der alten Richtung fortgezogen waren, bogen wir auf steinigem Pfad an einigen Palmen vorbei

1) ربعة السلف. 2) غار طلمة.

3) Jedenfalls war die Wärme besser als die, welche ich am 23. Januar 1857 im Kloster zu Blaubeuren genoss. Damals sass ich wegen eines versuchten harmlosen Wirthshaus-Besuches von 6—10 Uhr Abends hinter vergitterten Fenstern im unheizbaren Carcer bei — 22° R.! In einer dicken Seitenmauer befand sich ein Loch von einem halben Meter im Geviert, dessen Hintergrund die Ofenplatte des anstossenden Famulatszimmers bildete; da konnte ich meine Fusssohlen braten. Meine Compromotionalen erschienen in der freien Stunde nach dem Nachtessen von 8—9 Uhr an den Fenstern des angebauten Seitenflügels, und sangen mir aus dem Gesangbuch das schöne Lied, welches bei Kindsleichen angestimmt zu werden pflegt: „Wenn kleine Himmelserben in ihrer Unschuld sterben, so büsst man sie nicht ein u. s. w." Zähneklappernd und gerührt bedankte ich mich aus dem mühsam geöffneten Fenster für das sinnige Ständchen.

nach SW. einer Passhöhe zu, von wo sich ein prächtiger Blick nach abwärts bot. Am Ausgang des Thales überschritten wir, zwischen waidenden Kameelen hindurch, den Šaʿîb Fatkhah [1]), und stiegen einen sandigen Hang gegen den zerklüfteten Bergklotz des Garaṛ [2]) hinan. Der Boden war bedeckt mit violetten Blumen Tarbah [3]) genannt und mit der tiefwurzligen Pflanze ʿAṣánṣal [4]); dazwischen wimmelte es von fuchsrothen Raupen. Am Fusse des Garaṛ fanden wir hinter den Felsen einen windstillen Lagerplatz.

Fr. 25. Jan. 1884]. Beim Erwachen blühte uns eine schöne Überraschung: statt 4 hatten wir nur noch 2 Kameele. Trotzdem dass den Thieren, wie beim Lagern üblich, der linke Vorderfuss in der Kniebeuge zusammengebunden war, hatten sich während der Nacht zwei Stück unbemerkt auf den 3 Füssen davon gemacht, um sich für die Kälte an dem reichlichen Futterplatz zu entschädigen. Der Führer Ḥêlân brauchte eine Stunde, bis er die Ausreisser wieder beigetrieben hatte. In den Trinkschalen und Wasserpfeifen war über Nacht eine Eisschichte bis zur Dicke von einem Centimeter gediehen, auch die Wasserschläuche waren steif gefroren. Bei schneidend kaltem Süd-

Môḳaḳ aus der Ferne.

wind brachen wir gegen Westen auf. Im Hintergrund der Ebene sah man einen dunklen Streifen von Bäumen, dazwischen weisse

1) شعيب فتخه.   2) جرغ.

3) تربه. [H.: *terbe* = Malcolmia.]

4) عصنصل, auch عَيْصَلَان. [H.: ʿ*aṣanṣal* habe ich nie gehört; es gehört zu den zahlreichen Derivaten des alten عُنْصُل, die Zwiebelgewächse aus der Reihe der Liliflorae bezeichnen. Wenn bei Velenovsky *asanval* Druckfehler für *asansal* ist, wie ich glaube, so ist ʿ*aṣanṣal* = Colchicum Szowitzii C. A. Meyer.]

Häuser; es war unser heutiges Ziel, das Dorf Môḳaḳ. Der Weg zog sich über Erwarten in die Länge; wir brauchten 4½ Stunden, bis wir bei den Häusern anlangten. Am Hofe des Schechs Burukeh ibn Mrâjjem[1]) hielten wir.

Die Kameele waren wieder nicht durch das Thor zu bringen (vgl. Bd. I, S. 48), wir mussten absteigen und sie aussen abladen. Fast gleichzeitig mit uns waren von anderer Seite her auch einige Ragâgîl (Soldaten) eingetroffen, dabei der sonst so übermüthige, heute so auffallend bescheidene ʿAnêber[2]). Sie kamen zurück von einer verunglückten Sendung, als sie zusammen mit Muḥammed ibn ʿAṭijjeh[3]) bei den westlichen Stämmen die Steuern eintreiben sollten und auch bereits eingetrieben hatten, waren aber nach der Hand von einer Übermacht der Ḥoweiṭât und der Banî Ṣakhr[4]) überfallen und gänzlich ausgeplündert worden. Bei der Gelegenheit hatte ʿAnêber auch seinen protzigen rothen Mantel eingebüsst, und musste sich nun — wie mir mit stiller Schadenfreude zugeflüstert wurde — in der schlecht und rechten Kleidung eines Beduinen zeigen.

Nachdem die Begrüssung und erste Bewirthung mit Kaffee, Datteln und Butter beendet war, wollte ich etwas zeichnen, dabei überhaupt das Dorf näher in Augenschein nehmen. Môḳaḳ soll früher 5—7000 Einwohner gehabt haben; durch Pest oder Cholera und Wegzug mancher Bewohner sank die Zahl auf 1000 oder höchstens 1200. Die Häuser und Gärten erstrecken sich in einem schmalen Streifen von NO. nach SW. etwa ¾ Stunden lang; Häuser, Palmen und Brunnen schreiten allmählich gegen Westen vor; im nordöstlichen Theil sind viele alte in regelmässigen Reihen gepflanzte Tamarisken (Iṯel)[5]), davor grüne Wiesen, früher als Gärten mit jetzt zumeist verfallenen Mauern eingefasst. Ehemals mächtige Palmen strecken noch ihre

---

1) بركه ابن مريّم.
2) S. Bd. I, S. 130.
3) S. Bd. I, S. 224.
4) S. oben, S. 98, und unten 23. Febr. und 4. März 84.
[5) H.: *eṯl*, nom. un. *eṯle* = Tamarix articulata Vahl.]

Stümpfe klagend gen Himmel. Die alten wenig besorgten Häuser haben durch die letzten Regenfälle bedenklich gelitten.

Môḳaḳ.

Bis ich den Rundgang vollendet hatte, war es im Hause des Schechs schon recht lebhaft zugegangen. Im Hofe lagerten unsre Kameele, die Hälse und Schenkel auf der rechten Seite mit Blut bestrichen, ein Zeichen, dass zur Ehrung der Gäste geschlachtet worden war[1]). Im Ḳăháwah drängten sich die Neugierigen aus und ein, theils um uns Fremde anzustaunen, theils um Näheres über die Ausplünderung der Steuereintreiber zu vernehmen. Im Feuerplatz brannten 5 Schuh lange Scheiter von Iṯelholz. Unter den Gefährten des ʿAnêber befand sich auch ein gewisser Naumân[2]), der auf Befehl des Fürsten uns von Teimâ nach Tebûk und zurück begleiten sollte. Wäre er in europäischer Tracht gesteckt, so hätte er am ehesten für einen pietistischen Schuhmacher und Stundenhalter gelten können, in Wirklichkeit war er ein ganz bekannter Ḥarâmî (Räuber) und Kameelsdieb, als solcher mit Recht von den Bẹlî gefürchtet. So hat er ihnen zuletzt vor 2 Jahren ein feines Reitthier (Delûl) abgefangen und dem Fürsten nach Ḥâjel als Geschenk gebracht. Wie dieser es ablehnte, verkaufte er es in der Hauptstadt um 44 Megîdî (etwa 150 Mark). Sein lumpiger Anzug von heute war darauf berechnet gewesen, bei der bevorstehenden Rückkehr nach Ḥâjel das Mitleid wach zu rufen,

1) Ein jeder Stamm hat seine besondere Art der Bestreichung, die von den Wüstenbewohnern bis zu den Kindern herab mit Sicherheit erkannt wird; da weiss Jeder sofort, wo der Fremde zuletzt abgestiegen und bewirthet worden ist. Es ist also eine Art Reclame der Gastfreundschaft, die dem hässlichen Aufkleben der Adressen auf die Koffer der Reisenden in Europa entspricht.

2) نومان.

und dadurch dem Fürsten nahe zu legen, ihm eine neue Ausstattung zu verabfolgen. Obschon nun sein Ziel zunächst verfehlt war — denn gleich morgen musste er umdrehen und uns nach dem Westen begleiten, wo er eben hergekommen war —, so hatte er es doch nicht zu beklagen; er fand bei uns auch seine Rechnung.

Das Gastessen wurde spät Abends, von Sclaven mit brennenden Palmzweigen geleitet, aus dem Wohnhaus des Schechs in den Ḳăháwah gebracht. Auf dem Reis lag Kopf, Herz, Leber, Lunge des Hammels. Zum Schluss kam nochmals Kaffee. Während der Dauer der Mahlzeit wurden die abgängigen Palmfackeln durch neue ersetzt. Sobald ich meinen Hunger gestillt hatte, empfahl ich mich französisch, d. h. machte mein Bett in den nächsten Winkel, und verfiel bald, ohne mich durch die Unterhaltung stören zu lassen, in einen tiefen Schlaf.

Sa. 26. Jan. 1884]. Schon vor Tagesanbruch hub das Geschwätz der aus und ein laufenden Menschen von Neuem an. Um 9 Uhr konnten wir uns von den Leuten zu Môḳaḳ verabschieden, und wandten uns in der Richtung OSO. wieder dem Gebirge Agâ zu.

Gebel Agâ.

Ḥêlân und Naumân ritten und giengen abwechslungsweise voraus durch die Ebene. Wir hatten vor uns links den Mukaisir, den Krater eines ausgestorbenen Vulkans, in der Mitte den Dreigeh, dann nach rechts den Ṭuwâl Bêḍ aus 7 scharfen Basaltnadeln bestehend, dahinter den Sirwâl, der mich an den Climont in den Vogesen gemahnte. Der dreistündige Aufstieg durch eine Gebirgsschlucht[1]), in welcher Granit und Basalt

1) ريعة طوال بيض Rîʿat Ṭuwâl Bêḍ.

wechselten, führte uns auf eine Hochebene, woselbst sich eine schmucklose Begräbnissstätte des Stammes der Ḍreirât[1]) befindet. Nach einer halben Stunde senkte sich die Hochebene sachte nach Nordosten, die Berge traten aus einander, und wir waren ganz überrascht zu gewahren, dass wir die Kette des Agâ überschritten hatten und bereits wieder in der nach Süden ansteigenden breiten Ebene zwischen den Gebirgen Agâ und Selmâ angelangt waren. Eine Stunde vor Sonnenuntergang stiegen wir ab neben den Hügeln el-Mubârakât[2]). Ich machte mich auf die Suche nach Gesteinsproben, und brachte einige schöne Stücke Bergkrystall, auch Jaspis zusammen. Der Boden war üppig bewachsen mit einer immergrünen Pflanze Kalḥ[3]), dem Kraut unsrer gelben Rüben zu vergleichen, aber um seiner Bitterkeit willen von allen Thieren als Nahrung verschmäht. Bis ich zum Lager zurückkehrte, hatte Ḥêlân frisches Wasser herbeigeschleppt, und Maḥmûd das einfache Mahl zubereitet. Hinter dem von Naumân aufgeschichteten Ḥaṭab (Gesträuch zum Brennen) lagen wir wie hinter einer Mauer geborgen und pflogen noch heitere Unterhaltung bei hell loderndem Feuer. Aus den nahen Steinklüften liessen die Eulen oder Käuzlein[4]) die ganze Nacht hindurch ihre kläglichen Rufe ertönen.

So. 27. Jan. 1884]. Gemächlich ritten wir über die Ebene in der Richtung nach OSO.; auf dem Sandboden, der mit zahlreichen Quarzrippen durchsetzt war, gedieh ausser dem schon erwähnten Grünkraut Kalḥ noch eine andere Pflanze Rubáḥleh[5]), die auch von den Beduinen gegessen wird, ferner eine Menge von Trüffeln[6]). Dieser Leckerbissen findet sich häufig in der Wüste; die Köpfe stossen im ersten Frühjahr den Sand in die

---

1) دغيرات. 2) المباركات.

3) كلح. [H.: *kalḫ* = 1) Ferula sinaica Boiss.; 2) Ferula communis L. Ferula bedeutet dasselbe wie *kalḫ*, d. i. „Prügelstock".]

4) بوم bûm.

5) رَبَحْلَه. [H.: *rubăḫlā* = Scorzonera papposa DC.]

6) كَمَاء Tsemà', vgl. oben S. 58.

Höhe und verrathen dadurch ihren Standort. Naumâns geübtes Auge erkannte sie schon von Weitem, und mit raschen Griffen hatte er bald einen stattlichen Vorrath ausgehoben. Die Knollen waren aussen hell rothbraun, wie mit gestossenem Zimmt bestreut, das Fleisch weiss und schmackhaft. Wir verzehrten sie ohne weitere Umstände, so wie sie Naumân uns aufs Kameel herauf reichte. Schon 4 Stunden lang hatten wir unser heutiges Ziel den Gebel Sérrâ' in Sicht; je näher wir kamen, um so reichlicher zeigten sich Wasserlöcher, sogar Brunnen und grüne Wiesen. Die Kameele konnten nur mit Schlägen über diese herrlichen Futterplätze weg vorwärts gebracht werden. Es mochte 3 Uhr sein, als wir abstiegen und die Thiere, nachdem das Gepäck abgenommen war, in ihrem Paradies waiden liessen. Wir lagerten im Sand am Rande des Baches [1]), der zwischen den beiden Steinhügeln des Sérrâ' von Westen nach

Gebel Sérrâ'

Osten sich eine Rinne gebrochen hat. Die eigentliche Bachsohle war angefüllt mit grobem Schotter verschiedenen Gesteines; von den Regengüssen des Winters her waren die Strudellöcher (Gum-

1) شعيب السّرّاء.

pen) voll von Wasser; eine flachere Mulde benutzte der Diener Maḥmûd, um ein Bad darin zu nehmen. Da wo der Bach sich hart an den südlichen Hügel drängt, befinden sich protoarabische Inschriften und Thierfiguren eingemeisselt, die wir copirten.

Nur um zu zeigen, wie genau der Khaṭîb ʿAbdallâh seiner Zeit abgezeichnet hat (oben, S. 52), will ich hier meine Abschrift mittheilen. Etwas weiter oben links auf einem anderen Felsblock war ein Löwe [1]) abgebildet.

Im Sande gewahrten wir die Spuren eines Wolfes und einer Trappe [4]). Auch diese Nacht ertönten die Klagerufe der Eulen aus den Felsspalten.

---

1) Das Thier ist in Arabien längst ausgestorben.

[2) Die Copien dieser Inschrift: a) von ʿAbdallâh, b) und c) von Euting, d) und e) von Huber (Journal, p. 521, 522), weichen alle von einander ab, und es ist sehr schwierig einen lesbaren und verständlichen Text herzustellen. Ich habe mich im Jahre 1904, in meiner Schrift „Zur Entzifferung der thamudenischen Inschriften", S. 66, bemüht in das Verständnis dieser dunklen Zeilen einzudringen; aber, soviel ich sehe, hat sich seitdem niemand dazu geäussert. Das Ganze besteht aus mehreren einzelnen Inschriften. Mit hebräischen Buchstaben umschrieben würde es etwa folgendermaassen aussehen:

לעפף בן (ד)לות פפצע (רט)ב ותשוק אל חיי	A	Von ʿAffâf, dem Sohne des Dalwat (?); und er presste Datteln aus (?), und sehnte sich nach Ḥijaij.
ב‥דד ודד כשא בתם	B	Bei (... Gottesname)! Gruss des Kâši' (?) an Taim.
הנהי סעדן אביתעת	C	O Nhj! Hilf doch dem Abu-Jathiʿat!
בנהי תעלי רמ־צהבן הנה[י] בכ הסרר שמם מתעלי	D	Bei Nhj! Erhaben sei Râm-Ṣahbân (?). O Nhj, durch dich kommt die Freude. Die Sonne geht auf (?).
הרצו נקם והבנהי	E	O Raḍu, räche den Wahab-Nhj!
בנהי בץ חתר ונמן	F	Bei Nhj, Unglück (?) des Ḥâtir (?) und Naumân.

Diese Lesung weicht zum Theil von meiner früheren ab. Vor allem ist die Schrift von J. J. Hess, Die Entzifferung der thamudischen Inschriften, berücksichtigt worden. Aber auch jetzt ist noch sehr vieles unsicher.

Aus dem Inhalte ergibt sich, dass verschiedene Leute ihre Götter anrufen um Hilfe oder um Rache. Einer anderer erzählt, was er damals that und wie er sich nach seinem Freund sehnte; dieser Freund mag statt Ḥijaij auch Ḥujaij oder Ṭujaij (Ṭijaij) geheissen haben. Der Name des Gottes Raḍu ist bekannt; er war wohl der Gott des Morgensterns. Aber Nhj, der so oft erwähnt wird, ist noch ganz rätselhaft. Ich sah früher den altarabischen Namen des Allah darin; aber das ist mir doch durch Lidzbarski und Hess sehr zweifelhaft geworden.]

[3) Die Inschrift unter dem Löwen bezieht sich wohl nicht auf ihn, sondern auf den Steinbock darunter. Sie lautet, wenn man im letzten Worte das ⊓ zu einem ⧄ und das ⊣ zu einem ˥ verbessert, folgendermaassen: לאסחל ושמת הועל „Dem Asḥal und Šâmit [gehört] der Steinbock". Dass zwei Leute ihr Eigentumsrecht an demselben Tiere documentiren, kommt auch sonst vor; vgl. Hess, a. a. O., S. 10, N°. 40. Und dass man Steinböcke einfängt und behält, berichtet Doughty, Travels in Arabia Deserta, I, S. 613.]

4) خبارة Khubârah. [D. i. Ḥubâra. — H.: *ḥĕbārā* Trappe, Otis.]

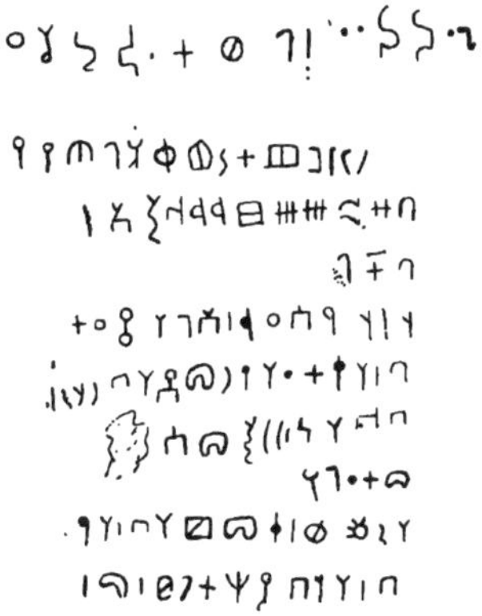

Thamudische Inschrift 2).

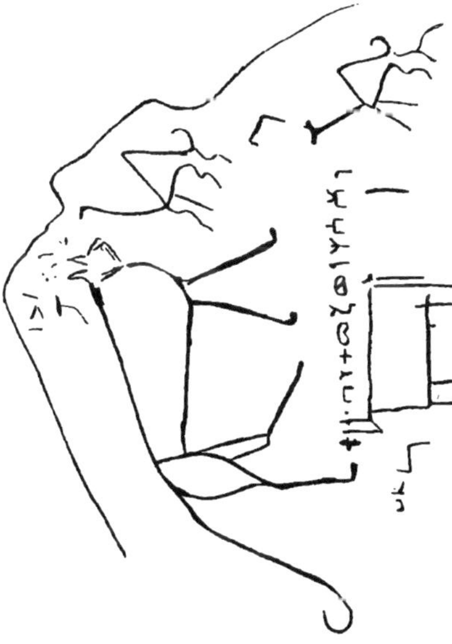

Thamudische Inschrift und Zeichnung 3).

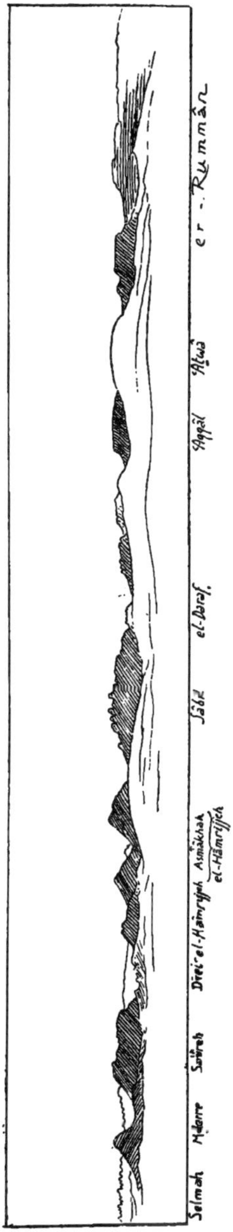

Panorama vom Gebel Sérrâ?.

Mo. 28. Jan. 1884]. Wir erstiegen den nördlichen Felsgipfel, und liessen uns von dem ortskundigen Ḥêlân die Namen der Berge angeben. Ich habe die Aussicht gegen Osten und Südosten gezeichnet. [Abbildung auf S. 117.]

Vom Sérrâ' ritten wir erst Nachmittags 1 Uhr ab in nordwestlicher Richtung; nach 2 Stunden gelangten wir, an einer gut unterhaltenen Palmenpflanzung vorbei, in das trockene Bachbett des Šebeitseh [1]). Die trächtige Kameelin, auf welcher Maḥmûd ritt, fieng plötzlich an zu hinken. Ich beobachtete das Thier von der Rückseite und behauptete, der rechte Oberschenkelknochen, welcher verschwollen hervorstand, müsse verrenkt sein. Die Anderen wollten es zuerst nicht glauben, konnten sich aber bald selbst davon überzeugen. Um das Thier zu schonen und zu entlasten, lagerten wir am nächsten passenden Platz im Geröll des Šebeitseh. Nachts fielen mehrmals etliche Regentropfen aus scheinbar heiterem Himmel.

Di. 29. Jan. 1884]. Die kranke Kameelin lief heute vollständig unbeladen mit. Das schwere Gepäck war auf Ḥêlâns bisheriges Reitthier übergeladen, andere Stücke an Huber und mich vertheilt. Unter eisigem Südwind näherten wir uns langsam wieder der Gebirgskette des Agâ. Während wir zahlreiche Quarzadern überschritten, scheuchten wir eine Trappe und einen Raubvogel (ʿUḳâb) [2]) auf. In dem Querthal des Mukhtelif [3]), kaum zwei Stunden südlich vom Lagerplatz des 26. Januars, stiegen wir an einer geschützten Stelle ab. Die Schlucht bildete die Gränze zwischen den nördlich wohnenden Dṛêrât [4]) und den südlicheren ʿÂmûd [5]). Das Futter war schlecht, vorwiegend holzig [6]). Das

---

1) شعيب شبيكه.

2) عُقاب. [H.: ʿögâb nach Mûhidz Aquila fasciata Vieillot. Nach Tristram: a term applied to all smaller eagles and buzzards.]

3) ريعة المختلف.

4) دغيرات, auch Adṛêrât gesprochen.

5) عامود.

6) Fast lauter عوشج ʿaušag. [H.: ʿaušez = Lycium arabicum Schw.]

kranke Thier frass gar nicht und lag regungslos da. Während Ḥêlân und Naumân für den verrenkten Oberschenkel ein Kataplasma aus Gerste, Salz und Kameelsurin bereiteten, bestiegen Huber und ich eine Felskuppe gegen Osten, hatten aber oben nicht die gewünschte Aussicht. — Den alten Ḥêlân schüttelte die Kälte, dass er mich dauerte; er hatte eben nur Hemd, Mantel und Kopftuch, Nichts zum Zudecken in der Nacht. So überliess ich ihm denn — obschon ich wusste, dass er mir als einzigen Dank mindestens ein Dutzend Läuse darin lassen würde — einen meiner guten wollenen Teppiche, um sich darin einzuwickeln.

Mi. 30. Jan. 1884]. Die Nacht war in der That so kalt, dass ich gegen Morgen selber nicht mehr warm blieb. Kaum brach das erste schwache Tagesgrauen[1]) hervor, da gewahrte ich ein absonderliches Schauspiel: Der Alte hatte sich aus seiner Umhüllung herausgeschält, stiess eine Kameelin mit dem Fuss an, und streckte, als dieselbe das gewünschte stillicidium von sich gab, abwechselnd seine Füsse unter den warmen Wasserfall. Uch, uch, uch! uffff! Aaaaah!

Stillicidium.

Vielleicht wollte er auch damit eine Kur[2]) verbinden. Gestern hatte er uns die Schwielen an seinen Fusssohlen gezeigt; ich habe nie etwas Ähnliches gesehen, sie schienen mir etwa einen Centimeter dick zu sein, und fühlten sich an hart wie Horn. Er klagte über die in die Tiefe reichenden Risse, die nicht mehr heilen wollten und Schmerzen bereiteten. Maḥmûd hatte ihm ernstlich gerathen, eine Laus hineinzusetzen, dann werde es besser.

Nachdem wir die Thalschlucht des Mukhtelif durchzogen hatten, öffnete sich eine malerische Aussicht auf die ferner liegenden Berge; rechts hatten wir den Basaltkegel des Ḥaušân[3]),

1) الفجر el-fegr.

2) Vgl. Band I, S. 94.

3) حوشان.

hinter uns den Dreigeh, vor uns drei kegelförmige Berge [1]), noch weiter vorwärts den Gédyeh [2]).

El-Gedjeh.

Als wir mehr nach Westen drehten und nach Überschreitung eines niedrigen Rückens die offene Ebene erreichten, waren wir schutzlos einem Sturmwind preisgegeben. Mächtige Staubwolken verfinsterten die Luft und gestatteten nur vorübergehend einen Durchblick, so z. B. auf die zwei Gipfel des Nusûr.

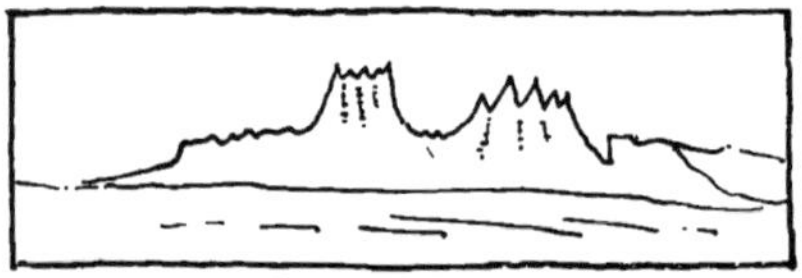

Berggruppe Nusûr.

Wir waren froh, als wir das aus wenigen Häusern bestehende Dorf Gfeifeh erreichten, und hier hinter den Mauern Schutz gegen den rasenden Wind fanden. Auf dem Dach des Hauses von Schech ʿOṯmân ibn Duwâs [3]) stand so ziemlich die gesammte Einwohnerschaft, darunter auch ein paar unverschleierte Frauen, um unsre Ankunft zu beobachten. Innen im Hause hockten bereits 3 andere Gäste am Feuer. Wir jagten sie von den besten Plätzen weg und richteten uns sesshaft ein. Der Ḳăháwah war geräumiger als der in Môḳaḳ, aber der Schech geiziger, auch offenbar nicht ganz klar, wie er sich uns gegenüber benehmen sollte. Er schenkte zuerst den drei Lumpen Kaffee ein, und wie er sich einen Augenblick entfernte, machte Huber, mit Absicht vernehmlich, die Bemerkung, der Schech scheine nicht zu wissen, was wir für Gäste seien [4]). Auf das hin erschien sofort ein zweiter Kaffee, der diesmal uns zuerst gereicht wurde. Thatsächlich wurde in der Zeit von 4 bis 7 Uhr

1) رؤس وتيده, Ru's uteideh.

2) الجديه.

[3) H.: Douwâs.]

4) Vgl. Bd. I, S. 70, 71.

Abends fünfmal frischer Kaffee gemacht. Dann erst kam das Nachtessen. Der Schech hatte allerdings für uns geschlachtet, besass aber weder Reis noch Datteln. Das widerlich verpfefferte Fleisch wurde einfach auf einer dicken Schichte von Brodfladen hereingebracht. Meinen Hunger zu stillen ass ich im finstern Vorraum draussen beim Diener Maḥmûd eine Hand voll Datteln aus unseren eigenen Vorräthen, und legte mich dann schlafen. Ich mag gar nicht nachsehen, wie es mit meinen Läusen steht.

Do. 31. Jan. 1884]. Draussen war es nasskalt, nebelig, überhaupt unfreundlich; ich muss gestehen, mir war es ganz lieb, unter Dach und Fach zu sein. Bevor wir ein neues Kameel zu miethen Gelegenheit fanden, konnten wir ja doch nicht aufbrechen. Ḥêlân und Naumân ritten mit einander fort, um bei Beduinen, die irgendwo in der Nähe waiden sollten, eines aufzutreiben. Nach ein paar Stunden kamen sie zurück mit zwei Leuten von den ʿÂmûd, die uns zwei Thiere vorführten. Eines davon war ganz schwach, darum unbrauchbar, das andere sammt seinem Besitzer Schífaḳ[1]) wurde in Miethe angenommen. Da der Wind aus Westen sich noch steigerte, entschieden wir uns heute noch hier zu verweilen. Ich hatte Musse, mein Tagbuch in Ordnung zu bringen, und draussen vor dem Dorf zu zeichnen.

Haus des ʿOṯmân in Gfeifeh.

Die Palmpflanzungen sind noch jung und rühren erst aus den letzten Regierungsjahren des Fürsten Ṭalâl her (s. Bd. I, S. 168 f.), also etwa aus dem Jahr 1863. Im Hofe sah ich einen Pflug[2]) von einer Einfachheit der Form, wie sie ursprünglicher wohl kaum sonst nachzuweisen ist.

---

1) شغق. [H.: *Šifaġ.*]

2) Ich habe nach meiner Rückkehr dem ehemaligen jetzt verstorbenen Director der landwirthschaftlichen Akademie zu Hohenheim (Württemberg) Dr. L. v. Rau davon Mittheilung ge-

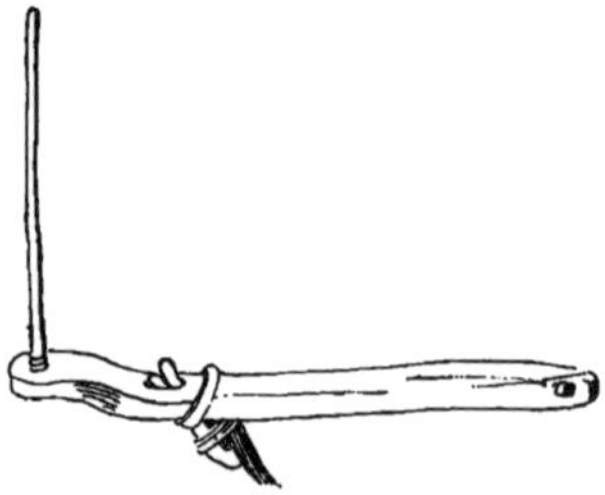

Pflug.

Die Wände im Hause bestanden aus Lehmziegeln, die abwechselnd schräg gestrichelt waren.

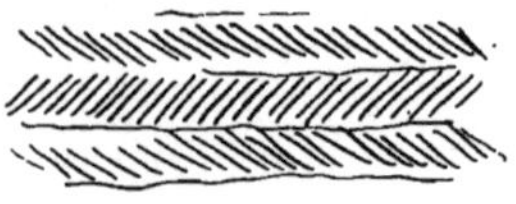

Lehmziegelschichten.

An einem Holzpflock hieng ein Lederkübel [1]), in ein Gestell von Holzreifen gefasst, etwa einen halben Meter im Geviert.

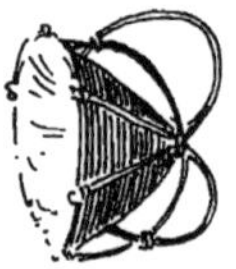

Lederkübel.

Kaffeemörser.

Er wird auf Reisen mitgenommen, um die Kameele daraus zu tränken. Auf dem Boden stand ein Kaffeestösser [2]) von gelb-

---

macht. Dieser hatte sich seit vielen Jahren mit der Entwicklungsgeschichte des Pfluges beschäftigt, und schrieb mir über dieses Stück: „Ungemein interessant war mir die Übersendung der Pflug-Zeichnung aus Gfeifeh. Er ist primitiver als jeder altägyptische Pflug. In dem Britischen Museum fand ich einen Papyrus mit einer Pflugzeichnung, welche so ziemlich die gleiche Form besitzt, aber weit zweckentsprechender gebaut ist. Unter den hieroglyphischen Zeichen entdeckte ich einen zweiten ähnlichen, aber der hat 2 bequeme Handhaben. Ich schätze das Alter des arabischen Pfluges noch weit höher als Sie, denn die Schriftbilder der ersten ägyptischen Dynastien kennen ein so zurückgebliebenes Geräthe nicht mehr. Es wird bei mir eine Ehrenstelle einnehmen, und in meinem opus, das ich unter der Feder habe, gebührend hervorgehoben werden. Ist mir doch durch ihren Pflug eine Frage gelöst, an der ich mich vielfach schon abgemüht habe: die Frage, ob ausser dem vom alten Aegypten beeinflussten, wenn nicht beherrschten Küstenland Yemen überhaupt von einem arabischen Feldbau die Rede sein könne. Die sogenannten arabischen Pflüge in Nordafrika sind nämlich alt-carthagische. Ich war darum, und weil Araber meist Hirten und Räuber sind, bisher geneigt, die Frage zu verneinen. Jetzt muss ich sie bejahen. Sie würden mich übrigens noch weiter durch die Mittheilung sehr verbinden, welche Thiere vor den Pflug gespannt [werden. Es wird] wohl nur ein Kameel sein, und der Boden sehr leicht?" — Ich kann das bestätigen; ich habe in Gfeifeh ein Kameel vor den Pflug gespannt gesehen, und der Boden ist dort sandig mit nur ganz geringem Bindemittel.

1) حوض ḥôḍ. [H.: *ḥôḍ* (حَوْض), auch *ḥāḍ él-bil* sind mit Reifen versteifte Ledertröge.]

2) نجر niǵr, vgl. Bd. I. S. 83 f. [H.: *niǵir* ist der Kaffee-Mörser. — Vgl. die genaue Beschreibung von Hess im *Islam*, Bd. IV, S. 318, 319.]

röthlichem Stein, aus dem Ḳaṣîm [1]) stammend. Abends bereitete der Diener Maḥmûd für Huber und mich das Essen, für die Anderen lieferte es der Schech ʿOṯmân. Der neu angenommene Beduine Schífaḳ rauchte aus seinem geflickten Pfeifenkopf, in Ermanglung von Tabak, Kameelsbollen. O Schlagdenhaufen! Hättest du das gewusst, so hättest du [2]) den Kaiser Rudolph von Habsburg bei Bingen vielleicht nicht einmal Nussblätter rauchen lassen!

Schífaḳ war aber nicht bloss Raucher, sondern auch Poet zugleich. Aus dem Stegreif beklagte er seine jämmerliche Lage und sang etwa Folgendes: „O diese harten Herren und Begleiter, sie trinken Tabak, doch ich — leider — schmauch an dem thierischen Gewächse weiter." Und richtig, unsre Herzen liessen sich durch diesen Scherz erweichen, dem Dichter ward — in unsrem eigenen Interesse — ein menschenwürdigeres Kraut verabfolgt. Die Gefühle des Dankes begeisterten ihn sofort zu neuen Gesängen, die ich nur zum geringsten Theil verstand. Bemerkenswerth erschien mir nur ein, wie er sagte, allbekanntes Spottlied, das sich auf die Ausplünderung der Soldaten des Fürsten durch die Rúâlah bezog. — Am Feuerherde währte das Geschwätz der jungen Leute die halbe Nacht. Der Schlaf war um so weniger erquicklich, weil überdies der durch eine Öffnung in der Wand eindringende Regen mir hin und wieder das Gesicht nässte.

Fr. 1. Febr. 1884]. Die trächtige Kameelin mit dem verrenk-

---

1) Genauer aus المذنب el-Miḏnab.

2) In Nadlers Gedicht „der Antiquar":

.... Seit meim ganze Lewe
Weess ich's un jedem Kind is jo bekannt,
Dass wann halbwüchsge Buwe hier zu Land
Sich noch keen Raachduwak verschaffe könne,
Dass sie do hergehn un Kartoffelblädder brenne,
Nussblädder, un wer weess was noch for Zeug —
Un wann's Kamille wäre, des is gleich!
Desswege is die Peif, aus der sie raache,
Halt doch e Duwakspeif in meine Aage,
Un hätt der Kaiser Rudolf aa keen Knaster ghatt,
Wann's ihm nor gschmeckt hot — was hot's gschadt?

ten Oberschenkelknochen weiter mit uns zu schleppen war unmöglich. Der Schech von Gfeifeh, ʿOṯmân, behauptete, man könne Nichts mehr mit dem Thiere anfangen, es bleibe Nichts übrig, als dasselbe zu schlachten, er biete dafür 2 Megîdî (etwa 7 Mark)! Hinter unserem Rücken machte er sich an den alten Ḥêlân und versprach ihm als Bakschisch 3 Megîdî, wenn er uns zu dem Handel berede. Só dumm waren wir indessen nicht. Der Schech hätte das Thier sicher nicht geschlachtet, sondern zum Wasserschöpfen ausgenützt, und das Junge später aufgezogen. Wir machten vielmehr den Schífaḳ für das Thier verantwortlich; er sollte uns ja nur bis zu den nächsten Beduinen begleiten, bei seinem Rückweg in Gfeifeh das Thier abholen und dann auf die freie Waide mitnehmen. Als wir um 9 Uhr gegen Westen abritten, rannte uns der Schech ʿOṯmân nach, und wollte von Neuem mit seinem Kameels-Handel anfangen. Er wurde aber kurz abgefertigt; es bleibe bei dem ertheilten Bescheid. Wir durchzogen nun eine futterreiche[1]) Gegend. Um 2 Uhr Nachmittags erstiegen wir die Spitze eines Hügels[2]), hinter welchem das Lager der Beduinen sich befinden sollte. Diese waren aber schon nach WNW. weiter gezogen. Ḥêlân ritt noch zwei Stunden vergeblich auf die Suche.

Als die Sonne schon stark auf die Neige gieng, und die Nähe der Beduinen immer zweifelhafter wurde, lagerten wir in der freien Ebene nahe bei einem Felsklotz el-Ḳăʿăṣ[3]). Wir waren da nur schlecht vor dem Wind geborgen, der mir Nachts gar eindringlich unter die Decke blies.

Sa. 2. Febr. 1884]. Starke Eisbildung. Schon in der Nacht hatten wir immer das Bellen eines Hundes gehört, wie der Tag

---

1) Es gab gelbes صفّارة ṣuffârah, rothes oder violettes سلاح silâḥ, und kleines weissblumiges تربة tarbah. [H.: *ṣuffârā* nach Velenovsky Barbarea arabica sp. n.; *siliḥ* (so statt *silâḥ*), classisch إِسْلِيج, ist eine Crucifera. Bei mehreren Autoren werden verschiedene Arten damit bezeichnet. — Über Tarbah vgl. oben S. 110, Anm. 3.]

2) الضلعة eḍ-Ḍalʿah.

3) القعص.

heraufkam, sogar menschliche Stimmen, doch zunächst ohne Jemanden zu sehen. Als Morgenessen verzehrten wir von gestern Abend übrig gebliebenen Reis kalt, und wärmten uns durch eine Tasse Thee, dann brachen wir auf, um nach den Beduinen zu fahnden. Von der Spitze eines Hügels erblickten wir zuerst einige Schafheerden, bald einige Kameele (im Ganzen 25 Stück), zuletzt 9 Zelte. Bei unsrer Annäherung an die Zelte hatten sich die Männer in denselben versteckt, und nur die Weiber mit den Kindern vorgeschoben, um dadurch vor der Ehre unsres Besuches geschützt zu sein. Um ½9 Uhr stiegen wir bei einem grösseren Zelte ab, dessen Eigenthümer sich nicht mehr hatte verbergen können. Es wurde Milch gebracht, und der Diener Maḥmûd bereitete einen Kaffee. Da schon um 10 Uhr für uns geschlachtet wurde, hatten wir Musse, für den ganzen Tag es uns bequem zu machen. Ich begab mich auf einen Hügel, um eine Übersicht von der Gegend zu gewinnen. Hätte gerne die Aussicht auf den Nefûd (Sandwüste) und auf die Gebirge Mismaʾ und ʿAugah gezeichnet; der scharfe Wind vereitelte es und trieb mich bald wieder herunter. Auf dem Boden einer kleinen Höhle, deren Wände schöne Quarzkrystalle zeigten, fand ich die Losung von Hyänen.

In der richtigen Voraussicht einer grimmig kalten Nacht, erinnerte ich mich an den armen Gesellen, der dem Bischof von Trier gegen Verabfolgung eines Guldens das Mittel verrieth, niemals zu frieren; der sprach: „Gnediger Herr, es frürt einen nach dem als er kleider hat, ich hab all meine kleider an, darumb so frürt mich nit, und legen euwere kleider auch alle an, so würt euch auch nit früren[1]." Nach diesem Recept streckte ich mich auf mein Nachtlager, deckte auf mich alle Kleidungsstücke, die ich besass, zog das Kopftuch über das Gesicht, und liess mich durch Maḥmûd in den Teppich eng ein-

1) So in des elsässischen Barfüssermönchs Johannes Pauli, Schimpf und Ernst N°. 513 (= Bibliothek des litter. Vereins, Band 85, S. 295. Stuttgart 1866); ähnlich bei Poggius, Bebel Adagia, und Anderen.

wickeln, mir auch noch die beduinische Jacke aus Schafpelz um die Füsse fest schnüren. Ganz erfreut über die sich entwickelnde Wärme und frech durch die diebssichere und kugelfeste Vermummung dachte ich: „So, falls jetzt der Teufel schwarz gewichst sich neben mich legen will, was liegt's mir an?" (— Oho, junger Herr, nur nicht so herausfordernd; könnte ja einmal eine kleine Vorprobe halten! —) und, horch, schon hüpfte es auf meinem Teppich herum und krabbelte und schnupperte. „Das Dunnerwetter, ich glaube gar, er ist's." Ein Blick durch den Spalt meines Kopftuches belehrte mich, dass nicht etwa der Mephisto oder Bitru, sondern eine grosse Springmaus[1]) mir einen Besuch abstatten wollte. Ich blies ihr scharf auf die Nase, konnte sie aber dadurch nur für wenige Augenblicke verscheuchen. Die Thiere in der Wüste leiden halt alle Hunger, und frieren thun sie auch. Sie suchte also einen Unterschlupf und fand bald heraus, dass der Pelz zu meinen Füssen der behaglichste Platz sei. Die ganze Nacht hörte und spürte ich, wie sie in der Wolle herumnagte. Das sonst ganz harmlose Geschöpf wusste genau, dass ich ihr in der Dunkelheit nicht nachspringen konnte. Da ich keine Lust hatte, mich aus der warmen Verpackung herauslocken zu lassen, so begnügte ich mich, von Zeit zu Zeit mit den Füssen gegen das Thier zu stossen; zuviel durfte ich freilich nicht wagen, sonst lief ich Gefahr, mich bloss zu legen. Somit war ich eigentlich ziemlich wehrlos. Das kleine Känguruh kam doch immer wieder und hatte, wie sich bei Tag herausstellte, richtig sieben Löcher durch den Pelz gefressen.

So. 3. Febr. 1884]. Die kälteste Nacht, die ich in Arabien erlebt, lag hinter mir: das Thermometer zeigte —5° C. Ich kann nur jedem Wüsten-Reisenden rathen, einen langen Pelz und einen Schlafsack mitzunehmen. Die Beduinen ertragen die Kälte mit erstaunlicher Widerstandskraft, dabei haben die Kinder je jünger um so weniger Kleider.

---

1) يربوع Jerbôʿa [H.: Für class. يربوع spricht man heute allgemein *ǵerbûʿ*.]

Zelt mit Frau und Kindern.

Zur Erwärmung liessen wir uns durch Maḥmûd einen sehr wässerigen Wasserchocolat bereiten. Dem Beduinen Schífaḳ, der sich mit seinem Thier zur Rückkehr anschickte, wurde nochmals eingeschärft, auf das in Gfeifeh zurückgelassene Kameel Acht zu geben. Der Schech, welcher uns bewirthet hatte, war erbötig, uns für die Beförderung des Gepäcks bis zu den nächsten Beduinen einen in der Brunst befindlichen Kameelshengst [1]) zu leihen. Das Thier war erschreckend anzusehen: es trippelte bei gebundenen Vorderfüssen mit kleinen Schritten einher, aus dem schaumigen Maul wälzte es seitwärts die blasig geschwollene Zunge [2]), und stiess dabei unheimlich rollende Töne hervor. — Wir traten bald in den Nefûd ein (s. Bd. I, S. 142 ff), d. h. wir hatten die Flugsand-Wüste vor uns, obschon die Ḳaʿr-Bildung nicht so charakteristisch ausgesprochen war. Viele tausende der rothen Raupen, die gestern noch den Sand belebt hatten, deckten heute als schwarze Leichen den Boden, auch manche zarte Pflanze zeigte dieselbe Trauerfarbe. Nachdem wir um 3 Uhr einen Kaffee eingenommen, näherten wir uns den Steinbergen des Ureits [3]), woselbst sich ein Lager der ʿAnĕzeh befand. Die ganze Gesellschaft machte einen ärmlichen Eindruck; sie hatten ausser ihren Schafen hauptsächlich Esel, nur wenig Kameele; auf den Zeltdächern lagen Grünfutter und Brocken Schafkäse zum Trocknen. Durch Ungeschicklichkeit verfehlten wir das Zelt des Schechs und fielen bei einem armen Teufel

1) Zíml زمل [H.: *zemîl* ist der allgemeine Ausdruck für männliche Kamele (collectiv).]

[2) In Wirklichkeit ist es nicht die Zunge sondern der „Brüllsack", den der Kamelhengst in der Brunst aus dem Maule hervorstösst. Dies ist eine am Gaumen liegende Blase, die der Hengst mit Geifer füllt, herausstösst und dann wieder mit glucksenden Gurgeltönen einschluckt; vgl. Brehm's *Thierleben*, 2te Aufl. III, S. 69.]

3) وريك.

zu Gast ein. Bei Sonnenuntergang kamen die Schafe heim und wurden gemolken. Die Weiber bereiteten Butter, indem sie Milch in einen Schlauch schütteten, noch Luft hineinbliesen, und nun den Schlauch von einer Seite des Körpers auf die andere hinundher schleuderten; andere hatten den Schlauch an einem Strick über einem Gestell von drei Stecken aufgehängt und schwenkten die Masse hinüber und herüber. Es war mittlerweile 8 Uhr geworden, und mir war es bereits ganz schwindlig vor Hunger, denn seit dem Cacao-Wasser in der Früh und den zwei Tässlein schwarzen Kaffees hatten wir nichts im Leib. Endlich, nachdem ich, hinter dem Gepäck versteckt, aus dem Dattelschlauch einen grossen Brocken mit Gier verschlungen hatte, wurden als Voressen (um die Gefrässigkeit der Gäste für die zu erwartende Mahlzeit zu dämpfen) einige Holzgefässe mit Leben (saurer Buttermilch) herumgereicht.

Holzgefäss und Keule.

Um $^1/_2$10 Uhr kam die ersehnte Platte mit Reis und Schaffleisch; ich ass davon so viel, dass ich mich fast schämte. Bei der Unterhaltung, die sich nach dem Essen entspann, fragte ich, wie dieser Ableger des weit verzweigten Stammes der ʿAnĕzeh, die doch zu den eingefleischten Feinden der Schámmar gehören, hier mitten in das Gebiet der Schámmar herein komme, und erfuhr, sie haben sich, nachdem die Oase Khaibar durch die Türken dem Fürsten zu Ḥâjel entrissen worden sei, in der Nähe von Khaibar sesshaft gemacht, da sie aber nach Kurzem befürchteten, dass Ibn Raschîd schliesslich Khaibar doch wieder gewinnen würde, sich dem Fürsten unterworfen, und dieser habe ihnen die Gegend am Gebel Misma' als Waideplätze angewiesen. Sie besitzen noch jetzt Dattelbäume in Khaibar. Ich kaufte von ihnen eine Keule [1]), bestehend aus einem hartholzenen Stock mit Ring oben dran, das untere Ende durch eine künstlich durchbohrte Quarzkugel, von der Grösse eines Apfels, gesteckt.

---

1) دبّوس Debbûs.

Mo. 4. Febr. 1884]. Schon nach einer halben Stunde Reitens stiessen wir auf ein anderes Beduinenlager, und stiegen daselbst als Gäste ab, um womöglich über die Vermiethung eines Kameels bis nach Teimâ zu unterhandeln. Da der Gastwirth sich nur zu Lieferung eines Nachtessens für verpflichtet zu erachten braucht, liessen wir uns durch Maḥmûd eine regelrechte Mahlzeit (Kaffee, Reis mit einer dünnen Knorrischen Bohnenbrühe und Brod) bereiten, und überliessen den übrig bleibenden Rest den Weibern. Der Schech von gestern trat, nachdem er noch an unsrem Essen Theil genommen hatte, den Rückweg mit seinem Kameelhengst an; er schien es eilig zu haben, denn er hatte erst dieser Tage eine frische Frau genommen.

Ich beschloss einen der beiden Gipfel des Ureits zu ersteigen. Bis an den Fuss des Berges watete ich eine volle Stunde durch den weichen Sand, und war froh, als ich auf festem Gestein anlangte. Der Bergklotz bestand aus Granit und Quarz, deren glatte wie mit Firniss angestrichene Oberfläche das Klettern erschwerte und zur Vorsicht mahnte. Dem Gipfel ganz nahe überraschte ich einen Hasen der Art, dass ich ihn schier mit den Händen hätte ergreifen können. Wie ich an der obersten Wand stand, kamen unten drei Reiter zu Kameel mit Lanzen vorbei und riefen mir herauf: „He junger Mann, he junger Mann"[1]). Ich schenkte ihnen keine weitere Beachtung, gab auch keine Antwort. Von oben zeichnete ich das Panorama des Mísmaʾ und ʿAugah[2]), und war freudig erstaunt, als ich die charakteristische Form des Umm es-Selmân bei Gyobbeh (Bd. I, S. 150), hellblau am fernen Horizont aufsteigend erkannte. Bis ich zurück kam, war ich recht durstig geworden, denn die Sonne schien bereits wieder ganz kräftig (20° C im Schatten hinter den Zelten). — Bei der Abendunterhaltung setzte sich unter Anderen ein Hirte ans Feuer, und

1) يا ولد يا ولد jâ wéled, jâ weled!

2) المسمأ, العوجه.

fragte mich ernsthaft: „Kannst du melken?"[1]) Als ich es verneinte, meinte er: „Ja, was kannst du dann?" Der Sohn des Hauses, gefragt wie sein Hund heisse, gab ganz erstaunt zur Antwort: „Das weiss ich bei Gott nicht!"[2]) Abends — es war nicht zum Erleben — kam das Nachtessen erst kurz vor 10 Uhr. Da ich die Verspätung mit Recht schon zum Voraus befürchtete, legte ich mich um 8 Uhr schlafen, und ass noch unter der Decke ein Stück Brod. Sie weckten mich nachher zur Theilnahme an der Mahlzeit und waren ganz verwundert, dass ich unter Verzicht auf Alles vorzog weiter zu schlafen. Huber liess aus Vorsorge ein stattliches Stück Fleisch für morgen einpacken.

Di. 5. Febr. 1884]. Die Temperatur betrug in der Frühe wieder nur — 1° C. Nachdem wir eine Tasse Thee getrunken, erschienen Ḥêlân und Naumân, von einer unternommenen Streife zurückkehrend, mit einem jammernden Beduinen, von dem sie ein Kameel miethweise bis Teimâ erpresst [3]) hatten. Nun, der Mann bekam sein Geld auf der Stelle und konnte sich beruhigen. Wir bestiegen die Kameele und ritten durch steiniges Gelände auf den Gebel Mísmaʾ zu. Der Boden war besät mit Bohnerzkugeln [4]), die von den Beduinen als Ersatz für Bleikugeln gesammelt und nach dem gewünschten Kaliber geordnet aufbewahrt werden. Wir bogen bald wieder seitwärts in den Nefûd ein, da unsre zwei beduinischen Führer bereits eine neue Schlachtung witterten. Kaum vier Stunden unterwegs trafen wir auch richtig in einer Sandmulde [5]) auf eine Anzahl Zelte der Fedeil von den ʿAwâgî, also einer Unterabtheilung der Wuld Slîmân von den ʿÁnĕzeh. Ausgesprochen jüdische Typen legten die Vermuthung nahe, es könnten Nachkommen der Juden von Khaibar sein. Alle, auch die Weiber, waren sehr

---

1) تعرف تحلب taʿrif taḥlib. 2) ما ادرى والله mâ adrî wallâh.

3) بغصب hiṛaṣb.

4) رشرش rášraš. [H.: Bohnerz als Schrot gebraucht heist *ṣaťim* (aus türk. صاچمه), wohl auch *rašš*, wie in Ägypten; *rešrâš* ist ein Gelände mit Geröll. Vgl. Islam, Bd. V, S. 117.]

5) Der Name der Örtlichkeit war زقيحان Zḳêḥân.

dienstbereit, schleppten Brennholz und Wasser herbei; doch im Erbetteln von Tabak waren sie unersättlich. Die Kinder waren durchaus unbekleidet. Die Buben bis zu 10 Jahren trugen nur einen Gürtel aus Lederschnüren, theilweise mit Knochenstücken verziert; einer hatte in den Schnüren ein messingenes Zänglein [1]) stecken, um, wie er sagte, aus den Füssen die Dornen herauszuziehen. — In der Nähe der Zelte trieben sich zwei Raubvögel herum, die mir als ḥadéjjeh [2]) bezeichnet wurden.

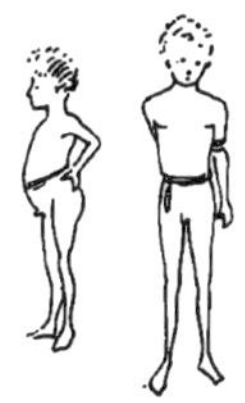
Beduinenknaben.

Das reichliche Nachtessen erschien diesmal vor Sonnenuntergang. Ḥêlân und Naumân entblödeten sich nicht, zwei Stücke von dem Fleisch zu unseren Vorräthen auf die Seite zu schaffen; Naumân trug sie wie ein Bettelmönch unter seinem Mantel von dannen. — Der Abend und die Nacht waren bei weitem nicht mehr so kalt, als bisher.

Mi. 6. Febr. 1884]. Gegen 9 Uhr verabschiedeten wir uns von den gastlichen Wirthen. Der Weg führte über eine öde Fläche mit wenig Futter. Der Boden bestand aus Sandstein, der in zahlreichen Mulden Wasserlachen von 100 und mehr Meter Durchmesser beherbergte. Die Kameele, in 14 Tagen nicht ein einziges Mal getränkt, bezeugten auch hier keine Lust zu saufen. Ihnen ist die Feuchtigkeit des Grünfutters offenbar ausreichend, dabei sprenzen sie noch zehnmal des Tags je zwei Minuten lang. Es scheint eben doch durch die Haut so gut wie gar keine Verdunstung stattzufinden. Mit der Annäherung an den lang gestreckten Gebirgszug des Mísma' kam auch dessen malerische Gliederung immer mehr zur Geltung. Buschiges Gesträuch [3]) mit Blättern wie die des Maulbeerbaumes belebte

1) مليقط mulaiḳiṭ. [H.: *mĕleigîṭ*, von *milgâṭ*.]

2) حديّه [H.: Milvus aegyptiacus migrans; Schmarotzermilan.]

3) قرّى Ḳirrî. In Teimâ (S. 156) sah ich später, dass Blasrohre aus den Stecken gemacht werden. [H.: *girrī* oder *tîn girrī* ist eine grüne Feigenart (Gegensatz *tîn* ᶜ*örúbī* rothe Feigenart). Blasrohre, die man bei Wilden öfters findet, giebt es offenbar keine, auch nicht als Spielzeug.

die Schluchten am Fusse der Felsgruppe des Behîm. Weiter westlich an einem Platz, Alâi genannt, fanden sich Inschriften in nabatäischen und protoarabischen Zeichen eingemeisselt, dazu viele mehr oder minder rohe Abbildungen verschiedenartiger Thiere, von denen ich einige Proben mittheilen will. Diesen

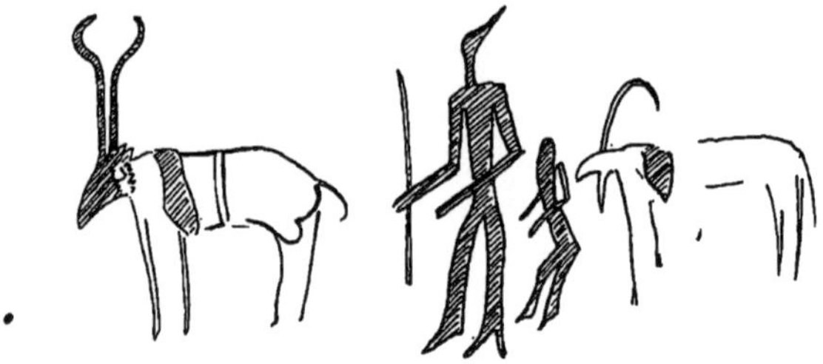

Altarabische Felsmalereien.

etwas geschützten Ort hatten Ḥêlân und Naumân als Lagerplatz erkoren; wir benützten die noch bleibende Tageshelle zum Copiren der Inschriften.

Do. 7. Febr. 1884]. Den ganzen Tag waren wir beschäftigt mit Abzeichnen der überall an den Felsen zerstreuten Inschriften und Thierbilder. Zum Ruheplatz hatten wir eine tiefe Einbuchtung ausersehen zwischen den Felswänden des ʿErḳûb [1]) und dem Steilabfall der Sandwüste. In der Nacht toste der Wind über uns weg in den Klüften, während wir tief unten in einer Art Höhle (S. 133), bei gut unterhaltenem Feuer, Stille und Wärme genossen.

Fr. 8. Febr. 1884]. Schon waren die Thiere beladen, wir selbst bereit uns in Bewegung zu setzen, da meldete Naumân, soviel er sich erinnere, seien unweit von hier oberhalb von unserem Lagerplatz am sogenannten Naḍîm el-ʿErḳûb [2]) noch eine ganze Anzahl von Inschriften. Nachdem wir, so rasch als es eben möglich war, die steile Wand in dem weichen Sande erstiegen hatten, zeigte er uns unter dem Vorsprung eines Felsens die

---

Niemand wusste etwas davon. Dagegen macht man aus *girrī* eine Knallbüchse *nyṭṭâge*. Man bringt in die beiden Enden des Aststückes gekautes Papier, stösst dann mit einem Stocke (*miḍdā*) zuerst langsam und dann plötzlich durch; so entsteht ein Knall.]

1) العرقوب. 2) نضيم العرقوب.

Inschriften und kehrte dann mit Huber um. Ich verweilte noch eine halbe Stunde, um die Abschriften trotz dem erschwerenden Winde zu vollenden. Da ich die Anderen so lange hatte warten lassen, wollte ich mich nach Kräften mit der Rückkehr beeilen. Es machte mir Spass, in flatterndem Gewand mit langen Sätzen über den Sandabsturz jäh hinunterzuspringen. Entsetzt, als ob ihnen der Überfall eines grausigen Raubthieres drohte, schnellten die gelagerten Kameele empor und rannten wie toll mit dem Gepäck in die Flucht. Nachdem sie wieder eingefangen und beruhigt waren, umritten wir den Gebirgstock des ʿErḳûb von Nord über Ost nach Süd und erstiegen nicht ohne Mühe den hochgelagerten Nefûd. Da oben sausten Wind und Wolken einher. Als nun gar Regen und Hagel losbrach, während wir beim Vorwärtsreiten auf der Hochebene nirgends Schutz vor dem Sturm zu gewärtigen hatten, wandten wir uns wieder rückwärts gegen die Felsen, wo wir unter einem Überhang nothdürftig Deckung gegen das Unwetter fanden. Immerhin war der Sturm auch hier noch kräftig genug, mir aus dem Pfeifenkopf den brennenden Tabak herauszulöffeln. Nicht gesonnen, mir diesen einzigen Zeitvertreib und Seelentrost rauben zu lassen, rauchte ich meine Pfeife in dem unter dem Mantel geborgenen Tabaksbeutel weiter.

Eingeschüchtert durch die geringe Aussicht auf Besserung des Wetters, waren wir bereits bescheiden genug, eben uns darauf einzurichten, hier die Nacht zu verbringen. Wie Ḥêlân die Meldung brachte, er habe ganz nahe von hier einen Ort entdeckt, den er zu einem regen- und hagelsicheren Lagerplatz zu gestalten sich getraue, fand er bei uns zunächst wenig Glauben und nur zögernde Geneigtheit, auf den vorgeschlagenen Tausch einzugehen. Ganz schlau wartete er eine Pause zwischen den ärgsten Windstössen ab, und brachte es durch seine natürliche Beredsamkeit dahin, uns zum Aufbruch zu bewegen. Richtig: da vorne tauchte aus der Landschaft empor ein mächtiger Pilz aus Sandstein. In wenigen Minuten waren wir bei dem Steingebilde angelangt. Anderthalb Meter über dem Boden ragte die Deckplatte nach allen Seiten 4 bis 5 Meter hinaus. Da war es ein Leichtes, durch aufgehäuftes Brenngesträuch (Ḥaṭab) eine oben und unten versteifte Schutzmauer zu errichten. Spannten wir noch hinter uns die Mäntel, stemmten Gewehre und Säbeltaschen dagegen, so war kein herrlicherer Schlafplatz zu wünschen. Es gewährte mir ein stilles Vergnügen, einmal unter einem solchen Steintisch in Gesellschaft zu rasten, ohne das Einer mit geheimnissvollem Schauder die in den Vogesen unerlässlichen Philosophemata über Menhire, Cromleche, keltische Menschenopfer, sinnreiche Wasserlöcher, Blutrinnen, Fettpfannen und anderes Gruselzeug an den Mann zu bringen trachtete. Hier war nichts von alle dem zu riechen.

Pilzförmiger Fels.

Sa. 9. Febr. 1884]. Hat unser kunstvoll verspriesstes Bollwerk den Sturm zu erneuerten Ausbrüchen in der Nacht gereizt? Ja, die Elemente hassen das Gebild von Menschenhand. In ein paar kraftvollen Stössen wurde die ganze Mauer aus Reisig sammt Tüchern, Stöcken, Flinten und so fort uns auf den Leib geworfen. Ohne Schaden genommen zu haben entledigten wir uns der Überlast, konnten uns aber in der Dunkelheit zunächst nicht weiter darum kümmern, ob dabei etwas caput gegangen war, hüllten uns nur noch fester ein und liessen Wind und Sand über uns weg fegen.

So. 10. Febr. 1884]. In der Morgenfrische bei durchsichtiger Luft genossen wir eine herrliche Aussicht nach Westen. Den schwarz und weiss gesprenkelten Kegel des ʿAnz el-ʿErḳûb[1]) links lassend ritten wir über die schwach geneigte Sandfläche abwärts; dabei überraschten wir eine Hyäne, die dicht vor uns

Panorama von ʿAnz el-ʿErḳûb bis er-Rukbam.

aufsprang und erschreckt sich in die Flucht begab. Nach Überschreitung des Gebirges el-Khindweh[2]) ruhten wir eine halbe Stunde in der Ebene Nuḳrat er-Rúkham[3]). In lebhaftem Schritt aus der Ebene abreitend gelangten wir bald an den Höhenzug des Kharam[4]) mit seltsamen Felsformen z. B. der Gestalt eines liegenden Kameels, links darüber die sogenannten Ṛarâmîl[5]),

El-Kharam.

aus dem Sand aufragende Steinrippen und Zinken, einer thürmereichen Festung zu vergleichen. Nachdem wir die um ihrer

El-Ṛarâmîl.

Waiden willen berühmte Mulde el-Ḳamrah[6]) durchquert und auf die Höhe des Passes Ḥelwân[7]) gelangt waren, lag vor uns eine weitgedehnte Landschaft mit Sandstein-Riegeln, Tischen, Säulen, Mauern, Pilzen, Nadeln, Klötzen, deren absonderliche Art im Einzelnen bei zunehmender Annäherung immer noch stärker hervortrat. Wir zielten zunächst auf die Felsgruppe

1) عنز العرقوب. 2) الخنذوة. 3) نقرة الرخم. 4) الخرم.
5) غراميل. [H.: *ġurmûl*, pl. *ġarāmîl* sind kleine, schwarze, spitzkegelförmige Hügel.]
6) القمرة. 7) جلوان.

von Maḥaggeh[1]) ab, weil sich dort viele Inschriften finden sollten. Je näher wir anrückten, um so abenteuerlicher gliederte sich die Masse; man hätte glauben können, eine indische Pagode sei hieher verzaubert.

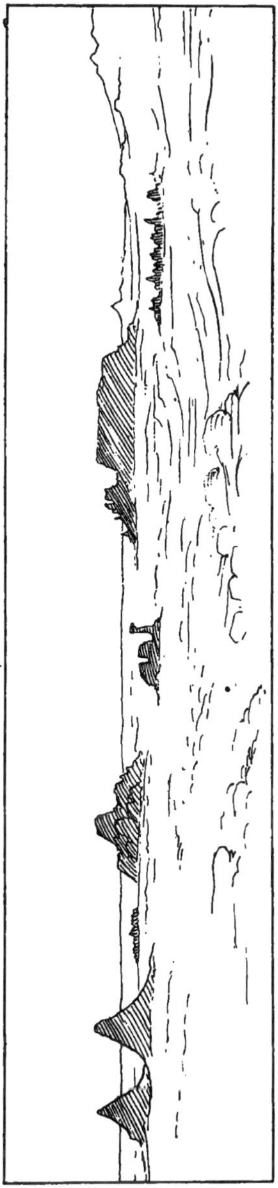

Die Gegend von Maḥaggeh.

Die Sandsteingruppe von Maḥaggeh setzt sich zusammen aus 5 getrennten Theilen: 1) aus einem etwa 30 m hohen geschlossenen Block mit senkrecht abfallenden Wänden, weiterhin, 2) aus einer 20—25 m hohen Halle, 3) aus einer etwa 10 m hohen halbrunden Nische, 4) aus einem kleinen freistehenden Klotz, aus einem frei vortretenden Porticus von vielleicht 35 m Höhe. Als wir am Südosteck abstiegen, war ich ganz überwältigt von dem sich darbietenden Anblick; an den Felswänden eingemeisselt Hunderte von Inschriften, dazwischen durch Jagdscenen, Thiere aller Art, ein Gewimmel von Pferden und zum Theil überlebensgrossen Kameelen, wovon ich nur ein paar Proben geben will.

Trotz dem lästigen Wind wollte ich doch noch die Tageshelle benützen, um von Bildern und Inschriften zu copiren, was mir am nächsten lag. Da sich für gewöhn-

1) مَحَجَّة. Aus dem Namen hat Naumân die etymologische Fabel abgeleitet, dass in alten Zeiten hier die Pilgerstrasse des Ḥagg vorbeigegangen sei.

lich bei Maḥaggeh kein Wasser in der Nähe findet, war es ein glücklicher Zufall, dass der alte Ḥêlân nach kurzem Suchen in

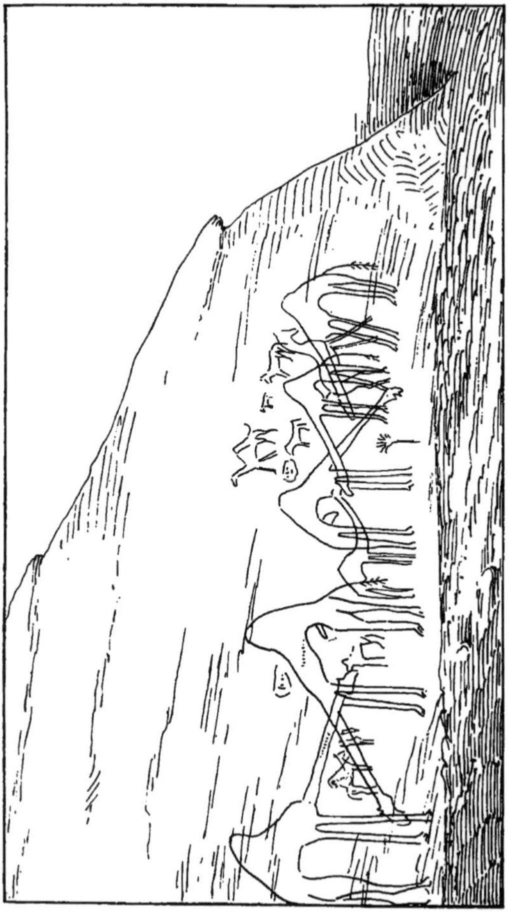

Altarabische Malereien.

irgend einem Loch noch hinreichend Regenwasser auftrieb, um die Schläuche füllen zu können.

Mo. 11. Febr. 1884]. Morgens allsobald wieder das Zeichnen und Abschreiben aufgenommen. Ich machte die Wahrnehmung, die ich auch später noch oft bestätigt fand, dass Inschriften, namentlich verwitterte und verwaschene, unter veränderter Be-

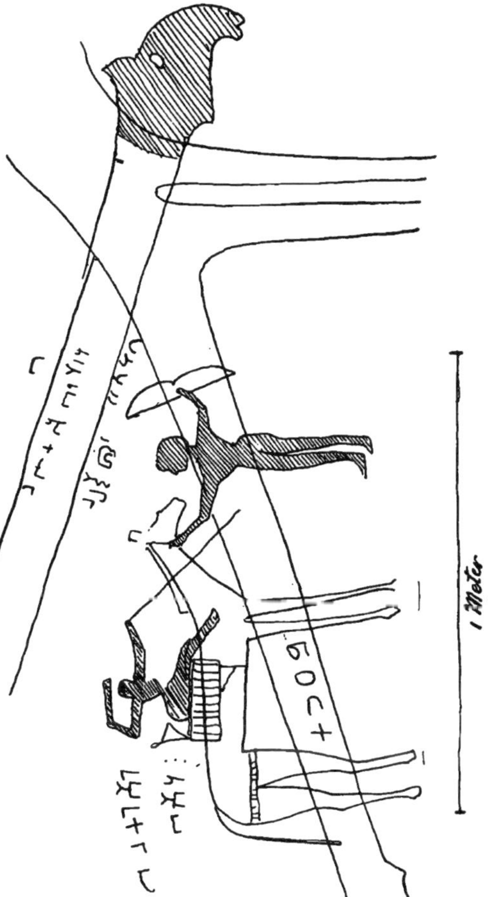

Altarabische Malereien und Inschriften [1]).

leuchtung wieder ein ganz verschiedenes Bild zeigten. Ich copirte

[1]) Die Inschriften sind zum grössten Teile recht undeutlich und können ohne Verbesserungen und Vermutungen nicht verstanden werden. Die Inschrift oben rechts scheint zu lauten

הנהי בך תמנ	O Nbj! Durch dich mögen wir bleiben
בהסרר נם שלל	in Freude. — Von Šalîl.

Die Bedeutung des Wortes נם = „von" hat J. J. Hess zuerst bestimmt.

Die Inschrift links oben muss so, wie sie dasteht, umschrieben werden:

an diesem Tage 160 Inschriften, allerdings fast nur Eigennamen, das steinerne Stammbuch der im Laufe von Jahrtausenden hier erblich waidenden, oder mittlerweile längst vertriebenen und vernichteten Beduinenstämme. Ausser den lesbaren Einmeisselungen fanden sich noch weit mehr zerfressene und zerstörte. Während die Thiere Tags über auf der Waide sich herumtrieben, schafften unsre Leute das Gepäck in die grosse Halle. Ṭalâls[1]) Oheim ʿUmejjid hatte einstens an diesen Platz die ʿAnĕzeh zusammenberufen, um von ihren Schechs die Steuer (den Zéka[2])) einzutreiben. Damals mag es lärmend zugegangen sein. Heute Abend ruhten wir einsam in der öden Halle, indess das fahle Licht des Mondes, durch die hohen Bogen des Gewölbes wandelnd, magisch unser Lager beleuchtete.

Maḥaggeh: Nachtlager im Mondenschein.

Di. 12. Febr. 1884]. Morgens mit der Sonne fort. Nach drei Stunden lagerten wir auf den Wiesen von Láḳaṭ[3]). Fast heimisch grüne Wiesen, so grün, wie ich sonst nie in Arabien gesehen, umsäumten einen kleinen Teich, in welchem ich aus lauter Freude am Wasser sofort ein Bad nahm. Das Wasser

---

לאלת לך (ל)האב. Wahrscheinlich ist das erste Wort als האלת zu lesen und als Anruf der Göttin Allât zu betrachten. Das zweite Wort ist wohl in בך zu verbessern, das dritte Wort in האם. Dabei kann nun האם der Eigenname *ha-ʾAus* sein, oder „die Gabe" bedeuten.

Die dritte Inschrift unter der auf dem Pferde reitenden Dame enthält zu Anfang einen unbekannten Buchstaben. Diesen könnte man zu פ verbesseren und so פגרת lesen; dann wäre vielleicht Fagarat der Name der abgebildeten Dame. Vielleicht ist der erste Buchstabe aber ein ב; dann könnte man בערת „Kameelin", ein im Altarabischen nicht bekanntes Femininum zu بعير lesen.]

1) S. Bd. 1, S. 168 f.

2) يزكيهم juzattsîhum; wird eine schöne seccatura gewesen sein!

3) لقط.

selbst war zum Trinken untauglich. Am Rande standen die

Maḥaggeh: Der Porticus von NW.

Grabsteine von 4 ʿAwâgî, die vor einem Vierteljahr bei einem Überfall durch die Bélî hier abgeschlachtet waren.

Maḥaggeh: Nische und Porticus.

O Herr halt' ein mit Deinem Segen! An einer wohl 200

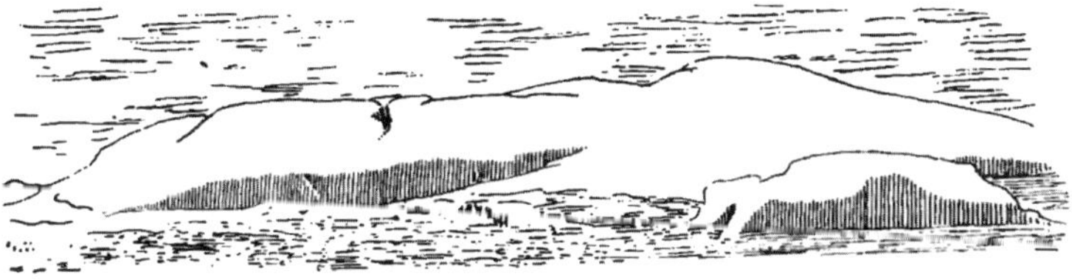

Laḳaṭ.

Meter langen Felswand fanden sich Hunderte und aber Hunderte von Inschriften; ich beschränkte mich, nur die besser erhaltenen (150 Stück) zu copiren. Auf anderen Steinen bot sich eine Anzahl roher Thierfiguren z. B.

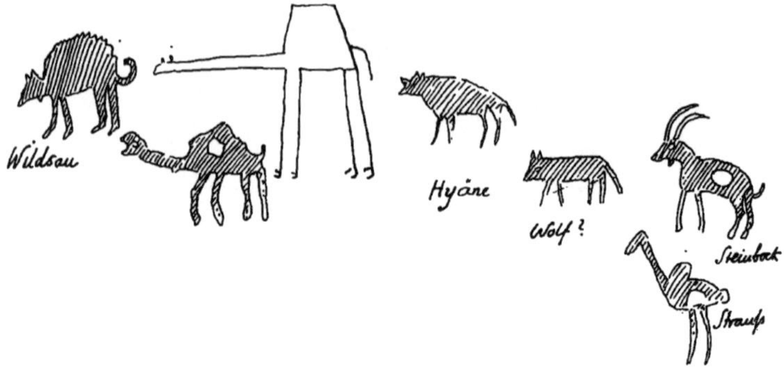

Altarabische Malereien [1]).

Die senkrechten Wände der weissgelben Sandsteinfelsen waren (auf der Süd- und theilweise auch auf der Nord-Seite) mit einer glänzend braunen Schichte wie gefirnisst, d. h. sie waren, mit einer von den Geologen sogenannten natürlichen Schutzrinde versehen [2]). Während nun die jüngsten, aber doch allermindestens 1500 Jahre alten, protoarabischen und nabatäischen Inschriften bei Ritzung oder Verwundung jener Rinde die helle Farbe des Gesteines ganz leuchtend hervortreten lassen, als ob sie der allerneuesten Zeit entstammten, so laufen unter und zwischen diesen jüngeren Einmeisselungen viel ältere Schriftdenkmäler durch, deren Vertiefungen im Laufe einer geschichtlichen Zeit bereits wieder mit der braunen Schutzrinde ausgekleidet waren. Wie viele Jahrhunderte mögen also zwischen beiden Arten liegen, und in welches Jahrtausend gehen die ältesten zurück? Ich beklage jetzt hinterher, dass ich beim Copiren der Inschriften nicht jedesmal angemerkt habe, ob hellgelb oder dunkelbraun.

[1) Mehrere der Thiere haben in der Mitte ein Loch, wie z. B. auch die türkischen Schattenspielfiguren. Vielleicht war schon in vorislamischer Zeit, etwa unter jüdischem Einfluss, bei der Darstellung lebender Wesen grosse Vorsicht geboten. Vgl. die Thiere auf S. 132 und Bd. I, S. 193.]

2) S. die Ausführungen von J. Walther, die Denudation in der Wüste, S. 111—117 und S. 22 f. (= Abh. der math.-ph. Cl. der k. sächs. Ges. der Wiss. XVI, 455—461, 366 f. Leipzig 1891).

In wasserarmen Gegenden ist es niemalen räthlich, in der Nähe des Wassers lang zu verweilen — denn Halsabschneider und Raubthiere suchen und finden dort noch am ehesten ihre Rechnung — darum brachten wir uns, sobald die Arbeit gethan war, in Sicherheit. Wir ritten noch etwa 1 Stunde abseits und hatten unterwegs den ungewohnten Anblick eines durch den Wind wellenbewegten Teiches. In einer Sandsteinhöhle bezogen wir ein angenehmes Lager. War es das schlechte Wasser von Laḳaṭ, oder was sonst?: sobald ich mich auf den Teppich niederlegte, wurde es mir ganz schwindelig.

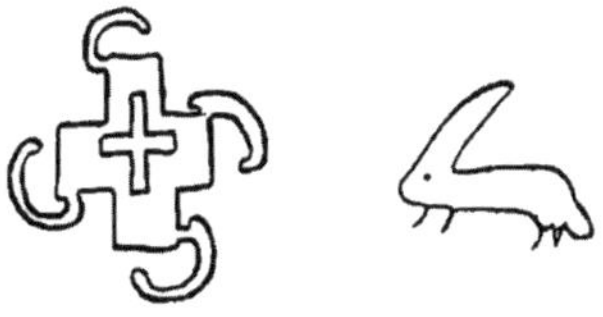

Altarabische Zeichnung. [1])

Mi. 13. Febr. 1884]. Nachdem wir abgekocht, sind wir den ganzen Tag wie durch Sandsteinbrüche geritten; der Boden war bedeckt mit gleichmässig geperltem Quarzsand, der wie Brillanten funkelte. Der breite Bergklotz des Bird, und noch weiter südlich der Ruâf beherrschten durch ihre Formen die ganze Gegend. In der Landschaft Tsebâd [2]) gut erhaltene Inschriften copirt. Da später keine Deckung gegen den starken Westwind zu erhoffen war, stiegen wir schon um 4 Uhr ab im sogenannten Baṭîn Tsebâd [3]) an der Grenze der Ebene Khôleh [4]).

Bird.

[1) Interessant sind die Zeichnungen des Hakenkreuzes sowie des Hasen. Ersteres ist in der ganzen Welt verbreitet; letzterer war sowohl im Morgenlande wie im Abendlande in heidnischer Zeit ein heiliges Thier.]

2) كباد. 3) بطين كباد. 4) الخولة.

Do. 14. Febr. 1884]. Während die Khôleh noch erträgliches Futter geboten hatte, fanden die Thiere von Mittag ab in den trostlosen Flächen der Sanânijjât[1]) winzig wenig Nahrung. Im Abenddunkel mussten wir noch lumpige Holzstengel zusammenklauben, um nur unsern Reis und Kaffee kochen zu können. An einem See von Regenwasser[2]) legten wir uns mit wenig Behaglichkeit zum Schlafe nieder.

Lager: Nachtbild.

Fr. 15. Febr. 1884]. Da unsre Kaffeebohnen zu Ende gegangen sind, konnten wir zum Frühstück nur Brod in der Asche bereiten. Mit Sonnenaufgang setzten wir uns in Bewegung, um möglichst rasch der trostlosen Öde zu entrinnen. Als Richtpunct diente uns der schon gestern Abend in Sicht getretene Gebirgstock des Ṛanêm[3]), hinter welchem unser nächstes Ziel Teimâ liegen sollte. Da es seiner Vaterstadt zu gieng, rannte Naumân in gehobener Stimmung an der Spitze voran, und mühte sich, uns zu lebhafterem Trab anzuspornen. Der Mittag war vorüber, als wir den Ṛanêm auf seinem Nordende überschritten. In den Felsen überraschten wir arme Holz suchende Weiber, die, erschreckt zur Flucht sich wendend, erst durch längeres Zurufen sich beruhigen liessen, dass sie nichts von uns zu fürchten hätten. — Vor uns lag in einem weiten Becken die palmenreiche Oase von Teimâ. Zwei Stunden bevor wir unsern Einzug hielten, machten wir uns mit dem Rest von Wasser, soweit möglich, schön und sauber[4]), nach dem passenden Spruch: „Des Sonntags in der Früh wascht sich der Bauer, aber wie!" NB. in den 23 Tagen hatten wir kein Hemd gewechselt, kaum zweimal uns gewaschen. Ausser in den Dörfern

1) السنانيّات.

2) خبرة khabrah. [H.: ḫabrā Regenwasserteich in thoniger Depression.]

3) غنيم.

4) Vgl. Bd. I, S. 122, 156.

Môḳaḳ und Gfeifeh, hatten wir nur dreimal Beduinen, sonst überhaupt keinen Menschen gesehen. Heute, wo wir in eine Stadt einziehen sollten, mussten wir die Feinen spielen. Also allen Staat angelegt, über den wir irgend zu verfügen hatten.

In vergnüglichem Trab gieng es jetzt der Stadt zu, zuerst an einigen mit Mauern umschlossenen Häusergruppen vorbei, dann in einem Scha'îb (trockenen Bachbett) reitend auf die Suche nach der Wohnung des von Ibn Raschîd hier eingesetzten Statthalters 'Abd el-'Azîz el-'Enḳrî. Da wir erst hier erfuhren, dass er sein vom Winterregen gänzlich verwüstetes Haus (den Ḳaṣr) mit einem anderen vertauscht habe, mussten wir beinahe die ganze Stadt umreiten, bis wir endlich, durch Gassen mit engen Lehmmauern uns windend, seine neue zeitweilige Wohnung erreichten. Die Thore an den Vorhöfen waren so niedrig, dass wir absteigen mussten, während die Kameele, wie immer, nur mit Schlägen durch die engen Pforten sich hindurchzwängen liessen. Es war nahe an 5 Uhr, bis wir im Hause untergebracht waren.

XI. CAPITEL.

Teimâ

15.—20. Februar 1884.

Fr. 15. Febr. 1884]. Teimâ gehört zu den ältesten geschichtlich bezeugten Städten Arabiens. Es wird bereits in den Keilinschriften[1]) erwähnt. Im Alten Testament[2]) ist es bekannt als Durchgangs- und Knotenpunkt der Handelsstrassen; in Jesaja 21, 14 heisst es — wohl mit Bezug auf den weltberühmten Brunnen der Stadt, den Haddâg —: „Entgegen den Durstigen bringen sie Wasser, die Bewohner des Landes von Teimâ." In der Zeit zwischen Christus und Muḥammed waren hier, wie auch an anderen Plätzen des Ḥigâz, zahlreiche Juden angesiedelt, aus denen die Gestalt eines um seines Heldenmutes und um seiner Treue willen sprichwörtlich[3]) gewordenen Mannes hervorragt, des Samau'al (Samuel) ben ʿÂdijâ. In dem festen Schloss al-Ablaḳ[4]) bei Teimâ hatte er dem von dem Herrscher zu Ḥîrah al-Mundir verfolgten Dichter Imru' ul-Ḳais sammt dessen Tochter Hind und Vetter Jazîd Unterkommen gewährt und dessen Vermögen, Harnische und andere Waffen in Obhut genommen. Während nun der Dichter selbst sich auf den Weg machte zum Kaiser nach Byzanz, erschien vor dem Schlosse

---

1) Rawlinson II, 67, 53; alu Te-ma-a-a „die Stadt Têmâ" (oder die Stadt des Têmâ??); vergleiche dazu Delitzsch, Wo lag das Paradies?, Seite 302.

2) Têmâ תֵּימָא Jes. 21, 14. Jer. 25, 23; תֵּמָא Hiob 6, 19; ebenso תימא auf der aramäischen, hier gefundeneo, Stele aus dem 5. Jahrhundert vor Christo. LXX: Θαιμᾶν. — Warum die heutigen Einwohner durchweg behaupten, der Name der Stadt habe in alter Zeit Tûmâ gelautet, vermochte ich nicht zu ergründen.

3) أَوْفَى مِنَ ٱلسَّمَوْءَل „treuer als as-Samau'al".

4) الابلق الفرد el-Ablaḳ (weiss und schwarz"), über dessen Lage ich in Teimâ nichts erfahren konnte; siehe jedoch F. Wüstenfeld, Das Gebiet von Medina (Gött. 1873), Seite 72 (Abh. der Ges. der Wiss. XVIII, 162).

mit einem Heere al-Ḥâriṯ bin Ẓâlim, der im Auftrage des al-Munḏir das Vermögen des Imru' ul-Ḳais dem Samau'al entreissen sollte. Samau'al setzte sich in Vertheidigungszustand; er besass einen eben erwachsenen Sohn, der gerade auf die Jagd gegangen war und bei der Rückkehr dem al-Ḥâriṯ in die Hände fiel. Da fragte al-Ḥâriṯ den Samau'al; „Erkennst du diesen?" „Ja, sprach er, es ist mein Sohn". „Willst du, fragte er weiter, das dir Anvertraute herausgeben, oder soll ich ihn tödten?" Er aber sprach: „Thue was du willst; ich breche mit nichten weder meinen Bund, noch liefere ich das Vermögen meines Schützlinges aus". Da hieb al-Ḥâriṯ den Jüngling mitten durch und theilte ihn in zwei Stücke; dann zog er weiter [1]).

Seit der Ḥagg eine westlicher verlaufende Strasse gewählt hat, und Teimâ nicht mehr berührt, hat die Stadt viel von ihrer Bedeutung verloren.

Die Oase Teimâ [2]) liegt in einer tiefen von Süden nach Norden sich senkenden Mulde, deren unterirdische, jedenfalls weit ausgreifende Wasserzuflüsse in dem schon oben erwähnten Brunnen el-Haddâg [3]) emporquellen. Sie wird überdies von einem für gewöhnlich trockenen Bachbett (Scha'îb) durchschnitten, durch welches die Gewitterregen und winterlichen Tagwasser in den Salzsumpf nach Norden sich ergiessen. Auf drei Seiten wird die Ansiedlung durch künstliche Erd- und Steinwälle d. h. alte Befestigungen umsäumt. An Bauwerken aus dem Alterthum sind noch zu erkennen die Fundamente zweier Tempel, der Ḳaṣr ed-Dâîr, vielleicht der Ṭlêḥân, der verfallene alte Ḳaṣr Zellûm, eine zerstörte Wasserleitung im Nordwesten, ferner in den verglasten Schlackenhaufen die Spuren von alten Eisenschmelzen (oder Ziegelöfen?). Ob in der Stadt selbst, oder wo sonst in der Nähe das Felsenschloss el-Ablaḳ gestanden habe,

1) So nach dem Kitâb al-Aghânî, ausführlich bei Th. Nöldeke, Beitr. zur Kenntniss der Poesie der alten Araber (1864), Seite 57 ff; vergleiche auch Franz Delitzsch, Süd-arabische Poesien aus vormuhammedanischer Zeit (1874).

2) تَيْمَاءُ fast ohne i gesprochen Tê(i)mâ, also der biblischen Vocalisation gleichkommend.

[3) S. besonders unten S. 152—153.]

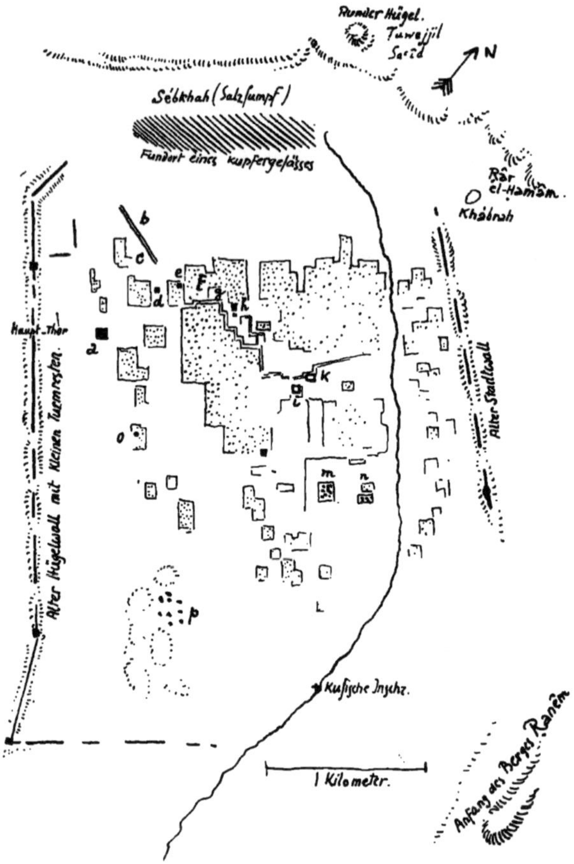

Plan von Teimâ.

a. El-Ḳaṣr ed-Dâïr. — b. Alte Wasserleitung. — c. Fundort der Goldmünze. — d. Altes Ḳaṣr. — e. Zerstörtes Ḳaṣr. — f. Nicht altes Knochenfeld, Gräber. — g. Cacatorium. — h. ᶜAbd el-ᶜAzîz el-ᶜEnkrî. — i. Grosser Brunnen. — k. Ḳaṣr. — m. Haupttempel. — n. Hauptgebäude. — o. Ṭlêḥân, Fundort der grossen Stele. — p. Alte Eisenschmelzen oder Ziegelöfen.

darüber konnte ich weder eine Auskunft erhalten, noch aus eigener Anschauung Anhaltspunkte gewinnen. Die Gassen der Stadt sind meist so eng, dass ein beladenes Kameel nicht durchkäme. Zwischen den Häusern finden sich durchweg grosse Höfe und reich bewässerte Gärten mit Palmen, Reben, Pfirsich- und

Granatbäumen. Unter den Einwohnern, etwa 1000 an der Zahl, herrschte bis vor kurzer Zeit grosse Zwistigkeit. Sie unterscheiden sich nach den drei Quartieren (Sûḳ), in welche die Stadt zerfällt, nämlich

1. Sûḳ el-ʿalî, an dessen Spitze der Schech Ṯuênî ibn Rummân [1]) steht
2. Sûḳ el-mâḍî, unter Führung des Schechs Fahad eṭ-Ṭalaḳ [2])
3. Sûḳ el-ḥamdeh, unter Schech Ṭâlib el-ʿÂïd [3]).

Heutigen Tages, wo sie dem Ibn Raschîd tributpflichtig geworden sind, werden die drei feindlichen Theile im Zaum gehalten, durch den Statthalter des Fürsten, den ʿAbd el-ʿAzîz el-ʿEnḳrî [4]). An diesen hatten wir vom Fürsten einen Brief, worin er angewiesen war, uns Lebensmittel und, was wir sonst brauchten, zu liefern.

Kaum war unser Gepäck ins Haus geschafft, so strömte auch gleich an Menschen herein, was nur halbwegs durch eine bessere Kleidung sich dazu berechtigt fühlen konnte. Wie wenn man in Europa in einem zoologischen Garten seltene Menschen, als da sind Feuerländer oder Tasmanier, vorführt, so wurden wir als Nordländer und dazu als Christen angestaunt und begafft, und das Alles ohne Gefahr und Kosten. Da wir seit dem trockenen Morgen-Brod nichts gegessen hatten, war mir durch die vielen Tassen schwarzen Kaffees, die zur Ehrung gereicht wurden, ganz zitterig im Magen und schwindelig im Gehirn geworden. Endlich um 7 Uhr Abends wurde unter Beleuchtung mit Fackeln aus Palmwedeln die Essplatte von drei Sklaven hereingetragen. Am Essen nahmen Theil, ausser uns fünf Reisegenossen, ʿAbd el-ʿAzîz er-Rummân, der Khaṭîb (Geistliche) ʿAbdallâh, zwei persische Kaufleute [5]) in feinen Zebûn (Kaftans) darunter ein eitler aufgeblasener Mensch Namens Sulṭân [6]),

---

1) سوق العلى — ثوينى ابن رمّان.
2) سوق الماضى — فهد الطلق.
3) سوق الحمده — طالب العائِد.
4) عبد العزيز العنقرى.
5) Diesen (Maschâhîdeh) ist zeitweilig und widerruflich der Aufenthalt in Teimâ gestattet, um hier Geschäfte zu treiben. Sie sind ein Ableger der persischen Colonie in Ḥâjel, und lösen einander von dort aus ab.
6) Vgl. unten S. 165 und 201.

dann noch sechs weitere Ehrengäste, die ich erst in den nächsten Tagen unterscheiden lernte. Um 9½ Uhr äusserten wir den Wunsch, uns jetzt zur Ruhe zu begeben. Das veranlasste aber weder den Hausherrn noch die Gäste, sich zu entfernen; im Gegentheil, um keinen Preis hätte sich Einer entgehen lassen wollen, zuzuschauen, wie wir unsere Lagerstätte bereiteten, welcher Kleider oder gar Waffen wir uns entledigten, was dabei herauskäme, in welcher Lage wir uns zum Schlaf anschickten, in was für Hüllen wir uns einwickelten und dergleichen. Ob bei diesen bemerkenswerthen Vorgängen noch ein Dutzend anderer Menschen ihre Neugierde befriedigen wollten, konnte uns gleichgültig sein; ich hörte nur noch, wie ein Zurückgewiesener lebhaften Einspruch erhob und zur Begründung ausführte, er wolle doch nicht gestern und heute so weit hergelaufen sein, und uns dann erst nicht sehen dürfen.

Sa. 16. Febr. 1884]. Morgens etwa 1½ Stunden vor Sonnenaufgang erwies uns der gutmüthige Pfaffe ʿAbdallâh Abû Muḥammed aus Schaḳrâ [1]) die verwünschte Aufmerksamkeit, im Hofe neben unsrer Thüre eine halbe Stunde lang mit lauter Stimme ganze Suren aus dem Koran vorzutragen. Eine andere Gewohnheit von ihm lernten wir bei Tag kennen: jede Pause in der Unterhaltung füllte er aus mit dem Ausruf lâ ilâha illa ʾllâh („Es ist kein Gott, ausser Gott"). Mit dem Fegr, also etwa eine Stunde vor Tag kamen auch schon die Leute in die Moschee, welche an unseren Hof stiess, um hier das Morgengebet zu verrichten. Zehn Minuten später traten sie alle in unsern Ḳăháwah ein, und brachten uns vollends um den Rest des Schlafes. Ad alveum exonerandum locum idoneum quaerenti aream mihi monstrarunt, parietinis saeptam, 90 m longam 40 m latam. Cacatorium prostabat vastissimum, quo amplius vix usquam invenies. Foveae arenosae interjectis grumis delectum varium suppeditabant. Scarabæi stercorarii [2]), munditiam pu-

1) Vgl. 20. Febr. 1884, unten Seite 168.

2) تظيظ taẓîẓ.

blicam administrantes quodcunque depositum minimis momentis digerendo exstinguebant. Neque dubito, quin avarus ille Catullianus, lapillis durior, uberrimam arenae copiam conspiciens, emollito corpore et animo ad liberalem largitionem inclinaverit.

Von da begab ich mich zu unseren getreuen Thieren. Erstaunt sahen sie mich an, als ich durch die Thüre in den kleinen Hof trat, der ihnen als Aufenthaltsort angewiesen war; drei Lehmsäulen trugen ein Dach aus

Cacatorium.

lotterigen Stangen gebildet, darüber verwelktes Laubwerk, durch den Lehmboden floss in einer Rinne etwas Wasser. Seit dem Aufbruch von Ḥâjel bis gestern, also in 24 Tagen hatten die Kameele, wie ich ja leicht überwachen konnte, trotz mannigfacher Gelegenheit, nicht ein einziges Mal getrunken. Ich neige zu der Meinung, dass diese Thiere, solange sie Grünfutter haben — also wie hier im Spätwinter und Frühjahr gewöhnlich — überhaupt weder Bedürfniss noch Lust zu Wasser haben.

Wie ich aus dem Hofe heraustrat, traf ich einige Leute beschäftigt mit zwei Kameelen, die geknebelt auf den Boden geworfen waren. Im Feuer lag ein glühendes Eisen mit dem Stammeszeichen [1]), das unter grosser

Hof mit Kameelen.

Schinderei den Thieren in den Schenkel eingedrückt und dann noch durch ein zweites glühendes Eisen riechbar nachgebrannt und vertieft wurde.

Nun giengen die Schwierigkeiten an wegen der Beschaffung von Reitthieren zur Reise nach Tebûk. Wir brauchten im Ganzen 5 Thiere; eines hatten wir in Gfeifeh lassen müssen (S. 124),

1) ميسوم maisûm, und محور maḥwar 

das gemiethete (S. 130) gieng zurück, auf einem weiteren sollte Ḥêlân den Rückweg nach Ḥâjel antreten. Thatsächlich hätten wir nur drei zur Verfügung gehabt, und diese wollten wir noch schonen für den zweiten Theil der Reise. Da wir nun hörten, dass die Scherârât zwei Tage von hier im Nordwesten waiden, und die Fúḳarâ (= Fedzîr) [1]) etwa ebensoweit im Süden, wurde Naumân auf meinem Delûl zu den Fúḳara gesandt, um noch zwei weitere Kameele zu miethen. Hoffentlich fällt er keinen Räubern in die Hände. Erst vor wenigen Tagen sei ein Ṛázu der Banî Ṣakhr hier durchgezogen, und habe noch weit nach Süden gestreift. Auch Ṣaṭṭâm ibn Fâïz (von den Rúalah) sei zwei Tage von hier gesehen worden. Ob dies wahr ist?

Um 10 Uhr machten wir einen Rundgang durch die Stadt. Unser erstes Ziel war der wunderbare Brunnquell el-Haddâg [2]), in ganz Arabien und Syrien bekannt, auch durch Gedichte mannigfach gefeiert. In der Mitte eines von nahezu 80 gemauerten Rinnen durchschnittenen Platzes befindet sich in natürlichem, theilweise durch Steinbau ergänztem, Felsboden ein kreisrunder Schlund, etwa 20 Meter im Durchmesser. In einer Tiefe von 15 Meter sieht man eine Fläche lebendigen Wassers, durch aufquellende Zuflüsse genährt. Der obere Rand ist umstellt mit einem Wirrwarr von Stangen, hölzernen Rädern, Drehrollen, Stricken, Ledereimern und Ausflussvorrichtungen. Nach jeder der vier Himmelsrichtungen ziehen 12 bis 15 Kameele, also vielleicht 60 Thiere, in 30 Meter langen Bahnen, den ganzen Tag unablässig die Eimer aus der Tiefe; sie liefern das Trinkwasser und durch die kleineren Vertheilungscanäle das unentbehrliche Nass für die Tausende von Palmen dieser um ihres Wasserreichtums willen von Alters her [3]) berühmten Oase. Das Wasserrecht der Gartenbesitzer ist ein sehr verwickeltes, und gibt, wie allerwärts, Anlass zu vielen Streitigkeiten. Eine Wasserader (Canal) theilt sich bis zu Ende des

---

[1) H.: Der Stamm heisst *el-Fedzír* (sing.), *el-Feġárā* (plur.).]

2) الهدّاج.

3) Jesaja 21, 14.

Laufs in verschiedene kleine Rinnsale, die alle einzeln durch Stellfallen abgeschlossen werden können. Das Gewöhnliche ist, dass die an einer Rinne Betheiligten auf einen, oder wenigstens auf einen halben Tag, gemeinsam ein Kameel zum Ziehen eines Lederkübels miethen, und dabei ängstlich über die richtige Vertheilung in die Verzweigungen wachen. Die Besitzer oder Miether eines Kameels setzen sich zu diesem Zweck an das Ende der von dem Thiere zu durchlaufenden Bahn, halten auch wohl zur Ermunterung und Beschleunigung des Laufes dem ankommenden Thier eine Hand voll Futter entgegen, indess die jüngeren Familienmitglieder bei den durch die Strassen laufenden Rinnen auf die Fallen Achtung geben. Als ich mich, behufs Anfertigung einer Skizze, einer Gruppe von solchen

Brunnen al-Haddâg in Teimâ.

Leuten näherte, standen sie ehrerbietig auf und räumten mir den gewünschten Platz ein, huben auch gleich ein Gespräch an, um aus meinem Munde eine Bestätigung ihres berechtigten Stolzes zu vernehmen. Sie fragten mich, ob in meinem Lande auch ein solcher Quell zu finden sei, oder gar ein Sêl (ein laufender Bach); ob Gärten und dergleichen. Als ich mir die Bemerkung erlaubte, dass im Lande Alemania 4000 oder mehr Bäche und Flüsse das ganze Jahr ihr Wasser ungetrunken ins Meer laufen lassen, und dass das ganze Land ein Garten und bebaut sei, zwar nicht mit Palmen, aber mit Wald- und Fruchtbäumen, dazwischen Getreidefelder und überall „ʿöschub" (Grünfutter), dass man jedoch nicht herumschweifen dürfe, weil Alles abgegränzt oder gar mit Hecken und Mauern eingezäunt sei, da meinte ein alter — ich kann nicht sagen Spiessbürger, eher — Raubritter von Teimâ: „Wenn ja das Alles wahr ist, was du da von deinem Lande erzählst, warum bist du dann überhaupt von dort weggegangen? Hm? — und im Übrigen, wo es keine Datteln, keine Kameele, keine Beduinen gibt, und wo man nicht einmal herumstreifen kann, wo man will, so ist das überhaupt kein begehrenswerthes Land." Die Anderen schauten ihn, sich und mich an. Ich war schön abgeführt: ein Aufschneider und Schwindler, dem aber für alle Zeit zu Teimâ das Handwerk gelegt ist! Schweigend rauchte ich meine Pfeife weiter, und war froh als, nach beendigter Zeichnung, Huber mich verabredetermaassen abholte.

Ich brannte vor Ungeduld, im eigentlichen Ḳaṣr eine nabatäische und namentlich die alt-aramäische Inschrift zu sehen, die mir Huber seiner Zeit in dem Tagbuch von seiner ersten arabischen Reise gezeigt, und die ich ihm für seinen Bericht an den französischen Unterrichtsminister als spätestens aus dem 5ten Jahrhundert vor Christi Geburt stammend bezeichnet hatte. So oft in den engen Gassen Weiber uns begegneten, stellten sie sich mit dem Gesicht gegen die Wand und liessen uns auf der Rückseite vorbeigehen. Der Ḳaṣr, in dessen Lehmmauern aussen und innen drei Steine eingelassen sein sollten, war von den Regengüssen arg verwüstet und desshalb zur Zeit unbewohnt. In der östlichen Aussenwand, vielleicht sechs Meter über dem Boden, war ein merkwürdiger Stein eingemauert. Da er aber mit dem Fuss nicht nach unten gerichtet, sondern seitlich umgelegt war, musste ich, um ihn richtig zu erkennen und zu zeichnen, den Kopf ebenfalls zur Seite drehen. Von der elenden Nahrung der letzten Wochen wurde mir jedoch hiebei so schwindlig, dass ich zweimal an die Wand fiel. Der Stein soll, wenn die baufällige Wand ausgebessert wird, für uns herunter genommen werden.

Das Ganze ist eine Opferscene: ein Mann steht auf dem abgestutzten Wipfel eines mit Früchten behangenen Palmbaumes; hinter ihm rankt ein kräftiger Rebstock; zu beiden Seiten der

Palme auf niederen Gestellen fussend zwei grosse Amphoren, die Ergebnisse der letzten Weinlese und Dattelernte enthaltend; der Mann wendet sich nach links gegen einen mehrstöckigen

Sculptur in Teimâ.

Aufbau von Schemeln und Kissen gebildet; darüber auf einer Tragbahre ist die Bildsäule der Gottheit sitzend zu denken [1]. Zwei andere Steine mit Inschriften [2], leichter erreichbar, konnten wir auf der Stelle herausnehmen und in unser Haus schaffen lassen.

Nach dem ʿAṣr machten wir einen Gang an das Bachbett (Schaʿîb) oberhalb der Stadt, wo verschiedene schlechte kufische Inschriften eingemeisselt waren. Auf dem Wege dahin fanden wir viele Scherben von gebranntem Thon, auch von Steingefässen, dazwischen schöne Stücke Carneol. Darnach setzten wir uns noch eine Zeit lang an den grossen Brunnen (Haddâg), und machten sodann einen Besuch bei Gâr allâh el-Jûsuf,

1) Ich würde es nicht für ausgeschlossen halten, dass das Bild zusammengehört mit der altaramäischen Inschrift im Corpus Inscriptionum Semiticarum II, 114, dass also der Opfernde eben der dort genannte Maʿnan bar ʿImrân ist, und dass auf dem Thron (מיתב, מיתבא) das Bild des Gottes Ṣĕlêm von Maḥram sich befunden hat.

2) Corpus Inscript. Semit. II, 114 und 336.

dessen Haus sich durch peinliche Säuberlichkeit auszeichnete. Wände und Boden waren mit grossen Teppichen geziert, die in einer besondern Webart und mit eigenthümlichem Muster hier am Ort gefertigt werden. Als Preis eines sechs Meter langen Teppichs wurde mir 30 Megîdî (etwa 100 Mark) genannt. Von hier wurden wir abgeholt zum Abendessen bei einem anderen vornehmen Mann ʿAbd el-ʿAzîz er-Rummân. Wir bekamen da zu hören, was für Nachrichten über unsere Person längst vor der Ankunft in Teimâ eingelaufen waren. Der Khaṭîb wusste, dass ʿAbd el-Wahhâb nicht mein wahrer Name sei; dass ich die Bildnisse des Muferrig und des Gyôhar gemalt habe; dass wir dem Emîr Flinten gegeben hätten, mit denen man geräuschlos einen Menschen tödten könne; dass Huber sich unsichtbar zu machen verstehe u. s. w. Ferner wurde uns erzählt, dass heute ein Mensch, aus dem Ḳaṣîm gebürtig, in 40 Tagmärschen von Aegypten kommend, hier eingetroffen sei. Er habe seinem Kameel 16 Flinten und je 100 Kugeln dazu (Martini-Patronen?) aufgeladen, während er selbst zu Fuss hinten drein gieng. Die Gewehre sollen vom Aufstand des ʿArâbî herrühren, und als Geschenk für den Emîr in Ḥâjel bestimmt sein.

So. 17. Febr. 1884]. Eben hatten wir gefrühstückt, da holte man uns zu Ṭuênî er-Rummân zum Essen. Es wurden Datteln nebst Brodfladen vorgesetzt, dazu in zwei kleinen Schüsseln sowohl frische als heisse Butter, als Trunk saure Milch (lében). Beim Abschied durch den Hof schreitend gewahrte ich mehrere Blasrohre aus Ḳirrî-Holz [1]), die hier sehr gebräuchlich sein sollen. Kaum waren wir da fertig, so wurden wir von Fahad eṭ-Ṭalaḳ zum Essen in sein Haus geleitet. Es gab abermals Datteln, Brod, Butter, Sauermilch. Unter den Eingeladenen befand sich auch ein geschickter Waffenschmied, Namens Zeidân, den ich wegen seiner Ortskenntniss und seines Eingehens auf meine Absichten mir zum Begleiter durch die Stadt erkor. Ich

1) قرّى vgl. oben Seite 131, Anm. 8.

hatte es nicht zu bereuen. Sobald das Essen abgemacht war, begab ich mich mit ihm allein in den Westen der Stadt, wo nach seiner Angabe das alte Teimâ zwei Klafter[1]) tief im Boden stecken soll. Bei einem oberflächlichen Gang durch das sandige Gelände hob ich Glasscherben, Bruchstücke von Bronze dick mit Grünspan überzogen, Brocken von Cementböden und Carneole auf. Ein nach Norden laufender, mit Kalk ausgemauerter Canal schien mir ehemals bestimmt, das Wasser in den Salzsumpf (Sebkhah) abzuleiten. Weiter südlich kamen wir zum Ḳaṣr ed-Dâïr, einem grossen viereckigen Bau mit Eckthürmen und Resten eines verschütteten Brunnens.

Ḳaṣr ed-Dâïr in Teimâ.

Von hier führte er mich an ein etwa 5 Minuten weiter nach Süden gelegenes Haus, Ṭlêḥân[2]) genannt, in welchem ich die merkwürdigste Ausbeute meiner arabischen Reise fand: Am zweiten inneren Thor des Anwesens, rechter Hand als Thürpfosten, war mit dem Kopfe nach abwärts und mit der zunächst nicht sichtbaren bildlichen Schmalseite (mit den Figuren des Gottes oder Königs und des Priesters) ein Stein eingesetzt, den man in der gelehrten Welt[3]) heutigen Tages als Stele von Teimâ kennt. Wie ich die Buchstaben sah, konnte ich meine Aufregung nur mühsam verbergen; mit erheuchelter Seelenruhe nahm ich einen Abklatsch in Papier. Vom Besitzer[4]) des Hauses angebettelt, gab ich gern ein Geldgeschenk. Dann eilte ich, nachdem ich Zeidân auf morgen früh bestellt hatte, ermüdet, doch stark erregt, heimwärts, um Huber von der neuen Entdeckung in Kenntniss zu setzen, und ihn über die Wichtigkeit der Inschrift aufzuklären, die sicher dem 6ten Jahrhundert vor Christo angehört. Der Stein soll morgen

---

1) باع bâᶜ (beinahe bôᶜ lautend). 2) طليحان.

3) Corpus Inscriptionum Semiticarum II, 113.

4) عڤل ᶜÂdzil, oder عڤيل ᶜAdzîl? [Beide Namen, ᶜ*Âdzil* und ᶜ*Adzîl* (*Ödzîl*), sind möglich; vgl. Hess, Beduinennamen, S. 40.]

herausgenommen und zu uns ins Haus verbracht werden. Abends waren wir zu Ṯuênî eingeladen und haben dann noch den Kaffee bei ʿAbd el-ʿAzîz er-Rummân getrunken. Hundertmal lieber wäre ich daheim geblieben, um den Papierabdruck der Inschrift zu studiren.

Mo. 18. Febr. 1884]. Der Gedanke an die Stele trieb mich die ganze Nacht um, und brachte mich um allen Schlaf, so dass ich bereits um den Fegr, noch bei Kerzenlicht, wieder den Papierabklatsch zur Hand nahm. Nach Tagesanbruch entledigte ich mich zunächst einiger monstra von Kleider-Läusen, und folgte dann dem Waffenschmied Zeidân zu einem Gang durch die Stadt; zuerst in das Haus des Khaṭîb Muḥammed el-ʿAtîdz[1]), wo im Innern auf einer steinernen Durchgangs-Schwelle ebenfalls eine aramäische Inschrift eingemauert war; dann über einen mitten im südöstlichen Teil der heutigen Stadt gelegenen Friedhof, aus dessen Grund noch runde Säulenstümpfe (von einem Tempel[2]) herrührend?) hervorragten; unweit davon Schlacken von alten Schmelzöfen und verglaste Töpfereien, dabei eine Hyänenfalle mit Aas. In seinem Hause angelangt verehrte mir Zeidân als Geschenk ein schwarzes Steinbeil, das er zum Probiren von Silber und Gold verwendet hatte. Ausserdem besass er ein alterthümliches Thongefäss, ohne Kunstwerth.

Bis ich von dem Rundgang zurückkehrte, standen im Hofe sieben Mann, welche eben die Stele vom Ṭlêhân abluden. Ich liess jedem Träger einen Viertel Megîdî, und dem Besitzer 1½ Megîdî (etwa 5 Mark) auszahlen. Nachdem die fremden Leute entlohnt waren und das Haus verlassen hatten, konnte ich mich erst daran machen, den Stein näher zu prüfen. Huber erinnerte sich jetzt, dass er den Stein schon auf seiner ersten Reise (1880) gesehen, ihm aber keinen Werth beigelegt habe[3]).

Die Steinplatte ist 1,10 m. hoch, 0,43 m. breit, und 0,12 m. dick. Sie ist oben abgerundet, und trägt auf der linken Schmal-

1) Vgl. unten, Tagbuch vom 8. März 1884. 2) Vgl. unten, Tagbuch vom 12. März 1884.
3) Man sehe Ch. Huber, Inscriptions recueillies dans l'Arabie centrale 1878—82(?) im: Bulletin de la Société de Géographie p. 289 ff., und die Abbildung N°. 85.

seite zwei Bildnisse, nämlich: das Bild des Gottes [Ṣelêm von Hagam?], in Gestalt eines stehenden bärtigen Mannes, in assyrischer Kleidung, mit der assyrischen hohen Königsmütze auf dem Haupte, in der linken Hand einen Speer tragend, die Rechte wie zum Schutze des Priesters ausgestreckt. Über dem Gott breitet sich die geflügelte Sonnenscheibe. Dann: unter dieser Darstellung etwas kleiner das Bild des durch die Beischrift als solcher bezeichneten „Priesters Ṣelêm-schêzêb", ebenfalls in assyrischer Tracht, baarhäuptig, in der Stellung eines Opfernden vor dem mit einem Stierkopf gezierten Altar. Schrift und Figuren sind in halb erhabener Arbeit ausgeführt. Wiewohl der Stein in seinem oberen Theil, mit dem er auf den Kopf gestellt im Boden gesteckt hatte, ziemlich zerstört ist (besonders Zeile 5—8), kann man heutigen Tags doch den Wortlaut mit annähernder Sicherheit feststellen [1]).

Gemeint ist also: Die Stele ist errichtet von einem Priester Namens Ṣelêm-šêzêb, Sohn des Peṭosirî, zu Ehren eines durch ihn von auswärts nach Teimâ hereingebrachten Gottes „Ṣelêm von Hagam", wodurch er bekunden will, dass er mit Zustimmung der einheimischen Götter Teimâ's (Ṣelôm von Maḥram, Šangala und Aschêrâ) den Dienst des neuen Gottes eingeführt habe, und dass der König und die alten Götter an dessen Tempel eine alljährliche Kultusabgabe, das Erträgniss von 21 Palmbäumen, zahlen, und zugleich ihn und seine Nachkommen als Priester des neuen Gottes anerkennen.

---

1) Die erste vorläufige Veröffentlichung erfolgte durch Nöldeke in den Sitzungsberichten der k. preuss. Akademie der Wiss. 1884 N° 35, Seite 813 ff.

1 ...... IIZ בשת ......
2 ..במימ]א צלם [זי מחרם ושנגלא
3 ואש]ירא אלהי תימא לצלם זי
4 [הגם] ... שמה ביומא זן [בתי]מא
5 ....זי
6
7 ....
8 ....א להן .... [סותא ז]א
9 זי [הקי]ם צלמשזב בר פטסרי
10 [בבית צ]לם זי הגם להן אלהי
11 תימא צ[דק]ו לצלמשזב בר פטסרי
12 ולזרעה בבית צלם זי הגם וגבר
13 זי יחבל סותא זא אלהי תימא
14 ינסחוהי וזרעה ושמה מן אנפי
15 תימא והא זא צדקתא זי י[הבו]
16 צלם זי מחרם ושנגלא ואשירא
17 אלהי תימא לצלם זי הגם א·
18 מן חקלא דקלן ⌐ ⁞⁞ ומן שימתא
19 זי מלכא דקלן ||| || כל דקלן
20 IZ [כל] שנה בשנה ואלהן ואנש
21 לא יהנ[פק] צלמשזב בר פטסרי
22 מן ביתא זנה ול[זל]עה ושמה
23 כמ[ריא בב]יתא זנה [לעלם]

Übersetzung[1]):

[1] „... im Jahre 22 [des Königs] .... [2] [haben berechtigt zu Teim]â Ṣelêm [von Maḥram und Šangalâ [3] und Asch]êrâ, die Götter von Teimâ, den Ṣelêm von [4] [Hagam] ... an diesem Tage zu Tei[mâ] [5] ...... welcher [6] ...... [7] ...... [8] .... desshalb [diese Stele], [9] welche [errich]tet hat Ṣelêm-šêzêb, der Sohn des Peṭosirî, [10] [in dem Tempel des Ṣ]elêm von Hagam. Desshalb haben die Götter von [11] Teimâ berechtigt den Ṣelêm-šêzêb, den Sohn des Peṭosirî, [12] und seinen Samen im Tempel des Ṣelêm von Hagam. Und jedweder, [13] der zerstört diese Stele, den mögen die Götter von Teimâ [14] ausrotten, ihn und seinen Samen und seinen Namen von der Fläche von [15] Teimâ. Und dies ist die Gerechtsame, welche verliehen haben [16] Ṣelêm von Maḥram und Šangalâ und Aschêrâ, [17] die Götter von Teimâ, dem Ṣelêm von Hagam ..., [18] vom Grundbesitz 16 Palmen und vom Krongut [19] des Königs 5 Palmen, Summe der Palmen [20] 21 [all]jährlich. Und weder die Götter noch irgend ein Mensch [21] sollen entfernen dürfen den Ṣelêm-šêzêb, den Sohn des Peṭosirî, [22] aus diesem Tempel noch seinen Samen noch seinen Namen [23] als Priester in diesem Tempel [in Ewigkeit]".

Auf der Schmalseite unter dem Bild:

„Ṣelêm-šêzêb, der Priester".

---

1) Nach späterer endgiltiger Feststellung [und kleineren Berichtigungen von dem Herausgeber.]

Da ich mit Huber schon vor Antritt der gemeinsamen Reise in Strassburg übereingekommen war, dass ich mir von allen etwa von ihm entdeckten oder später gemeinsam zu entdekkenden, transportabeln Alterthümern als mein persönliches Eigenthum für meine seiner Zeit dem Staat zufallende Sammlung überhaupt einen Inschriften-Stein auswählen dürfte, während ihm alle andere Ausbeute verbleiben sollte, so verständigten wir uns jetzt dahin, dass er mir die Stele vom Ṭlêḥân überlassen wollte [1]).

Der Transport des Steines, der etwa 150 Kilogramm wiegen mag, wird allerdings seine Schwierigkeiten haben, und wird besondere Vorkehrungen für die Vertheilung und Befestigung der Last auf einem Kameelssattel erfordern. Im Laufe des Tages wurden noch andere aramäische Steine [2]) in unsere Wohnung verbracht. Vielleicht ist es das Beste, alle Steine nicht mit uns auf der Reise im Ḥigâz herum zu schleppen, sondern durch ungefährliches Gebiet zunächst nach Ḥâjel zu befördern. — Nachmittags wurde ich noch in verschiedene Häuser und Gärten geschleppt, wo angeblich Steine mit Inschriften sein sollten; von Inschriften war nun keine Spur vorhanden, nur der gute Wille war da; die Leute haben ja keine Ahnung, was Buchstaben sind. In solchen Fällen der Enttäuschung aber Unmuth zu zeigen, oder gar in Schelten zu verfallen, wäre äusserst unklug; man läuft sonst Gefahr, dass sie einem überhaupt Nichts mehr zeigen.

Di. 19. Febr. 1884]. Morgens wurden wir von Maḥmûd el-ʿAlâwî [3]), einem früheren Reisebegleiter Hubers, zum Essen eingeladen. Wir trafen bei ihm ein ausnehmend säuberliches Hauswesen mit schönen Teppichen. Selbst die herumstehenden dienstbereiten Kinder waren zur Reinlichkeit und Pünktlichkeit erzogen; so z. B. war ein kleiner Bub da, der ungeheissen den

1) Durch die unselige Ermordung Hubers am 30. Juni 1884 kam die Sache freilich ganz anders. [Der Stein wurde durch die Bemühung des französischen Consuls in Dschidda, Dr. Lostalot, in das Louvre-Museum nach Paris geschafft.]

2) S. oben, Seite 155.

[3) H.: Mir ist als Name nur die Form ʿ*Ölêwī* bekannt.]

Kaffee-Mörser nach Benutzung mit einem Tuch wieder zudeckte. Die Tassen, schon vorher sauber, wurden vor unseren Augen nochmals mit Wasser gespült, getrocknet auf eine Kupferplatte im Kreis gestellt, in die Mitte eine Kohle gethan und Weihrauch darauf, darnach die Tassen einzeln über den Rauch gehalten, und dann der Kaffee gereicht. Arabien ist eben von Alters her das Land der Wohlgerüche.

Da für heute keine weitere Einladung vorlag, hatte ich Zeit, mich meiner Körperpflege zu widmen, d. h. mich ganz gründlich zu waschen, und den Schädel wieder einmal kahl rasiren zu lassen. Das arme Rasirmesser! mehr eine feine Säge — und der arme Kopf!

Huber ersuchte mich, ihm die verschiedenen hier gefundenen Inschriften in sein Tagbuch zu zeichnen. Die Steine wurden durch Meisseln und Abschroten an der Rückseite auf einen kleineren Umfang und geringeres Gewicht gebracht. Nicht genug zu beklagen hatte ich, dass wir weder durch Versprechungen noch durch unverblümte Drohung es fertig bringen konnten, eine Säule mit Inschrift, die vor ein paar Jahren aus dem grossen Brunnen Haddâg heraufgeholt worden war, zu erwerben, oder auch nur behufs Copirung zu Gesicht zu bekommen. Der augenblickliche widerborstige Besitzer, ein gewisser Selâmah el-ʿÂîd, entzog sich durch plötzliche Entweichung in die Wüste — „um Futter zu holen" — allen weiteren Zumuthungen.

Von unserem Gastwirth ʿAbd el-ʿAzîz el-ʿEnḳrî waren wir auf den Abend zur Mahlzeit eingeladen. Der Diener Maḥmûd hatte uns vorbereitet: das Essen sei schauerlich verpfeffert — damit wir nicht so viel ässen! Es war allerdings arg verpfeffert, aber es kam doch wenigstens Fleisch zu dem Reis, worauf ich bei dem Geizkragen gar nicht gerechnet hatte. — Als ich nachher ganz zufällig einen zerbrochenen Kautschuk-Ring aus der Tasche zog, wurde ich, wie schon früher einmal, von zwei Seiten gleichzeitig gefragt, ob das Schweinsleder sei.

Mi. 20. Febr. 1884]. Der Khaṭîb ʿAbdallâh aus Schaḳrâ, der, wenn ich nicht irre, seinen Nachtschlaf im Hofe vor unserem

Zimmer abhält, wollte am Frühmorgen d. h. $1^1/_2$ Stunden vor Sonnenaufgang, uns abermals eine Aufmerksamkeit [1]) erweisen, und trug etwa 20 Minuten lang mit lauter Stimme einige Suren aus dem Koran vor. Oh! wärest du doch still! wie gerne vergütete ich dir deine unterdrückte Frömmigkeit!

Um 8 Uhr begaben wir uns zum zweiten Morgenessen in das Haus eines gewissen Ṭâlib el-ʿÂid, dann zu Gâr allâh el-ʿAtîdz zum Kaffee. Huber zweigte von hier ab in das Haus des Muḥammed el-ʿAtîdz, um von ihm den Stein aus der Schwelle seines Hauses gegen Verabreichung von 2 Megîdî herauszubekommen.

Um die Mittagszeit kam nach fünftägiger Abwesenheit Naumân mit 4 Beduinen vom Stamme der Fúḳarâ und 4 Kameelen zurück; er hatte sie an der Pilgerstrasse in der Gegend von el-Ḥegr aufgetrieben. Als sie seiner zuerst ansichtig geworden waren, hatten sie die Flucht ergriffen, weil sie in ihm einen Räuber und Vorläufer eines Ṛázu fürchteten. Sie verlangten für jedes der Kameele von Teimâ nach Tebûk und zurück 10 Megîdî (37 Mark), und als Trinkgeld für jeden Mann noch ein Hemd. Nach Tebûk brauchten wir nur zwei, zwei andere waren für unsren alten Führer Ḥêlân bestimmt, der noch heute Abend den Rückweg nach Ḥâjel antreten und Briefe an den Emîr, Ḥamûd el-ʿObeid, Selâmah, und ʿAbdallâh el-Muslimânî mitnehmen soll.

---

1) S. oben Seite 150.

XII. CAPITEL.

Von Teimâ nach Tebûk und zurück.

21. Februar—6. März 1884.

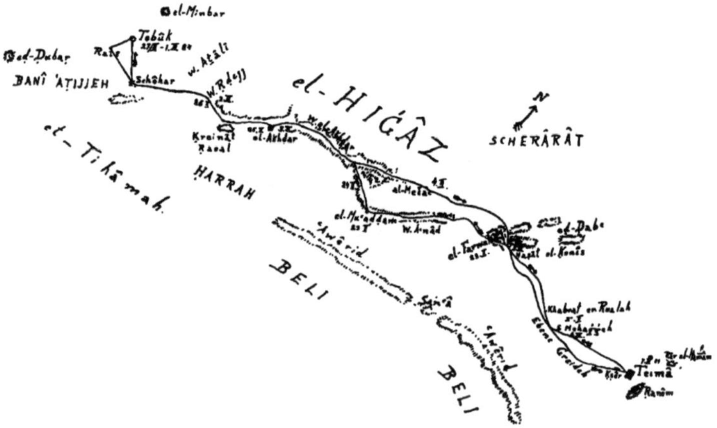

Do. 21. Febr. 1884]. Heute wollen wir nach Tebûk aufbrechen. Es gilt also, noch rasch die nöthigen Vorbereitungen für die 14tägige Reise zu treffen. Unser Gastwirth ʿAbd el-ʿAzîz el-ʿEnḳrî stellte sich bockbeinig und knickerig an, gab uns als Mundvorrath weder Reis, noch Kaffee, noch Butter, bloss Mehl und Datteln, die letzteren sogar erst nach einigem Wortwechsel und nach der ausgesprochenen Drohung, dass wir den Emîr von seiner Schäbigkeit unterrichten wollen; der werde es ihm dann schon eintränken. Wie sich am Abend herausstellte, wa-

ren die Datteln überdies schlecht, und durch beginnende Gährung kaum geniessbar. Der persische Kaufmann Sulṭân[1]) ist ein elender Tropf; vor 8 Tagen schon hatte er sich für ein zu lieferndes Quantum persischen Tabaks (Schâwerî) das Geld voraus bezahlen lassen, unter windigen Ausreden aber bis heute noch keinen gebracht. Der Teufel soll den verfluchten Schîᶜa holen! Wo soll ich denn jetzt was zu rauchen herkriegen? O Schifaḳ! ich gedenke dein![2]).

Um 10 Uhr brachen wir auf. Viel Gepäck hatten wir nicht. Wir waren 5 Personen: Huber und ich, der Diener Maḥmûd, Naumân und ᶜAwwâd ibn Ṛneimeh, Schech der Ḥugûr, eines Zweiges der Fúḳarâ[3]). Zwar wollten die drei anderen Fúḳarâ uns auch nach Tebûk begleiten; erst als wir ihnen eröffneten, dass wir für sie durchaus keine Lebensmittel übrig hätten, wurden sie von ihrer Reiselust abgeschreckt. Der Plan, mit einer Abbiegung gegen Osten nach dem Ṭawîl zu (eine Tagreise vom Gyôf entfernt) den Weg nach Tebûk zu nehmen, mussten wir aufgeben, weil der Schech erklärte, sie, die Fúḳarâ, seien Feinde der Scherârât, durch deren Gebiet dieser Weg führen würde; diese würden ihn „motzen", er drehe lieber gleich um, und selbst wenn wir sein Delûl mit Gold füllten, gienge er nicht mit. So schlugen wir denn die Richtung nach Westnordwest ein; rechts hatten wir zunächst die auf Sandhügeln sich hinziehenden Reste der alten Stadtmauer, gegen Norden die Ebene mit der Sábkhah (Salzsumpf). Nach einer Stunde kamen wir an einer verfallenen Warte[4]) vorbei; vor uns tauchten in der Ferne zwei Gebirgszüge auf, links der Farwah[5]), rechts der Ḍábᶜa[6]). Um 1½ Uhr streiften wir eine

1) S. oben Seite 149.
2) S. oben Seite 123.
3) عوّاد ابن غنيمه شيخ الحجور من الفقرا.
4) منطار بنى عطيّه Manṭâr Banî ᶜAṭijjeh.
5) فروة „Pelz".
6) ضبع „Hyäne". [H.: Besser *Ḍabăᶜ* oder *Ḍabĕᶜ* zu sprechen.]

grosse Wasserlache, die Khábrat er-Rúạlah[1]). Der Boden war ohne allen Pflanzenwuchs. Der Wind blies heftig aus Westen. Um 3½ Uhr lagerten wir in der Schifâ Maḥaggeh[2]).

Fr. 22. Febr. 1884]. Nachdem wir eine Tasse Thee zu uns genommen, brachen wir mit der Sonne auf, und durchzogen die Ebene Greideh[3]). In der Ferne jagte vor uns eine schneeweisse Gazelle, Báḳarat el-waḥš (Oryx beisa)[4]) vorbei. Um 11 Uhr fanden wir etwas Futter bei einer Anzahl Ṭalḥ-Bäume (Akazien)[5]), die von nun ab den Charakter der Ḥigâz-Landschaft[6]) kennzeichneten. Rasch bereiteten wir Brod in der Asche und wollten bald weiter reiten. Als das Kameel Hubers gleich nach dem Aufsteigen beim Anblick einer Schlange scheute, erhielt es von Huber mit dem Stock einen Schlag aus Versehen über das Auge, und warf den Reiter in weitem Bogen zu Boden auf den Kopf. Eilends sprang ich von meinem Thier ab, um nach ihm zu sehen. Durch den Sturz betäubt lag er einige Zeit bewusstlos, und klagte über innerliche Schmerzen. Eine halbe Stunde später erklärte er sich soweit wieder im Stande, dass wir behutsam weiter reiten konnten. Doch beredete ich ihn nach einer Stunde, nochmals abzusteigen und sich auszuruhen; er legte sich auf den Bauch, was ihm noch am meisten Linderung gewährte. Unter steigendem Wind näherten wir uns dem Gebirgsstock des Farwah und wanden uns durch die Schlucht[7]), welche die Felsen durchzieht. Im hinteren Ende, in einer Seitenbucht schlugen wir unser Nachtquartier auf. Ein von der Sonne silberweiss gedörrter Baumstrunk lieferte Stoff zu einem mächtigen Feuer.

Sa. 23. Febr. 1884]. War es die Nähe der Glut, oder die

---

1) خبرة الروله. 2) شفى محجّه.

3) جريده.

[4) Oryx beatrix, vgl. oben S. 10, Anm. 2.]

[5) H.: Acacia Seyal Del.]

6) Schech ᶜAwwâd, befragt, wo eigentlich die Grenzen des Ḥigâz anheben, gab zur Antwort: „Wenn du viele Ṭalḥ-Bäume beisammen siehst, das ist sicher der Ḥigâz".

7) ريعة حصات القنيص, Rîᶜat ḥaṣât el-ḳenîṣ.

Menge des genossenen Kaffees, kurzum ich habe schlecht geschlafen, bin auch mitten in der Nacht nochmals aufgestanden und habe an dem glostenden Baumstamm wieder eine Pfeife angesteckt. Während wir als Frühstück Brod bereiteten, molk der Schech ʿAwwâd seine Kameelsstute für uns. Zwei und eine halbe Stunde ritten wir auf einer pflanzenarmen Ebene aufwärts. Der Boden war besät mit seltsamen Steinen; da lagen Stücke wie gemasertes Nussbaumholz, dann schwarze cylinderförmige Brocken, theilweise durchbohrt, weiter Haufen von Ṣandstein-Platten, die Stäbe oder Zapfen vielfach ausgewittert. Die letzteren wurden vom Schech ʿAwwâd als „Dûd Ejjûb"[1]) bezeichnet, weil der selige Hiob bei seiner Genesung die Würmer hier in der Wüste sich vom Leib geschüttelt habe. Später seien sie versteinert. Oben auf der höchsten Stelle that sich ein weitgedehntes Panorama auf.

Vor uns in westlicher Richtung die Kette des ʿAwêriḍ[2]), rechts nach Norden anstossend die Kuppe des ʿAnâz, dann die Köpfe der Aṯlâb, noch weiter nördlich stiegen, ganz im Hintergrund, hellblau die Gipfel des Wútar, Scheibân, und die zackige Ḥarrat Banî ʿAṭijjeh empor. — Als wir wieder aufbrachen, machte der Schech ʿAwwâd uns auf die Spuren eines Überfalls aufmerksam, den die Fúḳarâ vor fünf Tagen von Seiten der Banî Ṣakhr und Scherârât erlitten hatten. Beim Abstieg in den Schaʿîb Aʿnâd[3]) bot sich den Thieren zunächst gutes Futter, später nichts mehr. Auf einmal gewahrten wir ganz erschreckt den Boden zerstampft von Pferden und Kameelen. ʿAwwâd lachte laut auf: das sei schon lange her, hier sei ʿAnêber[4]) ausgezogen worden. Mit sichtlichem Behagen erzählte er den Hergang folgendermassen: Vor mehr als zwei Monaten sei ʿAnêber (der Sclave und Tribut-Eintreiber des Emîrs von Ḥâjel) zusam-

---

1) Vergleiche Näheres unten S. 190 (Tagbuch vom 8ten März). Der arme Hiob muss aber viel von diesem vermehrungsfähigen Gethier auf sich gehabt haben!

2) حرّة العويرض.

3) شعيب اعناد.

4) Siehe oben, S. 111.

men mit dem grossen Schech Muḥammed[1]) ibn ʿAṭijjeh — nachdem sie ihre Aufgabe bei den westlichen Stämmen beendet hatten — im Ganzen 12 Leute, bereits auf dem Heimweg begriffen gewesen. Eben hatten sie bei Sonnenuntergang in der friedlichen Landschaft abgekocht, da kamen auf einmal über die Sandlehne herüber gesprengt zwei, drei und gleich noch mehr Reiter zu Pferd, die Gewehre im Anschlag. Die Überfallenen hatten nicht einmal Zeit ihre Waffen schussfertig zu machen, da rief ihnen ʿEjṭân[2]), der Schech der ʿEisâ (von den Banî Ṣakhr) zu: „Halt! Hier sind Banî Ṣakhr und Freigât[3]) bei einander! Wenn ihr eines von unseren Pferden tôdtet, seid ihr Alle verloren! Bârid? bârid?"[4]). In richtiger Erfassung der Sachlage — es waren im Nu 35 Reiter zu Pferd, und 50 zu Delûl auf dem Schauplatz — legten die Überraschten die Waffen nieder, und riefen: bârid! wobei sie die Handflächen der gesenkten Arme nach vorwärts kehrten. Zuerst wurden ihnen die Waffen abgenommen, dann die silbergefüllten Säcke aufgeschnürt. Nun begann der schwierigste Theil des Geschäftes[5]). In $2^1/_2$ Stunden hatten sie das ganze Steuer-Geld bis auf den letzten Megîdî nachgezählt; es waren richtig 7000 Stück. Mit der Vertheilung der übrigen Beute verfuhren sie summarischer. Was muss der Anführer ʿEjṭân für eine Freude an dem scharlachroten Mantel des ʿAnêber gehabt haben; er brauchte ihn nicht wie Achan[6]) zu verstecken, sondern konnte ihn schmunzelnd sofort selbst anlegen. Mit Rücksicht auf die warme Witterung gieng die Beraubung gründlich vor sich, bis aufs Hemd einschliesslich! Höhnisch wurden sie auf die benachbarte Festung (das Pilger-Castell el-Muʿáẓẓam) verwiesen; dort sollen sie von den Türken sich mit Hemden, Mänteln und sonstigem Nothbedarf neu ausstaffiren lassen. (Dass der dort gewährte

1) Siehe Bd. I, S. 224, 226 und oben, S. 89.
2) عيطان.
3) فريجات, ein Zweig der Ḥoweiṭât.
4) Bedeutend eigentlich „Kalt", dann im Sinu von „auf Gegenwehr verzichtend".
5) Vgl. Bd. 1, S. 103.
6) Josua 7, 21.

Ersatz dann nicht gerade üppig ausgefallen war, davon hatten wir uns ja schon vor ein paar Wochen zu Môḳaḳ[1]) durch Augenschein überzeugen können). Erheitert durch die Erzählung giengen wir ziemlich rasch vorwärts; wir machten bis zu 7500 Schritten in der Stunde. Bei der leicht trabenden Gangart rutschte mein Sattel stark rückwarts. Ich musste absteigen und ganz frisch satteln. Der Wind gieng in Sturm über, als wir zwischen den kahlen Schuttbergen aufwärts rückten. Auf der Passhöhe angekommen bot sich uns ein schön gerahmtes Bild: durch die mit Triebsand ausgefüllte Schlucht sah man hinaus auf die Ebene, in welcher das Castell el-Muʿaẓẓam[2]) mit seinem Teich und dem einsamen Ṭalḥ-Baum auftauchte.

Annäherung an el-Muʿaẓẓam.

Eine halbe Stunde später stiegen wir an dem Castell ab, und waren hinter den Mauern gegen den tosenden Sturm geborgen. Die Thiere über die hohen Staffeln in den inneren Hof zu bringen, kostete natürlich wieder Mühe; vorgehaltenes Futter erwies sich noch als das wirksamste Mittel. Begrüsst wurden wir durch den Commandanten der besatzungslosen Festung Sî Muḥammed Abû ʿUmar eš-Šerḳâwî aus Fez[3]), einen freund-

1) Siehe oben, Seite 111.

2) المعظّم.

3) سى محمد ابو عمر الشرقاوى الفاسى.

lichen alten Mann, der wie die meisten Festungswächter an der Pilgerstrasse als Maghrebî von ʿAbd el-Ḳâder hier untergebracht war. Er hatte zwei Weiber, zwei Kinder, einen Schwager und noch einen Mann Namens Aḥmed bei sich. Zum Willkomm wurden Datteln und Kaffee vorgesetzt, und dann gegen Abend Reis gebracht. Die Festung, wenn ich recht gesehen, im Jahre 1031 d. H. (= 1622 n. Chr.) erbaut, bildet ein regelmässiges Viereck mit Eckthürmen, deren Kuppeln theilweise eingestürzt sind. Durch eine schwere eisenbeschlagene Thüre wird der Eingang verschlossen. Im Hofe befinden sich zwei bogengewölbte Hallen, dann mehrere verschlossene Kammern und ein offener Stall. Eine Steintreppe führt auf den Umgang des ersten Stockes, welcher die Küche und den Ḥárim beherbergt. Ein zweiter ganz schmaler Umgang verbindet als Wehrgang je ein Paar der Eckthürme. Auf der Südseite überragt ein Söller als Auslug die Brüstung. Ausserhalb der Festung nach Süden erstreckt sich etwa 60 Meter lang die Birkeh, der Wasserteich; am Rand stehen zwei viereckige Steinpfeiler mit verwitterten In-

Festung el-Muʿaẓẓam.

schriften; auf der Südwestecke ein Ṭalḥ-Baum. Diesmal, in Folge der vor einem Monat gefallenen Regenmassen war der Teich bis zum Rand mit Wasser gefüllt, während bei der Rückkehr der vorigjährigen Pilger-Karawane nicht ein Tropfen Wassers darin war.

Für unsere Kameele war Futter im Hofe aufgeschüttet. Wir hatten bereits zu Nacht gegessen, und die Sonne war eben hinabgegangen, da wurde gemeldet, in der Ferne zeige sich ein die Castelle an der Pilgerstrasse inspicirender türkischer Offizier, der von el-ʿÖla zurückkehrend ebenfalls nach Tebûk reise. Zur Vorfeier seines zu erwartenden Eintritts lud der offenbar wenig kriegerisch veranlangte Aḥmed ein paar alte Pistolen, und knallte dieselben — aus Furcht, sie könnten etwa auch nach rückwärts losgehen? — mit abgewandtem Gesicht in die Luft los.

Hof der Festung al-Muʿaẓẓam.

Bald darauf erschien der Offizier im Hof. Es war Ḥasan Aghâ, Commandant der zwei Festungen Tebûk und Zmúrrud, der wie alle die Befehlshaber der an der Pilgerstrasse von Damascus nach Mekka liegenden Castelle, sein Haus mit Familie in Damascus hat, und jetzt auf 6 Monate, bis der Ḥagg wieder angeht, dorthin sich begibt. Im Gesicht glich er dem Jud Süss, wie ich ihn in meiner Jugend oft abgebildet gesehen habe. Er begrüsste uns kaum, weil wir nicht für nöthig erachteten, uns vor ihm zu erheben. Ziemlich protzig nahm er Platz, stieg aber bald mit seinen fünf Leuten ins obere Stockwerk, wo sie sich ein Essen und Kaffee zurecht machten. Im Hofe blieb sein Pferd, ein von uns lange nicht genossener Anblick; die Kameele blieben draussen. Unter seinen Leuten war einer aus Tanger,

Namens ʿAbd es-Salâm, der seiner Zeit am Suez-Canal gearbeitet hatte, und der nun, uns zu Ehren, in einer schwer verständlichen Mischung aus Spanisch und Französisch von den goldenen Zeiten schwadronirte, wo man in Burt Saʿîd (Port Saʿîd) mit Leichtigkeit 5—7 francs täglich verdiente.

So. 24. Febr. 1884]. Morgens vor der Sonne aufgestanden. Sobald der Kaffee getrunken war, brach unsre Karawane auf; voraus der Reiter zu Pferd, dann wir mit unseren 5 Delûl, am Schluss die 6 Mannschaften mit 7 Kameelen. Nach einiger Zeit erkannte man den Derb el-ḥagg, die „Pilgerstrasse", bestehend aus einer wechselnden Zahl von, vielleicht 50 wenn nicht mehr, stark ausgetretenen Pfaden, die ziemlich parallel über die mit Ṭalḥ bewachsene Ebene sich hinschlängelten. Nach zwei Stunden im Wâdî er-Remâmijjeh wurden in der Ferne einige schwarze Punkte sichtbar. Araber mit Maulthieren und Schafen. Es waren ärmliche Mazâʿideh[1]) von den Banî ʿAṭijjeh, unter ihnen ein blinder Kerl, in dessen Gesicht eine abscheuliche Krankheit bösartige Verwüstungen angerichtet hatte, der aber doch aus seinem zerfressenen Maul heraus ganz vergnüglich seine Pfeife rauchte. Wir stiegen bei dem Schech ʿÂʿid Abû Fḥêmân[2]) ab. Der Diener Maḥmûd hätte gerne von ihnen die so nöthige Butter gekauft; dázu wollten sie sich aber nicht herbeilassen: sie hätten selbst zu wenig. Wie aber Maḥmûd ihnen eine Schüssel voll Tabak zum Tausch anbot, wurden sie weich und konnten schliesslich nicht widerstehen. Da für uns geschlachtet wurde, dauerte der Aufenthalt reichlich lang, nämlich von 9 bis 12½ Uhr. Von da setzten wir uns langsam gegen Norden in Bewegung, gaben aber schon nach einer Stunde dem Drängen unserer Begleiter nach, und fielen bei anderen Beduinen ein, die in einer Thalmulde[3]) erst seit gestern ihre Zelte aufge-

---

1) مزائده من بنى عطيّه.   2) عائد ابو فحيمان.

3) قاع الرّماميّه. [Es ist wohl قاع zu lesen. Nach H. ist *gâʿ* eine flache rundliche Depression n lehmigem Gelände, ohne Stein und Sand und ohne Vegetation.]

schlagen hatten. Es waren Saʿájjid[1]), die auch zu den Banî ʿAṭíjjeh gehören; ihr Schech Sâlim el-Aʿrag[2]).

Sie waren erst vor zwei Tagen mit knapper Not einem Ṛázu entgangen. Da unsere Kameele zum Zeichen, dass für uns bei einem früheren Gastempfang geschlachtet worden war, mit einem breiten Strich Blut der ganzen rechten Halsseite entlang, und überdies mit einem zweiten über den Hintern herüber, gezeichnet worden waren, so wussten diese armen Teufel allsobald, dass sie gleichfalls für uns zu schlachten hatten. Der lange Strich ist bei den westlichen Arabern üblich, und in der verschiedenen Art der Anbringung zugleich Erkennungszeichen der einzelnen Stämme.

Kameel mit Blutstrichen.

Huber klagte über Rückenschmerzen, und so verzichteten wir für heute auf einen Weitermarsch. Mit dem Schech ʿAwwâd stieg ich auf einen Hügel, den er Ṭuwéjjil[3]) nannte; unterwegs fieng ich ein paar blaue, schwarz-weiss gefleckte Käfer[4]), die gleich in den Spiritus wanderten. Das Nachtessen wurde, Gott Lob, vor Sonnenuntergang gebracht. Die Saʿajjid hatten zweierlei Formen von hölzernen Kaffee-Mörsern im Gebrauch. Einer der Beduinen rauchte aus einem Pfeifenkopf, von dem ihm nur die eine Hälfte geblieben war.

Kaffeemörser.

Abends machten wir noch einen Besuch im Zelte des Schechs Halájjil[5]), bei welchem Ḥasan Agha mit seinen Leuten abgestiegen war. Im Laufe der Unterhaltung wurde es bald klar, dass Halájjil sowohl unsrem Naumân, als auch dem Schech ʿAwwâd von den Fúḳarâ an Kenntniss der

1) سعيّد من بنى عطيّه. 2) سالم الاعرج.

3) طويّل.

4) امّ ارقيبه als Umm erḳeibe bezeichnet.

5) هليّل.

Örtlichkeiten und ihrer Benennungen weit überlegen war. Ein Wink des Auges genügte, mich mit Huber zu verständigen. Ohne weitere Umstände liess sich Halájjil sofort bereit finden, uns nach Tebûk und von dort zurück nach Teimâ zu begleiten.

Mo. 25. Febr. 1884]. 6¼ Uhr ohne Frühstück abgeritten. Unsre Karawane wird immer stattlicher: ausser dem Schech Halájjil mit seinem Delûl sind noch 4 Schafe und 2 Gaisen dazu gekommen, die der Offizier Ḥasan Agha bei unseren Gastgebern sich zugelegt hatte, ob für Geld oder gratis [1]) oder mit Gewalt [2]), konnte man ihnen nicht ansehen. Wenn das so weiter geht, gibt es bald eine schöne Cohorte. Nach einer Stunde am Felsen Khanzîr [3]) vorbei in den Wâdî eṣ-Ṣânî [4]) eingebogen; rechts und links gelbrothe Sandsteinfelsen, die Thalsohle bedeckt mit vulcanischem Auswurf, zuletzt vollständig ausgefüllt mit einem alten Lavastrom, dessen Spalten und ungattige Blöcke für Thiere und Reiter ein beschwerliches Hinderniss bildeten. Nachdem wir zur Vorsorge aus einem Wasserloch die Schläuche aufgefüllt hatten, und den Absturz [5]) des Lavastromes hinabzusteigen im Begriff waren, zeigte sich rechts eine jetzt mit Sand vollgeschwemmte Teichanlage aus früherer Zeit; von einer Thalseite zur andern war eine Quermauer gezogen, die von Halájjil als Gisr („Brücke") bezeichnet wurde [Abbildung S. 175].

Es war beinahe Mittag geworden, bis wir spärlich Futter und wenig Brennholz fanden. Wir machten geschwind Brot und assen einige Datteln. Das schlechte Mehl, die ganz schlechten Datteln von dem noch schlechteren ʿEnḳrî machten mir dermaassen übel, dass ich im Laufe des Nachmittags dreimal vom Kameel steigen musste, bis ich all das Schandenzeug aus dem Magen herausgewürgt hatte. Obschon wir — den Übergang über den Lavastrom abgerechnet — den ganzen Tag

---

1) بلاش balâš „umsonst". 2) بغصب biġaṣb.

3) Oder gar خنصر Khínṣir „der kleine Finger".

4) الصانى.

5) لحف lóḥuf.

scharf geritten waren (bis zu 7200 Schritten in der Stunde),

Gisr im Wâdî eṣ-Ṣânî.

war doch die Nacht hereingebrochen, als wir bei dem Castell el-**Akhḍar**[1]) abstiegen.

Castell el-Akhḍar.

Sintemalen aber mir von den Anstrengungen der Wiedergabe

1) الاخضر, auch el-Khâḍar gesprochen. Die Bauinschrift aussen am Thor besagt, dass das Castell im J. 938 H. (= 1531/2) fertig gestellt worden sei.

des Essens noch sehr unlustig zu Muth war, fiel es mir nicht schwer, auf das Nachtessen zu verzichten; ich trank einige Tassen Thee und legte mich zum Schlafen nieder. Ich hörte noch wie die Unterhaltung in unverfälschtem Damascener Dialect geführt wurde und wie Maḥmûd von Ḥasan Agha für unsere Wasserpfeifen Tumbêkî einhandelte. Im Lauf der Nacht fiel ein wenig Regen.

Di. 26. Febr. 1884]. Morgens 7 Uhr abgeritten. Zu meinem Erstaunen war über Nacht die Gesellschaft abermals gewachsen: dem Ḥasan Agha schloss sich sein Sohn Kemâl zur Reise nach Damascus an. Nach einer Stunde wurde gerastet und gefrühstückt. Während der Haupt-Tross weiter zog, erstiegen wir einen Hügel Greinât el-ṛazâl [1]), von dem aus wir eine ausgedehnte Fernsicht genossen. Im Nordwesten erhob sich aus der Ebene ein absonderlicher Berg, el-Minbar [2]) „die Kanzel" genannt. Er gilt als ein vorgeschobener Posten des Gebirgszuges Scherûrah. Die Berge im Wésten boten einen herrlichen Anblick, zweie davon, der Scheibân und der Wútar, trugen stattliche Schneefelder. Trotz dem einsetzenden leichten Sprühregen konnte ich mir nicht versagen, das Panorama zu zeichnen. Wir suchten dann auf einem näheren allerdings beschwerlicheren Weg die Karawane wieder einzuholen, stiessen da aber so unvermuthet und von der Seite kommend auf einander, dass der Schech Haláјјil rasch das Kameel niederknieen liess und Alle die Waffen rüsteten gegen die vermeintlichen Feinde. Der Schreck löste sich in Heiterkeit und Gelächter auf. Um 3 Uhr schlugen wir unser Lager im Wadî Ṛdejj [3]) auf, der seinen Namen von dem reichen Bestand an Ráḍa-Baumen [4]) führt.

Berg el-Minbar.

Mi. 27. Febr. 1884]. 6 Uhr mit der Sonne abgeritten. Grobe Gesteinsbrocken in buntesten Farben bedeckten weithin das

1) جرينات الغزال. 2) المنبر. 3) وادى غضى.

[4) Der Ġadā-Strauch scheint botanisch noch nicht sicher bestimmt zu sein. Er wird nach H. einerseits mit Calligonum comosum L'Her. identificiert, andererseits als Tamarix-Art bezeichnet; zur letzteren stimmen die Zeichnung auf S. 177 und die Angaben von Mûhidz.].

Erdreich. Nach 1½ Stunden im Wâdî el-Aṯel oder el-Aṯâlî [1]) abgestiegen, der aus den Rinnen des Scheibân, Wútar und Lâjeh herunterkommt. Das zur Zeit trockene Bachbett ist 3

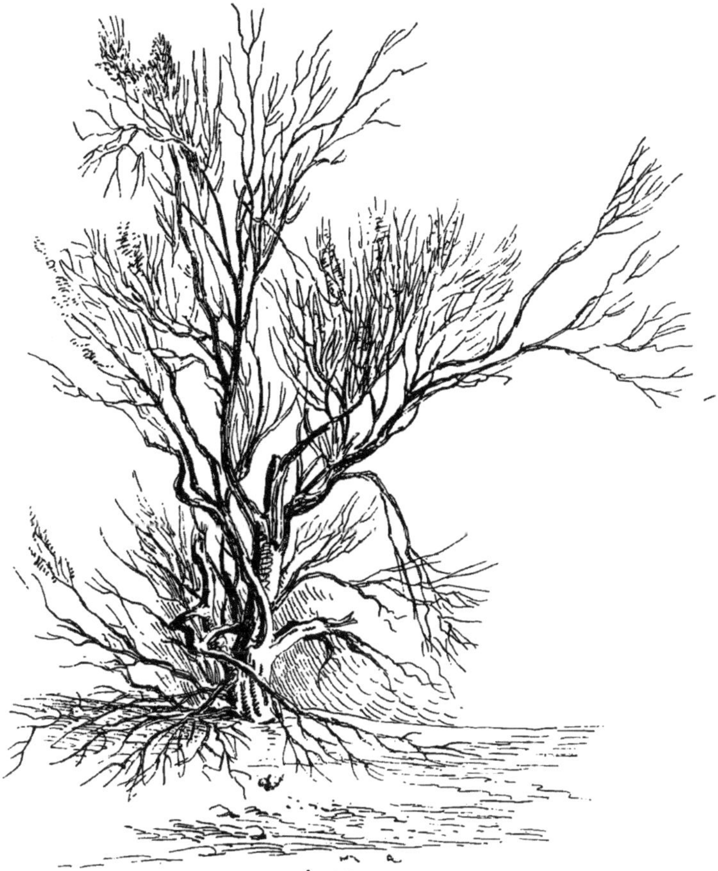

Ġadâ-Baum.

bis 4 Meter tief in den Schotter des Muhrs eingefressen, mit grauem Sand vollgeschwemmt, die Ränder mit kräftigen Iṯelbäumen (Tamarisken) und anderem Gesträuch bestockt. Nach-

1) وادى الاثل oder الاثالى.

dem die Thiere sich satt gefressen, setzten wir den Marsch über die Ebene nach Nordwesten fort, ritten quer durch eine alte Lagerstätte, bedeckt mit zahllosen Kameelsbollen. Halájjil, von Huber befragt: „Von wem sind diese? von euch?", gab zur

Itel-Baum.

Antwort: „Ja, die sind von uns". — Gegen 9 Uhr näherten wir uns einem flachen Höhenzug Schôhar[1]) genannt, überragt von einem kegelförmigen Hügel. Mit Erstaunen sah ich ganze

1) شوهر.

Reihen von winzigen Steinhäusern[1]), und behauptete, trotz Hubers Widerspruch, dass das keine Stadtruinen, sondern Gräber sein müssten, und sprach die Vermuthung aus, dass Schôhar die Nekropole für das 3 bis 4 Stunden nördlich gelegene Tebûk ist.

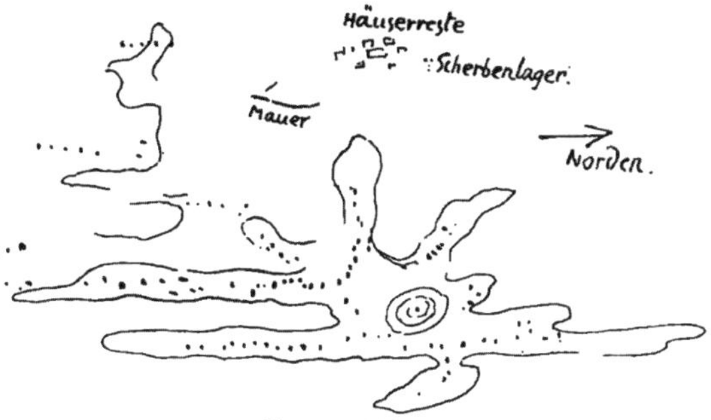

Plan von Schôhar.

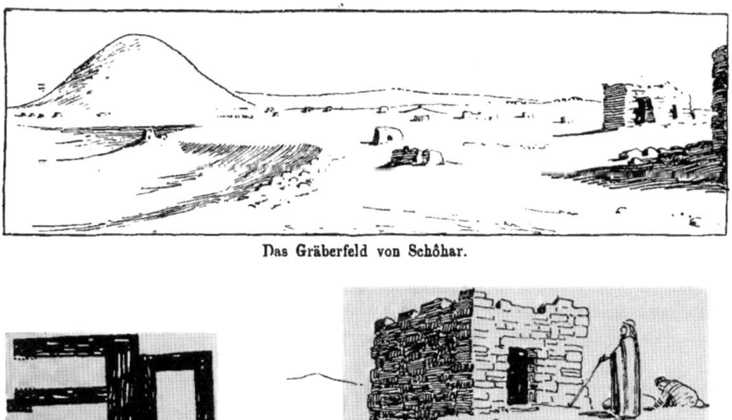

Das Gräberfeld von Schôhar.

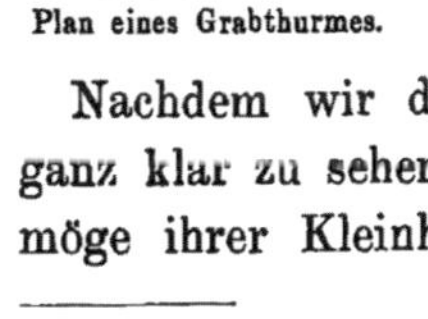

Plan eines Grabthurmes.

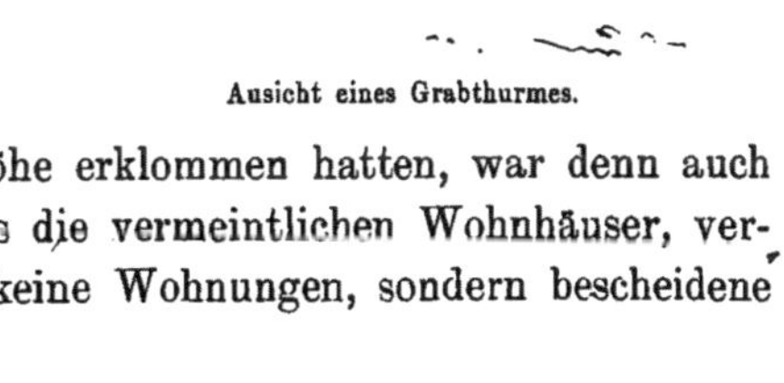

Ansicht eines Grabthurmes.

Nachdem wir die Höhe erklommen hatten, war denn auch ganz klar zu sehen, dass die vermeintlichen Wohnhäuser, vermöge ihrer Kleinheit, keine Wohnungen, sondern bescheidene

1) Vgl. unten, S. 209, die Nekropole von Teimâ.

rohe Grabthürme gewesen sein müssen. Sie sind nämlich nur 2 bis 3 Meter hoch, und auf den schmalen Hügel-Zungen ganz unregelmässig zerstreut. Die Mitte des etwa 3 bis 4 Quadrat-Kilometer betragenden Terrains nimmt der kreisrunde Hügel ein. Die Anzahl der Grabhäuser beträgt mindestens 200 Stück. Die zum Bau verwendeten Sandsteine brechen von selbst plattenförmig, sind kaum behauen und ohne Mörtel auf einander gesetzt. Die Thürme haben so ziemlich alle viereckige Form, ganz wenige sind rund gestaltet; manche weisen nur ein kleines, 1 m. hohes Gemach auf, innen auf der Oberseite mit grösseren Platten gedeckt; andere sind durch Anbau bis zu 5 Kammern erweitert. Bei ganz oberflächlichen Nachgrabungen stiessen wir weder auf Gebeine noch auf Beigaben; ebensowenig fanden sich irgend welche Inschriften oder andere Anhaltspunkte für eine Aufklärung. Sie glichen vollständig den sogenannten Nawâmîs [1]), welche auf der Sinai-Halbinsel bekannt sind. Im Westen glaubte ich Reste einer zusammenhängenden Mauer zu erkennen, auch waren dort viele Steinhäuser über den Haufen geworfen, dazwischen eine Menge rother Thonscherben.

Von hier ab ritten wir in raschem Schritt auf das schon seit dem Morgen aus der Ferne erkennbare Tebûk zu. Vor uns in der Ebene rechts eine kleine Felsgruppe el-ʿArêḳ [2]) genannt, links ein Palmenwald, dazwischen das Pilger-Castell mit einem Haufen gänzlich verlotterter Lehmhütten; im Norden der Berg el-Minbar [3]).

Dass die Stadt Tebûk [4]) in der alten arabischen Geschichte eine nicht unbedeutende Rolle gespielt hat, kann man aus dem lumpigen Zustand der völlig leer stehenden etwa 50 Lehmhäuser kaum errathen. Von Bewohnern derselben ist nicht einer mehr vorhanden. Ausser den 5 Mann Besatzung des Castells waren an lebenden Wesen bemerkbar nur ein paar erbarmungswürdige Hunde; einer derselben besass nur drei Beine, das vierte

1) نواميس.   2) العريق.   3) Siehe oben, S. 176.

4) Der Geograph Jâḳût sagt, sie sei von einem Juden Ibn ʿArîḍ ummauert worden, weil sie immer von Zeit zu Zeit wieder verschüttet wurde.

hatte er in einer Hyänen-Falle eingebüsst. Zu den Mahlzeiten fanden sich noch einige jämmerliche, halb verhungerte Katzen ein, und des Morgens weckten einige unsichtbare, wohl gehütete Hähne.

Die Festung, d. h. Pilger-Castell, ist, wie eine über dem Portal blau auf Fayence-Platten angebrachte Inschrift besagt, im Jahre 1064 der Hedschra (= 1654 n. Chr.) erbaut oder erneuert worden; sie liegt inmitten eines verwahrlosten Palmengartens an einem Teich, der durch eine natürliche Quelle gespeist wird. Das Wasser soll aber nicht sehr gesund sein, nur den Weibern zuträglich, wie der Diener Maḥmûd versichert. Dagegen befindet sich im Hof des Castells ein Schöpfbrunnen mit gutem Wasser.

Als wir im Castell abstiegen, wurden wir von dem derzeitigen Commandanten Muḥammed Aghâ freundlich begrüsst und ins Innere geleitet. Bei der üblichen Bewirthung mit Kaffee drehte sich hier, wo wir schon nahe an die halbcivilisirte Welt herangerückt sind, die Unterhaltung um Ereignisse in Damascus, dem Ostjordanland und Maʿân. Bei der gelegentlichen Erwähnung des doch nicht so fern gelegenen Wâdî Mûsâ (= Petra), vermochte ich meine Sehnsucht nach der einstigen Hauptstadt meiner geliebten Nabatäer nur mühsam niederzukämpfen durch die nüchterne Erwägung, dass eine Abschweifung dorthin durch das Gebiet der feindlichen Ḥoweiṭât, in Begleitung unserer Reisegenossen, Naumân von den Schámmar, des ʿAwwâd von den Fúḳarâ, und des Halajjil von den Banî ʿAṭijjeh durchaus unausführbar wäre. Der Commandant von Tebûk erzählte, dass erst vor wenigen Tagen der grosse Schech Muḥammed ibn ʿAṭijjeh [1]) einen glücklichen Raubzug auf eine Abtheilung der

Castell von Tebûk.

1) Siehe Bd. I, S. 224, 226, und oben, S. 89.

Ḥoweiṭât ausgeführt habe, wobei diese total ausgezogen wurden und nur 6 Reiter entkamen. Dieses selbe Schicksal konnte uns bei einem Zusammenstoss mit den auf Rache sinnenden Ḥoweiṭât gerade so gut blühen.

Des Abends musicirte der Maghribî ʿAbd es-Salâm [1]) auf seiner marokkanischen Guitarre und sang dazu ziemlich bewegte lebhafte Melodien, wie ich sie lange nicht gehört habe, und die, im Gegensatz zu dem traurig einförmigen Gesang der Beduinen, einen nahezu abendländischen Eindruck machten.

Do. 28. Febr. 1884]. Für heute hatten wir in Aussicht genommen, die angeblichen Ruinen einer etwa 2—3 Stunden im Westen von hier gelegenen Stadt aufzusuchen. Da aber ein sehr kalter und heftiger Wind wehte, beschlossen wir von dem Vorhaben abzustehen und dafür unsere Tagbücher ins Reine zu bringen. Mit Rücksicht darauf, dass morgen Ḥasan Aghâ mit seinen Leuten den Weg nach Damascus fortsetzen wollte, schrieben wir noch einen von diesem mitzunehmenden Brief an Muḥammed Saʿîd Pascha [2]) (den Chef der Pilger-Karawane von Damascus nach Mekkah), um uns für die gastliche Aufnahme in den Castellen zu bedanken. Auf einem elenden Zettel, weil ich sehr sparsam mit Papier umgehen musste, gab ich Nachricht an Bschârah Aṣfar (Geschäftsführer im Hause des deutschen Vice-Consuls Lütticke in Damascus), dass ich noch am Leben sei, und mich zur Zeit wohlbehalten in Tebûk befinde. Der Zettel wurde auch, wie ich ein Vierteljahr später erfuhr, richtig an seinem Bestimmungsort abgegeben.

Fr. 29. Febr. 1884]. Wie Nachmittags der Wind und Regen nachliess, begaben wir uns zu dem oben (S. 180) erwähnten Felshügel el-ʿArêḳ. Davon, dass hier die dem heutigen Tebûk vorausgehende ältere Stadt gestanden habe, konnten wir keine Spur entdecken. An dem Felsen waren einige unbedeutende Inschriften, dabei das Bild eines mit Waffen aller Art behan-

---

1) S. oben Seite 172.

2) محمد سعيد باشا محافظ الحجّ وكيلار امينى.

genen Mannes, fernes das Bild eines Mädchens mit aufgelösten Haaren, und je einer Scheere rechts und links.

Felsenzeichnung bei Tebûk.

Weit im Westen (14° gegen Süden) sahen wir aus der Tihâmah einen weithin leuchtenden Schneeberg aufragen, den Haláǰǰil ed-Dúbar [1]) benannte. Ein im Süden aufziehendes Gewitter mahnte uns zur Rückkehr ins Castell. Das noch bei Tageshelle gebrachte Nachtessen war eben beendet, als plötzlich der Himmel sich verfinsterte, und unter Blitz und Donner ein Platzregen sich ergoss. Geborgen in einer hochgewölbten gegen den Hof zu offenen Halle konnten wir das 1½ stündige Toben des Unwetters eigentlich mit Behagen ertragen.

Da unmittelbar nach dem Abzug des Gewitters der Himmel sich vollständig aufgeklärt hatte, wollte Huber den (fürs Abendland) im Annuaire du Bureau des Longitudes (oder im Nautical Almanach?) voraus berechneten Durchgang der Venus hinter den Mond nicht versäumen. Die Instrumente waren bereit gestellt, Huber schaute durch den Theodolithen; er hatte mir den Chronometer zur Beaufsichtigung übergeben, und dabei eingeschärft: sobald er, als Zeichen der eingetretenen Berührung der Mondsichel durch die Venus, „Top" rufe, die Secunde peinlichst zu vermerken. Stolz auf das mir anvertraute Amt, aber auch zugleich in fieberhafter Angst verfolgte ich elender Hilfsastronom unablässig den Gang des Secundenzeigers. Eine halbe Stunde, während deren die ganze übrige Gesellschaft lautlos kaum zu schnaufen sich getraute, dauerte die mich ganz nervös machende Arbeit, bis Huber uns eröffnete, der Stern sei gar nicht durch den Mond hindurch, sondern direct unterhalb vorüber gegangen. So hatte Frau Venus zu Tebûk uns zum Narren gehalten.

Zur Entschädigung beschlossen wir eine lustige Musâmarah [2]) oder Nachtunterhaltung zu veranstalten. Der Maghribî nahm die Guitarre zur Hand und trug Melodien und Lieder aus seiner

1) الدبغ. 2) مسامرة.

Heimath vor. Ein Anderer sollte, nach zuvor abgewandtem Gesicht, versteckte Gegenstände (einen Rosenkranz, Geldstück oder dergleichen) auffinden. Im stummem Einverständniss mit dem Suchenden spielte der Maghribî, der jeweiligen stärkeren Annäherung an das Versteck entsprechend, etwas rascher auf der Guitarre. Den Schlüssel zur Entlarvung des Räthsels suchten die beduinischen Reisegefährten natürlich vergeblich in Gebärden oder Bewegungen der Mitspielenden zu entdecken. Fast noch grösser war ihr Erstaunen und Ärger, als ich mit Huber Gedanken-Errathen nach üblichem Recept aufführte. Der Diener Maḥmûd liess sich die Arme auf den Rücken festbinden, und löste dann unter der umgehängten Pelzjacke die Stricke. Danach gieng ich abseits, holte aus meiner Satteltasche einen Blechteller, schwärzte ihn auf der Unterseite mit brennender Wachskerze, und rief aus dem Kreis einen jungen Burschen, der ernst und unverwandt mich anblickend alle ihm vorgemachten Bewegungen getreu nachzuahmen hatte. Die eigenhändige Schwärzung seines Gesichts vollzog sich unter unbändigem Gelächter der Zuschauer, in das der junge Mensch nach vorgehaltenem Spiegel natürlich auch einstimmte.

Nachtunterhaltung in Tebûk.

Die noch unaufgeklärten ersten Kunststücke hatten bei unseren beduinischen Begleitern das Gefühl ihrer eigenen Einfältigkeit, jedenfalls den Stachel der unbefriedigten Neugier, wenn nicht gar im Geheimen den Verdacht teuflischer Zauberei hinterlassen. Ich hielt es daher für angezeigt, ihnen zum Schlusse noch die Lösung der Räthsel nicht länger vorzuenthalten.

Sa. 1. März 1884]. Ich hatte Gelegenheit, einen aus Stein geschnittenen Pfeifenkopf zu erwerben. Der Stein wurde mir als ḥágar el-helâl [1]) bezeichnet und soll in der Tihâmah sich finden.

Heute wurde der Rückweg nach Teimâ angetreten. Nachdem wir eine starke Stunde südwärts geritten waren, rasteten wir an einer Quelle, Râïs [2]) genannt. Eine Gruppe von Iṯel-Bäumen, phantastisch verschlungen, bildete über den zwei Wasserlöchern ein malerisches Gewirr, wie ich es üppiger auf der ganzen arabischen Reise nirgends getroffen habe. In der Nähe waren

Iṯel-Bäume (Tamarisken).

ein paar verwilderte Palmbäume und schwache Reste von behauenen Steinen. Von hier wandten wir uns wieder der Todtenstadt Schôhar zu. Die Nachgrabung in zwei Thürmen bis auf den gewachsenen Felsen lieferte keinerlei Anhaltspunkt für Zeit oder Urheber der Grabkammern. Ausser auf ein paar unbedeutende Knochenreste stiessen wir überall nur auf Spuren von

---

1) حجر الهلال.   2) رائس.

Hyänen und ihre Arbeit. Während sich im Süden über dem Berg Debâsijjât [1]), auf dessen nördlichem Ausläufer Schôhar liegt, verschiedene Gewitter zusammenballten, ritten wir gegen Osten über den Wâdî Aṯâlî [2]) in den Wâdî Ṛḍejj [3]) ganz in die Nähe unsres Lagerplatzes vom 26. Februar, um hier zu nächtigen. Kaum hatte ich mich am Rande eines Gebüsches auf dem ausgebreiteten Teppich etwas niedergelegt, so brach, vom Westwind gejagt, ein Unwetter los, das mich durch Mantel und Hemd hindurch bis auf die Haut nässte. Meine einzige Sorge war, das Gepäck mit dem Teppich zugedeckt trocken zu erhalten. Als das Ärgste vorüber war, machte ich mein Bett auf dem nassen Boden zurecht, und schlief, nachdem ich ein paar Datteln verzehrt hatte, bald ein. Zwar kam später noch ein zweiter Regen, nicht so heftig wie der erste, der uns darum auch weniger beunruhigte.

So. 2. März 1884]. Noch vor dem ersten Morgengrauen weckte uns Haláǰǰil mit der Nachricht, dass er von Süden her das Brüllen von Kameelen vernommen habe. Gleich ritt er auf Kundschaft ab und brachte nach Kurzem die Botschaft, das seien seine eigenen Leute (also Banî ʿAṭijjeh), die, in der Nacht von el-Akhḍar aufgebrochen, hier sich niedergelassen haben. Wir mussten natürlich die angebotene Gastfreundschaft annehmen und uns nach dem Lager begeben. Während wir durch das Gebüsch ritten, tauchten immer mehr Kameele auf — nach Haláǰǰil's Angabe hatten sie 1200 Stück bei sich —, wurde noch unterwegs auf sein Geheiss für uns gemolken und frische Milch gereicht. Bis wir am Mittelpunkt des Lagers eintrafen, hatten die Weiber bereits etliche Zelte aufgeschlagen, so dass wir beim nächsten besten abstiegen, um nur überhaupt aus dem Trubel herauszukommen. Mein erstes war, das wollene Hemd

---

1) دباسيّات.

2) Alias ʿOrfî عرفي.

3) غضّى.

zu wechseln und an einem Dornstrauch in Wind und Sonne zu spannen; warum, siehe Bd. I, Seite 121. Nach und nach strömte allerlei Volks herbei, um uns zu begrüssen oder wenigstens zu sehen. Mehr als einmal musste ich aus meinem Skizzenbuch das Bild des Muferrig [1] vorzeigen, denn alle hatten davon gehört und begehrten es zu sehen. Gegen Mittag traf auch das Zelt des Stammes-Oberhauptes ein, und gleich darauf dieser selbst. Es war Ṣaḳr Abû ʿAlî, der Bruder des Muḥammed. Erst hier erfuhr ich, dass nicht dem Muḥammed ibn ʿAṭijjeh, wie mir früher gesagt war, diese Würde zukam, obschon Muḥammed als der Gewandtere den Stamm nach aussen vertritt. Muḥammed selbst, unser Freund von früher [2], war, wie wir hier vernahmen, nach Tebûk geeilt, um uns dort abzuholen. Wir mussten natürlich ins Zelt Ṣaḳr's übersiedeln. Als ich nach unseren Reitthieren schaute, machte ich die betrübende Entdeckung, dass von jedem derselben vom Sattelzeug ein Lederriemen nebst Messingring abgeschnitten und gestohlen war. Dem Ṣaḳr war die Kunde peinlich, und, wie er sagte, beschämend. Indess wer konnte den Thäter entdecken, wer wollte ihn verrathen? Gegen Abend verkündete das Gebrüll die Heimkehr der weit zerstreuten Thiere.

Kameellager.

Mit Befremden erschaute ich zwei Raben, auf Hals und Rücken der Kameele emsig hin und her laufend. Man belehrte mich, Raben, aber auch Schwalben, begleiten treulich die grossen Kameelsherden, und picken den Thieren die vollgesogenen nussgrossen Zecken [3] durch kräftige Schnabeltriebe aus der Haut.

---

1) S. Bd. I, Seite 225.

2) Siehe Bd. I, Seite 224, 226.

3) قراد ḳrâd; siehe Bd. I, Seite 55. Von diesem Liebesdienst der Raben reden auch die arabischen Dichter; siehe F. Hommel, Die Säugethiere bei den Südsemiten, Leipzig 1879, Seite 208; vgl. A. Musil, Arabia Petraea III, 19, 270.

Die Gäste zu ehren — und, wenn er es gewusst hätte, zugleich zur Feier von Nöldeke's Geburtstag! — hatte Halájjil geschlachtet. Brot und Reis war aber nicht aufzutreiben, und so wurden die gekochten Fleischstücke, ohne Brühe, in einem Kessel aufgetragen. Schon wollte ich mich zur Ruhe anschicken, so wurde zum zweiten Male Kaffee gekocht. Mit dem Schlafen-können war es natürlich schlecht bestellt. Trotz der Nacht gieng es im Lager immer noch sehr lebhaft zu, und das Melken wollte kein Ende nehmen; rechts und links von unsrem Zelte das Rülpsen der Wiederkäuer, verstärkt durch wohlbehagliche Detonationen abwärts (— von dem guten Grünfutter!). Ganz allmählich gewöhnte ich mich auch an diese Wüsten-Musik, und war gerade nahe am Einschlafen, da — es mochte Mitternacht sein — wurde es wieder lebendig. Reiter zu Kameel kamen an und hielten vor unsrem Zelt. Es war Muḥammed ibn ʿAṭijjeh mit seinem Sohn. Er hatte gestern, als wir bei Râïs rasteten, eine Stunde ostwärts sein Lager gehabt, war von da nach Tebûk geritten und, da er dort in Erfahrung gebracht, welchen Weg wir abgezogen waren, hatte er eiligst umgedreht, um uns nicht zu verfehlen. Halájjil schaffte Milch und Datteln herbei und nun wurde zum dritten Male Kaffee gemacht. Wohl oder übel durften wir die Aufmerksamkeiten nicht missachten, und mussten zwei Stunden an der Unterhaltung uns betheiligen. Endlich durften wir uns zur Ruhe legen, indess im Zelte nebenan Muḥammed seinem Bruder Ṣaḳr noch ausführlich von seinen jüngsten Abenteuern mit den Banî Ṣakhr und Ḥoweiṭât berichtete.

Mo. 3. März 1884]. Obwohl Muḥammed ibn ʿAṭijjeh sich alle Mühe gab, noch einen Tag länger uns als Gäste zu behalten, schien es uns doch räthlicher, den Heimweg nach Teimâ nicht noch weiter zu verschieben. Nachdem wir dem Schech Halájjil als Erkenntlichkeit für seine Begleitung und Führerschaft 8 Megîdî (ca. 30 Mark) verschwiegen in die Hand gesteckt hatten, nahmen wir Abschied. Halájjil liess es sich aber dennoch nicht nehmen, uns noch zurück bis nach Teimâ zu geleiten. Zunächst verfolgten wir ungefähr denselben Weg wie vor einigen Tagen.

Auf dem sogenannten Derb Khabînî [1]), stiessen wir wieder, wie am 23. Februar [2]), auf die Sandsteinschichte mit den „Hiobswürmern" [3]). Die Platten sind mit Zapfen durchsetzt, die ausgewittert haufenweise umherlagen. Sie haben von je her die Aufmerksamkeit der muhammedanischen Pilger auf sich gezogen, und werden von ihnen mehrfach erwähnt. So liest man z. B. bei Ritter, Erdkunde XIII (= Arabien II,) Seite 437: „XVIII (= 18tes Pilger-Castell; gemeint ist el-Akhḍar) Okhaidher. Hier, sagt das Dschihân-numâ (des Hadschi Khalfa), wusch sich Hiob die Würmer vom Leib, die dann versteinert gesammelt werden ..... Die Art dieser Petrefacten ist sonst unbekannt". Oder, in dem Reisebericht des Schechs ʿAbd el-Ġanî b. Ismâʿîl en-Nâbulsî (Zeitschr. d. deutschen morgenl. Ges. 1862, XVI, 695) heisst es: „Zwischen Medâïn Ṣâliḥ und el-Akhḍar bei Uḳeiriʿ [4]) auch Mafâriš er-Ruzz [5]) voll kleiner weisser, den Reiskörnern ähnlicher Steinchen, ed-Dâr el-Ḥamrâ genannt".

Hiob hat übrigens seine Würmer nicht nur hier abgeschüttelt, sondern auch in der Landschaft Nuḳra im Ostjordanland, und zwar in der Gegend des Hiobsklosters; nur scheinen an dieser Stelle die Steine violett zu sein. Wetzstein in seiner Abhandlung „das Hiobskloster in Hauran und das Land Uz" (= Anhang zu Delitzsch's Commentar zu Hiob 2. A. Seite 563 f.) berichtet von dort: „An diesen Felsen, erklärte unser Führer, lehnte sich Hiob an, als er von seinem Herrn heimgesucht wurde. Während meine Leute an dieser Stelle ihr ʿAṣr-(Nachmittags-)Gebet verrichteten, brachte mir Saʿîd eine Hand voll länglich runder violetter Steinchen und Schlacken, welche die Sage als die versteinerten Würmer bezeichnet, die aus den Schwären Hiobs auf die Erde gefallen. „Nimm sie dir", sprach er, „zum Andenken an diesen Ort mit; sie mögen dich lehren, im Glücke Gott nicht zu vergessen, und im Unglück nicht mit

1) درب خبيني. 2) Siehe oben S. 167.

3) دود ايّوب Dûd Ejjûb. 4) الاقيرع. 5) مفارش الرّزّ.

Gott zu hadern". Mochte immerhin der häufige Gebrauch diese Worte im Munde des Mannes zur Phrase abgeschwächt haben; sie gehörten zur Situation und verfehlten ihren Eindruck nicht. Nachdem auch meine Begleiter sich mit Hiobswürmern versehen hatten, verliessen wir die Ṣachra. Diese Würmer gehören als etwas Wesentliches zur Ḥauraner Hiobssage, und man kennt und ehrt sie im Lande allgemein. Unser christlicher Begleiter aus Šemiskîn band sie sich sorgfältig in seinen weiten Hemdärmel und recitirte uns ein paar Verse aus einer Ḳaṣîde, in der sie erwähnt werden...."

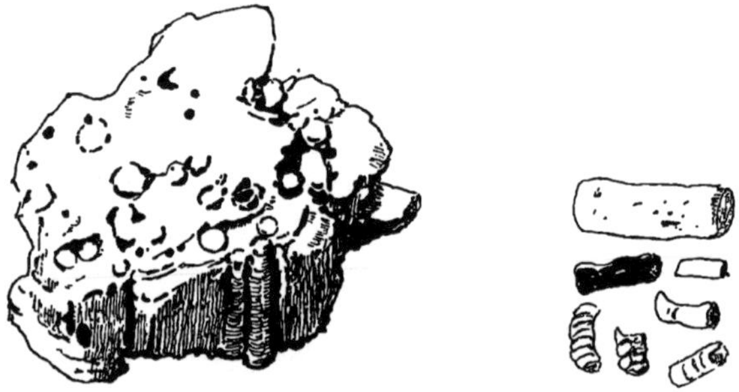

Hiobswürmer.

Die von mir gesehenen und mitgebrachten Proben (s. die Abbildung) sind übrigens vorwiegend röthlich oder hellbraun, nur einige wenige schwarz. Sie sind in meiner der Strassburger Bibliothek übergebenen Alterthümer-Sammlung niedergelegt. Prof. Benecke von der Strassburger Universität, von dem ich mir eine gutachtliche Äusserung erbat, schrieb mir unter dem 20. Juli 1908: „..... Derartige Dinge, deren Form nicht mit Sicherheit auf irgend einen Organismus hinweist und die keine Structur zeigen, lassen sich nicht sicher deuten. Im vorliegenden Falle haben wir es mit zur Schichtung des Gesteins senkrechten Röhren zu thun, die später mit Gestein ausgefüllt sind, also überhaupt nur mit einer Spur. Solche Röhren sind eine gewöhnliche Erscheinung in sandigen Gesteinen alter Formation, besonders des Cambrium. Sie erhielten von Salten den Namen

Scolithus, und wurden für Wurmröhren angesehen. Es kann sein, dass diese Deutung richtig ist; dann wäre auch die Bezeichnung Hiobs-Würmer ganz passend. Auffallend ist an Ihren Stücken eine quere Ringelung, die unarabische Stücke unserer Sammlung nicht zeigen. Das arabische Vorkommen gehört doch wohl einer geologisch jüngeren Zeit an?...." [1]).

Je näher wir an das Castell el-Akhḍar kamen, wo wir vor wenigen Tagen so prächtiges Grünfutter angetroffen hatten, war die ganze Strecke bei dem Durchzug unserer Freunde, der Banî ʿAṭijjeh, vollständig kahl gefressen. Der Diener Maḥmûd rief mir bei einer Stelle, wo sich Tags zuvor mehrere Kameele im Sand gewälzt hatten, zu: Obacht! da vorne kommt eine Merâṛah! [2]). Bei dem scharfen Wind, und weil ich den mir fremden Ausdruck überhaupt nicht verstand, drehte ich mich nach ihm und rief: „Was meinst du?" Im selben Augenblick warf sich mein Delûl nieder, ich flog in einem Bogen zwei, drei Meter weit vorne über, sprang, ohne Schaden genommen zu haben, sofort in die Höhe, und prügelte das Thier durch, welches sich auf die Seite geworfen hatte, und in den grossen Gepäcktaschen durch den schweren Druck arge Verwüstungen angerichtet hatte. Kaum hatte ich es wieder auf die Beine gebracht, so trieb ich es absichtlich auf einen ähnlichen Platz, und verabreichte ihm, zur Schärfung der Erinnerung, noch ein paar tüchtige Hiebe. Um 3 Uhr kamen wir bei dem Castell el-Akhḍar an.

Die Inschrift über dem Eingangsthor nennt als Jahr der Erbauung 983 d. H. (= 1532 n. Chr.). Der Brunnen befindet sich im Innern des Gebäudes, wird mit dem Schöpfrad durch zwei Esel oder Maulthiere gezogen, und leitet das Wasser in

1) Die Benennung Scolithus finde ich auch bei Johs. Walther, Geschichte der Erde und des Lebens. Leipzig 1908, Seite 203 ff. — H. de Lapparent nennt sie wieder anders; in seinem Traité de géologie, 5e éd. Paris 1906, Seite 771 sagt er: Les Tigillites seraient des tubes de vers arénicoles. Die Bezeichnung Tigillites arabica scheint auf Stanislas Meunier zurückzugehen.

2) مراغة „Wälzplatz". Wenn Kameele eine Vertiefung im Sande bemerken, wo andere vor ihnen sich darin herum gescheuert haben, so erzeugt das in ihnen die Vorstellung einer herrlichen Gelegenheit, sich dieselbe Annehmlichkeit und Erleichterung zu verschaffen: Ah, da muss es gut sein!

drei ausserhalb gelegene gemauerte Teiche ab. Als Abendessen kam Gerste mit ein wenig Linsen untermischt.

Castell el-Akhḍar.

Di. 4. März 1884]. Unser Begleiter Schech ʿAwwâd erwarb von den Leuten im Castell 5 Stücke dunkelblauen Zeuges für seine Weiber um den Preis von je einem Megîdî (= 3 M. 70) und erhielt zu jedem Stück auch noch den nöthigen blauen Faden.

Etwa 6½ Uhr brachen wir auf, durchzogen in rascher Gangart (bis zu 7500 Schritten in der Stunde) die allen Futters beraubte Gegend. Wir hatten die Absicht, in den Wâdî eṣ-Ṣânî einzubiegen. Der Schech Halájjil aber rieth davon ab, ward bedenklich, wollte indess nicht recht mit der Sprache heraus; er deutete auf die vor uns steil aufsteigende Zunge des alten Lavastromes, der uns am 25. Februar so viel Beschwer gemacht hatte, und meinte, dort könnten Feinde versteckt liegen. Ich war gerade raufluslig gestimmt, und äusserte, wir thäten am besten, lustig mit der Flinte in der Hand drauf los zu reiten, dann wollten wir schon sehen, wer Meister würde. Da wurde der Schech ärgerlich: „Wie können wir bei diesem unwegsamen Boden [1]) drauf los reiten? die Kerle liegen jedenfalls unsichtbar hinter den Lavablöcken, lassen uns geruhig vorbeiziehen, und

1) وعر waʿr.

suchen uns dann hinterrücks abzuschiessen". Und nun rückte er erst mit der Sprache heraus; er wolle uns jetzt überhaupt einmal sagen, was man ihm — nicht uns, um uns nicht unnöthig zu beunruhigen, — in Tebûk mitgetheilt habe: Ḥasan Abû Ḍrâʿ mit 8 verwegenen Spiessgesellen von den Bélî, treibe sich in der Gegend herum, um auf uns Jagd zu machen; und dém sei schon mancher gute Fang geglückt. Wenn irgend wo, so sei hier die Beschaffenheit des Bodens ihm günstig. Der Schech hatte, wie wir ein paar Tage später in Teimâ bestätigt vernahmen, eine ganz gute Nase gehabt: die Strolche hatten wirklich dort sich auf die Lauer gelegt. Bei ruhiger Überlegung mussten wir ihm beistimmen, schwenkten also — sicher nicht ungesehen — links (direct östlich) in den Udejj ál-Mešaʿ[1]) ab, dann in vielen Windungen zwischen dem vulkanischen Geröll und den Sandsteinfelsen hindurch aufwärts, schliesslich über einen Pass in den Wâdî Abû Ṯôr. Hier lagerten wir noch bei hellem Tag, in einer bis jetzt nicht abgewaideten Gegend mit viel Grünfutter unmittelbar vor einer kleinen Sandsteinhöhle. Vor und in der Höhle waren Fährte und Losung des „Ḍerbûn"[2]). Im Süden zogen Regenschauer von Ost nach West. Das Lager vom 24. Februar und der Hügel Ṭuwejjil befanden sich höchstens eine Stunde entfernt in südwestlicher Richtung, der Berg Sâlûb (oder Sâlûm?) im Norden.

Mi. 5. März 1884]. Eben waren wir vor Sonnenaufgang abgeritten, so stiessen wir auf die Spuren von 5 Kameelen und 2 Fussgängern, die in grosser Hast die Thalsohle gekreuzt haben mussten. Zwei der Kameele waren, nach der Spurentiefe

---

1) ودى المشع, merkwürdiger Weise mit dem Accent auf der Silbe *al*. [So habe ich auch in Syrien z. B. *Riǵm él-Mara* gehört. H. formuliert die Regel so, dass der Artikel den Accent bei zweivokaligen Wörtern hat, wie *él-ǵibel, él-lyben*; ferner bei ursprünglich einvokaligen, wenn der zweite Radical eine Gutturalis ist, wie *éš-šaḥam, él-laḥem*.]

2) Anderwärts fälschlich als „wilder Hund" bezeichnet. Es ist wohl richtiger ظربان, Ẓirbân oder Ẓaribân = Iltis, Putorius oder Foetorius. Die Beschreibung, welche unsere Beduinen von ihm gaben, war so unklar, wie möglich: er sei in der Grösse zwischen Hund und Katze, kurzhaarig, schwarz am Körper, doch am Bauch weiss, greife auch den Menschen an. Vergleiche Ritter, Erdkunde von Asien XIII, 2 (= Arabien VI), Seite 362—392. [H. giebt auch die Formen *ẓrimbûn*, bezw. *ḍrimbûn*, und *ẓrimbân*, und vermuthet, das Thier sei eine Ictonyx-Art.]

zu erkennen, doppelt besetzt [1]), daneben hatten, am Sattelstrang sich haltend und mitspringend, zwei Fussgänger die zwei Meter langen Schritte mitgemacht. Das war sicher Ḥasan Abû Ḍrâʿ, der mit seinen 8 Raubgenossen aus dem unberührten Sand sich vergewissert hatte, dass wir hier noch nicht durchgezogen waren. Sie waren offenbar vorausgeeilt, um uns in den Schluchten des Berges Farwah, wo wir muthmaasslich Wasser fassen mussten, an günstiger Stelle zu überfallen. Unsere Beduinen riethen, den Farwah, auf der Nordseite streifend, auf der Ostseite zu umgehen.

An dem flachen Hügelrand der Bijâḍijjeh [2]), die wir zur Linken liessen, sahen wir die Fährte [3]) einer sogenannten wilden Kuh [4]), d. h. einer grossen weissen Gazelle (Oryx Beisa), mit sehr spitzigen, geraden, meterlangen Hörnern; und bald darnach überraschten wir, in einer Senkung des Bodens, das Thier selbst, das dann in wilden Sätzen von dannen galoppirte. — Hier konnte man ebenfalls nach 9 Wochen noch deutlich die Pferdespuren von dem Ṛázû der verbündeten Ḥoweiṭât und Banî Ṣakhr erkennen, welche den ʿAnêber und den Muḥammed ibn ʿAṭijjeh ausgeplündert hatten [5]). Wir machten unterwegs Brod bei einer ergiebigen Futterstelle. In Mengen wuchs hier eine Pflanze Kaḥlah, auch Kḥêlah genannt [6]), mit wollig stachlichten Blättern und schön blauer Blüthe; sie wird auch, als Gemüse gekocht, genossen. Ehe wir näher an den Farwah heranrückten, stiegen wir in ein kleines Thal, in den Wâdî Bâ'ûd [7]), hinab, woselbst drei Gazellen, durch unser plötzliches Erscheinen erschreckt,

1) مردّفين muraddafîn.

2) البياضيّة.

3) جرّة girreh.

4) بقرة الوحش Báḳarat el-waḥš; vgl. Bd. I, S. 148, 2̣00 u. oben, S. 10, Anm. 2.

5) Vgl. oben, S. 98, 111, 167 f.

6) كحلة, كحيلة Tsḥêleh [H.: *kḥâlā* u. *ʿkḥálā* = Echium longifolium.]

7) باؤود?

zur Flucht sich wandten. In grosser Eile durchmaassen wir den Nord- und Ostabfall des Farwah, und mündeten erst wieder auf der Südseite in den Ausgang der Schlucht Ḥaṣât el-Ḳenîṣ [1]) ein.

Die Nacht war eingebrochen, als wir abseits von der Thalrinne unter einem Felsendach neben guter Futterstelle abstiegen. Sicher litt Jeder von uns mehr oder minder unter dem Durst; gleichwohl wagte Keiner an dem Wasserloch (vielleicht einen Kilometer weiter oben) Wasser zu holen. Aus den Schläuchen war mit dem besten Willen nicht mehr als ein elender Vorrath von höchstens einem Liter Wasser herauszupressen — für 6 Köpfe [2]) herzlich wenig. Wir standen vor der Wahl, ob wir das Nass in ein paar Schluck vertheilt so trinken, oder ob wir es zur Bereitung eines Kaffees verwenden wollten. Einstimmig wurde das Letztere gewählt. Mit der Flinte im Arm, den Säbel zur Hand, legten wir uns schlafen. Damit wir auf alle Fälle gerüstet wären, hielt in der Nacht je einer von den Beduinen abwechselnd die Wache. Wir blieben indess unbehelligt — ob ganz unbeobachtet, weiss ich nicht. Vielleicht fehlte ihnen doch der Muth zum Angriff.

Ḥaṣât el-Ḳenîṣ.

Do. 6. März 1884]. Heute war der Geburtstag meines allergnädigsten Landesherrn, des Königs Karl von Württemberg. Wehmüthig gedachte ich der Heimath, schweigend ritt ich des Wegs. Gepeinigt von Durst, das Kopftuch seitlich über Mund und Nase gezogen, schaute ich begierig aus, ob sich nicht bald die grosse Khabrat er-Rúălah [3]) zeige. Aber noch stundenlang zog sich der Weg hinaus. Endlich kam die Mulde in Sicht.

---

1) حصات القنيص.

2) Huber und mich, den Diener, Maḥmûd, Naumân, die Scheche Halájjil und ʿAwwâd.

3) خبرة الرؤلة. Khabrah bedeutet ein flachen Teich, dessen lehmiger Untergrund das Wasser vor dem Versickern schützt [vgl. oben S. 144, Anm. 2.]

Frohe Hoffnung beschleunigte unsere Schritte. Allein, wo wir vor 12 Tagen einen See von etwa 100 Schritt im Geviert, vielleicht einen halben Meter tief gesehen hatten, war Alles ausgedörrt, kein Tropfen Wassers zu entdecken; die Lehmkruste auf dem Grund war schliesslich in aufgerollte Stücke zerborsten; alten Schuhsohlen gleich lagen die Scherben umher! Wir schauten uns nur an. Naumân befragt, ob er keine andere Wasserstelle wüsste, gab etwas barsch zur Antwort: wenn in der grossen Khábrah kein Wasser mehr ist, dann gibt es anderswo noch viel weniger. Ich ritt niedergeschlagen weiter; Gaumen und Zunge däuchten mir Fremdkörper im Munde. Huber und die Beduinen waren besser an den Durst gewöhnt, als ich; die Wüstenbewohner denken ohnehin nicht anders als, der Mensch und das Kameel seien von unsrem Herrgott dazu erschaffen, dass sie den Durst ertragen lernen. — In einer Entfernung von etwa 8 Stunden tauchte der Gipfel des Ranêm, des die Oase Teimâ überragenden Gebirgsstockes, in die Höhe. Das war mir aber jetzt ganz gleichgiltig. Ebenso wenig fochten mich die noch ganz frischen Fussspuren von vier Reitern an. Wie die Mittagshitze am stärksten brannte, rief plötzlich Halájjil: „Da vorne ist Wasser!" Das wirkte wie ein Blitzstrahl. Ich riss die messingene Trinkschale aus der Satteltasche, warf mein Leitseil dem Naumân zu, sprang hinunter und stürzte mich auf die Wasserlache. Niederknieend schob ich den Schlamm des Grundes zur Seite, schöpfte hastig die Schale voll, und trank was ich trinken konnte. Die Gefährten machten es ebenso. Das El-ḥamdu lillâh („Lob sei Gott!") war ehrlich gemeint. Dann füllten wir zum Überfluss noch einen kleinen Vorrath in die Schläuche; und nun durften auch die Kameele heran. Ungeduldig sich hin und her windend hatten sie bisher vergeblich nach dem Rande der Lache gedrängt, jetzt rutschten sie mitten hinein, tauchten die Köpfe hinab und wie mit einer Saugspritze schlürften sie durch die langen Hälse in unglaublich kurzer Zeit das schlammige Nass in sich hinein. Zufrieden reckten sie die Köpfe in die Höhe. So — jetzt war die Herrlichkeit zu Ende. Eine kurze

Rast benützte ich dazu, mich eines in 6 Monaten [1]) nicht erlebten Gastes (pulex irritans) zu entledigen, den ich aus dem halbcivilisirten Castell el-Akhḍar mitgebracht hatte.

Wir mussten jetzt trachten, Teimâ noch vor Einbruch der Nacht zu erreichen. Naumân, die Brust geschwellt durch die vergnügliche Aussicht, noch heute Abend in seiner geliebten Vaterstadt einzuziehen, sang unermüdlich ein Lied nach dem andern. Fünf Kilometer westlich von Teimâ stiessen wir noch auf einen Thurm, Ḳṣêr „Schlösslein" genannt. Ein kleiner Stein mit protoarabischer Inschrift konnte leicht aus der Mauer gebrochen und aufgeladen werden; auf einem anderen war abgebildet, wie zwei Männer mit einem vor eine Egge gespannten Ochsen pflügen.

Altarabische Zeichnung.

Da es stark zu dunkeln begann, auch bereits einige Regentropfen fielen, beflügelten wir nach Kräften unsere Schritte, so dass wir zwar bei vollständiger Nacht aber doch re bene gesta und wohlbehalten in dem alten Standquartier beim Statthalter des Fürsten, ʿAbd el-ʿAzîz el-ʿEnḳrî [2]), absteigen konnten. Der Mann war von unsrer Ankunft nicht sonderlich erbaut, beeilte sich auch gar nicht sehr, durch Aufstehen von seinem Platze uns zu begrüssen. Offenbar hatte er seit der Drohung [3]), dass wir uns beim Emîr zu Ḥâjel über ihn beschweren werden, in der Zwischenzeit bereits ein Schreiben von dort bekommen, das ihm etwas auf die Leber gefallen war. Und das hatte wenigstens éin Gutes im Gefolge: er liess sich herbei, noch heute Abend für uns zu schlachten, was ich dem Geizkragen eigentlich gar nicht zugetraut hätte. Bis die Kocherei zu Ende gediehen war, drehte sich die Unterhaltung um Nichts Anderes, als um die verschiedenen Raubzüge, die in den 14 Tagen unsrer Abwesenheit

1) Siehe Bd. I, S. 119. Über die Seltenheit dieses Thieres siehe auch A. Musil, Arabia Petraea III, 20 f.

2) Siehe oben Seite 145.

3) Siehe oben Seite 164.

rechts und links von uns vorübergezogen uns doch nicht erreicht hatten. Ḥasan Abû Ḏrâ' mit 8 Kerlen von den Bélî sei unseren Spuren nachgeritten, um unser, wie allgemein geglaubt wurde, goldgefülltes Gepäck uns abzunehmen. Gegen Abend war sogar das Gerücht eingelaufen, er habe uns niedergemetzelt. Unter solchen Gesprächen mussten wir uns drei volle Stunden gedulden, bis das Essen aufgetragen wurde. Vor dem Schlafengehen bettelte mich Naumân um meine Keffijjeh (Kopftuch) an, die ich ihm auch zum Andenken verehrte.

XIII. CAPITEL.

Teimâ.

7.—13. März 1884.

Fr. 7. März 1884]. Schon eine Stunde vor Sonnenaufgang fieng der thöricht aufmerksame Khaṭîb ʿAbdallâh [1]) aus Schaḳrâ wieder an, im Hofe durch laute Recitation von Capiteln aus dem Koran seine Gelehrsamkeit und Frömmigkeit zu bekunden. Oh, was gäbe ich darum, wenn er schweigen wollte! Zum Morgenessen trug unser Hauswirth wieder Butter und Buttermilch auf, aber ohne Brod, dazu Datteln schlechtester Sorte. Bald kamen allerlei Besuche, darunter der persische Kaufmann Sulṭân mit seinem mir unausstehlichen Gesicht. Ich war froh, als der Waffenschmied Zeidân uns von dieser Gesellschaft erlöste, und uns im Ḳaṣr ed-Daïr [2]) ein paar Inschriften-Steine zeigte. Während Huber von da nach Haus sich begab, untersuchte ich mit Zeidân den alten Stadtwall im Westen der Stadt, auf welchem eine schwach 1 Meter breite Steinmauer hinlief. An einer Stelle waren noch die Grundmauern eines viereckigen Thurmes zu erkennen. Bei der gänzlich zersetzten Beschaffenheit meiner Sandalen habe ich den ganzen Weg barfuss zurückgelegt, und kehrte nach drei Stunden müd und durstig heim. Huber hatte unterdessen sich mit der Beschaffung von Kameelen zur Weiterreise bemüht. Das Geschäft hat aber seine Haken. In der ganzen Stadt ist nur ein einziges gutes Delûl aufzutreiben, für das der Besitzer 60 Megîdî (etwa 200 Mark) verlangte, und, weil wir nicht gleich zugriffen, uns als späteren Kaufpreis 100

---

1) Vgl. oben S. 162.
2) Vgl. oben S. 157.

Megîdî in Aussicht stellte. Desshalb soll morgen Naumân mit dem Schech ʿAwwâd von den Fúḳarâ zu deren Lager reiten, um wo möglich zwei starke Kameele zu kaufen. — Abends kam nochmals Zeidân und brachte mir zwei aus Stein geschnittene Pfeifenköpfe [1]).

Sa. 8. März 1884]. Zum Morgenessen waren wir bei Fahad eṭ-Ṭalaḳ eingeladen. Hier stellte sich auch der durch den Meschhĕdî verhetzte Pfaffe Muḥammed el-ʿAtîdz [2]) ein, in der eitlen Hoffnung, wir würden seinen Stein um jeden Preis kaufen. Um 10 Uhr brachen Naumân und ʿAwwâd zu den Fúḳarâ auf.

Gegen Mittag ritten wir mit ʿAbd el-ʿAzîz er-Rummân und einen gewissen Aʿṭâllâh, dessen Delûl wir zugleich probiren wollten (und nachher auch wirklich um 50 Megîdî = 180 Mark gekauft haben), in den Osten des Teimaner Beckens. Nachdem wir, den Salzsumpf links lassend, die Bachrinne gekreuzt hatten, stiessen wir auf den im Osten der Stadt nach Norden verlaufenden alten Stadtwall; nicht weit dahinter wurde die Niederung begränzt durch eine im Bogen verlaufende Felswand, Ṛâr el-ḥamâm [3]) genannt, in deren zerrissenen Schluchten sich eine Anzahl kufischer und thamudischer Inschriften fanden. Bei dem rasenden Winde war es unmöglich, Papierabdrücke zu machen; ich begnügte mich mit Abzeichnung.

So. 9. März 1884]. Morgens bei Ṭuênî zum Frühstück. Hier erschien Einer, und wollte uns wieder ein Kameel zum Kauf anbieten; er solle es herbringen, damit man es ansehen könne. Darnach schleppte ein Anderer einen „Inschriften-Stein" ins Haus, und war ganz niedergeschlagen zu vernehmen, dass auf dem Stein nichts Geschriebenes sei. — Über Mittag nahm der Sturm an Heftigkeit zu, so dass man nicht gut in's Freie konnte.

Der von Ḥâjel mitgebrachte Tabak ist jetzt zu Ende. Wohl oder übel muss ich mich jetzt zu dem hiesigen „grünen" bequemen. Das ist aber nicht so einfach. Zuerst muss er ausge-

---

1) Vgl. oben, S. 185.
2) Vgl. oben, S. 158.
3) غار الحمام „Taubenloch."

lesen werden, denn dem grünen Gewächs ist aller mögliche Unfug beigemischt, als da ist: Erde, kleine Steine, Palmbast, Wolle, Dattelkerne, Schafbollen und Ähnliches.

Nach deren Beseitigung kann man rechnen, mindestens $^1/_5$ weniger im Besitz zu haben. Der Tabak brennt überdies nur so lange, als eine glühende Kohle darauf liegt. Natürlich konnte ich keine sonderliche Befriedigung über die neue Erwerbung kundgeben; da meinten sie, der sei gar nicht so übel, in el-ᶜÔla werde ich einen viel schlechteren bekommen, (— ich soll also noch tiefer sinken!? —); in Tebûk seien die Leute mit Malven zufrieden, und anderwärts kriege man überhaupt Nichts. Der infame Meschhĕdî Sulṭân[1]) durchschaute meinen Seelenzustand, und gedachte, ihn sofort auszubeuten; er bot mir „aus Freundschaft" — o Hundesohn — ein Ṣâᶜ (Mässlein) hellgelben Schâwerî für 2 Megîdî (7 Mark) an, und als ich dies mit dem Bemerken ablehnte, dass ich in Ḥâjel nie weiter wie $^3/_4$ Megîdî gezahlt habe, meinte er höhnisch: „So kauf' dir eben deinen Tabak in Ḥâjel, der meinige kostet jetzt 3 Megîdî." — Wie mir eine glühende Kohle auf die Kleider fiel, dass sie rauchten, riefen Alle nach hiesigem Brauch: „Der ᶜAbd el-Wahhâb ist Bräutigam!"[2]).

Nachmittags trafen in unsrem Haus als Gäste bei ᶜAbd el-ᶜAzîz el-ᶜEnḳrî 4 edle Raubritter und Diebsgesellen ein, Schammar-Beduinen (Singârî). Unter Führung ihres Schechs Ḍaifallâh el-Maᶜeidzel[3]) waren sie auf zwei Delûlen gerade aus von Gyobbeh[4]) hiehergeritten, um im Gebiet der Bélî Freibeuterei zu treiben. Ihre Hoffnung ist, den Ḥasan Abû Ḍrâᶜ[5]) abzufangen, was wir ihnen gerne gönnen möchten. Abends langten noch 4 Hetmân (Huteimî) an, die mit Ausnützung des Frühjahrs ebenfalls hier ihr Glück versuchen wollten; sie wurden bei Ṭuênî

1) Vgl. oben, S. 140 und 165.

2) عبد الوهاب عروس.

3) ضيف الله المعيقل [H.: Ḍēfállāh el-Meᶜêdzil.]

4) S. Bd. I, S. 151 ff.

5) S. oben, S. 193.

untergebracht. Bei diesem Letzteren haben wir mitsammt der ganzen Bande zu Nacht gegessen, herzlich schlecht, eingestampfte Gerste [und Mais?], aber ohne Brod oder sonstige Zugabe. Als wir endlich nach Hause durften, machten wir unser Nachtlager zurecht im Hofe, und überliessen den Gastraum den vier Singârî, unter denen ein Schnarcher ersten Ranges — rückwärts dumpf röchelnd, vorwärts sägend und pfeifend — die ganze Nacht hindurch seine Kunst practicirte.

Mo. 10. März 1884]. Morgens hat ʿAbd el-ʿAzîz el-ʿEnḳrî uns bloss Datteln und Sauermilch vorgesetzt, aus Geiz, um das theure Brennholz zum Kochen zu sparen. In jedem Zuchthaus unsres Vaterlandes werden die Insassen besser genährt, als wir in diesem Hause der Bewirthung. Die heuchlerischen Worte, welche beim Abtragen des Essens dem Gastwirth gespendet werden: „Wonnen Gottes über Dich!" [1]), klangen wie schneidender Hohn, wurden aber von ihm ohne ein Zucken der Wimpern eingesteckt. Der ebenfalls zum Essen geladene Khaṭîb ʿAbdallâh leistete aus Dankbarkeit sein Möglichstes im Rülpsen, und stocherte sich mit einem zugespitzten Kameelstecken die Zähne aus.

Nachdem die Raubritter, begleitet von unsren Segenswünschen abgezogen waren, begaben wir uns zu einem gewissen Maḥmûd el-ʿAlâwî, der uns zum Kaffee erwartete. Die Palmengärten, an denen wir auf dem Weg vorbei kamen, boten einen lieblichen Anblick; zwischen den durch Rebenranken verbundenen Palmen, waren vielfach Pfirsichbäume gepflanzt, die zur Zeit in prachtvoller Blüte standen. Bis wir nach Hause kamen, hatte der Diener Maḥmûd eine Wäsche abgehalten, und zur Beschämung des Hauswirths für uns Brod gebacken. Der Neger des Hauses, Naṣṣâr, war behilflich den grossen aramäischen Stein in Palmbast, Packtuch und in einen Beduinenteppich, für den ich 4 Megîdî bezahlte, einzupacken. Die anderen Steine stehen schon seit gestern im Hofe zur Weiterbeförderung verschnürt.

---

1) انعام الله عليك.

Der Neger äusserte das Verlangen, mit uns reisen zu dürfen. Hier in Teimâ sei ein schlechtes Land, dabei zeigte er auf seinen hohlen Bauch; wenn er mit uns gehen dürfte, würde sein Bauch gefüllt und recht schön gewölbt.

Abends bei ʿAbd el-ʿAzîz er-Rummân zu Nacht gegessen: Reis mit Brod, Schmalz und hart gesottenen Eiern, einem lang entbehrten Gericht. Bei der Unterhaltung wurden alte Gedichte auf Teimâ bezüglich vorgetragen, von denen ich aber so gut wie Nichts verstand. Auch erzählten sie von einem tief aus dem Lehm eines Gartens ausgegrabenen Skelett sammt Schädel, an welchem noch die Haut erhalten gewesen sei.

Di. 11. März 1884]. Heute hat — o Wunder — unser schäbiger ʿEnḳrî es über sich gebracht, Reis zu den Datteln des Frühstücks zu liefern. Während des Essens füllte sich der Ḳăhâwah mit Zuschauern, wahrscheinlich von el-ʿEnḳrî eigens bestellt als stumme Zeugen der edlen Bewirthung seiner Gäste. — Aʿṭâllâh, von dem wir das eine Kameel gekauft, dictirte dem Diener Maḥmûd einige auf Teimâ bezügliche Verse. Von der früheren Geschichte der Stadt erzählten sie unklare Fabeln: Die Stadt sei im Laufe der Zeiten durch drei Katastrophen vollständig zerstört und jedesmal wieder neu besiedelt worden. Ursprünglich sei es ein „Land der Christen" gewesen. Ferner habe hier ein grosser Schech Bedr ibn Gyôhar geherrscht; später seien die Banî Hilâl ins Land gekommen. Auch seien hier Münzen geprägt worden mit der Aufschrift „geprägt in Tûmâ" [1]), denn Tûmâ sei die älteste Namensform der Stadt gewesen. Trotz der Versprechung von gutem Geldgeschenk war es mir nicht möglich, eines dieser angeblich hier gefundenen Geldstücke zu Gesicht zu bekommen. Da es nie zu erreichen ist, ein Zimmer oder auch nur einen verschliessbaren Hof auf einige Zeit für sich zu erhalten, da vielmehr alle Bewohner einer Ortschaft es für ein Menschenrecht erachten, die Gäste, und vollends so seltene Vögel wie wir sind, in jedem Augen-

1) ضرب في توما.

blick zu betrachten, war ich heute, — wo ich das Bedürfniss fühlte, mir nicht nur den Schädel durch den Diener Maḥmûd glatt rasiren zu lassen, sondern überhaupt einmal wieder vom Haupt bis zu den Zehen mich gründlich zu waschen — genöthigt, dies Geschäft im offenen Hofe vorzunehmen. Zwei der gerade im Ḳăhâwah anwesenden Besucher konnten sich nicht versagen, durch die Thüre herauszugucken, wie und was da vor sich gehen sollte. Alles war für sie neu. Wozu ein Schwamm, von dem sie bis dahin nicht einmal den Namen gehört hatten? Was soll die Bart- und gar die Zahnbürste? Auch noch eine Waschschüssel, und ein Handtuch zum Abtrocknen! Auf Befragen, aus was für Haaren die Bürsten bestehen, hütete ich mich wohl, sie über die Schweinsborsten aufzuklären, gab vielmehr die Auskunft, die stammen von Gazellen aus dem Christenland, worauf sie erstaunt und befriedigt die Bürsten durch die Hand gehen liessen. — Bei dieser Gelegenheit stellte ich fest, dass meine Zehen allmählig ihre Gestalt verändern. Sie fühlen sich von unten nicht mehr wie vier gepresste Mosaikwürfel an, strecken sich in die Länge, sind fester geworden, haben auch die Fähigkeit gewonnen, sich einzeln auf und ab sowie seitwärts zu bewegen, kurzum sind ganz lustig und brauchlich. Mitleid erfüllt mich bei dem Gedanken, dass sie einmal wieder in ein Lederfutteral gezwängt werden sollen!

Die Bettelei um meinen ʿAḳḳâl (Kopfstrick) ist gar aufdringlich. Seit — weiss nicht woher — bekannt ist, dass ich noch einen zweiten nagelneuen ʿAḳḳâl besitze, sind mir fünf Personen aufsässig mit dem Ansinnen, ich solle ihnen den von mir gewöhnlich getragenen verehren; er sei überdies für mich nicht mehr schön genug.

Nachmittags begaben wir uns mit ʿAbd el-ʿAzîz el-ʿEnḳrî zu dem in Südosten des Stadtgebietes gelegenen Platz, wo sich die schon früher[1]) bemerkten Säulenreste befanden. Auf diesem Gang lief uns der Meschhĕdî Sulṭân in die Quere, und behaup-

1) S. oben, S. 158.

tete einen grossen Inschriftenstein zu kennen, den er wohl dem Huber zeigen wollte, aber ich dürfe nicht dabei sein. Huber bemerkte scherzhaft: „Das macht Nichts, wenn auch der ʿAbd el-Wahhâb dabei ist, wir verbinden ihm halt die Augen". Auf dem ehemaligen Tempelplatz — jetzt leider Begräbnissstätte — angekommen, zeigte uns el-ʿEnḳrî ausser den zu Tag tretenden Säulenstümpfen noch einige andere Stellen, von denen er behauptete, dass darunter im Boden noch ähnliche Steine verborgen stecken. Ob hier — was ja gar nicht unwahrscheinlich ist — der Tempel des Gottes Ṣĕlêm von Hagam[1]) stand, wird sich erst später einmal durch Ausgrabungen eines glücklicheren Forschungsreisenden feststellen lassen. Am liebsten hätte ich natürlich gleich selbst gegraben, schützte indess Scheu vor Verletzung des Ruherechts der Todten vor, und lehnte, um die Sache harmlos erscheinen zu lassen, die sofort an einer gleichgiltigen Stelle angebotene Ausgrabung für ein andermal ab. Etwa 100 Schritt weiter nach Osten sind Spuren einer ähnlichen Anlage, die wohl auch ein Tempel gewesen sein mag.

Abends bei Gârallâh ungewöhnlich gut gegessen: Reis mit gebratenem Fleisch (was äusserst selten ist), dazu viele Trüffeln, aus denen allerdings die Steinbrocken nicht ganz ausgelesen waren. Der gutmüthige Khaṭîb ʿAbdallâh schob mir beim Essen die besten Stücke zu. Später kam noch Ṭalaḳ, der Sohn des Fahad, um uns im Namen seines Vaters für morgen zum Essen einzuladen. Er erzählte von einem antiken Kupfergefäss, das er in der Sebkhah (Salzsumpf im Norden) ausgegraben habe und zu Hause besitze.

Mi. 12. März 1884]. Mein erster Gedanke war abermals der Tempel. Also gleich wieder an Ort und Stelle. Dort hatten sie noch im Laufe des gestrigen Tages bereits einen Säulenstumpf blossgelegt. Die unterste allein übrig gebliebene Trommel war in zwei

Säulenstumpf in Teimâ.

1) S. oben, S. 159 ff.

Hälften gearbeitet; sie mass 210 cm im Umfang und ruhte auf einem mörtellosen Steinpflaster. Die Nähe der modernen Gräber hinderte an weiteren Bloslegungen.

Von da begaben wir uns zum Ḳaṣr ed-Dâïr, um den oft angekündigten und von dem Meschhĕdî zu einem Werthstück von 100 Megîdî aufgeblähten Stein in Augenschein zu nehmen. Derselbe befindet sich auf der Nordostecke des Gebäudes etwa 1 Meter über dem Boden in die Mauer eingelassen, ist etwa 1½ Meter lang und trägt eine in elendem Kûfî eingemeisselte Inschrift.

Abends bekamen wir bei Fahad einen arg verpfefferten Reis. Als wir nach Hause zurückkehrten, stand Naumân mit einem Beduinen von den Fúḳarâ da. Er hatte ein Delûl für 68 Megîdî gekauft. Die Beiden hatten heute von einer Gegend, Eḳraʿ[1]) genannt, einen starken Marsch hieher gemacht; desshalb sahen auch die Thiere sehr ermüdet aus. Wenn es uns nicht noch gelingt ein fünftes kräftiges Thier aufzutreiben, können wir die schweren Steine nicht mitnehmen, sondern müssen darauf bedacht sein, sie durch eine andere Gelegenheit nach Ḥâjel zu schaffen, und bei dem dort gelassenen grossen Gepäck für bessere Zeiten aufstapeln zu lassen.

Nach dem letzten Gebet rückten noch die üblichen Tagdiebe an. Der Meschhĕdî behauptete allen Ernstes, die Christen des Abendlandes hätten den Telegraphen gar nicht erfunden. Im ʿIrâḳ habe man schon im grauesten Alterthum diese Kunst geübt. Da von anderer Seite sich schüchterner Zweifel vernehmen liess, hielt unser Hauswirth el-ʿEnḳrî sich für verpflichtet, seinem persischen Freunde beizuspringen und versicherte, dem Salomo, Davids Sohn, sei der Telegraph bereits bekannt gewesen.

Do. 13. März 1884]. Nachdem stadtbekannt geworden war, dass Naumân 68 Megîdî für das Delûl bezahlt hatte, wurden uns hinter einander 3 Kameele ins Haus geführt, und unverschämte Preise dafür verlangt. Wir beharrten auf unsrem Ent-

1) الاقرع?

schluss, die Steine vorläufig hier zu lassen, und verzichteten auf die Erwerbung weiterer Thiere. Durch den beabsichtigten Kameelshandel strömten viele nasenweise Leute, die gar nichts dabei zu thun hatten, ins Haus, so dass der ganze Ḳăháwah zeitweise vollgepfropft mit Menschen war. Sie hatten wohl Alle gehofft, die Auszahlung des Geldes zu erleben und sich wenigstens am Anblick des vielen Silbers zu erlaben. Da blieb nichts Anderes üblich, als sie kurzer Hand aus dem Local hinauszucomplimentiren. Nach ihrem Abzug verspürte ich am eigenen Leib lebhafte Hinterlassenschaft [1]), und begab mich abseits zu einer ergiebigen Jagd in den Nähten meines Hemdes.

Da wir heute noch von Teimâ zu scheiden, und die Weiterreise nach el-Ḥegr anzutreten hatten, wurde alles Gepäck nochmals nachgesehen, in die Kameelstaschen verstaut, die Waffen geprüft, Mundvorrath und Schläuche gesichert, kurzum Alles zum unverzüglichen Aufbruch Nöthige bereit gelegt. Die Inschriftensteine wurden dem ʿAbd el-ʿAzîz el-ʿEnḳrî zur Verwahrung bis auf Weiteres in seinem Ḳaṣr [2]) überantwortet.

Ehe wir aber wirklich aufbrechen konnten, wurden wir noch zu einem für hiesige Verhältnisse lucullischen Mahle abgeholt in das Haus eines gewissen Rêṯ ibn Dawwâs [3]). Dieser Mann, eine Reisegefährte Huber's von seiner ersten Reise her, war die letzten Wochen von Teimâ abwesend gewesen und erst gestern hieher zurückgekehrt. Er hatte die Artigkeit, die Mahlzeit auf die aussergewöhnlich frühe Stunde um 3 Uhr Nachmittags zu richten, damit wir heute noch ein gutes Stück vorwärts kommen könnten.

Um 4 Uhr kehrten wir in unser Absteigquartier zurück, verabschiedeten uns mit Dank von dem Hauswirth ʿAbd el-ʿAzîz el-ʿEnḳrî und von den anderen anwesenden Notabilitäten, und verliessen ¾ Stunden später Teimâ.

---

1) S. Bd. I, S. 120. 2) S. oben, S. 154.

3) غيث ابن دوّاس.

XIV. CAPITEL.

Teimâ — el-Ḥegr — el-ʿÖla.

13.—30. März 1884.

Von Teimâ nach el-ʿÖla.

Do. 13. März 1884. Fortsetzung]. Die Sonne neigte sich stark gegen Westen, als unsre kleine Karawane die Stadt verliess. Wir waren 4 Personen: Huber und ich, der Diener Maḥmûd und als Führer Naumân, auf zusammen 4 Kameelen. Auf dem schwanken Rücken meines Delûl war mir ganz wonniglich zu Muth, als wir die letzten Häuser hinter uns hatten; denn erstens gieng es wieder in die Wüste, in die freie Welt hinaus, dann aber war mir die Brust geschwellt von dem Gedanken, dass ich mit jedem Schritt dem eigentlichen Ziele meiner Reise näher rückte, dass ich in den nächsten Tagen schon die Stätten meiner Sehnsucht, die Grabdenkmäler von el-Ḥegr und die Ruinen von el-ʿÖla zu Gesicht bekommen sollte. Es focht mich wenig an, als Naumân uns eröffnete, dass uns zwei Tage scharfen Ritts in nicht ganz sicheren Gegenden bevorstehen.

War ich doch mit Energie geladen und begehrte Nichts höher, als Anstrengungen und Fährlichkeiten jeglicher Art zu bestehen. Aus dem Teimaner Becken, das im Südosten durch den die ganze Gegend beherrschenden Gebirgsstock des Gebel Ṛanêm überragt ist, zog sich unser Weg durch eine langsam bis zu etwa 100 Meter Höhe ansteigende Mulde. Diese war in einer Breite von etwa 1 Kilometer und in einer Längenausdehnung von 3 oder gar 4 Kilometern übersät mit nur zum Theil reihenweise angeordneten Erd- und Steinhaufen. Ab und zu konnte man verfallene viereckige kleine und ganz niedrige Steinhäuser unterscheiden, ähnlich wie in der Todtenstadt Schôhar [1]). Hätten mir doch die Leute in Teimâ während der vielen müssig vergeudeten Zeit irgend eine Andeutung gemacht von dem Vorhandensein dieses alten Begräbnissplatzes! Hier mussten doch mit aller Wahrscheinlichkeit ganz wichtige Aufschlüsse über die ältesten Bewohner der Stadt zu gewinnen sein! Sollten denn da nicht der eine oder andere interessante Grabstein oder Inschriften verborgen stecken? Am liebsten wäre ich rasch abgestiegen, um doch auch nur ein paar der Beachtung werth scheinende Stellen in der Nähe zu untersuchen. Allein Huber widerrieth jede Unterbrechung des Marsches, und ich musste, wenn auch ungern, seinem Einspruch Rechnung tragen.

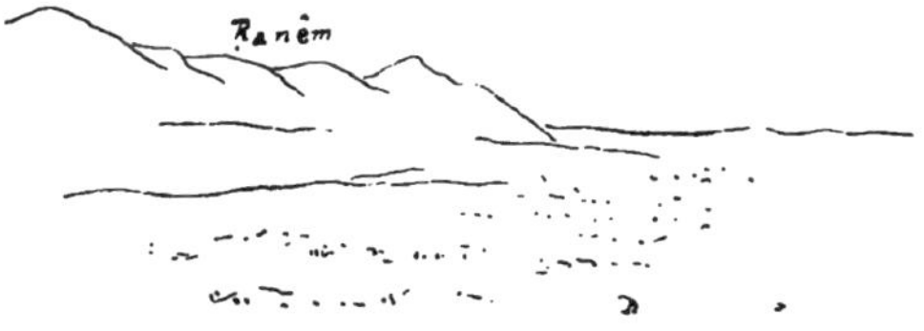

Nekropole von Teimâ.

Wir ritten also weiter, nachdem die Nacht eingesetzt hatte, zunächst ohne Mondschein, und lagerten schliesslich eine Stunde nach Aufgang des Mondes, gegen 9 Uhr, an einer ziemlich verborgenen Stelle, Khúbû [2]).

1) S. oben, S. 178—180.

2) خبو [Der Name bedeutet Versteck.]

Fr. 14. März. 1884]. Mit der Sonne aufgebrochen. Die Mulde el-Lebiddeh [1]), durch die unser Weg vier Stunden lang verlief, war durchsetzt von zahllosen abenteuerlichen kleinen Sandsteinfelsen. Die absonderlichen Formen sind zu erklären aus der Wirkung des Windes, der mit seinen Sandwirbeln in erster Linie die weicheren Schichten wegfegt, während die härteren oft weit auskragende Platten oder andere seltsame Gebilde aufweisen.

Sandsteinfelsen.

Gegen Mittag giengen wir in die Landschaft ed-Dirš [2]) über, in der sich an den braunen Felswänden eine Menge von Thiergestalten aller Art und thamudische Inschriften in Masse fanden. Wegen der Gefährlichkeit der Gegend konnten wir hier nicht lange verweilen, und der schneidende Wind erschwerte das Copiren ungemein.

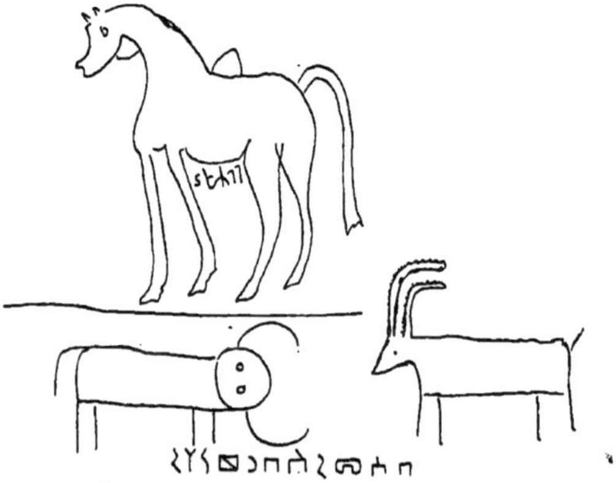

Thamudische Zeichnungen und Inschriften. [3])

Bei Sonnenuntergang und bei noch immer sich steigerndem

1) اللبدة!. 2) قارة الدغش.

[3) Die thamudischen Zeichen unter dem Pferde enthalten den Namen des Künstlers der wahrscheinlich *Liḥjân* hiess, oder eventuell *Laḥakân*. Unter dem Ochsen und dem Steinbock steht noch eine andere Inschrift, die mit den Bildern nichts zu thun hat. Sie lautet:

בסם נך (מ)רון הן. Das wäre arabisch بَاسِمْ نَاكَ مَرْوَانْ هُنَا — ein Beitrag zur Skatologie.

Wind kamen wir in die Nähe von zwei Wasserplätzen: der erste soll aus 12 Brunnen bestehen und heisst Rḥeijân [1]; der zweite, aus 3 Wasserlöchern bestehend, liegt hinter einem Sandsteinberg el-ʿAšârah [2], mit einer Warte auf der Spitze, die als Ṯamâjil [3] bezeichnet wurde. Hier rasteten wir, um etwas zu kochen, indess die Thiere an dem reichlichen Grünfutter sich erlustirten. In der Nähe einer Wasserstelle zu übernachten, ist immer gefährlich, und so entschlossen wir uns in der Nacht nach einigen Stunden weiter zu reiten. Vor uns dehnte sich eine Einsenkung, deren Grundfläche ohne jedweden Humus aus einem fugenlosen, glattgefegten Sandsteinboden bestand.

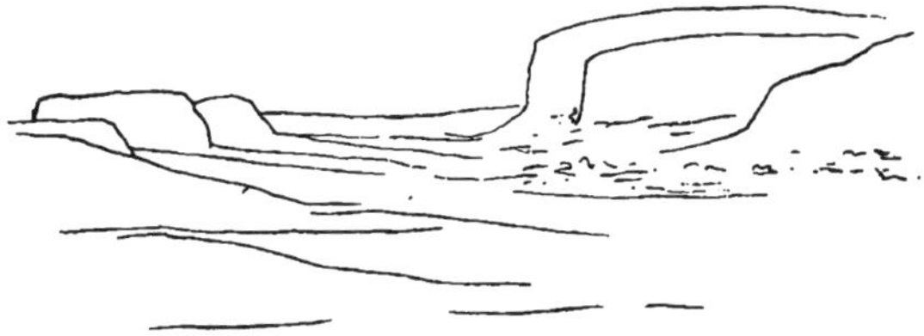

Sandsteinformation.

Binnen Kurzem trat stockfinstere Nacht ein; denn der Mond kam erst nach $9^1/_2$ Uhr herauf. Wohl durfte man ahnen, — was mir übrigens schon in Ḥâjel angedeutet worden war, — dass an den glatten, geradezu herausfordernden Steinwänden rechts und links Bilder und Inschriften angebracht seien; allein ich betäubte mein epigraphisches Gewissen mit sehr überzeugenden Gründen: 1) war es vollständig dunkel; Licht nicht zu beschaffen; 2) in der gefährlichen Gegend war es gar nicht rathsam, abzusteigen und sich bemerklich zu machen; 3) die

---

Hier hätte man also eine genaue Parallele zu den Inschriften von Thera wie etwa Ἀμοτίωνα ὤιπ(h)ε Κρίμων τε(ῖ)δε; vgl. Inscriptiones Graecae Insularum, ed. Hiller de Gaertringen, Berlin, 1898, No. 538. — Diese thamudische Inschrift wird von einem Städter stammen; denn bei den Beduinen ist in alter und neuer Zeit die Päderastie glücklicherweise so gut wie unbekannt.]

1) رحيّان. 2) العشارة.
3) ثمايل.

Ermüdung nach mehr als zwölfstündigem Ritt konnte doch auch als Entschuldigung gelten.

Nachts 12 Uhr stiegen wir von den Thieren. An verborgenem Feuer verbrachten wir noch ½ Stunde und legten uns dann ziemlich müde zum Schlaf nieder.

Sa. 15. März 1884]. Eine halbe Stunde vor Sonnenaufgang waren wir schon wieder im Sattel. Der Weg senkte sich gleich einer breiten Gasse langsam abwärts. Auf einmal erblickten wir links vor uns einen Beduinen mit einer Flinte, der trotz unsrem Anrufen nicht anhielt, vielmehr erschreckt im schnellsten Lauf einen Sandsteinklotz erkletterte und gegen Osten Zeichen mit den Armen machte. Da anzunehmen war, dass er als Wachtposten hier aufgestellt sei, rüsteten wir die Waffen und sandten gleichzeitig, zur Bekundung unsrer friedlichen Absicht, den Naumân zu Fuss und ohne Waffen zu ihm hinauf. Es war ein dem Naumân von früher her bekannter Fedzîr, d. h. dem Stamm der Fúḳarâ [1]) angehörig, diesem erst in letzter Zeit durch den Emîr zu Ḥâjel unterworfenen Stamm, der noch immer als unzuverlässig gilt. Um ihm Muth zu machen und ihn nicht zu verscheuchen, ritten wir ruhig weiter, so dass er sich bewogen fühlte, mit Naumân zu Fuss hinter uns dreien zu kommen und sich ein Stück uns anzuschliessen. Er war bekleidet mit Hemd, Lederjacke und Kopftuch, bewaffnet mit Luntenflinte und statt einer Lanze mit einer Hakenstange, wie man sie auf den Bildern von der Erstürmung der Bastille sieht.

Beduine.

Kurz danach sahen wir zwischen den Felsen durch, in einer Entfernung von drei oder vier Kilometern, gegen Osten, von der aufgehenden Sonne beschienen die Zelte der Fúḳarâ inmitten einer weitzerstreuten Kameelheerde von über tausend Thieren. Es dauerte nicht lang, so erschienen bei uns drei von den Beduinen und luden uns ein, bei ihnen abzusteigen, was wir aber dankend ablehnten. Nachdem sie eine Viertel-

1) Das ḳ wird vor i und anderen hellen Vocalen zu *dz*; vgl. Band 1, S. VIII.

stunde lang ihre Neugierde befriedigt und sich an unseren Waffen satt gesehen hatten, zogen sie sich wieder zurück, in

el-Haḍab.

ihrem Innern ohne Zweifel betrübt, dass sie uns fremde und reiche Reisende, weil von einem befreundeten Schammarî (Naumân) begleitet und gedeckt, nicht hatten ausplündern können. Da wir allen Grund hatten, nicht gar zu vertrauensselig zu sein, schwenkten wir zur Täuschung auf einem Umweg links ab, zuerst stark hinunter, dann wieder durch eine Sandlehne[1]) am Berge hinauf, und nun durch ein Labyrinth von coulissenförmig bis zu 150 m hoch aufragenden Felsen[2]) fünf Stunden lang: das war eine grossartige, mit fetten Waideplätzen durchsprengte Steinlandschaft, zu der, wenn in Europa gelegen, alle Touristen strömen würden. Eine Zeit lang hatten wir offenbar den richtigen Durchgang verfehlt und waren zu einem hals-

el-Haḍab.

brecherischen Abstieg durch eine steile Sandschlucht gezwungen. Mit meinen 99 ℔ Körpergewicht konnte ich es wagen, auf dem Kameel zu bleiben; die Anderen waren vorsichtigerweise abgestiegen. Als wir unten anlangten, zeigte es sich, dass Sättel und Gepäck nach vorne verschoben waren und darum ganz abgenommen und neu aufgelegt werden mussten.

Stets die Waffen zur Hand, ritten wir durch die todesstillen Schluchten im glühenden, goldgelben Sande. Nur ab und zu

1) سنيد senéjjid.

2) الهضب el-Háḍab genannt. [H.: *haḍbe*, pl. *heḍáb*, bezeichnet Sandstein- oder Granitberge.]

folgten uns mit unheimlichem Krächzen hungrige Raben. Hah, ihr unseligen Galgenvögel! ich verstehe eure Musik! vielleicht diesen Abend schon gedenket ihr, mir die Augen auszuhacken! in schâ'llâh — werdet ihr um eure Hoffnung betrogen! Seit Sonnenuntergang gestern Abend hatten wir Nichts mehr gegessen; darum waren wir froh, als beim Ausgang aus der Schlucht Naumân uns erklärte, von hier ab sei Nichts mehr zu befürchten, wir könnten getrost absteigen und zu unsern paar Datteln uns ein Brod, in der Asche des Feuers gebacken, vergönnen. Bereits verkündeten die vielen Fliegen die Annäherung an die durch ihren Fliegenreichthum berüchtigten el-Ḥegr und el-ʿÖla. Um die Zeit des ʿAṣr ritten wir über die Ebene, aus deren Mitte das moderne Pilgercastell Madâïn Ṣâliḥ mit seinen drei Palmbäumen auftauchte, dahinter links in Hufeisenform zusammengedrängt die Felskegel mit den Gräbern und anderen Resten des alten el-Ḥegr.

Ebene von Madâïn Ṣâliḥ.

Castell Madâïn Ṣâliḥ.

Im Castell wurden wir sehr freundlich empfangen. Es waren da als Vice-Commandant Ḥmeideh, dann Ḥâǵǵî Mabrûk, Ḥâǵǵî Ḥasan, Ḥâǵǵî Muṣṭafâ, lauter Maṛârĭbeh, d. h. Leute aus Algier, Tunis und Tripolis. Der eigentliche Commandant, Muḥammed ʿAlî war zur Zeit in Damascus; er ist derselbe, der den Doughty seiner Zeit ausgeplündert und ihm seine Flinte abgenommen hat. Ausserdem fand sich noch ein Beduine ein, Muḥammed el-Azraḳ von den Fúḳarâ. Den Thieren wurde reichliches Futter gestreut, und für uns wurde geschlachtet. Ich brannte vor Ungeduld, nur wenigstens ein paar hundert Schritte zu etlichen der nächstliegenden grossen Felsgräber zu unternehmen; denn, so oft ich auch die in Ritter's Erdkunde gesammelten Nachrichten über die Örtlichkeiten gelesen hatte, war ich nie darüber klug geworden, in welcher Schrift und Sprache die grossen Inschriften abgefasst seien. Fast unwillig wegen der Gefährlichkeit, begleiteten mich zwei Leute hinüber an die Felsen. Es war mir eine schwer zu beschreibende Erleichterung, als ich die Gewissheit erlangte, dass sie von den Nabatäern, diesem grossen Handelsvolke der alten Welt, herrührten. In weniger als einer halben Stunde war der Gang beendet [1]); die Sonne neigte sich zum Untergang, als wir wieder in den Hof des Castells zurückkehrten. Aus mehreren

Hof im Castell Madâïn Ṣâliḥ.

Kammern war das übliche Kindergeheul zu vernehmen, dazu das Blöken der Schafe und das Meckern der hungrigen Gaisen. Während wir auf das Essen warteten, füllte der einem religiösen Orden (Senûsîjeh) angehörige Ḥâǵǵî Muṣṭafâ die Zeit aus, indem er, den Rosenkranz zwischen den Fingern schiebend, hundert und aber hundert Mal dieselbe Formel herunter leierte [2]).

---

1) Über diese Denkmäler sind die näheren Ausführungen unten S. 251 ff. zu vergleichen.
2) Vgl. Band I, S. 187 u. Anm.

Im Laufe des Abends wiederholte er die sinnlosen Litaneien noch zwei Mal — für Unbetheiligte eine unausstehliche Gewohnheit! Da lob' ich mir doch noch die Tibetaner mit ihren weniger störenden Gebetsmühlen.

Wegen der Hitze und des Geschwätzes an dem heissen Feuer, zugleich in der Absicht dem Murmelbold Ḥâǵǵî Muṣṭafa entrückt zu sein, schlug ich mein Nachtlager nicht unter der Bogenhalle auf, der als Dîwân eingerichtet war, sondern legte mich oben hinauf auf den Wehrgang des Castells. — Hier in der Gegend wachsen viele Ṭerṭûṯ-Pflanzen, d. i. prügeldicke, tiefwurzlige Pflanzen mit dunkel-purpurnen Staubfäden; im Boden ist ein mindestens 2 Fuss langer Stiel. Man nennt sie gewöhnlich zubb el-arḍ „penis terrae". [Nach Fitting ist es Cynomorium coccineum L.].

So. 16. März 1884]. Morgens mit der Sonne brachen wir auf, ohne die seit neun Monaten mitgeschleppte Leiter, die Huber als für el-ʿÖla „unnöthig" bezeichnet hatte. Es schlossen sich uns noch an Ḥâǵǵî Ḥasan, Ḥâǵǵî Muṣṭafâ, Muḥammed el-Azraḳ und ein Beduine, der auf Gesellschaft gewartet hatte, um auf der kurzen Strecke von drei Stunden nicht ausgeplündert zu werden. Da allerdings zu befürchten war, dass unsere Ankunft in der Festung bereits gestern Nachmittag von den Bélî [1]) in den Bergen bemerkt worden war, so wählten wir einen Umweg, der etwa um eine Stunde länger war als der directe Weg. Letzterer führte durch eine Schlucht, in der hinter dem reichlichen Buschwerk bequemes Versteck für Strolche und Strauchdiebe geboten war; unser Weg machte einen Bogen nach Osten. Auf jede Anhöhe

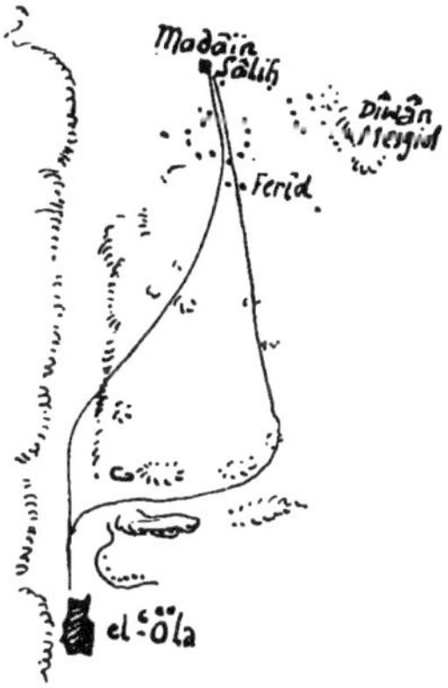

Lageskizze von el-ʿÖla und Madâïn Ṣâliḥ.

1) بلى. [Ein einzelnes Mitglied des Stammes heisst Blúwî, mehrere einzelne Mitglieder heissen Biljân; vgl. J. J. Hess, Beduinennamen aus Zentralarabien, Heidelberg, 1912, S. 9.]

sprangen unsere Begleiter mit den Flinten voraus, um den Weg zu überschauen und zu prüfen. Nach 10 Uhr kamen wir glücklich an das Ende der Schlucht: wir hatten sie ganz regelrecht umgangen. Und wie sich richtig nachher herausstellte, hatten sich bereits die ganze Nacht einige Kerle daselbst auf die Lauer gelegt, um uns abzufangen. Ihr Schurken, das ist euch, el-ḥamdu lillâh, vergeblich gelungen! Nach einer Viertelstunde gewahrten wir bereits die Palmengärten von el-ʿÖla: dazwischen lagen nur noch die Trümmer der alten Stadt, formlose Steinhaufen. In den Felsen zur Linken befanden sich die Grabnischen mit den Inschriften. Um ½11 Uhr ritten wir in das Nest selbst ein: in el-ʿÖla [1]). Der Ort liegt tief in einem Thalkessel, zwischen hohe Sandsteinberge eingeklemmt. Er ist reich an Dattelbäumen und an Wasser, darum aber auch eine Brutstätte für Fieber, und wegen der engen Bauart und Gepresstheit der Häuser ein Fliegennest, wie man es sich gar nicht ärger vorstellen kann; natürlich auch voll Staub und Dreck. Alle Häuser sind zweistöckig; von dem Ḳahâwah oder Dîwân führt die Treppe ins obere Stockwerk und von da hinaus auf ein kleines Dach. Mitten im Dorfe liegt ein Fels mit dem alten Castell; steigt man auf ihn hinauf, so sieht man, dass es eigentlich eine dreischichtige Stadt ist. Denn 1) zuunterst befindet sich das Stockwerk des Parterres; 2) darüber der obere Stock; 3) ganz oben ist die Stadt der Dächer, die fast alle zusammenhängen, da die meisten Gassen theilweise überdeckt sind [2]). Die Häuser sind gewöhnlich aus Stein gebaut; in ihnen ist viel altes Material verwendet, darunter manch liebevoll behauener Stein aus alter Zeit, mit verschiedenen Ornamenten wie z. B. in der Abb. auf S. 220 [3])

1) Der Name wird arabisch العلى, aber auch العلا und selbst العله geschrieben; auf den Karten heisst er auch el-Ala, bei Stieler Alli, u. a. m. Eine kurze Beschreibung auf Grund meines Tagbuches ist bereits 1889 in D. H. Müller, Epigraph. Denkmäler aus Arabien, S. 8—11, veröffentlicht.

2) Vgl. die „Bauten in Arabien" in der Österreich. Monatschrift für den Orient, XVI, 1890, S. 71—74.

3) Ähnliche Steine aus Nord-Afrika s. im Recueil de notices et mém. de la Société Archéol. du Département de Constantine, Vol. 23, 1883—84, Constantine 1885, Pl. I, II.

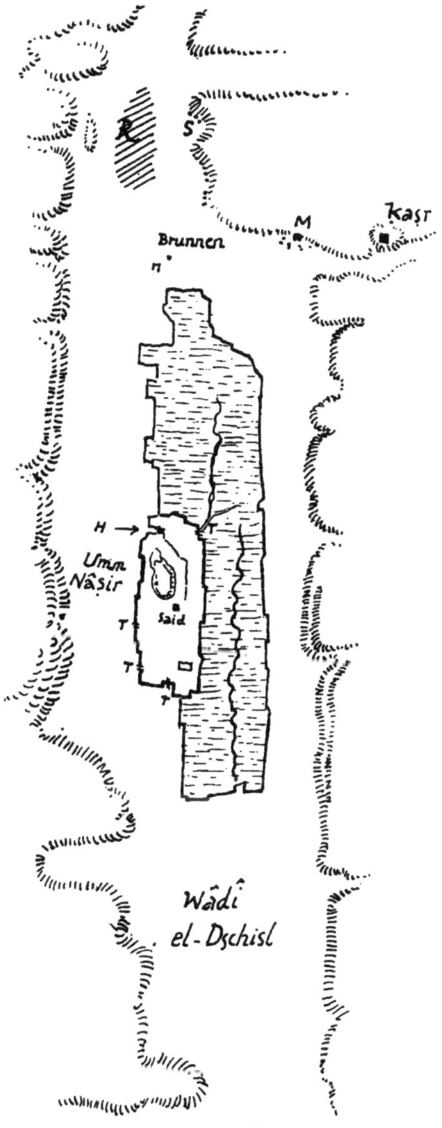

Plan von el-ʿÖla.
H = Haupteingang nach der Stadt. — M = Mumienfratzen — S = Schlacken. —
R = Ruinen. (Vgl. D. H. Müller, Epigraphische Denkmäler aus Arabien, Tafel XI).

aber auch mit vielen Inschriften. So habe ich bis jetzt deren 21 gezählt und alle abgeklatscht; ausser einem nabatäischen

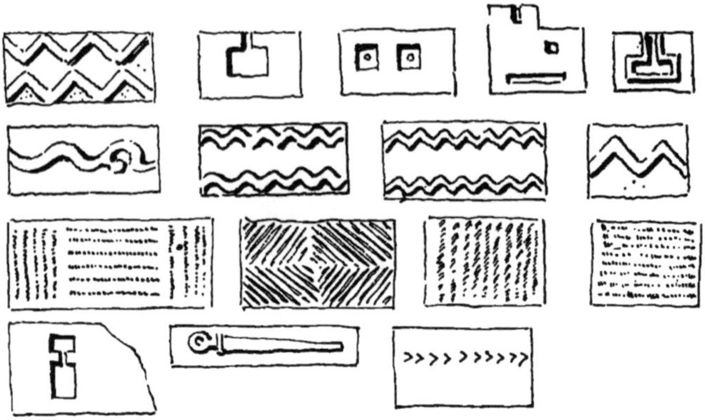

Steinverzierungen in el-ʿÛla.

Steine sind alle himjarisch![1]). Die Einwohnerzahl mag etwa 1000—1200 Seelen betragen; darunter sind viele Neger. Auch der Statthalter des Emîr, Saʿîd, ist ein Schwarzer. An Notabeln wären zu nennen der Ḳâḍî Mûsâ, dann ein gewisser ʿAbdallâh, der in Damascus geboren ist und so so Handel treibt, ferner ein ziemlich belesener Mensch, der mir von den Feldzügen des Harkal (Heraclius)[2]) und von Cäsarea und Constantinopoli zu erzählen wusste. Die Putzsucht der Neger hat hier die Tracht der Männer und Weiber beeinflusst. Man sieht bei vielen Männern ebenfalls blaue Hemden, wie bei den Weibern, aber mit vielen Messingknöpfen vorn herunter zum Zumachen, darüber eine blau und weisse ʿAbâ mit rothen Nähten; die Weiber sind mit kolossalen Ohr- und Nasenringen, auch mit Münzen behaugen, und ihr Kopfschleier ist unten mit batzengrossen Perlmutterstücken verziert. Die Bevölkerung geht, wenn sie es immer erschwingen kann, bewaffnet; denn unmittelbar vor den

1) Vgl. D. H. Müller, Epigraphische Denkmäler aus Arabien, Wien, 1889.

[2) Der Kaiser Heraclius (610—641), gegen den Muhammed zu Felde zog und der von dem zweiten Khalifen besiegt wurde, ist auch sonst bei den Muslimen im Volksmunde bekannt; vgl. das grosse Heldengedicht, das von C. Meinhof in der „Zeitschrift für Kolonialsprachen" 1911—1912 herausgegeben ist.]

Thoren der Stadt liegen die Bélî auf der Lauer, um alles zu plündern; so wurde gleich heute am Tage unsrer Ankunft, Nachmittags 3 Uhr, ein Weib, das am Beginn der Palmenpflanzungen etwas Futter holte, vollständig nackt ausgezogen. Wegen des Besitzes eines Dattelschlauches schlagen diese Gurgelabschneider ohne Bedenken einen Menschen tot. Der Sohn eines Schechs von hier, ein zwölfjähriger Knabe, spielte bei Hubers erstem Aufenthalt in el-ʿÖla, mit seinem Cameraden dreissig Schritt vom Thor, an einer Stelle, die ich selbst gesehen habe. Als die Sonne sich neigte, giengen die Buben ins Thor hinein. Der Sohn des Schechs, der natürlich selbst zum Spiel seinen Säbel bei sich hatte, war noch ein paar Schritte zurück geblieben; plötzlich sprangen zwei Kerle auf ihn los, um ihm den Säbel zu nehmen; da er ihn mit den Händen noch festhielt, biss ihm einer in den Finger, dass das Fleisch herunterhieng, dann rangen sie ihm den Säbel aus der Hand und zogen ihn vollends aus.

Nur die Stadt selbst zahlt dem Emîr den Tribut. Östlich von der Stadt waiden die Fúḳarâ [1]), von denen ein Theil dem Emîr den Tribut zahlt, der andere noch ununterworfen sich herumtreibt; doch stehen beide Theile unter einander im Bündnisse. Westlich wohnen und waiden in den Bergen die Bélî, denen der Emîr, nachdem ihre nördlichen Nachbarn, die B. ʿAṭijjeh sich unterworfen haben, wohl auch bald an den Kragen gehen wird. Im Süden wohnen die vor zwei Jahren ausgeplünderten und unterworfenen ʿAleideh [2]) von den Banî Wahab [3]).

Die Einwohner lieben das Wandern; die meisten sehen sich eine Zeit lang in Syrien, besonders in Damascus, um, andere aber auch in Stambul. So fragte ein alter Kerl im Ḳahâwah, ob wir wohl nach Stambul giengen. Wir antworteten: „Ja, aber es ist nicht sicher, und vielleicht erst in einem Jahre!"

---

1) الفقراء.

2) عليدة. [H.: el-Eídā, ist der Clan der Scheche der Wuld ʿAlī, die zu den Benî Wahab gehören.]

3) بنى وهب.

Dann meinte er ganz naïv: „So, dann werdet ihr dort meinen Sohn sehen! Ich möchte euch einen Brief an ihn mitgeben; ihr werdet ihn schon treffen!"

Bei unserer Annäherung an das Städtlein rannten schon alle möglichen neugierigen Einwohner mit ihren Flinten herbei; ein grosser Tross, der immer mehr anschwoll, wälzte sich vor, zwischen und hinter uns, und so wurden wir im Gedränge durch die engen, überdachten Gassen geschoben. In einem kleinen Hof, in dem kaum unsre vier Kameele Raum fanden, stiegen wir ab und begrüssten den schwarzen Saʿîd, den Statthalter des Emîr. Das ist ein ganz andrer Kerl als der geizige Hund von ʿEnḳrî in Teimâ, von dem Nichts zu erreichen war und der uns beinahe verhungern liess. Unser Gepäck wurde in ein halbverfallenes Haus eingeschlossen; wir selbst giengen in den Dîwân, der augenblicklich mit Gästen zum Ersticken voll war. Nachdem der Begrüssungs-Kaffee getrunken war, stiegen wir die Treppe hinauf, wo gute Datteln mit Butter vorgesetzt wurden. Dabei mussten aber von einem Sklaven beständig die Fliegen vom Mund weggewedelt werden; und trotzdem schwimmen sie nach fünf Minuten dutzendweise in den aufgestellten Lében [1])-Schalen herum. [Ähnliches ist dem Herausgeber in Palmyra passirt; wenn da — es war gegen Ende April 1900 — ein reiner Teller auf den Tisch gesetzt wurde, so war er sofort schwarz von 1—2 Schichten von Fliegen, die ihn im Nu bedeckten] [2]).

Saʿîd war sehr erfreut über unsere Ankunft und hatte uns schon lange erwartet. Er war äussert dienstbereit und sorgte gleich für alle gewünschten Reisevorräthe.

Am Nachmittag machte mir Huber eine Eröffnung, die er unbegreiflicherweise so lange verschoben hatte und von der ich auf das Höchste überrascht war: nämlich dass der Emîr meine Rückkehr nach Ḥâjel nicht wünsche, und dass er selbst sich

[1) D. i. saure Milch, ähnlich dem türkischen Joghurt.]
2) Vgl. unten S. 236.

daher von mir trennen wolle, um unsere in Teimâ zurückgelassenen Sachen [1]) zu holen. Es scheint, dass Ḥamûd, dem nur durch Ṛânem ibn Bânî meine Zornesäusserungen zu Ohren gekommen sein konnten, mein Todfeind geworden war und beim Emîr alle Mittel in Bewegung gesetzt hatte, um meine Austreibung in anständiger Form durchzusetzen. Hätte Huber mir das doch schon in Ḥâjel gesagt! Ich wäre damals nicht davon überrascht gewesen, und ich hätte dann doch gleich mein Eigentum selbst mitnehmen können! [Huber ist an jenem Befehle des Emîrs nicht unbetheiligt gewesen; er hat, wie man oben S. 105 zwischen den Zeilen lesen kann, in Ḥâjel kein ehrliches Spiel getrieben [2])]. Huber hatte nun die Absicht, über Khaibar an Medînah vorbei nach Ǵiddeh zu Land seinen Weg zu nehmen und dort mich wieder zu treffen, während ich von hier mit einem Schech der Bélî, den man jetzt holen lassen wollte, zuerst in el-Ḥegr (= Madâïn Ṣâliḥ) die Inschriften copiren, dann aber, über el-ʿÖla zurückkehrend, mit dem Schech durch das Land den wilden Bélî hindurch nach Westen auf el-Weǵh hinaus ziehen würde. Von dieser unter ägyptischer Oberhoheit stehenden Hafenstadt würde ich leicht Gelegenheit finden, mit einem Dampfer nach Ǵiddeh (Dschedda) zu reisen; von dort könnte ich womöglich einen Ausflug nach Ṭâïf machen, oder direct über Sues nach Beirut zurückkehren. Huber wollte dann von Ǵiddeh wieder nach Ḥâjel zurückreisen und dann über den ʿIrâḳ auf Damascus lossteuern. Aber das waren ja alles blaue Zukunftsträume!

Wir mussten zunächst an die practischen Folgen unserer Trennung denken. Zunächst theilten wir das Geld; es fielen auf Jeden 270 Megîdî (à $4^3/_4$ francs). Dann theilten wir die Cigarren, von denen Jeder 25 Stück erhielt; wir hatten in der letzten Zeit nur alle 6 bis 7 Tage je einen Stengel von dem kostbaren Kraut geraucht. Dann kamen die Lebensmittel dran;

---

1) Vgl. oben S. 207.
2) Vgl. auch unten die Anmerkung über die Leiter, S. 255.

Jeder empfieng eine Sardinenbüchse und die Hälfte von dem vorhandenen Thee. Ich kaufte selbst eine Kaffeekanne und einen Khörg, d. i. eine doppelseitige Satteltasche [1]); Papier, Chinin, Tinte, Abklatsche u. s. w. wurden gleichfalls vertheilt.

Abends gab es ein reichliches Nachtessen, bei dem mit der Palmfackel geleuchtet wurde und mit dem Muckenwedel die Fliegen verscheucht wurden. Schliesslich wurde auf dem Dach noch ein Feuer gemacht, und wir konnten wieder etwas frischere Luft athmen.

Mo. 17. März 1884]. Heute machte ich mich sofort an die Arbeit; denn die geliebten Inschriften liessen mir keine Ruhe. Wie schon oben (S. 220) bemerkt wurde, ist in el-ʿÖla eine grosse Menge von Inschriftensteinen in die Häuser und Mauern verbaut. Ich lief heute in der ganzen Stadt herum und trieb sehr viele solche Steine auf. Alle waren zu meinem Erstaunen mit himjarischen Schriftzeichen bedeckt. [Wie sich später herausgestellt hat, stammen diese „himjarischen" oder „südarabischen" Inschriften aus zwei verschiedenen Perioden, einer älteren und einer jüngeren. Gerade hier in el-ʿÖla laufen auch die Verbindungslinien zwischen dem alten Südaraberthum und dem alten Nordaraberthum zusammen. Dadurch sind diese Inschriften von grosser Wichtigkeit für die Geschichte des alten Nordarabiens geworden. Aus ihnen hat sich auch ergeben, dass der alte Name der Stadt Dedan war [2]). Dieser Name kommt im Alten Testament mehrfach vor; in Jesaia 21, 13 f. und Jeremia 25, 23 wird Dedan zusammen mit Teimâ [3]) genannt. Zur Zeit, als die Reiche der Minäer und Sabäer in Südarabien blühten, war hier eine südarabische Handelskolonie für den Transithandel zwischen Südarabien und Syrien. Die südarabischen Handelspioniere setzten sich in el-ʿÖla fest, ebenso wie sie es in Abessinien thaten. Und sie sind es, die hier das südarabische Alphabet einführten. Zuerst schrieben sie noch ihre heimische südliche Sprache mit

1) Auf dem Bilde Bd. I, S. 35, sind diese Satteltaschen zu erkennen.
2) Vgl. M. Lidzbarski, Ephemeris für semitische Epigraphik III, S. 273.
3) Vgl. oben S. 146.

ihrer heimathlichen Schrift: eine Anzahl dieser Inschriften wurden entdeckt. Dann aber — und dies war das überraschende Ergebniss des späteren Studiums der heute gefundenen Inschriften — entstand ein neues nordarabisches Gemeinwesen in el-ʿÔla, das seine eigene Sprache mit den von den Südarabern her übernommenen Zeichen schrieb. Nach einem in den Inschriften mehrfach erwähnten Namen pflegt man dies Volk als Liḥjaniten (Banû Liḥjân) und ihre Sprache als liḥjanisch zu bezeichnen. Es scheint, dass ihre Zeit etwa mit der ptolemäischen Herrschaft in Ägypten zusammenfällt; ein sicherer Beweis dafür wäre der Name TLMI, der in den Inschriften vorkommt, — falls er nämlich mit Ptolemaios identisch ist. Immerhin sind die liḥjanischen Inschriften als jünger denn die minäo-sabäischen und als älter denn die nabatäischen, von denen ich weiter unten, unter dem 25. März, sprechen werde, anzusehen; und das würde etwa auf die letzten Jahrhunderte v. Chr. deuten.]

Alle Inschriften, die ich heute fand, wurden natürlich sofort abgeklatscht. Da ich nur die nahe am Erdboden befindlichen in Angriff nahm, war die Sache noch verhältnissmässig einfach; doch am nächsten Tage sollte es viel besser kommen. Dass ich immer von einer ungeheuren Volksmenge begleitet wurde, versteht sich von selbst; und dort, wo ich abklatschte, entstand stets ein fürchterliches Gedränge. Kein Fürst hätte von mehr Trabanten begleitet sein können.

Abends kam auch Ḥêlân, der als Beschîr, d. i. Siegesbote, des Emîrs nach Teimâ gesandt worden war und nun noch andere Orte besuchen musste. Er brachte die Botschaft des Emîrs in einem Briefe und war ganz ausserordentlich aufgeputzt: er trug zwei Hemden, zwei Zebûn, zwei ʿAbâs, und dazu vier Keffijjehs auf dem Kopf. Der ganze Ḳahâwah war gestopft voll mit Leuten, und draussen auf dem Hofe standen auch noch viele, um das Siegesbulletin aus dem Munde des Vorlesers des Briefs des Emîrs, d. h. aus dem Munde unseres Dieners Maḥmûd, zu vernehmen.

In dem Briefe, den Huber sich auch noch durch Maḥmûd

copiren liess, stand also folgendes. „Der Emîr, der sich von Ḥâjel mit etwa 270 Pferden und etwa 5000 Schammarîs zu Kameel scheinbar zu einem Feldzug gegen Norden begeben hatte, wandte sich plötzlich über Meǵmaʿ, das östlich vom Ṭuweiḳ-Gebirge liegt, nach Süden. Ganz in der Nähe von Sulfeh, im

Verlesung einer Siegesbotschaft.

Wâdî er-Rummah, traf er 27 Eclaireurs der Feinde, die auf der Stelle umringt und niedergemacht wurden; nur zwei Fussgänger liessen sie am Leben, um den Lagerplatz der Feinde von ihnen zu erfahren. Nicht weit von dieser Stelle überfielen sie bei Tagesanbruch die vereinigten Lager der Leute des Ibn Saʿûd, des Wahhabitenfürsten von Rijâḍ, und der im November entwischten ʿAteibeh. Bei ersteren befanden sich drei Vetter des Ibn Saʿûd, die sogleich getötet wurden. Erbeutet wurden von ihnen: 7 Kameelsladungen Flintenvorrath, 37 Pferde, 16 Zelte, 2 Heerden Kameele (zu je 200 Stück); von den ʿAteibeh: 8 Kameelsheerden, Zelte, viele Schafe, Sclaven, auch 7 Fahnen, von denen der Emîr zwei in den Ḳaṣîm nach Bereideh und ʿAnêzeh zur Schau schickte, eine zu den Rualah, die vier anderen aber auf dem Meshab zu Ḥâjel als Trophäen aufpflanzen liess."

[Fast genau so wie diese Siegesbotschaft lauten die Berichte über die Kämpfe des Königs von Aksum, die er im vierten

Jahrh. n. Chr. auf Steintafeln eingraben liess; diese Inschriften sind von dem Herausgeber in Bd. IV der Deutschen Aksum-Expedition übersetzt.]

Jetzt werden sich die ʿAteibeh bald alle unterwerfen, und Ibn Raschîd wird über kurz oder lang den morschen Schattenthron der fanatischen, aber machtlosen Wahhabiten über den Haufen werfen: dann wird er factisch der Nachfolger und Erbe des alten wahhabitischen Gebietes zu seinen Glanzzeiten sein, nur mit dem Unterschiede, dass seine Regierung eine bessere sein und dass unter ihm eine bessere Ordnung herrschen wird. Bald wird er an beiden Meeren festen Fuss fassen und Herr von halb Arabien sein! [Diese Prophezeiung ist nicht in Erfüllung gegangen. Vielmehr hat Ibn Saʿûd später den Ibr Raschîd besiegt und sich zu grosser Macht aufgeschwungen. Im Herbst 1913 berichteten die Zeitungen sogar, dass er bis zum persischen Meerbusen vorgedrungen sei, Ḳaṭîf eingenommen habe und im Begriff stehe selbst Oman und Maskat zu unterwerfen. Er soll auch den Plan haben Mekkah und Medinah wieder zu erobern.]

Di. 18. März 1884]. Morgens wurde beim Ḳâḍî Mûsâ Kaffee getrunken. Danach schrieb ich etwas. Aber ich konnte es nicht lange bei dieser Arbeit aushalten, vielmehr musste ich immer an meine Inschriften denken. So machte ich mich denn bald wieder aus Abklatschen. Dabei sollte ich gründlich erfahren, wie viele Hindernisse und Mühsale ein Epigraphiker in Arabien zu überwinden hat: aber, für seine Kunst begeistert und vom Forscherdrange beseelt, spottet er ihrer und trägt seine papierne Beute heim, glücklicher und stolzer denn ein Waidmam, der einen Vierzehnender erlegt hat und heimschaffen lässt.

Es ist keine Kunst bei uns daheim im Museum Abklatsche zu machen. Dort liegt der Stein schön ruhig vor Einem; Papier, Wasser, Bürste, alles ist bequem zur Hand, und man braucht nur zuzugreifen. Auch reisst kein Wind Einem die Papiere aus der Hand, noch giebt es Hunderte von interessierten Zuschauern, die Einem fortwährend die Köpfe zwischen

Arme und Füsse stecken, um den Vorgang besser zu sehen. Da ich Thor auf Anrathen Hubers die Leiter in Madâïn Ṣâliḥ gelassen hatte [1]), so musste ich für die höher oben eingemauerten entweder auf dem Rücken meines Dieners Maḥmûd (Fig. A)

A Abklatschen von Inschriften. B

oder auf einem angelegten Palmstamm im blossen Hemd reitend (Fig. B) meine schwierige Arbeit machen.

Das allerverzweifeltste Mittel aber musste ich anwenden in einem Haus, in dem über einem 8 Meter hohen Thorweg, an einer engen Fensterluke ein himjarischer Stein eingemauert war (vgl. die nebenstehende Abbildung).

Da die Fensteröffnung sehr eng war, verzweifelte ich fast daran, zu meinem Ziele zu kommen. Nachdem ich die Erlaubniss erhalten hatte, das dunkle Haus zu betreten, stieg ich in den oberen Stock, um mir die Localität anzusehen. Das Fenster gieng beinahe eben mit dem Zimmerboden hinaus, der Laden liess sich nur bis zum rechten

---

1) S. oben, S. 217.

Winkel nach innen öffnen, und die Weite des 50—60 cm. hohen Fensters gestattete kaum den Körper durchzuschieben. Ich legte mich nun zuerst auf den Bauch, schob den Körper bis fast zur Hälfte zum Fenster hinaus und drehte mich dann auf den Rücken. Mein Begleiter, ʿAbdallâh ibn Ismâʿîl Mueiz[1]) legte mir das schon vorher genässte Papier auf die Brust; von hier nahm ich es ab und suchte es unter boshafter Dazwischenkunft von Windstössen über mir auf dem Stein zu befestigen. Zugleich musste ich auch die mir aut die Brust nachgeschobene Bürste ergreifen und meine Arbeit, so gut es gieng, vollenden.

Abklatschen einer Inschrift.

So gelang es mir, drei erträgliche Abklatsche zu Stande zu bringen; während der ganzen Zeit musste mein Begleiter mir auf die Beine knieen, damit ich nicht das Gleichgewicht verlor und zum Fenster hinausstürzte. Die braven Bürger von el-ʿÖla schüttelten die Köpfe ob solch unerhörten und unverständigen Beginnens und dachten in ihrem Herzen, der Stein müsse doch grosse Schätze an Gold und Silber bergen, die ich ihm durch mein Papier entzöge, oder er müsse die Anweisung enthalten solche zu finden. Ich aber zog nach vollbrachter That mit schwellender Brust in unseren Muckenpalast zurück.

Im Ḳahâwah fand eine heitere Gerichtsverhandlung statt. Der Raum sass ganz voll von Menschen. Auf einmal wälzten sich immer noch mehr Leute herein, stiegen aber alsbald die Treppe hinauf. Oben entspann sich ein lebhaftes Geschrei: das war die Gerichtsverhandlung. Ein Kerl wollte seine Steuern nicht zahlen und behauptete ganz frech, der Emîr in Ḥâjel hätte Nichts von ihm zu fordern; dér sei nicht sein Emîr, er hätte einen andern — privaten! — Emîr. Nun wurde, um des Gestreit etwas nachdrücklicher vom Platze zu bringen, plötzlich durch den

---

1) عبد الله بن اسماعيل مويز.

Ḳaháwah ein Balken getragen, die khašabeh [1]) oder ḥabs [2]), der Bock. Das wirkte eine Zeit lang als Schreckmittel; der Kerl erklärte, er wolle ja zahlen, man solle ihn das Geld daheim holen lassen. Zwei Gensdarmen wurden ihm mitgegeben; als er in der Nähe des Thores war, entsprang er. Natürlich ist die Procedur dadurch bloss verlängert; er wird, sobald er wieder ins Nest kommt und sein Haus aufsucht, in den Bock gespannt, bis er zahlt.

Abends waren wir bei einem gewissen ʿAbdallâh zum Essen eingeladen. Das war nach hiesigen Verhältnissen recht pikant: es gab eine Platte mit Reis, darauf etwas geröstete Zwiebeln und fein zerbröckelte Eier, dann Gaisenfleisch. Danach gieng ich auf unser Dach und rauchte noch eine der 25 Cigarren, in deren reichem Besitz ich mich jetzt befand. Wehmüthig sah ich dem sich kräuselnden Rauch nach, und machte mir klar, dass ich nur noch 24 hatte. Die Nacht war ziemlich frisch.

Mi. 19. März 1884]. Morgens wurde alles zur Abreise Hubers gerüstet. Ich gab ihm einen Brief an den Emîr mit, der folgendermaassen lautete [3]).

بسم اللّه الرحمن الرحيم

السلام من يوليوس ايتينك الي فخر الامراء الكرام محمد الرشيد
السلام عليكم ورحمة اللـه وبركاته وبعده يـا سيدي وصلنا الي العله
واستقمنا عنـد سعيد العلى لاجل ينظر لـنـا رفيق مأتمن يوقفنا في
الحجر ويوصلنا الوجه ولله الحمد وقفنا تيما وتبوك والحجر الي ان
وصلنا العلا لم يحصل لنا ثقله وحزنا جميع الهنا والسرور في انظاركم
ربنا يجزاكم عنا خير حيث عند ما كنا في حايل اغرقتونا في الممنونيه
وغمرتونا بالأفضال وكذالك في اي محل لقينا يعملو لنا الاكرام ويحشمونا
حسب انظاركم ربـنـا يديم لـنـا وجودكم وينصركم علي اعدأكم ويديم
عزكم مع اهدى سلامنا الي حمود العبيد والي عبد العزيز المتعب والي

1) خَشَبَة.

2) حَبّس.

[3) Dieser Brief ist genau nach dem Tagbuch vom 18. III. 84 wiedergegeben.]

الرشيد جميع وما حواه مجلسكم العامر ودمتم فى ٢٢ جا سنه ١٣٠١
داعيكم يوليوس ايتينك

el-ʿAlâ

J. Euting 18. III. 84.

[Zu deutsch:

„Im Namen Gottes, des barmherzigen Erbarmers.

Gruss von Julius Euting an den Stolz der edlen Fürsten Muḥammed er-Raschîd. Friede sei mit Euch und die Gnade Gottes und sein Segen!

O Herr, wir sind nach el-ʿÖla gekommen, und wir sind bei Saʿîd el-ʿAlî abgestiegen, damit er uns einen zuverlässigen Gefährten auserlese, der uns in el-Ḥegr begleite und uns nach el-Weǵh geleite. Gott sei Dank, wir haben Teimâ und Tebûk und el-Ḥegr besucht, bis wir nach el-ʿÖla gekommen sind, ohne dass uns ein Leid geschehen wäre. Wir haben eitel Glück und Freude gehabt, durch Ihre Hülfe. Gott lohne es Ihnen statt unsrer! Denn wie wir in Ḥâjel waren, haben Sie uns in Dankbarkeit ertränkt und mit Wohlthaten überhäuft. Und ebenso, wohin wir nur gelangen, thut man uns Gutes und ehrt uns um Ihretwillen. Gott erhalte uns Ihr Leben und gebe Ihnen Sieg über Ihre Feinde und mache Ihre Herrschaft lang auf Erden! Auch sende ich meinen Gruss an Ḥamûd el-ʿObeid und an ʿAbd el-ʿAzîz el-Metʿab und an er-Raschîd, an alle, die in Ihrer erlauchten Versammlung sind. Leben Sie wohl!"

(Datum und Unterschrift).]

Ḥêlân wollte eine Strecke den gleichen Weg wie Huber reiten. Bis ans Thor begleitete uns die Bevölkerung in grossen Schaaren. Wir nahmen herzlich Abschied, und ich hoffte aufrichtig, Huber werde seine gefährliche Reise glücklich beendigen. Einen Gefährten, mit dem man in der weiten Fremde so eng verbunden gewesen, mit dem man Freud und Leid getheilt hat, so ins Ungewisse hinausziehen zu sehen, geht dem Menschen nahe ans Herz. Was wird er noch alles erleben? Wie wird es mir selbst ergehen? Nunmehr ist jeder auf sich allein angewiesen, und Fährlichkeiten drohen von allen Seiten! Meine Wünsche für Huber sollten nicht verwirklicht werden: er wurde am 29. Juli desselben Jahres ermordet. Doch meine eigene bange Hoffnung auf ein glückliches Ende der Reise wurde erfüllt. Allah sei gepriesen!

Aber ich will den Ereignissen nicht vorauseilen. — Nachdem ich mich von Huber verabschiedet hatte, setzte ich mich auf unser Dach, um mein Tagbuch in Ordnung zu bringen.

Nachmittags wurde zunächst mein Gepäck vom Dach ins Haus geschafft, weil Saʿîd selbst es dort nicht für sicher hielt und die Möglichkeit bestand, dass es in der Nacht gestohlen würde. Etwa um 1 Uhr bestieg ich ungesehen mit dem Sclaven Merzûḳ [1]) den Felsen, der mitten im Nest gelegen ist und Umm Nâṣir [2]) genannt wird. Dort klatschte ich eine himjarische Inschrift ab und stieg dann auf dem halsbrecherischen Wege mit den Abklatschen wieder hinunter. Dabei fand ich nach der Reihe vier neue Inschriften, unter ihnen eine gute nabatäische „aus dem ersten Jahre des Arethas, des Königs der Nabatäer [3])". Mein Begleiter, der Sclave Merzûḳ, stellte sich bei der Arbeit sehr geschickt und behilflich an. Die umstehende Bevölkerung von allen Altersstufen war unausstehlich, nasenweise und frech; alle verlangten Bakschisch. Dies Wort hatten wir erst am Derb el-Ḥaǵǵ wiedergefunden. Gottlob hatten wir's lang nicht gehört. Einer hatte die Frechheit Bakschisch zu verlangen, weil er aus dem Land der Christen sei; ich spuckte aus und sagte: „Du bist nicht aus dem Lande der Christen, wohl aber einer von den Lügnern!"

Abends ass ich bei Saʿîd zu Nacht. Das Mahl war sehr einfach; es bestand nur aus Reis und Brod.

---

1) مرزوق.

2) ام ناصر; vgl. den Plan oben S. 219.

3) שנת ו לחרתת מלך נבטו.

Do. 20. März 1884]. Alle Morgen hört man hier in den Bergen den Gesang der Hirten, der auch einem europäischen Ohre ziemlich melodisch klingt; man glaubt fast in Tirol zu sein. Es ist wohl eben die Berggegend, die ihre Bewohner solchen Gesang lehrt.

In den Ruinen des alten el-ʿÖla, die el-Khreibeh [1]), d. h. „kleine Ruine", genannt werden, werden öfters Alterthümer vom Regen ausgewaschen. So wurde mir heute Morgen z. B. ein Thongefäss gebracht, das nach dem letzten Regen dort gefunden war.

Thongefäss aus el-ʿÖla.

Ich frühstückte in einem fremden Hause; dann trank ich, wie schon mehrmals, Kaffee beim Ḳâḍî Mûsâ. Nun beschäftigte mich die Toilette des braven Merzûḳ, der mir gestern so gute Dienste geleistet hatte. Es war — wenigstens für mich — immerhin bemerkenswerth, dass der Mensch nur mit einem durchsichtigen Packtuch bekleidet herumlief. So griff ich denn in den Sack und kaufte ihm ein Hemd, das einen Megîdî kostete.

Nachmittags kam ein Blúwî, d. i. ein Beduine vom Stamme der Bélî, mit der Nachricht, dass gestern ein Ṛázû von Norden her gekommen sei. Ich dachte sofort an Huber und Ḥêlân und hoffte, dass sie den Räubern nicht in die Hände gefallen seien. Bald cursirten über diesen Ṛázû die verschiedensten Gerüchte. [Man konnte dabei ein Studium historischer Methode machen. Augenzeugen und Leute, die es von Augenzeugen gehört haben, oder Leute, die sich wiederum auf die Letzteren berufen, erzählen der Eine so, der Andre anders. Dies kann man auch gut auf die einheimische Überlieferung der ältesten Geschichte der Araber anwenden.] Also zunächst wurde berichtet, dass Ḥêlân und sein Rafîdz [2]), d. i. „Begleiter", Šimlânî von den Bélî ihrer Thiere und aller Habseligkeiten beraubt worden seien. Dieser Šimlânî wurde später genauer bezeichnet als Schech

1) الخريبة.

2) رفيق.

Slîmân ibn Refâdeh, ein Blúwî, der in el-Weǵh wohnhaft und ägyptischer Unterthan sei. Dann wurde aber berichtet, dass die Räuber dem Ḥêlân all sein Sach zurückgegeben hätten, mit Ausnahme seines Delûls, da dies das Zeichen [1]) der Huteim trug. Schliesslich hiess es aber wiederum, diese letzte Nachricht sei nicht wahr [2]). [Der Herausgeber jedoch weiss nicht, worauf sich dieses „nicht wahr" bezieht, ob 1) darauf, dass Ḥêlân ein Kamel mit dem Brandzeichen der Huteim gehabt habe; oder 2) darauf, dass dem Ḥêlân nur dies Kameel genommen sei; oder 3) darauf, dass die ganze Nachricht falsch sei. Im ersten Falle bleibt das Ganze noch unentschieden; im zweiten hat Ḥêlân alles zurückerhalten, auch sein Kameel; im dritten hat er überhaupt Nichts zurückbekommen]. Über Huber's Geschick werden wir noch Näheres unter dem 25. März hören.

Später schlenderte ich im Nest umher, auf der Suche nach Inschriften. Und richtig, acht neue Inschriften waren der heutige Ertrag. Aber schockschwerenoth! — da sind ja zwei wieder so hoch, dass ich ohne Leiter nicht an sie hinanreichen kann! Die Leiter! Die Leiter! Wenn ich nur die Leiter hätt!

Auch heute waren meine Sachen während des Tages wieder vom Dach ins Haus hinübergeschafft, weil hier Nichts sicher ist vor den Dieben, die über die Dächer laufen. Vor ein paar Jahren kam ein Kaufmann aus Damascus hieher; dem wurden zwei vollständige Kameelsladungen Waaren vom Dache ganz und gar weggeputzt, ohne dass irgend etwas wieder zum Vorschein kam.

Der Abend wurde in der Familie (!) zugebracht. Cholwah [3]), die Frau des Saʿîd, hatte ein Kind von vier bis fünf Wochen und klagte über grosse Schmerzen im Bauch auf der linken Seite. Schon kurz vor seiner Abreise hatte Huber ihr irgend

1) وَسم.

2) Vergl. ähnliche Berichterstattung in Band I, S. 64.

[3) Es ist nicht sicher, ob حَلوة oder خَلْوة gemeint ist.]

eine unschuldige Arzenei verabreicht. Heute, als wir einen Augenblick allein waren, bat sie mich, sie genauer zu untersuchen: sie hatte offenbar eine Entzündung des Uterus. Sie bot mir einen halben Megîdî an, wenn ich ihr von ihren Schmerzen hülfe: ich verordnete kalte Umschläge oder Umwicklung. — Deiseh [1]), die Schwiegermutter (oder das erste Weib?) des Schech, verehrte mir ein dreckiges Körble, wofür ich ihr ½ Megîdî schenkte.

Zum Nachtessen gab es Reis mit ein paar Stücken von Gaisenrippen, dazu ein paar Eier, Brod und süsse Milch.

Fr. 21. März 1884]. Der heutige Tag war nicht besonders ereignissreich; um so mehr Gelegenheit hatte ich Betrachtungen anzustellen über die Fliegen und den Dreck von el-ʿÖla im besonderen und über das Leben einer centralarabischen Stadt im allgemeinen.

Morgens war grosser Kaffee bei Saʿîd; dazu gehört natürlich das obligate Geschrei. [Es war ein wüstes Durcheinander von Stimmen, so dass der Herausgeber dabei an die „Unterhaltung der Berberiner, bei der Zehn reden und Einer zuhört", erinnert wird].

Im Innern des Hauses von ʿAbdallâh Mueiz [2]) klatschte ich eine himjarische Inschrift ab. Dann kam die Nachricht, dass Huber wieder nach el-Ḥegr zurückgekehrt sei und erst heute von dort aufbrechen werde.

Ferner erlebte ich ein eclatantes Beispiel dafür, dass man nie schnell genug eine Inschrift copiren kann, bevor sie der Zerstörung durch Zufall und Dummheit ausgesetzt wird. Gestern nämlich, beim Gang an der Stadtmauer hatte ich eine Inschrift hart am Boden entdeckt; das war dicht am Spielplatz der Kinder. Natürlich kamen die Kinder gleich herzu, als ich einen Augenblick stehen blieb, um dem Merzûḳ den Stein ins Gedächtniss einzuprägen, damit wir ihn am nächsten

1) ديسة [H.: Dîse.]

2) Vgl. oben, S. 229.

Tage abklatschen könnten. Heute, wie wir mit dem Abklatschmaterial anrückten, war der Stein jämmerlich beschädigt: die dummen Buben hatten mit Steinen daran herumgeklopft. Zum Glück stellte es sich heraus, dass es ein Stein mit einer werthlosen arabischen Inschrift war. [Einer kurzen nabatäischen Inschrift in Bosra, die der Herausgeber in den Nabataean Inscriptions, Leiden, 1913, S. 58), veröffentlicht hat, ergieng es genau so; zum Glück war vor der Zerstörung eine Copie gemacht worden. Ein anderer schöner nabatäischer Inschriftenstein, den der Herausgeber im Jahre 1900 in Sîʿ im Ḥaurângebirge abklatschte und in den Semitic Inscriptions, New York 1904, S. 90, veröffentlichte, war bei einem zweiten Besuche der Ruinenstätte im Jahre 1904 vollständig in Stücke zerschlagen: die Einwohner hatten nachsehen wollen, ob Gold oder Silber in dem Stein sei. Der eclatanteste Fall aber ist die Geschichte der berühmten Mesa-Inschrift, die im Jahre 1868 im Ostjordanlande entdeckt wurde und die für die Geschichte des alten Orients von der grössten Wichtigkeit ist. Sie wurde von den Beduinen zerstört, indem man den Stein erhitzte und denn kaltes Wasser darauf goss!]

Nun zu den Fliegen und zu dem Dreck! Die Fliegen sind hier so massenhaft, dass es selten möglich ist, einen Abklatsch fertig zu bringen, ohne dass zwei, drei, vier, auch zehn Fliegen sich zwischen das nasse Papier und den Stein drängen und natürlich mit abgedruckt werden. Beim Essen, besonders der Datteln, bringt man kaum einen Bissen in den Mund, ohne ein paar Mucken mit hineinzukriegen. Sobald die Kaffeekannen nicht unmittelbar auf den Kohlen stehen, müssen sie mit einem Lumpen zugedeckt, der Deckel heruntergeklappt, und die Schnauze ebenfalls mit einem Lappen fest zugebunden werden. Unser erster Empfang in el-ʿÖla, den ich oben S. 222 beschrieben habe, war also ein Omen für manche künftige Tage gewesen. Von dem Dreck und dem Staub von el-ʿÖla kann man sich schwer eine Vorstellung machen, wenn man ihn nicht selbst gesehen hat. Aller Abfall, aller Mist, aller Koth liegt auf

Strassen und Höfen umher, sinnreich vertheilt, so dass man bei jedem Schritt Gelegenheit hat hineinzutreten. Der Staub, vermischt mit Tausenden von Milliarden Bacterien oder noch mehr, umgibt einen auf allen Seiten; er dringt in Mund, Nase, Augen, Ohren, ja in die Poren der Haut ein. Man sieht ihn, man fühlt ihn, man riecht ihn, ja, man erlebt ihn! Der Dreck scheint heilig und unantastbar zu sein wie das Schwein.

Gegen Abend gieng ich mit ʿAbdallâh Mueiz in seinen Palmengarten. An der lauen Quelle, deren Wasser 28,5 Grad Celsius warm war, leben viele kleine Muscheln von derselben länglichen spitz zulaufenden Gestalt wie in Teimâ. Nachher ass ich in seinem Hause zu Nacht.

Sa. 22. März 1884]. Es war ein frischer Morgen. Zu Haus in Deutschland wird heute Kaisers Geburtstag gefeiert. Aber wer der Deutsche Kaiser und was Deutschland sei, davon hatten die Simpel hier natürlich keine Vorstellung; es war darum unnütz und unmöglich, sie darüber aufzuklären. Ja, in Ḥâjel hatte ich wenigstens noch auf ein gewisses Verständniss rechnen können.

Erst nach Mittag stellte sich Merzûḳ ein, um die neu gefundenen Inschriften abzuklatschen. Eine war so hoch, dass kein Palmbaum reichte. Wo ist die Leiter? Die Leiter, ja, die hätte hinaufgereicht; aber sie war in sicherer Hut im Castell von Madâïn Ṣâliḥ. O Huber, was für Unheil hat dein Rath angerichtet! Und o über mich Esel, dass ich deinem Rathe folgte! Eine andere, ebenfalls sehr hohe Inschrift habe ich nur mit wirklicher Lebensgefahr erreichen können. Dazu war noch der Stamm nicht ganz capitelfest, und ich fürchtete, er könnte mitten durchbrechen.

Der Kerl, der unlängst, wie ich oben S. 229—230 erzählt habe, steuerflüchtig durchgebraunt war, sass heute Abend wieder, nachdem er durch einen Sicherheitsbrief des Saʿîd aus seinem Asyl in der Festung zu Madâïn Ṣâliḥ zurückgekehrt war, ganz gemüthlich am Kaffeefeuer bei Saʿîd Abû ʿAlî und liess weiter mit sich pactiren. Auch am folgenden Morgen spielte sich beim Kaffee die Scene weiter. Nur vergass leider der Hauswirth ob dem Gezeter und Geschrei, den Kaffee zu bereiten. Es war entsetzlich heiss, und ich war heilig froh, als ich endlich nach beendigtem Kaffee auf mein Dach hinübersitzen konnte.

So. 23. März 1884]. Der Morgen war schwül, schwere Wolken hiengen am Himmel. Gewitterstimmung lastete auf der Landschaft.

Meine Thätigkeit galt heute wie gewöhnlich den Inschriften. Zuerst erwarb ich den nabatäischen Stein, der aus dem 1. Jahre des Königs Arethas datiert war [1]), um einen Megîdî. Dann liess ich ihn noch gegen ½ Megîdî auf ein Drittel seines ursprünglichen Gewichts behauen, um ihn leichter transportiren zu können. Zwei andere Steine mit liḥjanischen Inschriften suchte ich gleichfalls zu erstehen. Den einen weigerte sich der Eigenthümer gegen 1 Megîdî abzutreten. Den anderen, der von einem kleinen Altar herzurühren scheint, hoffte ich noch für 1 Megîdî zu bekommen: in der That erhielt ich ihn am nächsten Abend. Da er sehr hoch eingemauert war, musste man ihn erst unter Schwierigkeiten von seiner Stelle loslösen.

Heute kam ich mit meinen Inschriften von el-ʿÖla bereits auf N°. 50, und noch waren mir zwei weitere in den Palmgärten angekündigt. Der Sclave Merzûḳ, mein Leibsclave, ist durch die verschiedenen Bakschische sehr anstellig geworden und hat zwei gute Inschriften entdeckt; ein paar andre von ihm gemeldete waren werthlose arabische Inschriften. Oft werde ich in oder an Häuser gerufen, wo angeblich eine Inschrift sein soll: das ist dann manchmal nur ein grob behauener Stein oder irgend ein roh gearbeitetes Steinornament. Aber man darf die Leute nicht entmuthigen und sie nicht desswegen auslachen; sonst zeigen sie einem Nichts mehr.

Die Fliegen waren heute wie besessen. Das machte die Nähe des Regens: der entlud sich unter lebhafter Donnerbegleitung

---

1) S. oben, S. 232.

von 4 Uhr Nachm. an mit reichlichem Schwall. Darum verlegte ich heute auch mein Nachtquartier vom Dache ins Haus.

Mo. 24. März 1884]. Nun sollte ich endlich die Ruinen des alten el-ʿÖla selbst kennen lernen. Seit einer Woche war ich innerhalb der Mauern des lieblichen Nestes eingesperrt. Wären nicht die Inschriften gewesen, die meine Zeit doch immerhin ziemlich gut ausfüllten, so wäre es nicht zum Aushalten gewesen. Während all der Tage hatte ich mich doch auch danach gesehnt, einen Spaziergang ausserhalb der Mauern zu machen, und noch lieber mich in den Sattel zu schwingen und das ganze weite Ruinenfeld zu durchstreifen.

Morgens mit der Sonne fanden sich 23 Gewehrbewaffnete [1]) im Ḳahâwah des Saʿîd ein. Es verstrich aber noch einige Zeit, bis all die verschiedenen Schafheerden, Esel, Weiber und Kinder beisammen waren, die alle von der seltenen Gelegenheit profitieren wollten, eine Viertelstunde ausserhalb der Mauern von el-ʿÖla Futter zu suchen. Endlich fand der Exodus statt. Voraus gieng eine Anzahl Kundschafter, die sich bei jeder kleinsten Erhebung des Bodens auf den Bauch legten, um die Örtlichkeit auszuspähen. Wirklich zeigten sich einige Räuber [2]) vom Stamme der Bélî, die sich aber bei dem Anrücken der grossen Heeresmacht allmählich wieder verzogen.

Die Ruinen [3]) sind ein loser Haufen von rothen Sandsteinbrocken; sie liegen auf einer kleinen Bodenerhebung im Thal, zwischen den hohen Bergen eingeschlossen. Rechts und links stehen einige Akazienbäume [4]), dazwischen Futter. Mitten in den Ruinen liegt ein aus dem natürlichen Sandstein gemeisseltes und im Fels ruhendes Gefäss von colossalen Dimensionen das innen drei zerbrochene Stufen hat (Abb. S. 240). Es wird von den Eingeborenen Ḥalâwijjet en-Nebî (sc. Ṣâliḥ) [5]) genannt. Nach ihrer Meinung ist es das Gefäss, aus dem das durch die

1) بواردیه bawârdijjeh.

2) حرامیه ḥarâmijjeh.

3) الخریبه.

4) طلح ṭalḥ.

5) حلاوية النبى صالح.

Sage geheiligte Kameel des Propheten Ṣâliḥ mit Milch getränkt wurde [1]).

Ḥalâwijjet en-Nebî Ṣâliḥ.

Das Ganze erinnert stark an die „Bütte des Abts von Maursmünster," die zwei Stunden südlich von Zabern (im Elsass) mitten im Walde liegt. — Weiter fand ich in den Ruinen zwei Paar Schienbeine von Statuen, von einer doppeltlebensgrossen, sowie von einer kleineren; an der grossen waren noch die Ansätze von Sandalen zu sehen. Auch lagen einige Reste von Gefässen aus gestreiftem Sandstein umher. Die Buben brachten mir ein Bruchstück einer kleinen Statue mit ägyptischer Haartracht. Das Fragment war etwa 30 cm. hoch; zu ihm mögen die kleinen Schienbeine gehört haben.

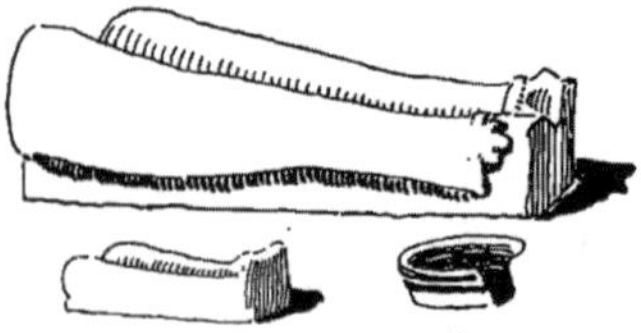

Fragmente in el-ᶜÖla.

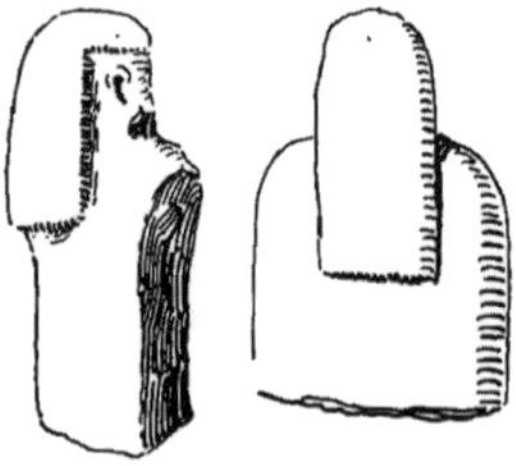

Statuenfragment.

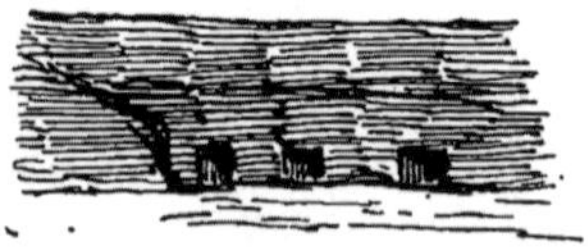

Grabhöhlen.

Die Grabhöhlen sind hier sehr einfach (S. Abb.). Sie enthalten

1) يحلبوا منها الناقة.

noch einige Knochenreste, Fetzen von Leichentüchern und Holzsplitter von den Särgen, auch Reste von Stein- und Thongefässen. — An einem Abhang traf ich viele grünlich-schwarze Schlacken; ihr Fundort ist auf dem Plan oben S. 219 angedeutet.

Ausserdem fand ich eine ganze Anzahl von Inschriften; mit einer Ausnahme, einer kurzen nabatäischen Inschrift, die wohl den Namen eines Mannes und seines Vaters angab[1]), waren alle „südsemitisch", d. h. minäisch und liḥjanisch, Inschriften von denen oben S. 224—25 die Rede gewesen ist. [Die hier gefundene· .riften sind so recht geeignet den Übergang von der minäo-sabäischen Schrift zur altnordsemitischen Schrift zu ·igen.]

Felswände bei el-ʿÖla.

Ich nahm meinen Weg von Nord nach Süd, da ich an den Felswänden noch mehr Denkmäler des Altertums vermutete. Meine Gefährten behaupteten zwar, dort im Südwesten sei Nichts vorhanden, und riethen mir dringend ab dorthin zu gehen, da jene Gegend sehr gefährlich sei. Ich liess mich aber durch Nichts beeinflussen, sondern setzte meinen Weg fort, begleitet von vier Bewaffneten, während das Lager meiner Begleiter im Thal parallel mit mir weiterwanderte. Und ich hatte meinen Entschluss auch nicht zu bereuen; denn

[1) Diese Inschrift ist in Euting, Nabatäische Inschriften aus Arabien, S. 13, nab. 44 abgebildet. Auch im Corpus Inscriptionum Semiticarum, II, No. 121 ist sie wiedergegeben. Wahrscheinlich ist zu lesen „al-Nafîjj, Sohn des ʿAbd."]

ich traf bald an der Felswand in vier Nischen, deren Lage auf S. 219 und in der folgenden Abbildung ersichtlich ist, vier

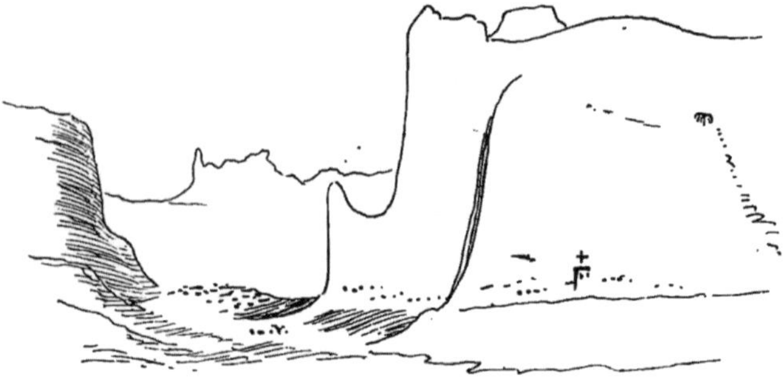

Felswände bei el-ᶜÛla. (Bei + Mumienfratzen).

seltsame Mumienfratzen, in je zwei Paaren, die halb an ägyptische, halb an mexikanische Gestalten erinnern, mit bleckendem Gebiss. Zwischen dem ersten Paar befand sich eine gute Inschrift,

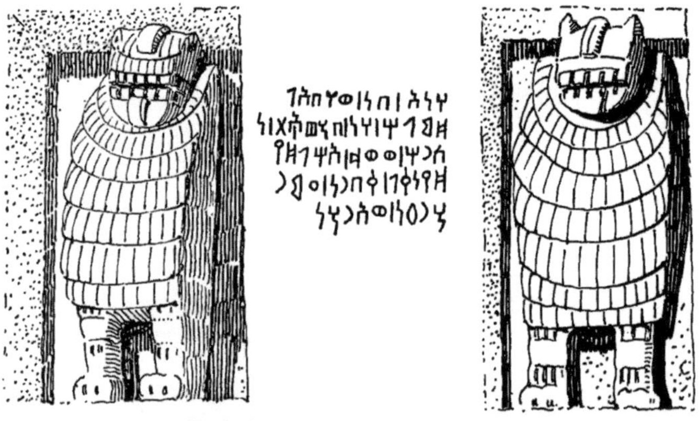

Mumienfratzen und minäische Inschrift [1]).

die ich leider wegen des schmalen Wegs, auf dem ich nicht zurücktreten konnte, nur unvollkommen sah und die ich ohne Leiter nicht erreichen konnte.

[1) Die Inschrift zwischen den Bildern ist von dem Herausgeber nach dem Abklatsche der Patres Jaussen und Savignac, Revue Biblique, 1912, S. 80, hinzugefügt, da Euting's Copie nicht ausreichte.]

[Über diese Inschrift zwischen den beiden Mumien ist inzwischen viel geschrieben worden [1]. Aber erst nachdem die Patres Jaussen und Savignac einen Abklatsch von ihr gemacht hatten, war es möglich, eine sichere Lesung und eine einigermaassen sichere Deutung zu geben. Letzteres geschah durch M. Lidzbarski, den verdienten Erforscher semitischer Inschriften. Nach seinen Erklärungen möchte ich das Ganze etwa folgendermaassen übersetzen:

„Hâniʾ, Sohn des Wahabʾēl, aus Milḥ. — Siehe, mit einer Busse von Nikraḥ und Wadd sei der belegt (?), der etwas an diesem Grab ändert, während der Dauer von Jahren und Monaten!"

Es ist also eine minäische Grabinschrift, mit Angabe des Namens des Bestatteten und Strafandrohung im Namen des heimischen südarabischen Götter. Unten werden wir sehen, dass die Nabatäer dasselbe thaten im Namen ihrer Götter. Der Ausdruck „während der Dauer von Jahren und Monaten" bedeutet soviel wie „in alle Ewigkeit!"]

Noch ungünstiger gelegen waren andere Inschriften, die 10—15 Meter hoch eingemeisselt waren. Diese müssen nur von oben zugänglich gewesen sein, und zwar von der auf halber Höhe gelegenen Festung.

Ziemlich müd und erschöpft stieg ich nun zu dem Lager meiner Begleiter hinunter, wo Ḳahwah ḥelu und Ḳahwah, d. i. Zuckerwasser [2] und richtiger Kaffee, bereitet worden war.

Dann zogen wir heim. Vor uns lag el-ʿÖla mit seinen Palmengärten, seinen Lehmmauern und dem Hügel Umm Nâṣir in der Mitte. Als wir näher kamen, bemerkte ich an den Mauern als Zinnenverzierung verschiedene Ornamente (Abb. auf S. 244).

Unsere Rückkehr glich einem wahren Triumphzug. Alles wâr froh, dass die Expedition glücklich verlaufen war, ohne Zusam-

---

[1) Vgl. D. H. Müller, Epigraphische Denkmäler aus Arabien, S. 51; J. H. Mordtmann, Beiträge zur Minäischen Epigraphik, S. 57; A. Jaussen et R. Savignac, in Revue Biblique, Nouvelle Série IX (1912), p. 80 ff.; M. Lidzbarski, Ephemeris für Semitische Epigraphik, III, S. 274.]

2) Vgl. Band I, S. 128, Anm. 2.

mentreffen mit den berüchtigten Räubern; man freute sich, dass man draussen gewesen war, und man freute sich, dass

El-ʿÖla von Norden.

man nun wieder heimkehrte. Die Heerden eilten vorne draus. Dann kam ich auf meinem durch die Fliegen ganz verrückten

Zinnenverzierungen auf den Mauern von el-ʿÖla.

Delûl, hinter mir Saʿîd, der Gouverneur, und nun in einer Linie sämmtliche Flintenträger. Vor der Linie tanzte Einer, die Anderen trippelten in Reihe und Glied und feuerten nach einander ihre Flinten ab, mir beinahe ins Ohr. Jeden Augenblick glaubte ich, der nächste Schuss würde mir in den Hinterkopf gehen und das Gehirn durch die Stirn hinausjagen. Einem der Schützen flog bei der Abfeuerung der Schaft herunter.

Als wir zu Hause ankamen, traf ich meinen künftigen Begleiter für den Weg nach el-Weǵh; er hiess Ṛḍejjân [1]) und war der Bruder des Hauptschechs der Bélî, Merzûḳ ibn Rueiḥil [2]). Nach kurzer Verhandlung erklärte er sich bereit, mich für zwanzig Megîdî nach el-Weǵh zu liefern. Doch sei noch eine

1) غضيان.

2) مرزوق ابن رويحل.

besondere Bedeckungsmannschaft nötig, um ganz sicher zu gehen. Der Mensch war noch jung und machte einen sehr guten Ein-

Rückkehr von den Ruinen.

druck. Er hatte als Diener den verlumpten ʿObeid bei sich und ritt ein weisses Delûl.

Abends wurde mir auch der kleine Altar mit liḥjanischer Inschrift, um den ich gestern gehandelt hatte, ins Haus gebracht. Ich war über diesen Erwerb sehr befriedigt. Lange war er eine Zierde meiner Sammlung und befindet sich jetzt in der Universitäts- und Landesbibliothek zu Strassburg. [Seine Form hat sich auch später als sehr wichtig erwiesen; in Band II der Veröffentlichungen der Deutschen Aksum-Expedition ist er auf S. 52 u. 101 zum Vergleiche mit ornamentalen Formen aus Abessinien herangezogen.]

Die drohenden Gewitterwolken entluden sich nicht über el-ʿÖla selbst, sondern nördlich und östlich vom Ort. Sehr zufrieden mit dem Erfolge des heutigen Tages begab ich mich zur Ruhe.

Di. 25. März 1884]. Heute sollte es endlich nach el-Ḥegr gehen, dem Ziele meiner Sehnsucht. Dort waren ja die grossen Prachtinschriften, über die durch Doughty die ersten genaueren Nachrichten nach Europa gekommen war, die Inschriften, die mich zu meiner Reise nach Arabien begeistert hatten und von denen ich mir so viele Aufschlüsse für die Geschichte der Araber und Nabatäer versprach.

Zuerst copirte ich noch drei „südsemitische" Inschriften, die in den Palmengärten gegen Norden eine halbe Stunde weit entfernt lagen. Dann rüstete ich Alles zum Aufbruch.

Mit den üblichen Verzögerungen wurde es Mittag, bis Alles beisammen war. Dazwischen hinein kam ein Kerl an, der nur zwei schmale Tücher, eins um die Lenden und ein anderes auf dem Kopfe, trug: er war soeben von den Bélî ausgezogen worden. Bis vors Thor begleitete uns eine grosse Menschenmenge. Dann nahm ich Abschied von el-ʿÖla, von seinen Inschriften und neugierigen Einwohnern, von seinen Fliegen und seinem Dreck. Vieles Interessante und Wichtige hatte ich gefunden; aber Dinge, die noch interessanter und wichtiger waren, warteten meiner. Doch war dies nicht der letzte Abschied von el-ʿÖla; nach wenigen Tagen sollte ich ihn wiederholen, ebenso wie ich auch Huber noch einmal sehen und von ihm Abschied nehmen sollte. Man sagt wohl, doppelt genäht halte besser; dies Sprichwort bewahrheitete sich hier, denn mein doppelter Abschied von Huber und von el-ʿÖla war ein endgültiger, fürs ganze Leben.

Etwa um 12 Uhr ritten wir ab. Rḍejjân zog voraus mit seinem Radîf ʿObeid, auf dem weissen Delûl; er hatte einen Theil meines Gepäcks bei sich. Ich ritt hinterdrein. Mit dem Blúwî konnte ich diesmal direct nach Norden durch die Schlucht reiten, die sonst durch seine Stammesgenossen unsicher gemacht wurde, und die wir am 16. März sorgsam umgangen hatten. Diese Schlucht heisst el-ʿAdîb [1]); in ihr befinden sich

---

1) العديب.

wilde Palmen, reichliches Buschwerk, dazwischen einzelne Brunnen, und so eignet sie sich vorzüglich zum Schlupfwinkel für Raubgesindel. Hinter der Schlucht bogen wir rechts ab durch die Hügelgruppe el-Ḳarḍijjeh [1]).

Nach etwa zwei Stunden kamen wir an einem Felsen vorbei, der mit Inschriften verschiedenster Art bedeckt war. Diese Felswand mit ihren altaramäischen, thamudischen, nabatäischen, griechischen und lateinischen Zeichen ist so recht ein Denkmal der langen und wechselvollen Geschichte Hegra's. Alle diese Inschriften sind Memorialinschriften: Menschen der Vorzeit haben hier ihre Namen der Nachwelt überliefert. Ein deutsches Sprichwort besagt: „Narrenhände beschmieren Tisch und Wände". Aber wir Epigraphiker und Palaeographen sind froh, dass die Menschenhände in alter Zeit Steine und Wände mit ihren Namen bedeckt haben. Mögen die Nachrichten, die sie uns überliefern, zunächst auch noch so unbedeutend und nichtssagend sein: aus den wenigen Zeichen lassen sich oft die wichtigsten historischen, sprachlichen, kultur-, religions- und schriftgeschichtlichen Schlüsse ziehen.

Wir sahen schon oben (S. 157 ff.), dass im 6. oder 5. Jahrhundert vor Chr. hier in Nordarabien die aramäische Sprache und Schrift festen Fuss zu fassen suchte; dafür ist die Inschrift von Teimâ das dauernde Wahrzeichen. Einer der Leute, die diese Schrift anwandten, ist auch durch unsere Schlucht gezogen und hat uns folgendes Andenken hinterlassen.

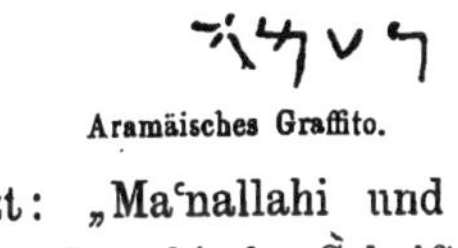

Aramäisches Graffito.

[Das heisst übersetzt: „Maʿnallahi und sein Oheim [2])". Ein Araber, der die national-arabische Schrift und Sprache vorzog,

1) القرضية.

2) Vielleicht sind jedoch die beiden Namen „Maʿnallahi, Naʿamab" darin enthalten; vgl. Euting, Nabat. Inschr. aus Arabien, S. 13—14, u. Corp. Inscript. Semitic. II, N°. 118.

schrieb einen Gruss für einen Freund und seinen eigenen Namen an den Felsen.

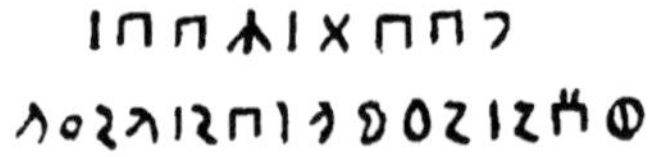

Altnordarabisches Graffito.

Diese Inschrift ist, wie es scheint, etwas undeutlich geschrieben. Man könnte sie mit hebräischen Buchstaben folgendermaassen wiedergeben:

לבבת | חבב | „Lubâbat, Gruss!
ואנ | נעמה | בנ | כנעה Und ich bin Naʿmah, der Sohn des Kanʿah".

Aber wenn man den ersten Buchstaben leicht verändert und statt des ל ein ח liest, so würde die erste Zeile entweder übersetzt werden können:

„Ich grüsste den Ḥabîb",

oder

„Ich grüsste einen Freund".]

Aus der Nabatäerzeit jedoch stammen die meisten Inschriften. [Da pflegten die Durchreisenden ihren Namen und den Namen ihres Vaters, dazu das Wort *schelâm* „Gruss", entweder vor oder nach den Namen, einzumeisseln oder flüchtig einzuritzen. Der Name des Vaters wurde etwa in derselben Weise gebraucht, wie heute in Europa die Familiennamen; von diesen gehen ja auch unendlich viele auf Vatersnamen zurück, wie man aus den vielen Janssen, Petersen, Christiansen u. s. w., aus den schottischen Namen mit Mac, den irischen mit O', den slavischen auf -off und -witz, den armenischen auf -ian u. a. m. ersehen kann. Als Beispiele mögen hier angeführt sein

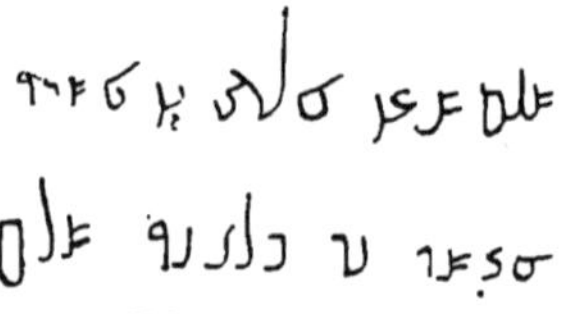

Nabatäische Graffiti.

Die erste der beiden Inschriften lautet:

„Gruss! Saʿdallâhi, Sohn des Asad".

Die zweite:

„Ijâs, Sohn des Kulaib, Gruss!" [1])

Die Namen sind rein arabisch, obgleich die Schrift nabatäisch ist. Saʿdallahi heisst „Glück Gottes"; das war ein Omen, dass das so benannte Kind seinen Eltern Glück bringen sollte. Asad heisst der „Löwe"; der Knabe sollte so stark werden wie ein Löwe. Namen wie Leon, Leo, sind ja auch uns heute noch bekannt. Ijâs ist „die Gabe"; in sehr vielen Sprachen wird das Kind als eine Gabe Gottes bezeichnet. Kulaib heist „Hündchen"; es ist ein Koseform für Kalb, hebräisch Kaleb, „Hund". Für diesen Namen sind zwei verschiedene Erklärungen möglich. Der Name „Hund Gottes" ist aus alter und neuer Zeit bei den Semiten bekannt. Dem Herausgeber wurde der Name bei den Beduinen so gedeutet, dass der Träger seinem Gott so treu sein solle wie ein Hund seinem Herrn. So ist es auch nur möglich, dass z. B. ein Muslim „Hund ʿAlî's" genannt wurde; dieser Name wurde dem Herausgeber aus Mesopotamien berichtet. Andererseits ist der Hund in älterer Zeit aber auch als starkes, wüthiges Thier gefürchtet. Wenn ein Knabe „Hund" genannt wurde, so wird auch oft der Wunsch darin gelegen haben, das Kind möge stark und gefährlich werden. Denn die Araber „benennen ihre eigenen Kinder für die Feinde, ihre Sclaven aber für sich selbst" [2]); d. h. die Namen der Kinder bezeichnen oft gefährliche, die der Sclaven nützliche Eigenschaften, und die Sclavennamen werden daher oft in der Koseform gebraucht [3]).]

Neben all diesen Semiten haben sich auch einige Europäer

[1) Die Inschriften sind veröffentlicht in Euting, Nabat. Inschriften, S. 13, nab. 46 u. 50; ferner im Corp. Inscript. Semitic. II, N°. 315 u. 313.

2) Vgl. J. J. Hess, Beduinennamen aus Zentralarabien, S. 7.

3) Vgl. Palgrave, Reise in Arabien (Leipzig 1867), S. 39.]

aus alter Zeit verewigt; da ist der Grieche Kassidromos und der Lateiner Titus.

Griechisches Graffito.

Lateinisches Graffito.

[Der Name des Kassidromos steht im Vocativ. Dieser wurde bei den orientalischen Völkern, die mit den Griechen in Berührung kamen, oft statt des Nominativs gebraucht, da erstere hörten, dass die letzteren so angerufen wurden. Es scheint, das Titus ein beneficiarius war, d. i. ein Soldat, der eine besondere Vergünstigung erhalten hatte, nämlich durch einen dazu berechtigten Officier von den gewöhnlichen Dienstleistungen befreit war und im Bureau beschäftigt war. Was für Menschen waren alle diese, von denen gerade die Rede gewesen ist, und was thaten sie hier in Hegra? In meiner Phantasie werden plötzlich diese Thäler wieder belebt. Da zieht ein Kaufmann auf seinem Kameel mit seinen Waaren und Dienern durch die Schlucht; er macht Rast bei einem der Brunnen. Er blickt auf den Felsen und sieht die Namen; flugs geht er hin und schreibt auch den seinigen dorthin. Das Bild vergeht; sieh, eine grosse Karawane kommt daher, Araber, siegreich, mit Beute beladen. Sie suchen Kühlung im Schatten der Felswand, sie wollen ihre Thiere tränken und selbst ihren Durst löschen. Rasch bilden sich kleine Kreise, die Feuer lodern auf und die laute Unterhaltung beginnt. Einer sieht die Schriftzeichen am Felsen; er fragt, was sie bedeuten, und es entspinnt sich eine leidenschaftliche Debatte darüber. Man holt einen Schreiber herbei; der entscheidet die Frage. Dann wird er mit Bitten bestürmt, auch die Namen der Anwesenden in das „Felsenbuch" einzutragen. Doch wer war Titus? War er ein Nabatäer, der im römischen Heere gedient, lateinisch gelernt und einen lateinischen Namen angenommen hatte, dann auf seine alten Tage in seine Heimath zurückgekehrt war und nun bei einem Spaziergange seine Kunst zeigen wollte? Oder war er ein wirklicher Römer, der hierher versprengt war? Oder ein Theilnehmer der verunglückten Expedition unter Aelius Gallus im Jahre 24 v. Chr.?]

Doch wir haben uns schon zu lange an dieser Felswand aufgehalten! Mein Begleiter trieb sehr zur Eile und wollte eigentlich überhaupt nicht stehen bleiben. Das Abschreiben von Inschriften östlich der Strasse wollte er ganz und gar nicht zulassen. So musste ich denn manche Inschrift trauernden Herzens unabgeschrieben lassen und sie späteren, glücklicheren Forschern zur Bearbeitung empfehlen [1]).

Nun kamen wir den herrlichen Grabbauten von Madâïn Ṣâliḥ näher, den Bauten mit den langen nabatäischen Inschriften, deren Erforschung der Hauptzweck meiner Reise war. Zwei flüchtige Skizzen mögen veranschaulichen, wie sich diese Felsgräber aus der Ferne ansehen.

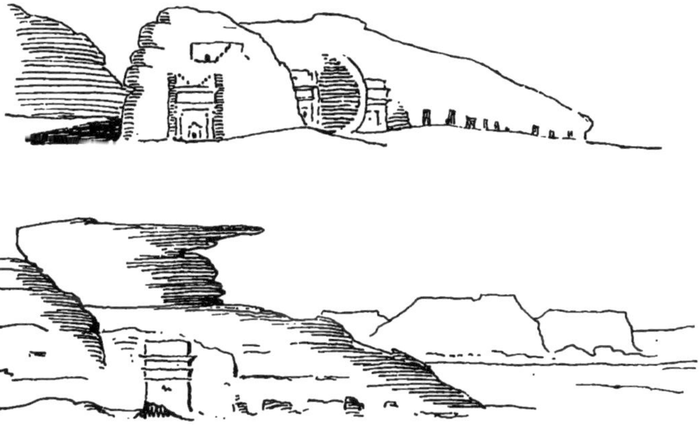

Felswände mit Gräbern bei Madâïn Ṣâliḥ.

Als wir nahe bei den Gräbern waren, stiegen wir ab und liessen die Thiere unter ʿObeid's Aufsicht waiden. Ich eilte zu den Grabstätten und begann eifrig zu zeichnen. Die eigentlichen Gräber sind im Felsen, die Vorderseiten sind mit mannigfachen Ornamenten und architektonischen Verzierungen aus der Fels-

[1) Die meisten sind jetzt wohl von Jaussen und Savignac veröffentlicht worden, in ihrem Buche Mission en Arabie, Paris 1909.]

wand herausgearbeitet. Die beifolgenden Skizzen mögen die Hauptformen dieser Façaden veranschaulichen [1]). Die schönste und grösste von ihnen, auf dem Bilde rechts unten, heisst Ferîd „einzigartig" [2]).

Grabfaçaden bei Madâïn Ṣâliḥ.

Werfen wir auch noch einen Blick ins Innere! Da sind die Lager für die Todten wie leere Schubfächer, oder wie quer liegende Nischen aus der Felswand herausgehauen. Einzelne

[1]) Photographien dieser Façaden, die in Einzelheiten natürlich ein getreueres Bild geben als die obigen Zeichnungen, sind in dem Werke von Jaussen und Savignac, Mission en Arabie, gegeben. Über ihre kunstgeschichtliche Bedeutung im Vergleich zu denen von Petra hat der bekannte, leider zu früh verstorbene Archäologe O. Puchstein gehandelt in seinem Aufsatze „Die nabatäischen Grabfassaden", (Archäolog. Anzeiger, Berlin 1910, I).

2) Eine genauere Photographie dieses Denkmals s. in Jaussen u. Savignac Pl. XXXIX, zu S. 382.]

befinden sich auch auf dem Boden und sehen aus wie Särge ohne Deckel.

Die grossen nabatäischen Prachtinschriften, die ich in meinem Buche „Nabatäische Inschriften aus Arabien" herausgegeben und übersetzt habe, befinden sich über den Eingängen zu den Gräbern. Aus der Abb. auf S. 257 ist die Stelle einer solchen Inschrift genauer ersichtlich.

Grabinneres.

Aber nicht alle tragen Inschriften, sondern nur ein Theil. Bei anderen ist an der Stelle, an der man eine Inschrift erwarten würde, eine Nische vorhanden, in der ehedem vielleicht eine Marmor- oder gar eine Bronzetafel eingelassen war. Die Inschriften dieser Gräber sind alle nabatäisch. Wir sind also von den Himjaren in el-ʿÔla zu den Nabatäern von Hegra gekommen. Es scheint daher, dass el-ʿÔla der Stapelplatz für die Waaren, die aus dem Süden kamen, gewesen ist und dass die dortigen Handelsherren Minäer und Sabäer waren, während in Hegra Aramäer, oder aramaisierte Araber ihr Centrum hatten. In oder zwischen beiden Orten mag die Umladung und der Austausch der beiderseitigen Handelsgegenstände stattgefunden haben. Aber es fragt sich noch, ob die beiden Städte zu gleicher Zeit blühten, oder ob nicht Hegra das ältere el-ʿÔla in seiner Bedeutung abgelöst hat. [Eins jedoch ist sicher: die national-arabische Schrift und Sprache, die sogenannte thamudische, sowie die von den Aramäern entlehnte nabatäische haben bis ins 3. Jahrh. n. Chr. neben einander in diesen Gegenden existirt. Denn wir kennen nunmehr eine Grabschrift von Hegra aus dem Jahre 267 n. Chr. die ihrem Hauptinhalte nach nabatäisch, mit starker arabischer Färbung, ist, die aber auch eine thamudische Beischrift trägt [1]).]

Wer waren die Thamudener, die Banû Thamûd, die noch heute

[1) Vgl. zuletzt M. Lidzbarski, Ephemeris für semitische Epigraphik, III, S. 84 ff.]

im Volksmunde der Araber fortleben? Die Einwohner glauben nämlich, trotz der menschlichen Knochenreste und der Bruchstücke von Särgen, dass diese Grabbauten die Wohnungen der alten Thamudener gewesen seien. Das ist aber keine Tradition aus alter Zeit, die sich etwa an Ort und Stelle erhalten hätte, sondern die Sage beruht einzig und allein auf dem Koran. Dort ist mehrfach von dem Volke Thamûd die Rede, von den Wohnungen, die sie sich im Felsen ausgehauen hätten, von ihrem Unglauben, als sie sich weigerten der Predigt des Propheten Ṣâliḥ Gehör zu schenken, und von ihrer Bestrafung durch ein Erdbeben; so in Sure 7, Vers 71—76, Sure 15, Vers 80 ff., S. 26, V. 141 ff., S. 89, V. 8. Es muss also bereits um 600 n. Chr. die Erinnerung daran, dass dies Grabbauten waren, unter den Arabern geschwunden gewesen sein. Vielmehr erzählte schon zu Mohammed's Zeiten die Sage, dass diese Gräber die Wohnungen der Thamudener gewesen seien. Der Prophet wird auf seinen Reisen nach Norden sich auch in Hegra und in el-ʿÖla aufgehalten haben. Der Name der Nabatäer scheint im 6. Jahrh. dort schon ganz unbekannt gewesen zu sein, während er sich in anderen Gegenden, in Syrien und im unteren Zweistromlande, bis in spätere Zeiten erhalten hat. Es ist sicher, dass in heidnischer Zeit in jenen Gegenden ein Stamm der Thamûd gewohnt hat. Der Name selbst scheint auch in den Inschriften einer bestimmten Gattung vorzukommen. Und gerade diese Inschriften pflegen wir heute thamudisch oder thamudenisch zu nennen. Aber der Name ist auch nur ein Notbehelf.

Ehe wir für heute diese Gebiete verlassen, wollen wir uns noch einmal dort umschauen und das Bergland mit einem Auf Wiedersehen grüssen.

Wir zogen nun in die Festung von Madâïn Ṣâliḥ ein. Mein Erstaunen war nicht gering, dort Huber, Maḥmûd, Naumân und die bekannten intelligenten Gesichter ihrer Kameele wieder zu treffen. Huber war am Tage, an dem Ḥêlân ausgeplündert war[1]),

1) Vgl. oben S. 233—234.

nur mit knapper Noth einem zweiten Ṛázû entronnen und hatte die Nacht und ein paar Stunden des Vormittags mit den Thieren

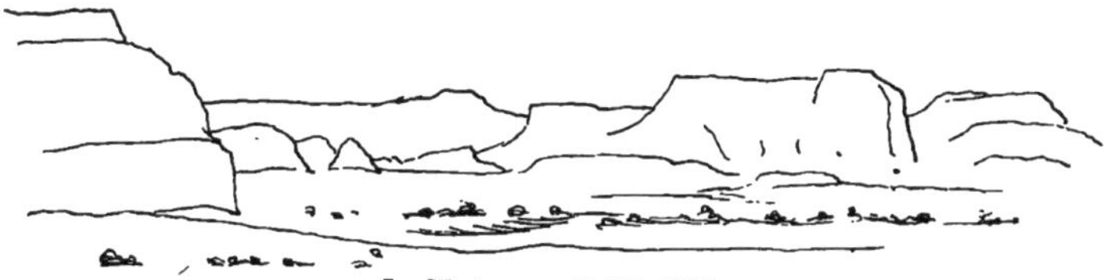

Im Westen von Madâïn Ṣâliḥ.

in einem Versteck zugebracht. Durch Abwarten war es ihm gelungen, sich noch in die Festung zu retten, aber dort erfuhr er, dass 15 Bélî auf ihn und seine Goldkisten lauerten. Da er Gefangener in der Festung war, so versuchte er an den Gräbern Inschriften abzuklatschen. Er und seine Leute mussten aber, von den Bélî verfolgt, die Flucht ergreifen. Unterwegs beim Galopp lösten sich die Stricke an der Leiter; sie stürzte vom Kameel herunter, konnte aber noch zwischen den Felsen versteckt werden [1]). Huber hatte mir heute einen Brief nach el-ʿÖla gesandt, durch einen Boten, der mich aber nicht mehr getroffen hat und den wir auch unterwegs nicht gesehen haben.

In der Festung traf ich auch noch den ʿAlî ibn Saʿîd, der vom Ṛázû des Emîr zurückkam. Er hatte einen Brief des Ḥamûd el-ʿObeid an den ʿAbd el-ʿAzîz el-ʿEnḳrî in Teimâ zu überbringen. Der Brief begann mit den Worten: Gruss von Ḥamûd el-ʿObeid an den Esel den ʿEnḳrî zu Teimâ. Dann wurde er darüber zur Rede gestellt, dass er uns so schlecht bewirthet hatte und uns bezüglich der Steine so wenig gefällig gewesen war; zugleich wurde ihm der Befehl gegeben, unsre verpackten Steine sowie den aus dem Ḳaṣr, den Stein des Pfaffen, ferner den zum Kaffeestösser umgeformten Säulenstumpf, der aus dem Brunnen gezogen war, nach Ḥâjel zu liefern.

[1) Der Herausgeber macht auf Folgendes aufmerksam: Huber hatte bewirkt, dass die Leiter zurückblieb. Huber kehrte nach Madâïn Ṣâliḥ zurück, — weil er überfallen war; Huber klatschte die Inschriften ab, die Euting hatte abklatschen wollen, — weil er Nichts anderes zu thun hatte; Huber verlor die Leiter, — weil er zum 2. Male überfallen wurde; Huber versteckte die Leiter, — trotzdem er im Galopp vor den Feinden floh. Vgl. oben S. 223.]

Mein Begleiter, der Blúwî Ṛḍejjân, erbat sich für die Nacht Urlaub, um mit ʿAlî ibn Saʿîd geschwind nach el-ʿÖla zurückkehren zu dürfen, d. h. dort den Festfrass mitzumachen, der ob der Rückkehr des Sohnes zu erwarten war. Er nahm auch, gegen Verabreichung eines Schutzgeldes von je 1 Megîdî, noch zwei Kerle mit, die hier in der Festung auf Begleitung gewartet hatten.

Mi. 26. März 1884]. Heute war der grosse Tag, an dem ich die Arbeit an meinen nabatäischen Inschriften von Hegra beginnen sollte, die Arbeit, von welcher der Erfolg meiner ganzen Reise abhieng. Die von Huber versteckte Leiter war wiedergefunden; auch gab es heute zum Glück einmal wieder etwas weniger Fliegen als in den letzten Tagen. Aber der Wind! der Wind! Ja, wenn ich auf dem Delûl sitze, und durch die freie, weite Wüste Allahs reite, da ist mir ein frischer Lufthauch schon lieb; oder auch wenn eine kräftige Brise die Segel meines Bootes bläht, da bin ich auch ganz zufrieden. Aber der Wind, der mir auf dieser Reise ein so trauter Gefährte geworden war und den ich wegen seiner Tücke den „Abklatschwind" getauft hatte, der bringt den Menschen zum Heulen, zur Verzweiflung, zur Raserei. Wenn man da vor einer schönen Inschrift steht, den nassen Papierbogen in der Hand, dann kommt der elende Gesell und schüttelt einem zunächst den Bogen hin und her, bauscht ihn vorwärts und rückwärts. Aber warte, wir lassen uns nicht unterkriegen und unser eigens fabricirtes Papier ist fest; das kannst du mit all deinem Blasen nicht zerreissen! Nun also, sobald der Wind einen Augenblick verschnaufen muss, da legt man mit aller Geschwindigkeit das Papier auf den Stein. Schon will man die Bürste herausnehmen zum Klopfen, da — Allah verfluche den Satan! — fliegt der Bogen mit Hohn und Spott vom Stein herunter. Kaum kann man ihn noch festhalten; es ist ja auch gleich, ob man diesen Bogen behält oder nicht. Man versucht es zum zweiten Male. Dies Mal ist man klüger: nachdem man seinen Bogen auf den Stein gelegt hat, hält man ihn mit beiden Händen darauf fest. Man lässt die

Hand nicht vom Papier; man wartet, wartet, wartet, in der Hoffnung, dass doch noch ein Moment komme, in dem die Windstösse etwas nachlassen. Solcher Abklatschwind wehte heute!!

Etwa um 11 Uhr kam Ṛḍejjân von el-ʿÖla zurück. Mittags 12 Uhr brachen wir alle auf, fünf Mann zu Kameel, zwei zu Fuss. Ich wandte mich zuerst der östlichen Gruppe der Felsgräber zu. Beim Abklatschen musste ich, um nicht gehindert zu werden, alle Kleider ablegen. Nur das Hemd behielt ich an, und dies band ich mit einem Strick um den Leib, aber um des Anstands willen musste ich es von hinten nach vorne durchziehen und in den Strick hineinstopfen. Natürlich brannte die Sonne empfindlich auf Waden und Nacken und auf die blossen Arme, an denen ich die Ärmel nach hinten gebunden hatte. Bei einzelnen Inschriften reichte selbst die acht Meter hohe Leiter nicht hinauf; ich stand unter dem Giebeladler und konnte, da mir dieser die Aussicht versperrte nur einen Theil abschreiben, und selbst diesen, weil ich fast senkrecht unter der Tafel stand, nur ungenügend (S. die nebenstehende Abbildung) [1]). In einzelnen Gräbern fand ich noch Todtenlampen und Brocken von hölzernen Särgen.

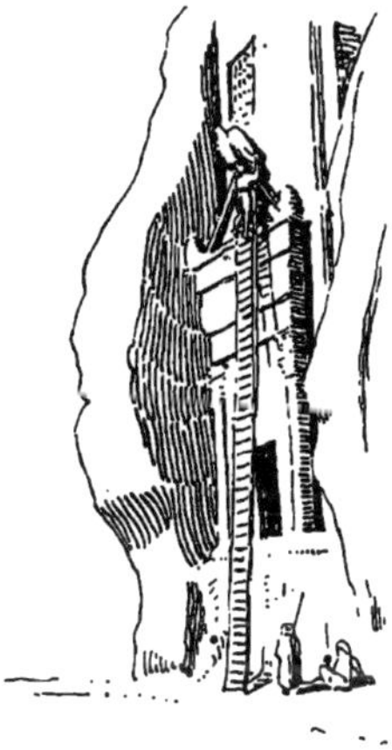

Die unerreichbare Inschrift.

Um 4 Uhr etwa schloss ich meine Arbeit ab. Ich hatte um meine Inschriften gekämpft wie ein Löwe um seine Beute. Wenigstens von einigen Prachtinschriften hatte ich gute Abdrücke gemacht. Diese waren alle auf doppelt genommenen Papierlagen. Leider konnte ich, des Windes wegen, nie die ganze Breite des Bogens nehmen: der wäre nie und nimmer auf dem Steine haften geblieben. So zerriss ich denn

1) Die Patres Jaussen und Savignac waren glücklicher; vgl. Mission en Arabie, S. 115.

jeden Bogen in vier Theile und fügte Stück an Stück, bis der ganze Stein bedeckt war. Das musste alles in fieberhafter Hatz gemacht werden. Die Gleichmässigkeit und das schöne Aussehen der Abklatsche litt unter diesem Verfahren, aber die Deutlichkeit in der Wiedergabe der Buchstaben nicht, Gott sei Dank! Ich fand es sehr practisch bei dieser Arbeit, einige genässte Papiere zusammenzulegen und in einer wasserdichten Tasche auf die Leiter hinaufzunehmen.

Huber rüstete Abends Alles zur Abreise auf morgen früh vor Tagesanbruch, damit meine zwei Bélî-Begleiter nicht die Richtung sehen könnten, in der er abritt. Er wollte seinen Weg nach Norden zu den Fúḳarâ nehmen, von denen wir am 15. März eingeladen waren, deren Einladung wir aber nicht angenommen hatten.

Do. 27. März 1884]. Morgens vor Sonnenaufgang ritt Huber ab. Der Abschied war von gegenseitigen besten Wünschen begleitet. Ein ähnliches banges und ungewisses Gefühl wie am 19. März kam wieder über mich. Aber dies Gefühl wurde bald durch andere Gedanken verscheucht. Dass diese Gedanken den Inschriften galten, wird der Leser schon erraten haben. Mit Huber zogen natürlich Maḥmûd und Naumân. Naumân — der Hund! — hat mir, wie ich erst sah, als es zu spät war, meinen schönen dickschweren Kameelszaum gegen seinen schwindsüchtigen vertauscht.

Bald nach dem Frühstück kam ein Sclave als Bote des Saʿîd von el-ʿÖla. Er brachte den Brief, den Huber an mich nach el-ʿÖla geschickt hatte[1]), und einen Brief von Saʿîd an Huber. Zugleich liess mir Saʿîd sagen, ich sollte ihn durch den Sclaven die Stunde meiner Rückkehr nach el-ʿÖla wissen lassen; dann werde er selbst mir mit einer Anzahl von Flintenträgern entgegengehen.

Nach dem Morgenessen ritt ich mit meinen beiden Biljân, d. h. Mitgliedern des Bélî-Stammes, ferner mit Mabrûk und

---

1) Vgl. oben S. 255.

seinem Neffen, dem Buben Khâlid, wieder zu den Ruinen, und zwar zunächst zu der Stelle, an der wir gestern die Leiter und einen Theil der noch nicht ganz trockenen Abklatsche verborgen hatten. Der Wind war heute ein klein wenig gnädiger. Beim Abklatschen war ich mit einem Jägerhemd und mit Jägerhosen bekleidet, d. h. Unterhemd und Unterhosen von Dr. Jäger. Bei den meisten Inschriften reichte heute die Leiter von sechs Metern Höhe; ich brauchte also nur drei der vier Theile meiner Leiter auf einander zu setzen.

Im östlichen Theile des Ruinenfeldes liegen zwei grosse Höhlen, die von den Eingeborenen Dîwân[1]) und Mesgid, d. i. Moschee, genannt werden. Dort schrieb ich heute viele Inschriften ab. Im Dîwân und dahinter befinden sich eine Anzahl zwei Meter hoher Nischen.

Nischen bei Madâïn Ṣâliḥ.

Ziemlich müd und durstig kehrte ich um 4 Uhr nach dem Castell zurück. Abends konnte ich lange nicht einschlafen. Die Übermüdung und die Gedanken an meine Arbeit und an die ungewisse Zukunft hielten mich wach.

Fr. 28. März 1884]. Auch der heutige Tag war noch den Inschriften von Hegra geweiht. Aber es war der letzte Tag, und da hiess es alle Kräfte anspannen, um fertig zu werden. Sofort nach dem Morgenessen brach ich auf. Meine Begleiter waren wiederum die beiden Biljân, ferner Ḥmeideh mit seinem jungen Sohn Khâlid und der Sclave Mabrûk. Es galt die südlichen und östlichen Gräber vollständig zu erforschen. Von allen Gräbern ist doch el-Ferîd[2]) das schönste und am reichsten verzierte.

1) Dies ist wahrscheinlich ein nabatäisches Heiligtum gewesen; vgl. Jaussen u. Savignac, Mission en Arabie, S. 405 ff.

2) S. oben S. 252.

Leider wehte heute wieder ein starker Wind, der vermaledeite Abklatschwind! Doch ich liess mich nicht einschüchtern; ich wollte und musste heute zum Ziele kommen. Bei keiner Inschrift gab ich nach, ehe ich meinen Zweck erreicht hatte. Nur ein Mal war der Wind stärker als ich. Ich war oben auf der Leiter vor einem der grösseren Prachtgräber. Der Wind pfiff ohn Unterlass: ich machte verzweifelte Anstrengungen, um das Papier auf den Stein zu bringen und an ihm haften zu lassen. Alles war vergebens: immer und immer wieder kamen neue Windstösse und rissen die Blätter vom Stein ab. Da diese Inschrift überdies nicht gut erhalten war, gab ich endlich, um nicht noch mehr Zeit zu verlieren, das aussichtslose Geschäft auf. Als ich die Leiter hinunterstieg, entführte mir der Wind ausserdem noch mit Triumphgeheul drei Papierblätter. Und wohin führte er sie? Auf die Akroterien, die sich oben rechts und links auf der Façade des Grabes befinden! Daran konnte ich so recht seine Tücke erkennen.

Nach Mittag machten wir etwas Kaffee; das war eine kräftige Erquickuug bei der ermüdenden Arbeit.

Als ich meine Arbeit endgültig abschloss und die „Strecke" zählte, stellte es sich heraus, dass ich 26 Inschriften schönerer Art abgeklatscht hatte: das waren auch alle nur halbwegs zugänglichen gewesen, mit Ausnahme der einen einzigen, die der Wind mir nicht hatte überlassen wollen. Ausserdem hatte ich natürlich noch ein ganze Anzahl kleinerer Inschriften abgezeichnet.

In welcher Weise unsere Kenntnis von der Sprache und Schrift, von den Namen, den Sitten und Gebräuchen, von der Geschichte der nabatäischen Araber durch diese Inschriften bereichert worden ist, — das zu schildern gehört nicht in dies Tagbuch. Darüber mag der Leser die Einleitung zu meinem Werke „Nabatäische Inschriften" oder auch die betreffenden Capitel in Jaussen et Savignac, Mission en Arabie, nachlesen. Aber ich will doch hier eine der grösseren Inschriften in Übersetzung mittheilen und einige Bemerkungen daran knüpfen. Es ist die

Inschrift N°. 2 in meinen „Nabatäischen Inschriften", im Corpus Inscriptionum Semiticarum II, N°. 197, bei Jaussen und Savignac S. 156, N°. 8. Sie lautet, wörtlich übersetzt, folgendermaassen.

„Dies ist das Grab, das hat machen lassen ʿÂïdh, der Sohn des Kehîl, Sohnes des Alexi, für sich selbst und seine Kinder und seine Nachkommen und für den, der in seiner Hand vorweist eine authentische Urkunde aus der Hand des ʿÂïdh, die für ihn gültig ist; und für den, dem darin zu begraben erlaubt ʿÂïdh zu seinen Lebzeiten. Im Monate Nîsân im Jahre neun des Arethas, des Königs der Nabatäer, der sein Volk liebt. Und es mögen verfluchen Dûšarâ und Manôt und Ḳaisâh jeden, der diese Grabhöhle verkauft oder kauft oder verpfändet oder verschenkt oder vermiethet oder über sie irgend ein anderes Schriftstück verfasst oder einen Menschen drin begräbt mit Ausnahme der oben Genannten. Und diese Grabhöhle und ihre Inschrift sind unverletzlich, gemäss der Beschaffenheit der Heiligthümer der Nabatäer und Salamier, in alle Ewigkeit!"

[Dies ist also gewissermaasen die Stiftungsurkunde der Grabhöhle. Und die meisten anderen grossen Inschriften sind ganz ähnlich abgefasst. Da kommt zunächst der Stifter mit dem Namen seines Vaters [1]), hin und wieder mit einem Titel wie Reitergeneral u. ä., dann kommen oft die Namen einzelner Familienmitglieder, für die das Grab mitbestimmt ist. Darauf folgt das Datum. Danach wird nochmals genau darauf hingewiesen, wer in dem betreffenden Grabe eine Leiche beisetzen darf, eventuell auch mit Theilangaben. Die Zuwiderhandelnden werden dem Fluche der Gottheit ausgesetzt oder müssen, wie z. B. auch in Kleinasien, eine bestimmte Strafsumme zahlen. Die Zuwiderhandlungen werden meist bis ins Einzelnste aufgeführt; dies beweist, dass dergleichen Dinge öfters vorkamen, denn sonst hätte man sie nicht so sorgsam verboten. Zum Schlusse wird wohl, wie hier, auf die Unverletzlichkeit des Grabes und

1) Vgl. oben S. 248.

der Inschrift hingewiesen; sonst werden auch oft die Steinmetzen genannt, die die Gräber ausgeführt haben.

Der König Arethas IV. regierte vom Jahre 9 v. Chr. bis zum Jahre 40 n. Chr. Unsere Inschrift stammt also aus dem Jahre 1 v. Chr., und zwar aus dem Monate Nîsân, d. i. April. Dieser Arethas trug den Beinamen Philopatris, „der sein Vaterland liebt"; darin liegt ein Unabhängigkeitsgefühl und ein Gegensatz gegen die weltbeherrschenden Römer. Beinahe alle Inschriften von Hegra stammen aus der Zeit seiner Regierung; daraus ersehen wir zugleich, dass das Nabatäerreich unter ihm seine Blüthezeit erlebte.

Dûšarâ, Manôt und Ḳaisâh sind arabische Gottheiten. Dûšarâ, bei den Griechen und Römern Dusares genannt, war der Hauptgott der Nabatäer. Er wurde mit Bacchus-Dionysus identificirt. Manôt ist die Schicksalsgöttin; sie wird auch im Ḳoran, Sure 53, V. 20, erwähnt.

Neben den Nabatäern werden auch die Salamier, nabatäisch „das Volk von Sal(a)m", genannt. Sie sind als Verbündete der Nabatäer den Alten bekannt gewesen. Stephanus von Byzanz spricht von ihnen, und jüdische Quellen kennen ihren Namen. Auch im Norden des Reiches der Nabatäer, in der grossen Stadt Umm iǵ-Ǵimâl, südlich von Bosra, wird ein Mitglied dieses Stammes genannt [1]).]

In der Nacht gieng noch der Sclave Mubârak nach el-ʿÖla, um den Saʿîd zu benachrichtigen, dass wir am nächsten Morgen von Madâïn Ṣâliḥ aufbrechen würden; er möchte uns daher mit Bewaffneten entgegenkommen. In derselben dunklen Nacht begannen aber auch finstere Gewalten ihr unheilvolles Spiel, das sich rasch zu einem wuchtigen Drama entwickeln sollte. Die feindlichen Personen dieses Dramas waren drei Räuber vom Stamme der Geheineh, die heute Nacht bei der Festung ankamen und die schon von weit her durch lautes Gebell der Hunde angekündigt wurden.

---

1) Vgl. Littmann, Nabataean Inscriptions, Leiden 1913, S. 42.

Sa. 29. März 1884]. Morgens um 7 Uhr brachen wir von Madâïn Ṣâliḥ auf. Ich war leichten und frohen Herzens. Gern sagte ich dem öden Nest und der öden Gegend Lebewohl, da ich meine Arbeit gethan, meine Aufgabe erfüllt, meinen Zweck erreicht hatte. Wenn ich jetzt nur erst sicher in el-Weǵh wäre! Von Zeit zu Zeit blickte ich zu den finsteren Gesellen hinüber, die sich uns angeschlossen hatten. Das waren die drei Räuber von den Geheineh auf ihren zwei Kameelen: sie kamen mir wie Unglücksraben vor, und ihr Anblick liess Nichts Gutes ahnen.

Wir ritten denselben Weg, den wir am 25. März geritten waren; er wird Derb el-aǵindî [1]) genannt. Gegenüber von dem Felsen, an dem ich damals die griechischen Inschriften getroffen hatte [2]), fand ich heute noch eine nabatäische Inschrift.

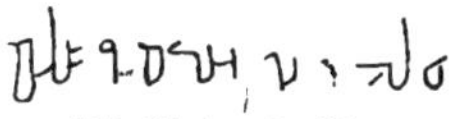

Nabatäisches Graffito.

Sie heisst übersetzt: „Âlih, Sohn des Ḥarâm. Gruss!" [3]).

Das war mein Abschiedsgruss von Arabien und von meiner epigraphischen Thätigkeit. Noch dazu kam er von einem „Sohne des Ḥarâm!" Sollte das ein Vorzeichen sein? Ḥarâm und ḥarâmî, „Räuber", klingen sehr ähnlich, und beide Worte sind von derselben Wurzel abgeleitet.

Unterwegs trafen wir eine schneeweisse, trockene Pflanze, die einer arabischen Keule ähnlich sieht, und die Bernûḳ [4]) genannt wird. — Im Wâdî ʿAdîb [5]) lagerten die mir von Saʿîd entgegengesandten Flintenträger. Von nun an konnte ich den Revolver einstecken. Es war heute ein sehr heisser Tag. Der Himmel war

Pflanze Bernûḳ.

---

[1]) D. i. wahrscheinlich „Militärstrasse", da es der directe Weg ist, auf dem die Truppen durchziehen. Darum ist besser *el-ǵindî* zu sprechen.

2) S. oben S. 250.

3) Vgl. Euting, Nabat. Inschr., S. 13, N°. 12, u. Corp. Inscript. Semitic. II, N°. 309. Aber dort ist die Inschrift noch nicht richtig erkannt.]

4) برنوق. [H.: *bernûǵ Maʿʿâze*, alt بِرْنِيق, Phelipäea lutea Desf.]

5) Vgl. oben S. 246.

mit einer Dunstschicht überzogen; dadurch wurde die Hitze noch drückender und die Augen schmerzten, wenn sie in das verstreute Licht blickten.

Gleich nach meiner Ankunft in el-ʿÖla musste ich noch alle möglichen Dinge einkaufen, von denen ich erwartet hatte, dass Saʿîd sie mir gratis liefern würde. Ich kaufte u. a. Datteln, Mehl, Tabak, zwei Tassen, dann noch eine Weibertracht von hier, etc. — Der Sclave Merzûḳ [1]), der ja früher schon so anstellig und gelehrig gewesen war, hatte meine Abwesenheit dazu benützt, um weiter nach Inschriften zu suchen. Wirklich hatte er auch drei himjarische Steine in den Palmengärten entdeckt. Ich machte mich daran sie zu copiren; dabei stellte es sich allerdings heraus, dass ich zwei von ihnen bereits früher copirt hatte.

Von den Bélî waren noch zwei Brüder des Ṛḍejjân angekommen, ein älterer, namens Sâlim, und ein jüngerer, namens Muḥammed. Sie wollten uns auch auf der Reise nach el-Weǵh begleiten.

Gegen Abend war der ganze Himmel bedeckt, und Nachts erhob sich sogar ein förmlicher Sturm. Der Staub el-ʿÖla's, von dem ich oben S. 237 ein schwaches Bild zu zeichnen versucht habe, wirbelte in unglaublichen Massen über die Dächer. So wurde ich genöthigt mein Bett vom Dach ins Haus hinunter zu tragen.

---

1) Vgl. oben S. 238.

XV. CAPITEL.

SCHLUSS.

El-ʿÖla—el-Weǵh.

30. März.—15. April 1884.

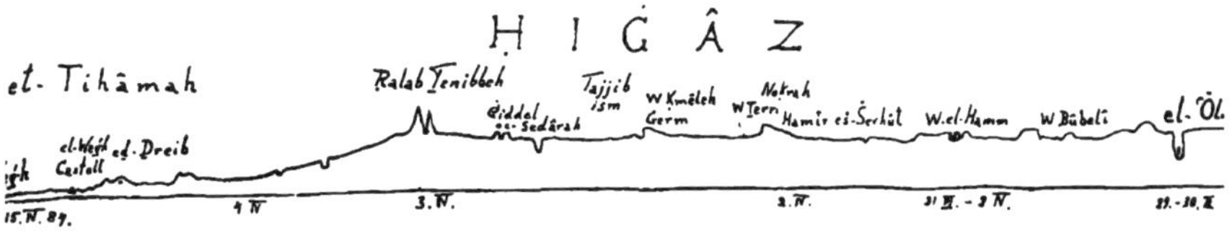

Wegdurchschnitt von el-ʿÖla his el-Weǵh 1).

So. 30. März 1884]. Jetzt also den Blick heimwärts gewendet. Von heute ab sollte es wirklich der Heimath zu gehen. Aber noch durfte ich mich nicht allzufrohen Hoffnungen hingeben, durfte mich nicht in Sicherheit wiegen lassen. Freilich zunächst hatte ich das angenehme Gefühl, dass ich in das Staub- und Drecknest, so man el-ʿÖla nennt, nicht wieder zurückzukehren brauchte. Das war schon Etwas! Natürlich gab es am Morgen, als ich gleich nach dem Morgenessen abreiten wollte, viele Verzögerungen. Da fehlt dies, dort fehlt das! Die eine Last ist nicht ordentlich in zwei Hälften vertheilt; ein Kameeltreiber ist nicht zur Stell! Ein Kameel will sich nicht niederlegen; das andre will nicht aufstehen. Alles dies giebt ausserdem reichlichen Stoff zu lebhafter Unterhaltung. Die Unterhaltung dauert selbstverständlich ganz bedeutend viel länger als das Aufpacken selbst.

[1) Da eine Karte von Euting's Hand für diesen Weg nicht vorliegt, habe ich die Stationen in den von ihm gezeichneten Wegdurchschnitt eingetragen. Der Weg selbst ist aus der Gesamtkarte zu erkennen.]

Schliesslich war es aber doch soweit, dass wir aufbrechen konnten. Unsere Karawane bestand also aus mir, Ṛḍejjân, Sâlim, Muḥammed und ʿObeid; wir hatten zusammen vier Thiere. Nun rasch von Saʿîd Abschied genommen und hinaus zum Thore von el-ʿÖla! Wir ritten zuerst in den breiten Wâdî el-Ǵisl nach Süden, bogen dann nach Westen um in den Šaʿîb Umm Ḥašîm, später in den grossen Šaʿib Abû Bélî. Unterwegs machten wir Thee und Brod; dabei tötete ich eine giftige Schlange durch einen Pistolenschuss. Erst nach Sonnenuntergang lagerten wir im Wâdî el-Ḥamm.

Der Überfall vom 30. März 1884[1]).

I. Bericht.

„Wir hatten wieder Thee gemacht, Datteln und von unserem Brod gegessen und wollten uns beinahe zur Ruhe legen, doch so, dass Sâlim und ʿObeid am Eingang des Šaʿîb wachen sollten, um uns vor Überfällen der Geheineh zu warnen. Nach ganz kurzer Zeit rannten sie mit fürchterlichem Angstgeschrei zu uns zurück und baten mich sie zu vertheidigen, es seien da vorne 10 Geheineh, sie hatten sie erkannt beim Feuerschlagen, um ihre Flinten anzuzünden. Nun muss man wissen, dass Ṛḍejjân und ʿObeid von diesen Kerls bereits mehrere früher erschossen hatten und sich also auf Alles gefasst halten mussten. Ich sprang auf im Hemd mit dem Revolver, wir rannten vorwärts, deckten uns hinter einem Busch, und ich feuerte einen Revolver zuerst ins Blaue ab. Grosses Geschrei; Ṛḍejjân rief: „Jâ Bélî, jâ Geheineh", um zu hören, was es für Leute seien. Wir verführten einen grossen Kriegslärm und Mannenaufruf, als ob wir zwanzig wären. Meine Gefährten zeigten

[1) Über diesen Überfall, der jedem Freunde Euting's durch seine lebendige Schilderung in Erinnerung sein wird, gebe ich hier seine beiden Berichte genau nach dem Wortlaute ohne redactionelle Änderungen; nur Interpunction und Orthographie sind ein wenig ausgefeilt. Der erste Bericht findet sich im Tagbuch unter dem 30 März, der andere am Schlusse nach dem 20. April.]

mir einen Busch, hinter welchem ein paar hocken sollten. Ich feuerte dorthin drei Schüsse ab und habe — Gottes Wunder — wie sich nachher herausstellte, Einen dieser Hunde in die Schulter geschossen; das war auf eine Entfernung von zehn Schritt, also wird die Kugel gut sitzen. Ṛḍejjân soll einen Andern getroffen haben. Während dieser Kampfesscene feuerte ich im Ganzen fünf Mal und sparte meine Munition. Leider habe ich durch ein Loch meiner Tasche sechs Revolverpatronen verloren und besitze jetzt nur noch neun Schüsse. Käpsele zum Gewehr habe ich auch nicht. Mittlerweile hatten Muḥammed und ʿObeid die Kameele wieder beladen, und wir ritten nun bei dem schwachen Schein des vier Tage alten Mondes im Trab drei Stunden auf die Zelte der Bélî los. Dieselben lagerten im Wâdî el-Ḥamm. Wir bemerkten noch einige Feuer, die Hunde bellten, und etwa 200 Schritte von den Zelten lagerten wir.

Die Nacht etwas unruhig verbracht. Sie brachten mitten in der Nacht Milch zu trinken."

II. Bericht.

„Den Überfall durch die Geheineh am Abend des 30. März muss ich doch etwas genauer beschreiben:

Aus dem Wâdî Abû-Bélî herausgetreten, schritten wir, als eben die Sonne sich legte, über eine Ebene mit reichlichem Futter, rechts drüben war ein ziemlich dichtes Geheg von stachlichten Ṭalḥ-Bäumen [1]). Meine Begleiter wollten nicht lagern, sondern in der Nacht weiter reiten bis zu ihren in den Bergen 3—4 Stunden weiter gelegenen Zelten. Erst meinen zornigen Drohungen (von vermindertem Bakschisch) gelang es, sie zu bewegen, an dem Eingang des Wâdî el-Ḥamm das Nachtessen zu bereiten. Wir waren hinter einigen Ṛáḍâ [2])-Büschen abgestiegen und hatten gegessen; der Mond beschien schwach die

[1) D. i. Acacia Seyal Del.; vgl. oben S. 166, Anm. 5.
2) D. i. wahrscheinlich eine Tamarix-Art; s. oben S. 176, Anm. 4.]

Landschaft. Ich setzte mich mit Ṛḍejjân und seinem jüngeren Bruder Muḥammed noch etwas ans Feuer, und wollte mich bald zur Ruhe legen, während Ṛḍejjân's älterer Bruder Sâlim und der einäugige Diener ʿObeid erklärten, sie wollten 50 Schritt weiter rückwärts sich legen und wachen, dass Nichts Verdächtiges sich nahe. Sie waren noch keine fünf Minuten fort, so rannten sie zurück, ʿObeid mit angsterfüllten Geberden, und Sâlim mit der dringenden Aufforderung, ich solle gleich Säbel, Revolver und Gewehr zur Hand nehmen; hart neben uns lagern zehn oder elf Räuber (Ḥarâmijjeh). Ich hielt es zuerst für eine Erfindung und glaubte, sie hätten diese Scene nur künstlich aufgeführt, um, auf Furcht von meiner Seite speculirend, doch noch zu ihrem Ziel zu kommen, d. h. mich zum Nachtmarsch bis zu ihren Zelten zu bewegen. Ich war deshalb ziemlich ruhig, gab den Säbel dem Sâlim, der schon eine Flinte hatte, meine einläufige Pistonflinte (Geschenk von Onkel Gottlob Mayer) gab ich Ṛḍejjân; ich selbst rannte im blossen Hemd mit dem Revolver voran und commandirte: „Jallâh, wên ʿel-kilâb, bismillâh!" (Vorwärts, wo sind die Hunde? Im Namen Gottes!). Zugleich verführten meine Begleiter ein grosses Kriegsgeschrei mit Aufruf von Namen aller möglichen Leute, die wir gar nicht bei uns hatten. (— Hören Sie, wir haben Gensdarmen bei uns, ich lass mich gleich zu Protocoll nehme! —). Ich fragte Sâlim, wo denn die Kerle seien. Er sagte: „Halt, halt, gleich hinter dem nächsten Busch; ich habe sie gesehen, wie sie Feuer geschlagen haben (um ihre Luntenflinten anzuzünden). Feure nur drauf los!" Ich feuerte also drei Revolverschüsse hinter einander in den Busch aufs Gradwohl hinein und rief nach rückwärts dem ʿObeid, er solle das Revolverfutteral bringen (mit den zwölf Reservepatronen). Dann feuerten die beiden andern ihre Flinten ab, und alles war mäuschenstill. Der Aufforderung die Flinte wieder zu laden konnte ich nicht nachkommen, da ich unvorsichtigerweise keinerlei Munition für die Flinte bei mir hatte. Nachher erst merkte ich: das Käpsele hatte versagt, und dieser Schuss war gar nicht losgegangen. Den Revolver lud ich wieder und feuerte nochmals ein oder zwei Schüsse ab. Nun sprang Ṛḍejjân auf und rief: „Jâ Bélî, jâ Geheineh!", und begab sich — für mich unverständlich — nach vorwärts, während er mir sagte, ich solle das mittlerweile wieder gesattelte Delûl besteigen und vorwärts reiten. Nach ganz Kurzem kam er zurück mit der Nachricht, es seien Geheineh, einen hätte ich durch die (vorgebeugte) Schulter, als er eben anschlug, in die Lunge geschossen, und ein andrer sei — vielleicht von ihm? — in den Kopf geschossen. Auf mein Befragen, woher er dies Alles wisse, wollte er nicht mit der Farbe heraus; er wollte nicht gestehen, dass mit den Geheineh auch Leute von seinem Stamm (Bélî) waren, und mit diesen hatte er sich rasch beredet. Mir wird immer wahrscheinlicher, dass es — o Schande — bloss Bélî waren, ausser den drei von Madâïn Ṣâliḥ her bekannten Geheineh. Wir trabten nun in der Nacht ein paar Stunden beinahe ununterbrochen, bis wir bei den Zelten des Schechs Merzûḳ ankamen.

Erst am folgenden Morgen kam etwas Licht in die Sache durch einen jungen Bélî namens Muḥammed, der später bis Ṭajjib-ism mit uns gieng. Die Geheineh waren eben die drei, welche in der Nacht in der Festung von el-Ḥegr angekommen (S. 262), von den Hunden so angebellt worden waren, die mit uns gegessen hatten und dann bis el-ʿÖla mit uns geritten waren. Wie viel andere Geheineh und wie viel Bélî bei dem Überfall waren, das konnte ich nicht herausbringen. Genug, die Kerle hatten unter jenen Ṭalḥ-Bäumen zur Rechten von unsrem Weg, wo ich lagern wollte, gelauert und waren mit Zurücklassung ihrer Kameele in der Nacht herangeschlichen. Nun, es ist ihnen versalzen worden.

Ich hätte nie geglaubt, dass, wenn man einen oder gar zwei Menschen erschossen hat, man so wenig Gewissensbisse danach empfindet (— den Krieg natürlich ausgenommen —), und darauf so gut und herrlich schläft. Mag sein, weil ich die Cadaver nicht gesehen habe.

Die Erschossenen wurden noch in der Nacht von ihnen begraben, ein Erdhügel[1]) und eine grosse Blutlache bezeichnete allein die Stätte des Schlachtfeldes."

Mo. 31. März 1884]. Der Würfel war gefallen; ich hatte meinen Mann erschlagen. Unter den Brüdern und Stammesgenossen des Mannes, der durch meine Kugel gefallen war, war ich verfehmt; ihre heilige Pflicht war es, an mir Blutrache zu üben. Jetzt musste ich auf der Hut sein. Aber glücklicherweise befand ich mich ja bei einem mir befreundeten Stamme, der seinerseits mit meinen Feinden[2]) in Blutfehde lag.

Morgens vor der Sonne gieng ich an die Zelte der Bélî hinüber; aber ich bekam dort Nichts zu essen, sondern nur etwas süsse Milch zu trinken. Es kamen einige neugierige Schechs und viel armes Gesindel zu mir. Da diese Bélî keinen Kaffee besassen und ich selbst auch keinen mehr hatte, so war ich genöthigt, eine Bewirthung mit Thee zu veranstalten. Ich hatte jedoch nur sehr wenig Zucker bei mir, und so verabreichte ich den Thee ohne Zucker. Den ganzen Vormittag hindurch fand ein Gelage von diesem ärmlichen Gesindel bei mir Statt. Daran nahm auch ein Belúwî theil, ein junger Kerl, namens Muḥammed, der mit den zehn Räubern von gestern gewesen war. Er berichtete, der ganze Überfall sei auf Veranstaltung der drei Diebsgesellen geschehen, mit denen ich zusammen von el-Ḥegr nach el-ʿÖla geritten war, jener Kerle, die mir schon gleich so unheimlich und unsympathisch vorgekommen waren. Wegen der blinden Heldenthat von gestern Abend wurde ich als Heros gefeiert; alle wollten meine Waffen sehen, was ich den Schechs nicht abschlagen konnte.

Während all dieser Unterhaltungen und Besuche entwickelte sich in meinem Innern ein starkes Hungergefühl; der schwache Thee war gar nicht dazu geeignet, ihn zu stillen. Endlich, um 2 Uhr Nachmittags, brachten meine Wirthe mir Reis mit Fleisch. Da war der Hunger freilich schon etwas vergangen.

[1) Darüber steht im Tagbuch, in der Handschrift Eutings „2 Steinhügel". Dies wird zweifellos richtiger sein. Die Beduinen begraben, indem sie über den Toten einen Steinhaufen errichten.]

[2). Obgleich nirgends gesagt wurde, dass der Getötete einer von den Geheineh war, so ist dies doch anzunehmen.]

Unausstehlich war die Neugierde von Weibern und Kindern, Jünglingen und Männern, als ich sie fortgejagt hatte, um mich zu waschen, und wenigstens nur auch einen Theil des Staubes von el-ʿÖla mir vom Leib zu schaffen. Zu allen Ritzen des Zeltes guckten die Viecher herein, und ein Weib mit ihrer Tochter benützte sogar die paar Minuten meiner Einsamkeit, um die Krankheit ihrer Tochter mir aufs Thörichtste zu beschreiben. Überhaupt fand ich die Weiber unerhört frech, die Kinder schreierisch und alle zusammen über die Maassen bettelhaft, besonders in Bezug auf Tabak. Das war ja eine edle Gesellschaft, in die ich gerathen war! Das also waren meine Freunde und Brüder, mit denen mich die Blutrache gegen die Geheineh verband!

Abends liess ich von meinem eigenen Mehl Brod machen und ass dazu einige Datteln. Dann schlief ich trotz dem Geschwätz am Feuer ein.

Di. 1. April 1884]. Auch den heutigen Tag über musste ich noch in derselben widerwärtigen Umgebung zubringen. Ich selbst wollte die Reise so rasch wie möglich fortsetzen und stand zu dem Zwecke auch vor der Sonne auf. Aber meine Begleiter waren nicht dazu zu bewegen; sie bestanden darauf, mit ihren Leuten heute noch zusammen zu sein. Diese luden die Zelte und alles Geräth auf und verlegten ihr Lager weiter abwärts im Wâdî el-Ḥamm, ganz in die Nähe der Stelle, wo der Überfall am 30. März stattgefunden hatte. Die Beduinen pflegen ja überhaupt das nächste Lager nicht möglichst sehr weit von dem vorhergehenden aufzuschlagen. Unterwegs lagerte ich mit meinen Leuten etwas abseits, und dort assen wir ungestört ein paar Datteln.

Nach kurzer Rast in herrlichem Schatten ritten wir den Anderen wieder nach, und um 9 Uhr trafen wir bei den frisch geschlagenen Zelten ein. Meiner wartete hier ein neuer qualvoller Tag inmitten dieses bettelhaften, unverschämten Raubgesindels der Bélî.

Natürlich war auch wieder vielfach die Rede von dem Überfall. Mir wurde erzählt, der Kerl, den ich erschossen hätte, hiesse Sleimân ibn Selâmah; er sei nach Kurzem noch in der Nacht gestorben; die Kugel sei ihm durch die Schulter von oben hinab in die Lunge gefahren und durch den Rücken hinaus. Der andere Kerl, den Ṛḍejjân ebenso zufällig erschossen habe, sei durch die Stirn getroffen und augenblicklich todt gewesen. Diesen Morgen haben unsere Leute die Gräber an Ort und Stelle gesehen, dazu auch noch eine Menge Blutspuren. Ich selbst habe das Schlachtfeld nie zu Gesicht bekommen. Merkwürdig! War es Scheu vor dem Blut oder war es das Gefühl der mich umgebenden Gefahr, das mich davon abhielt?

Schon Morgens beim Aufbruch war ein eckelhafter Kerl am Feuer gewesen, der trotz aller Aufforderungen zu gehen doch sich nicht hatte forttreiben lassen. Nachher beim zweiten Lager stellte er sich vor und sagte: „Ich bin der Bruder dessen, den du gestern Abend erschossen hast[1]." Ich sagte: „Gottlob, habe ich ihn erschossen! Ich habe ihn nicht gerufen. Warum wollte er mich überfallen?" Nachher war er noch sehr frech und wollte alles anrühren; ich musste ihn schliesslich durch Pistolendrohung fortjagen. Später suchte er sich zu bessern und wollte sogar mit mir Freundschaft schliessen, was ihm natürlich nicht gelang. — Ich fürchte nur, die Kerle werden mir an einer Stelle des Wegs auflauern, und bei meinem dicken Schlaf könnte ich ihnen leicht zum Opfer fallen. — Es ist überhaupt ein Wunder, dass ich der Blutrache entronnen bin, wo doch z. B. dieser Bruder des Getöteten nun so genau um mich Bescheid wusste!

Die Schechs Muhánnâ el-Wâsiṭî und Muršid bir Refâdeh waren beide fürchterlich bettelhaft auf Tabak aus; ich sehe schon voraus: in zwei Tagen werden wir Nichts mehr zu rauchen haben. Schrecklicher Gedanke! Ausserdem wollte das gesamte elende Volk Alles berühren: jeder Gegenstand, den ich besass, wanderte von einer ungewaschenen Hand in die andere.

---

1) ذبحت.

Der Schedâd, d. i. Kameelssattel [1]), wurde zwanzig Mal des Tags immer wieder von allen Seiten betastet; mein Teppich, meine Kleider, selbst das Hemd auf dem Leib, Alles erregte ihre Neugierde.

Am Nachmittag sah ich zu, wie die Kerle schossen. Sie hatten ein Papier an dem Felsen befestigt, das nun als Scheibe diente. Ich muss gestehen, sie schossen ziemlich gut, — was ich nicht erwartet hatte —, allerdings mit aufgelegtem Gewehr. — Dann beschäftigte ich mich mit — Nähen! Zuerst wurde das fatale Loch in meiner Tasche, das mich meine Patronen gekostet hatte [2]), zugestopft. Dann besah ich mitleidsvoll meinen Zebûn: er war voll von Löchern, die ich mit den Kohlen hineingebrannt hatte, und die der fleissigen Hand harrten. Sollte ich es thun oder nicht? Nein, es waren doch zu viele, und ich verzichtete lieber darauf, mich an dieses Danaïdenfass zu wagen.

Ich musste wieder eine Ewigkeit auf das Essen warten. Als das Abendessen immer und immer noch nicht kam, zog ich es vor, ein Stück altes Brod zu verzehren und mich dann schlafen zu legen.

Mi. 2. April 1884]. Als Morgens vor der Sonne alle Zelte abgebrochen wurden, war ich ausserordentlich froh. Den Bélî, die mit ihrem Lager nach Südosten zogen, weinte ich keine Thräne nach. Ein Fluch der Erleichterung kam auf meine Lippen, aber niemand hörte ihn; ich war mir nur seiner inneren Sprachform bewusst.

Wir anderen, d. h. Rḍejjân, Schech Muršid, ʿObeid und Muḥammed, der in der Nacht des Überfalls bei den Geheineh gewesen war, lagerten noch eine Weile in der Nähe, um auf eine Karawane von sechs Kameelen zu warten, die mit uns nach el-Weǵh gehen sollte. Die Leute wollten dort Butter,

---

1) S. eine genaue Beschreibung von J. Euting in Orientalische Studien, Theodor Nöldeke gewidmet, Band I, S. 393. Dazu Bemerkungen von J. J. Hess in der Zeitschrift „Der Islam", Bd. 4, 1913, S. 314—316.

2) S. oben S. 267.

Schmalz und dergl. verkaufen und dafür andere Gegenstände einhandeln. Wir verzehrten während dieser Wartezeit Thee, Brod und Datteln.

Nachdem die Karawane als in der Ferne anrückend signalisirt worden war, brachen wir direct gegen Westen auf, durch den Šaʿîb Meṛêrah [1]), und gelangten dann über einen niederen Pass wieder in den Wâdî el-Ḥamm; an der Stelle unseres ersten Nachtlagers vom 30. März zogen wir vorbei. Vom Wâdî el-Ḥamm kamen wir in den Wâdî eš-Šillul [2]), wo wir an einem Wasserspalt, der Abû Ḥammâdah [3]) hiess, einen unsrer Schläuche füllten, Thee kochten und etwas Brod assen.

Dann gieng es wieder weiter. Die Sonne war ziemlich hinter Wolken verborgen; das Licht war verstreut, die Luft drückend, die Fliegen massenhaft und sehr lästig. Es ist sonderbar, dass die Kameele mit ihrem dicken Fell gegen die gemeine Fliege noch viel empfindlicher sind als die Pferde; sie benützen jede Gelegenheit eines Strauches oder eines Kameelshintertheils, um die Nase daran zu wetzen und die Mucken wegzujagen.

Hin und wieder erhoben sich aber starke Windstösse. Als wir durch den Šaʿîb Šerhût [4]) ritten, begann der Himmel sich zu verfinstern. Im Wâdî Ribâʿah [5]), an einer Stelle el-Ḥâmîr genannt, lagerten wir, machten Brod, assen Datteln und tranken Thee. Gleich bei Sonnenuntergang, noch stärker aber in der Nacht fielen starke Regenschütter, die mich für meine Abklatsche sehr besorgt machten. Die waren nämlich theilweise nur in Papier und in ein Hemd verpackt und staken in einer alten Satteltasche. Als der Regen begann, deckte ich sie noch mit meinem Plaid besonders zu und behielt sie die ganze Zeit unter meiner Bettdecke. Waren sie doch das Köstlichste von Allem, was ich von meiner Reise mitbrachte. Sie verdienten schon, dass ich um sie sorgte wie eine Mutter um ihr Kind und wie der Araber um sein edles Ross.

---

1) شعيب مغيرة. 2) وادى الشلّل. 3) ابو حمّادة.
4) شعيب شرهوت. 5) وادى رباعة.

Do. 3. April 1884]. Morgens vor der Sonne wurde Thee gemacht. Dann brachen wir sofort auf. Ich säumte nicht: sollte ich doch heute wiederum eine gute Strecke meinem Endziel näher kommen und von diesen Begleitern, deren Gesellschaft mir zum Halse heraushieng, befreit werden! Durch einen wildsteinigen Felspass, en-Nóḳrah [1]), zogen wir in den breiten Wâdî Ferrî [2]) hinab. Wegen der Steilheit des Wegs zog ich es vor, vom Kameel abzusteigen. Nachdem wir dann noch den Wâdî Ḳmêlah [3]) passirt hatten, lagerten wir, am Ende der dritten Marschstunde an der Wasserstelle el-Melêḥah [4]). Dort machten wir Brod, assen Datteln und tranken Thee.

Nach Mittag stiegen wir einen Pass namens Ṭajjib-ism hinauf; dort trafen wir sogar fliessendes Wasser und dabei einige wilde Palmen. Der Name ist wohl aus Ṭajjibet el-ism, oder eṭ-Ṭajjibet el-ism verkürzt. Er bedeutet „die Stätte guten Namens". Gerade dieser Name kommt in arabisch sprechenden Ländern mehrfach vor; auch in der kurzen Form eṭ-Ṭajjibeh. Prof. Clermont-Ganneau hat [5]) in ansprechender Weise darzulegen gesucht, dass dieser Name als Ortsname von einer kleiner Pflanze abzuleiten sei, die ebenso bezeichnet wird. Andererseits hat R. Hartmann darauf hingewiesen, dass Orte, deren Namen etwas Unangenehmes bedeutete, in Ṭajjib-ism oder eṭ-Ṭajjibeh umgenannt worden sind [6]). Von der Höhe aus gieng es in eine groteske Schlucht hinunter, die für die Kameele äusserst beschwerlich zu gehen war. Weiter kamen wir durch die Giddel es-Sedârah und den Wâdî el-Ḳdêr bis in die Nähe der zwei fantastisch geformten Berge Ṛalab [7]) und eṯ-Ṯenibbeh [8]). In eṣ-Ṣufâḥ [9]) wurde genächtigt.

Fr. 4. April 1884]. Jetzt nur rasch weiter, immer weiter! Hah, noch einen Tag, noch ein Nachtlager mit euch Lumpenkerlen zusammen! Dann aber morgen, morgen! Ach, ich konnte

1) النقرة. 2) فرى oder ثرى. 3) قميلة. 4) المليحة.
5) Recueil d'Archéologie Orientale II, S. 21.
6) Zeitschrift der Deutschen Morgenländischen Gesellschaft, Bd. 65, S. 536 ff.
7) غلب. 8) الثنبّة (?) 9) الصفاح.

meine Freude gar nicht ausdenken. Ich hatte nicht mehr viel Sinn für die Landschaft und für das, was um mich herum vorgieng; ich drängte nur vorwärts, ich wollte die Menschen los werden, die mich jede Minute durch ihren Anblick irritirten.

Vor der Sonne brachen wir auf. Nach Sonnenaufgang trafen wir viele wilde Tauben und Hasen. Unterwegs prüften meine Begleiter bedenklich frische Kameelsbollen; meine Stimmung sank auch bedeutend tiefer. Als wir dann wieder eine steile Schlucht hinunterstiegen und eben den ʿObeid mit den Schläuchen fortgeschickt hatten, um Wasser zu holen, hörten wir plötzlich Stimmen. Was war das? Waren es Geheineh, die uns nachsetzten? Waren mir die Bluträcher auf den Fersen? Sollte nun doch Alles vergeblich gewesen sein und ich in dem Augenblick, in dem ich den rettenden Strand nahe vor mir sah, noch in den Wellen versinken? Ich war entschlossen mein Leben theuer zu verkaufen. Aber Ṛḍejjân forderte zunächst nur zwei Megîdî-Thaler von mir, um die Feinde im Nothfall zu beschwichtigen. Ich gab sie ihm; bald stellte es sich heraus, dass es eine Karawane der ʿAnezeh war, die ebenfalls nach el-Weǵh gieng, aber Ṛḍejjân behielt natürlich seine beiden Thaler. Die ʿAnezeh hatten 180 Kameele und wollten wie meine Begleiter ihren Butter u. s. w. gegen Reis, Kaffee etc. eintauschen. Ṛḍejjân und der Schech kannten die meisten der Leute. Nach einer Stunde lagerten wir uns etwas und setzten dann mit all den Kerlen, die sämmtlich mehr oder minder ihr vermaledeites Heik! Heik! [1]) ausstiessen und dazu einen entsetzlichen Gesang verführten, unsern Weg fort.

Der Weg war sehr einförmig. Abends in Wâdî Leileh kamen alle möglichen Subjecte ans Feuer, in der Hoffnung, Kaffee und Tabak bei uns erbetteln zu können. Allein beides gab's nicht, und die meisten zogen sehr enttäuscht ab. Am Feuer blieben ein Schech und drei Biljân, welche zu den 15 Räubern gehörten, die dem Freund Huber in Madâîn Ṣâliḥ aufgelauert hatten [2]). Sie fragten mich, ob es wahr sei, dass Huber eine

---

1) Vgl. Band I, S 54, 116, 119.

2) Vgl. oben S. 255.

Flinte mit 20 Schüssen bei sich führe. Ich sagte: „Nein, er hat zwei Flinten zu je 30 Schüssen bei sich, da ich ihm meine auch noch gelassen habe!"

Nachts war starker Thau, der mich wiederum für meine Inschriftenabklatsche besorgt machte.

Sa. 5. April 1884]. Eine Stunde vor Sonnenaufgang war schon die ganze Karawane im Gange. Nun wurde geschwind Thee gemacht und getrunken. Da — wer beschreibt mein Entzücken! — sah ich richtige Seemöven. O ihr lieben Vögel, ihr Bringer froher Botschaft! Paul de Lagarde beneidete euch ob eurer Freiheit und dichtete [1]):

„Und wie die Möve dann die See erblickt,
die Well' auf Welle nach dem Strande schickt,
die draussen Well' auf andre Welle bauet,
stürzt sie geschwind,
der See heimkehrend Kind,
dem vor der See nicht grauet,
auf jenes allgewalt'ge Meer
mit einem Schrei der Lust, und schaut,
und schwebet, schwebt und schauet".

Ich aber danke euch für euren Gruss vom Meere, den ihr mir heute früh überbrachtet!

Wir legten einen langen Marsch zurück, ehe wir zu einer kurzen Frühstücksrast Halt machten. Jetzt war es zu Ende mit dem ewigen „Brod, Datteln und Thee". Die aufgesparten köstlichen Dinge konnten jetzt mit Gemütsruhe verzehrt werden. Wie mundeten mir Chocolade und Albert-Biscuits!

Gegen Mittag kamen wir in eine enge Schlucht, eḏ-Ḏreib [2]), wo aus einigen Wasserlöchern hastig Wasser geschöpft wurde und wo auch die Kameele zu trinken bekamen. Bald hinter der Schlucht zeigte sich die am ägyptischen Derb el-Ḥaǵǵ gelegene Festung el-Weǵh. Rasch erreichten wir sie, und dann, nach etwa zwei Stunden, die mir fast zu einer Ewigkeit wurden, gelangten wir zur Hafenstadt el-Weǵh selbst, die unter ägyp-

1) Deutsche Schriften, Göttingen 1892, S. 291.

2) الذريب.

tischer Oberheit steht. Welches Gefühl! Ich sollte das Meer wieder sehen, Wassermengen! O thalatta, thalatta!....

Festung el-Weǵh.

Nur wer in der Wüste gedorrt und gedürstet hat, wer monatelang keinen Fluss, keinen Bach, keinen Quell gesehen hat, der weiss, eine wie herrliche Gottesgabe das Wasser ist. Das Auge kann sich nicht satt sehen an seinem Anblick; das Gefühl schwelgt in Paradiesesfreuden.

Und nun sollte ich auch wieder zu halbcivilisirten Menschen kommen. Ich war im Grunde meines Herzens froh, die Beduinen jetzt los zu sein. Denn ihre Bettelhaftigkeit, Habsucht [1]), Verlogenheit, ihr Dreck, ihre Gleichheitsflegelei, ihre Unlenksamkeit sind mir zum Eckel oben heraus! Ihr Mangel an Sinn für die Zeit, ihre Zudringlichkeit an den Gast sind zum Verzweifeln; ihre Schmutzigkeit ist unbeschreiblich. Dass Wasser, wenn es von Dreck strotzt, eigentlich nicht zum Trinken geeignet ist, davon haben sie keine Vorstellung. Wenn sie einem den Teppich mit Staub und Sand versauen, so denken sie sich gar Nichts dabei; und dass sie beim Aufstehen ihren Mantel sammt Inhalt drauf ausschütteln, ist ganz natürlich. Fragt man: „Gibt's auf dem Weg Wasser?", so sagen sie واجد, واجد „haufengnug, haufengnug!" [2]) Kommt man an Ort und Stelle, so ist gerad ein Maulvoll vorhanden, kaum hinreichend, um eine Feldflasche zu füllen. Fragt man: „Ist unser Lagerplatz noch weit?", so heisst es stets قدامنا, قدامنا „vor uns, vor uns!" (natürlich nicht hinter uns!). Fragt man:

1) Vgl. Band I, S. 184, Z. 7.
2) Vgl. Band I, S. 229, Anm. 2.

„Wie weit?", so ist die Antwort قريّب, قريّب „ach! ganz nahe" [1]); darunter versteht dann so ein Hornvieh 3, 4, 5, 6, auch 8 Stunden, sogar unter Umständen zwei Tagemärsche.

So fühlte und dachte ich damals über die Beduinen, als wir nahe bei el-Weǵh waren. Freilich war ich auch in den letzten Tagen mit elenden Exemplaren dieser Gattung zusammen gewesen. Später, als der Ärger verraucht war, habe ich wieder milder geurtheilt und auch ihre guten Seiten nicht verheimlicht [2]). Jetzt hielt ich noch unterwegs eine ergiebige, so Gott will letzte, Lausejagd ab.

Die Annäherung an die Hafenstadt schwellte meinen dürren Wüstenbusen höher. Da war es ja, das Meer! Da waren ein paar Masten. Da war ein Reiter zu Pferd! Da sah ich einen

El-Weǵh.

Tarbusch, ägyptische Jacken, saubre Hemden. Gott, welche Seltenheiten! Jetzt waren meine Inschriften in Sicherheit; von den Menschen brauchte ich Nichts mehr zu fürchten. Meine Freude war übermenschlich gross!

Eigentlich sollte ich hier schliessen: denn hier endet meine „Reise in Innerarabien". Doch ich will noch ganz kurz darüber Bericht erstatten, wie es mir in el-Weǵh ergieng, und auf welchem Wege ich nach Europa zurückgekehrt bin.

Als wir am Thore von el-Weǵh ankamen, lagerte dort die

1) Bd. I, S. 230.
2) Bd. I, S. 164, Z. 19—20; S. 168, Z. 7—8. Palgrave, über dessen Glaubwürdigkeit freilich Zweifel bestehen, urtheilt ganz ähnlich; vgl. z. B. Bd. I seiner Reise (Leipzig 1867) S. 3, 33, 50, 51, 145.

grosse ʿAnezeh-Karawane, die uns etwas voraus war. Eine grosse Menschenmasse drängte sich dort, um ihre Wüstenerzeugnisse einzuhandeln. Am Thore standen zwei Schildwachen. Da ich selbst als dreckiger Badawî angethan war, wollten sie mich zuerst nicht einlassen; es bedurfte einiger Erläuterungen. Ich stieg ab bei Muḥammed Šaḥâtah mit dem Beinamen el-Bedêwî, dem Oberhaupte einer weitverzweigten, begüterten Familie. Dort wurde mein Gepäck abgeladen. Nach Kurzem schickte der Wakîl der ägyptischen Regierung und ersuchte mich ins Regierungsgebäude zu kommen. Dort, umgeben von einer grossen Volksmenge, wurde ich ausgefragt: Woher? Wohin?, und Alles wurde durch den Secretär Aḥmed Effendî aufgeschrieben. Nachdem Alles befriedigend ausgefallen war, konnte ich wieder abziehen. Bedêwî hatte mir inzwischen ein kleines Stüblein hart am Meere neben dem Kaffee räumen lassen (s. Abb.); dort wurde mein

El-Weǵh: am Strande.

Gepäck niedergelegt und mein Teppich etc. auf einem Gestell aufgeschlagen. Nun konnte ich mich einmal gründlich waschen, was auch sehr nöthig war. Mit Sonnenuntergang wurde ich vom alten Bedêwî zum Essen abgeholt, zu einem Fürstenessen, wie ich seit Damascus, also seit August, Nichts mehr gesehen hatte. Eine Brühe mit Löffeln, Eier, gebackene Hühner, gebratenes Fleisch, gesäuertes Brod! Ich muss gestehen, mir ist kaum je eine Mahlzeit reicher vorgekommen.

Die orientalische Halbcivilisation ist bekanntlich durch einen grossen Flohsegen ausgezeichnet. Das erfuhr ich heute Nacht wieder, nachdem ich es beinahe vergessen hatte. An Schlaf war in meinem Zimmer nicht zu denken. Nach einer Stunde vergeblichen Ringens liess ich mir mein Bett hart am Meere machen, aber ich nahm natürlich einen Theil der Einquartirung dorthin mit.

So. 6. April. — Di. 15. April 1884]. Eine ganze Woche und noch zwei Tage dazu musste ich in el-Weǵh auf ein Schiff warten, das mich Europa näher bringen sollte. Das war eine schöne Geduldsprobe!

In el-Weǵh existirt keine Dampfschifffahrt; nur zur Zeit des Ḥaǵǵ kommt ein ägyptischer Pilgerdampfer hierher. So war ich also ganz auf irgend ein zufällig fahrendes Segelschiff angewiesen. Im Hafen lagen zwar zwei kleine Schuner [1]) (vgl. Abb. S. 280). Aber die Schiffer hatten keine Lust mich nach Ǵiddeh zu führen: und nach Sues, sagten sie, brauche man bei jetzigem Winde 10—20, ja auch 25 Tage. Ich entschloss mich daher nach Ḳoṣêr an die ägyptische Küste in 3 Tagen hinüberzufahren, dann zu Kameel nach Ḳeneh an den Nil und von dort nach Cairo zu reisen. Von Ḳoṣêr konnte jeden Tag ein Schiff ankommen.

Ich versuchte nun zunächst mein Dolûl günstig zu verkaufen. Aber alle meine Anstrengungen waren erfolglos. Da die Leute sahen, dass ich verkaufen wollte und musste, so blieben sie hart; es war nicht möglich, mehr als 25 Meǵîdî dafür zu bekommen [2]). Ich liess es schliesslich den Beduinen um diesen Preis, und war nun einer Sorge ledig. Dies geschah am Tag nach meiner Ankunft. Am selben Tag verabschiedeten sich auch meine Beduinen von mir, nachdem sie noch einigen Bakschisch herausgeschunden hatten. Lebt wohl, ihr Bedu! Zieht in eure Wüste und eure Zelte zurück, in die ihr gehört!

Natürlich machte ich in el-Weǵh bald die Bekanntschaft aller Notabeln, einheimischer und fremder. Da waren der Commandant der Festung (Ṭôbǵî Bâšî), der Doctor Ḥasan Effendî, der

---

1) Sambûḳ, سنبوق.

2) Wieviel ich dafür bezahlt hatte, ist in Band I, S. 30, gesagt.

Secretär Aḥmed Effendî, der Ḳâḍî, der Kaufmann Muḥammed ʿAwwâd, der früher in Sues englisch und französisch gelernt hatte. Letzterer verehrte mir statt meiner zwei verlorenen Feuerzangen eine messingene Zange, von den Zigeunern gearbeitet[1]). Besonders interessirte mich Schech Slîmân bir Refâdeh[2]). Ich hatte ihn schon im Regierungsgebäude bei meiner Ankunft gesehen. Am nächsten Tage machte er mir einen Besuch. Er ist derjenige, der den Ḥêlân ausgezogen hat, wie oben S. 234 unter dem 20. März berichtet ist. Er hatte für einen Badawî ein feines Gesicht und trug elegante Kleidung; seine Keffijjeh war aus Seide, seine ʿAbâ schneeweiss und leicht. Wir unterhielten uns über sein Land und die Inschriften. Er nannte mir als Orte mit Felseninschriften im Gebiet der Bélî: el-Ḳṣêr el-Kurkumah[3]) und Umm Ḳrejjât[4]). Von Kurkumah erzählte mir Bedêwî, es sei identisch mit el-Ḳaṣr el-Krîm Saʿîd[5]) und liege nur einen Tag südlich von el-Weǵh. Ṛḍejjân hatte mir vorher noch andere Orte genannt: el-Khḍêr, eṭ-Ṭerwah, es-Serḥah, Haḍab Ṭaʿlab, Ṛṣêf. — Slîmân bir Refâdeh verabschiedete sich und ritt in seiner städtischen Kleidung zu seinen Zelten, die sich in Ḍreib befanden. Aber er kam am 12. April noch einmal in die Stadt zurück, und am 13. musste ich bei ihm ein grosses Beduinenfressen mitmachen.

Auch mit dem alten Bedêwî hatte ich manche Unterhaltungen über das Land und die Inschriften. Er war es, der den Captain Burton einst ins Land Midian begleitet hatte[6]). Er erzählte mir, einen Tag nördlich von el-Weǵh sei ein Marmorberg, Râbaṛ[7]) genannt, dort seien Säulen und viele Inschriften; acht Stunden nördlich davon liege Bedăʿ[8]), und dort sei Alles voll von Inschriften. Captain Burton hätte die Stätten besucht, doch habe er Nichts davon verstanden. Einen Tag südlich von

---

1) شُغْل خَلَاوِيَّة.　2) سليمان ابن رفادة.

3) القصير الكركمة.　4) ام قريات.　5) القصر الكريم سعيد.

6) Vgl. Burton, The Land of Midian.

7) رابغ.　8) بدع.

el-Weǵh sei ein Schwefelberg mit alten Ruinen; er selbst habe aber keine Inschriften dort bemerkt.

Komisch ist es, wie in el-Weǵh das Wort Antîka gebraucht wird. Darunter versteht man nicht etwa nur Antiquitäten, sondern Curiositäten, Sehenswürdigkeiten jeder Art. Meinen Kameelssattel nehme ich mit, um ihn als Antîka in meiner Heimath zu zeigen. So fragte mich einer, ob ich keine Antîkât kaufe. Ich antwortete: „Ich will sie zuerst sehen." Was brachte der Mann mir? Muscheln [1]) und Korallen!

Die Sekte der Senûsî's breitet sich immer weiter auch in dieser Gegend aus. Vor fünf Jahren war noch kein Senûsî in el-Weǵh gewesen. Jetzt aber hält ein Senûsî-Missionär jede Nacht in der Moschee eine Betstunde. Da üben die Ordensbrüder ihren Zikr. Diese Narren singen, zuerst langsam, dann immer schneller lâ ilâha ʾillâ llâh, bis zur Bewusstlosigkeit: dann fünf Minuten lang das Wort allâh, allâh, allâh; darauf stossen sie das Wort ḥajj, ḥajj, ḥajj heraus und Ähnliches. Ich begreife nicht, wie diese Form des Gottesdienstes so ansteckend und so rasch wirkt. Da gefiel mir der Gesang des Muʾeddin besser: der hatte eine sehr schöne Stimme. Am besten aber gefiel mir der Gesang der Fischer, die Morgens mit ihren Booten fortfuhren; das war der erste wirklich schöne Gesang, den ich in Orient gehört habe.

Am 14. April kam endlich das Schiff, das uns nach Ḳoṣêr bringen sollte. Es hiess Nasîm el-Fáraǵ [2]) „Freudenzephyr", Capitain Suleimân Maḥmûd [3]); es war 110 Tonnen gross, hatte eine Besatzung von 18 Matrosen und konnte 10 Passagiere aufnehmen.

Am 15. April Morgens kam mir noch der letzte Abschiedsgruss aus der arabischen Wüste. Das war eine grosse Kameelskarawane, die über Medinah aus Mekkah kam. Man nannte sie

---

1) صدف [H.: *sydef* Perlmutter; altes صدف ist Perlmutter, Meerschnecken und Muschelschalen.]

2) نسيم الفرج. 3) سليمان محمود.

el-Muwarrᶜî [1]); sie brachte Kameele von den Ḥarb, und verkauft ihre Thiere entweder auf dem Weg hierher, oder in el-Weǵh oder sogar in Ägypten.

Abends konnte ich endlich, nachdem ich mich von allen Freunden in el-Weǵh verabschiedet hatte, an Bord gehen. Oben auf Deck machte ich mir ein Lager zurecht. Das Schiff lichtete etwa um 1 Uhr Nachts die Anker und segelte nordwestlich der Küste entlang.

Volle drei Tage waren wir auf dem Wasser. Mehrfach herrschte entsetzliche Windstille. In ḍer Bucht ᶜAntar [2]) und dẹr Bucht ed-Dmêṛah [3]) giengen wir vor Anker. Die Leute auf dem Schiff erinnerten sich alle sehr wohl des Freundes Dr. Klunzinger; sie nannten ihn aber Kolosíngara.

Am Sonntag, den 20. April, um 12 Uhr kamen wir endlich in Ḳoṣêr an. Es dauerte ziemlich lang, bis die Sanitäts-Polizei ihr Amt verrichtet hatte, bis alle Matrosen und Passagiere abgezählt waren, und bis wir endlich ans Land durften.

Nun noch fünf Tage auf dem Kameel bis Ḳeneh am Nil, dann mit dem Dampfẹr bis Assiut, mit der Eisenbahn nach Cairo und über Port Said, Jaffa, Jerusalem, Beirut, Smyrna, Athen, Patras, Triesṭ nach Deutschland! Das war meine arabische Reise.

ENDE DES 2TEN THEILES.

والسلام
علی من قراه وقال
السلام علی مؤلفه.

1) الموّرعي [H.: el-Mwárreᶜi soll eine Art von Reiseunternehmer gewesen sein.]
2) عنتر. 3) الدميغة.

REGISTER ZUM ZWEITEN THEIL.

ᶜAbâ (Beduinenmantel) 19, 102, 225.
ᶜAbdallâh in el-ᶜÖla 220, 230.
ᶜAbdallâh Abû Muḥammed 150.
ᶜAbdallâh el-Muslimânî 8—106 (häufig), 107, 163.
ᶜAbdallâh ibn ᶜAbd el-ᶜAzîz 69.
ᶜAbdallâh ibn Ḥamd ez-Zehêrî 20, 47, 98.
ᶜAbdallâh ibn Ismâᶜîl Mueiz 229, 235, 237.
ᶜAbdallâh ibn Raschîd 16, Anm. 1.
ᶜAbdallâh, Khaṭîb, 52, 116, 149, 162, 199, 202, 205.
ᶜAbd el-ᶜAzîz, Prinz, 17—106 (häufig), 149, 231.
ᶜAbd el-ᶜAzîz el-ᶜEnḳrî 145, 148 f, 162, 164, 174, 197, 201 ff, 206 f, 222, 255.
ᶜAbd el-ᶜAzîz er-Rummân 156, 158, 200, 203.
ᶜAbd el-Ḳâder 170.
ᶜAbd el-Wahhâb (= Euting) 47, 156, 201, 205.
ᶜAbd er-Raḥmân 39.
ᶜAbd es-Salâm 172, 182.
ᶜAbdeh, Stamm des Ibr Raschîd, 38.
ᶜAbed 18.
Abessinien 245.
Abklatschen von Inschriften 40, 227, 257 ff, 274, 277.
al-Ablaḳ 146 f.
Abû Gelâl, im Negd, 18.
Abû Ḥammâdah, Wasserstelle, 274.
Achan 168.
el-ᶜAdîb 246, 263. Vgl. Nachträge.
Aelius Gallus 251.
el-Aflag 103.
Aga, Berg, 76, 108, 113 f, 118.
ᶜAgmân, Stamm, 73, 81.
Aḥmed 170 f.
Aḥmed Effendî 280, 282.
Aḥmed Raschîd Mîrzâ 54 f.
ᶜÂïd Abû Fḥêmân 172.
ᶜÂïd ᶜAlî 21.
ᶜÂïd es-Sitr 56.
ᶜÂïschah 100.
ᶜÂïdh, Sohn des Kehîl, 261.
Akazien 166, 170, 172, 239, 267, 269.
ᶜAḳdeh 45 f.
el-Akhḍar 175, 186, 189, 191 f, 197.
Aksum 226.
Alâi (el-Âj) 132. Vgl. Nachträge.
ᶜAleideh (= el-Eidâ) 2, 221.
Algier 215.
ᶜAlî, Khalife, 27.
ᶜAlî, Perser, 88, 98.
ᶜAlî, Steinbockjäger, 60 ff.
ᶜAlî ibn Saᶜîd 255. — Vgl. Wuld ᶜAlî.
Âlih 263.

Alphabet, südarabisches, 224.
Altar mit Inschrift 245.
ᶜÂmûd, Stamm, 118, 121.
ᶜAmrân 57, 80, 87 f, 107.
ᶜAnâz, Berg, 167.
ᶜAnêber 13, 89, 111, 127 f, 167 f, 194.
ᶜAnezeh, Stamm, 2, 56, 65, 130, 140, 276, 280.
Antika 283.
ᶜAntar 284.
ᶜAnz el-ᶜErḳûb, Berg, 136.
ᶜArâbî 156.
Arak 26.
el-ᶜArêḳ, Fels, 180, 182.
Arethas, König, 232, 238, 261 f.
ᶜArgâ, im Negd, 17.
ᶜArîḍ, Ibn-, 180 Anm.
Artikel, Betonung, 193 Anm. 1.
ᶜArwâ, im Negd, 17.
Asad 249.
el-ᶜAschârah, Berg, 211.
Aschêrâ, Gottheit, 159 f.
Aṣfar, Bschârah, 182.
Aslam, Stamm, 86.
Assiut 284.
Aᶜṭallah 200, 203.
ᶜAteibeh, Stamm, 41, 69, 226 f.
ᶜAṭijjeh, Banî, 172, 181, 186, 221.
Aṯlâb, Berge, 167.
ᶜAugah, Berg, 125, 129.
ᶜAun Pascha 64 u. Nachträge.
Ausrüstung für Reise 104, 107.
Ausstattung eines Zimmers 18.
ᶜAwâgî, Stamm, 130, 141.
ᶜAwêriḍ, Gebirge, 167.
ᶜAwwâd ibn Ḳneimeh 165, 167, 173, 181, 192, 200.
Baghdad 33, 55, 94, 106.
Baḥrein 19.
Baḳar el-waḥsch 10, 166, 194.
Bakschisch 28, 232, 267, 281.
Barrasch 86.
Basalt 113, 119.
Baṭîn Tsebâd 143.
Bedaᶜ 282.
el-Bedêwî, vgl. Muḥammed Schaḥâtah.
Bedr ibn Gyôhar 203.
Beduinen, Eigenschaften, 278.
Begräbnissplatz 15, 209.
Behîm 132.
Beirut 223.
Belî (bezw. Blúwî, Biljân) 2, 141, 193, 201, 217, 221, 223, 233 f, 239, 244, 246, 255 f, 258 f, 264, 266 f, 269 ff, 273, 276, 282.
Bender 16.
Benecke 190.
Berberiner 235.
Bergkrystall 114.
Bereideh 65 ff, 75, 80 f, 85, 87, 226.
Bernûḳ, Pflanze, 263.
Bestattung der Todten 6, 17, 270 Anm. 1.
Bettelei 7, 12 f, 15, 33, 40, 46, 54, 98, 102, 104, 131, 271 f, 276.
Beute 4, 226.
Bijâḍijjeh, Hügel, 194.
Bilder, vgl. Thierfiguren, Zeichnungen.
Bilder malen von belebten Wesen 27, 37, 39, 55, 66.
Bird, Berg, 143.
Blasrohre 131 Anm., 156.
Blaubeuren 109 Anm.

Blutbestreichung s. Kameele.
Blutrache 1, 270 ff.
Bluträcher 276.
Bohnerz 130.
Bombay 40.
Bosra 236, 262.
Brennholz 114, 135.
Brief an den Emîr 230 f.
Briefe nach Europa 33, 40, 87.
Brod in der Asche gebacken 166
Brunnen 115.
—, Ziehbrunnen, 74.
Brunnenmauern 86.
Brunnen al-Haddâg in Teimâ 146 ff, 162.
— Semâḥ in Ḥâjel 21 ff, 25, 27, 33, 40, 45, 48, 108.
Buêḍah, Hügel, 48.
Bürste 204.
Burton 282.
Burukeh ibn Mrajjem 111.
Butter 128, 273, 276.
Buttermilch 128, 156, 222.
Byzanz 146.
Cairo 281, 284.
Carbolsäure 43.
Carneole 155, 157.
Cholera 111.
Cholwah, Frauenname, 234.
Citronen, süsse, 14.
Citronensaft 26.
Clermont-Ganneau 275.
Constantinopel (Stambul) 221 f.
Croton-Oel 14.
Czar 57.
Ḍabʿa, Berg, 165.
Ḍaifallâh el-Maʿeidzel 201.
eḍ-Ḍalʿah, Hügel, 124.
Damascus 30, 34, 43, 55, 87, 93, 106, 176, 181 f, 215, 220, 221, 223, 234, 280.
ed-Dâṯ, im Negd, 18.
Datteln ausgesteint 3, 14.
ed-Dawâdimî, im Negd, 17.
ed-Dawâsir, im Negd, 18, 103.
Debâsijjât, Berg, 186.
Debora 6.
Dedan 224.
Deiseh (Dîse), Frauenname, 235.
Delûl, Reitkameel, häufig.
—, weiss, 245.
Derb el-agindî 263.
— el-Ḥagg 172, 232, 277.
Derb Khabînî 189.
Ḍerijjeh, im Negd, 17.
Dikhneh, im Negd, 18.
Dirbisch ibn Bannâḳ 101, 103.
Diṛsch, Landschaft, 210.
Dîwân (= Ḳâhâwah) 218, 222 u. ö.
Dîwân, Heiligthum in Hegra, 259.
ed-Dmêṛah, Bucht, 284.
Dolche 19, 22, 39, 47.
Dornauszieher 131.
Doughty 89 Anm., 215, 246.
eḍ-Ḍreib, Ort, 277, 282.
Dreigeh, Berg, 113, 120.
Dṛejjem, Schammarî, 103.
Dṛêrât (Dṛeirât), Stamm, 103, 114, 118.
Dscheddah, vgl. Ǵiddeh.
Dschinn 61 f, 94.
ed-Dubaṛ, Schneeberg, 183.
Durst 196.
Dûscharâ, Gott der Nabatäer, 261 f.
Eimer 152.
Einbalsamieren 17.

Eis 109 f, 124.
ʿEisâ, Banî, 89, 168.
ʿEjṭân 168.
Eḳraʿ 206.
ʿEnḳrî s. ʿAbd el-ʿAzîz el-ʿEnḳrî.
ʿErḳûb, Felsen, 132, 134.
Eulen 114, 116.
Fahad 24, 65, 206.
Fahad eṭ-Ṭalaḳ 149, 156, 200.
Fahad ibn Ṛâzî 103.
Fahnen 30, 226.
Fallen für Hyänen, vgl. Hyänen.
Familienzeichen, s. Stammeszeichen.
Falken 53, 55, 69.
— Jagd, Utensilien dazu, 53 Anm.
— Namen 53 Anm.
Fâris 102.
Farwah, Berg, 165 f, 194 f.
Fasten 41.
Feḍeil, Stamm, 130.
Feid (Fhêd) 57.
Feiṣal ibn Raschîd 16 Anm. 3.
Fendî 37.
Feneisân 53, 55.
Ferîd, Grabgebäude in Hegra, 252, 259.
Feuerwerkerei 68, 81, 88 ff.
Fhêd 57 Anm. 1.
Filzkappen 37.
Fische als Speise 103.
Fleisch, gebraten, 205.
Fliegen 36, 215, 218, 222, 224, 235 f, 238, 256, 274.
Frauen, neugierig, 271.
— schlagen Zelte auf 186.
— suchen Holz 144.
— unverschleiert, 120.
Freigât, Stamm, 168.
Fúḳarâ (bezw. Fedzîr), Stamm, 152, 163, 165, 167, 173, 181, 200, 206, 212, 215, 221, 258.
Fuss, vgl. Schwielen, Wunden.
Ġârallâh 205.
Ġârallâh el-ʿAtîdz 163.
Ġârallâh el-Ḥumeid 64.
Ġârallâh el-Jûsuf 155.
Ġârallâh, Khaṭîb, 58.
Ġaraṛ, Berg, 110.
Gärten 23, 24, 25, 45, 86; vgl. auch Palmengärten.
Ġâsir, Steinbockjäger, 73.
Gazellen 194.
Gebel en-Nîr, im Negd, 17.
Gebet 45.
el-Gedjeh, Berg, 120.
Geheineh, Stamm, 2, 262 f, 266, 269 ff, 273, 276.
Gerichtsverhandlung 229.
Gerrhae 68.
Gesang 182 f, 233, 283.
Gewitter 10, 20 f, 24, 29, 30, 66, 183, 186, 245.
Gfeifeh 120 ff, 145, 151.
el-Ǵibbeh, Schlucht bei Ḥâjel, 76.
Ǵiddeh (Dscheddah) 9, 223, 281.
Giddel es Sedârah 275.
Gildijjeh, Berg, 14, 69.
Gräber 179 f, vgl. Begräbnissplatz.
Grabbauten 251 ff, 261.
Grabthürme 179 f.
Granit 113, 129.
Greideh, Ebene, 166.
Greinât el-Ṛazâl, Hügel, 176.
Gruss in Inschriften 248 f, 263.
Gyobbeh 10, 40, 129, 201.
Gyôf 10, 56, 165.

Gyôhar 8, 56, 156.
Haarpflege 35.
el-Hadab 213 f.
Hadab Ṯaʿlab 282.
al-Haddâg, s. Brunnen.
Ḥagg (Pilgerfahrt, Pilgerkarawane) 8, 24, 27, 29, 33, 35 f, 39, 64, 69, 137, 147, 171, 281.
Hagel 30, 90, 134.
Hähne 181.
Hajâ, Tochter des ʿAbdallâh ibn Raschîd, 16 Anm. 5.
el-Ḥaid, im Negd, 17.
Ḥâjel 1—106 (häufig), 152, 156, 161, 163, 167, 222 f, 226.
Ḥalabân, im Negd, 17.
Halájjil 173 f, 176, 178, 181, 183, 186, 188, 192, 196.
Ḥalâwijjet en-Nebî Ṣâliḥ 239 f.
Ḥamd ibn Fâḍil ez-Zehêrî 75, 102.
Ḥâmid ibn Ṛânem 10.
Ḥamûd el-Migrâd 7—106 (häufig).
Ḥamûd el-ʿObeid 13—106 (häufig), 163, 223, 231, 255.
Ḥamûd ibn Khalaf 44.
Handtuch 82, 204.
Ḥarâm 263.
Ḥarâmî, Plur. Ḥarâmijjeh, 112, 239, 263, 268.
Ḥarb, Stamm, 2, 12, 284.
Ḥarbî 102.
al-Ḥâriṯ ibn Ẓâlim 147.
Ḥarrat Banî ʿAṭijjeh 167.
Hartmann, R., 275.
Ḥása 73, 81, 86.
Ḥasan Abû Ḏraʿ 193 f, 198, 201.
Ḥasan Aghâ 171, 174, 176, 182.
Ḥasan, Ḥaǵǵî, 215, 217.
Ḥasan Effendî 281.
Ḥasan, Märtyrer, 27.
Ḥasan Muhánnâ 65 ff, 75, 80, 85, 87.
Ḥaṣât el-Ḳenîṣ 166, 195.
Hasen 129, 143, 276.
Ḥaurân 189, 236.
Ḥauschân 119.
el-Ḥegr (bezw. Hegra) 74, 85, 89, 98 f, 105, 163, 207 f, 215, 223, 231, 235, 246—264 (häufig), 269 f.
el-Ḥegreh, zwischen Ḥâjel und ʿIrâḳ, 101.
Ḥêlân 103 f, 108, 110, 113 f, 118 f, 121, 124, 130 f, 152, 163, 225, 231, 233 f, 254, 282.
Ḥelwân, Pass, 136.
Heraclius 220.
Hess 116, 122, 139, 157, 217, 249, 273.
Ḥigâz 161, 166.
Hilâl, Banî, 203.
Himjaren 68, 253; vgl. Inschriften.
Hind 146.
Hindî 99.
Hiobskloster 189.
Hiobswürmer 167, 189 f.
al-Ḥîrah 146.
Ḥmeideh 215, 259.
Ḥoweiṭât, Stamm, 111, 181 f, 188, 194.
Huber 9 f, 13, 19, 21, 31, 35 f, 39, 41, 45, 54 ff, 59, 63, 65, 75, 81, 83, 104, 108, 118 ff, 130, 154, 157 f, 161, 165, 178, 183 f, 196, 199, 205, 207 ff, 221, 223, 228, 230 ff, 233 ff, 237, 254, 256, 276.
Huber's Unaufrichtigkeit 74, 105, 222, 255 Anm.

Ḥugûr, Stamm, 165.
Hunde 180, 262, 267, 269.
– Jagdhundenamen 53 Anm. 2.
Ḥusein, Kameelshändler, 41, 87.
Ḥusein, Märtyrer, 27.
Ḥusein, Schmied, 9, 27, 41 ff.
Huteim (bezw. Huteimî, Hetmân) 103, 201, 234.
Hyänen 125, 136, 158, 181, 186.
Ibn Raschîd, s. Raschîd.
Ibn Saʿûd, s. Saʿûd.
Iga = Aga 108 Anm.
Ijâs 249.
Imruʾ ul-Ḳais 146 f.
Inschriften 162, 170, 199 f, 205, 207, 209, 211, 220, 234, 251, 259.
– arabische 170, 175, 181, 238.
– aramäische 154 f, 159 ff, 202, 247.
– griechische 247, 250.
– kufische 200, 206.
– lateinische 247, 250.
– liḥjanische 225, 238, 241, 245.
– des Mesa 23J.
– minäische 225, 241 f.
– nabatäische 142, 154, 220, 225, 238, 241, 247, 251 ff, 256 ff.
– südsemitische 246.
– thamudische (protoarabische) 116, 132, 134, 137 ff, 142 f, 197, 200, 210, 247, 253 f.
ʿIrâḳ 42, 101, 206, 223.
Iṯel-Bäume 44, 74, 111 f, 177 f, 185.
Iṯel-Stange 50.
el-Iṯleh 17.
Jagd auf Steinböcke 70 ff, 76 ff, 93.
Jagdfalken 53.
Jagdhunde 53 Anm.
Jâḳût 180.
Janboʿ 39.
Jaspis 114.
Jaussen u. Savignac 243, 251 f, 257, 259.
Jazîd 146.
Jud Süss 171.
Juden 8, 130, 146.
Jûsuf el-Atîdz 11, 103.
el-Ḳäʿäṣ, Felsen, 124.
Ḳâḍî 59, 282; vgl. Mûsâ.
Käfer 173.
Ḳähâwah 19 u. o. = Dîwân 218.
– meschtâ 66.
Ḳaḥṭân, Stamm, 2, 87.
Ḳaḥṭânî 74, 86.
Ḳahwa ḥelu 243.
Ḳaisâh, Gottheit, 261 f.
Kaiser, der Deutsche, 61, 64, 237.
Kalender 41.
Kälte 119, 125 f.
Kameele 56.
– beim Aufladen 108, 265.
– blutbestrichen 112, 173.
– Brüllsack 127 Anm.
– beim Brunnen 22, 152.
– erschrecken 134.
– festgebunden 110.
– im Hause gehalten 75.
– krank 118 f.
– mit Raben 187.
– mit Stammeszeichen versehen 151.
– Tränken der, 131, 151, 196.
– unbehaglich zwischen Mauern und Thoren 111, 145, 169.
– wälzen sich 191.
Kameelsfutter 3.

Kameelsreiter 3.
Kameelsurin 119.
el-Ḳamrah, Mulde, 136.
Kanonen 36.
Ḳaʿr 127.
el-Ḳarḍijjeh, Hügel, 247.
Karl, König von Württemberg, 195.
Käse aus Schafsmilch 127.
el-Ḳaṣîm 6, 57, 123, 156, 226.
Ḳaṣr in Ḥâjel 48, 91.
— in Teimâ 145, 148, 154, 207, 255.
Ḳaṣr ed-Dâïr 147 f, 157, 199, 206.
el-Ḳaṣr el-Krîm Saʿîd 282.
Ḳaṣr Ẓellûm 147.
Kassidromos 250.
Ḳasṭallânî 58.
Ḳaṭîf 227.
Katzen 181.
Kebschân, im Negd, 17.
Kefâr, Dorf bei Ḥâjel, 108.
Keffijjeh 41, 75, 198, 225.
Kemâl 176.
Ḳeneh 281, 284.
Kérbĕlah 27.
Keule 128.
Khabrat er-Rúâlah 166, 195.
Khaibar 64, 128, 130, 223.
Khairullâh 83.
Khâlid 259.
Khâlid Abû Ṯalâṯîn 74, 86.
Khanûḳah, im Negd, 17.
Khanzîr, Felsen, 174.
el-Kharam, Felsen, 136.
Khaṭîb 15 f, 51 f, 55, 58, 116, 156, 158; vgl. ʿAbdallâh und Gârallâh.
el-Khḍêr 282.
el-Khindweh, Gebirge, 136.
el-Khôleh, Ebene, 143 f.
el-Khreibeh, bei el-ʿÖla, 233.
Khreimî, Palmengarten bei Ḥâjel, 74.
Khúbû 209.
Khuméjjis, Sclave, 49.
el-Ḳischrijjeh, Berg, 71 f.
Kleidung von Beduinenkindern 131.
— in el-ʿÖla 220.
— eines Sclaven 233.
— eines vornehmen Beduinen 282.
— schöne angelegt 144.
Klippdachs 39, 71.
Kopfstrick 204.
Köpfungen 57.
Körbe 30.
Ḳoṣêr 281 ff.
Kriegspflicht 2.
Kriegssteuer 2.
Kröte 24.
Ḳṣêr 197.
el-Ḳṣêr el-Kurkumah 282.
Ḳubbet ʿAlî 86.
Kuḥl 88.
Kulaib 249.
Ḳumbâz 19.
Kundschafter 3.
Kunststücke 49, 59.
Kurkumah s. Ḳṣêr.
Lagarde, Paul de, 277.
Lâjeh, Berg, 177.
Laḳaṭ 140 f, 143.
Laḳiṭah 94.
Lanzen 37.
Läuse s. Ungeziefer.
Lavastrom 174, 192.
el-Lebiddeh 210.
Lehmziegel 122.
Leiter 217, 228, 234, 237, 255 f.

Lidzbarski 224, 243, 253.
Lieder 96; vgl. Gesang.
Liḥjaniten, liḥjanisch 225; vgl. Inschriften.
Lincoln, Präsident, 14.
Litaneien 217; vgl. 283.
Lostalot, Consul in Dscheddah, 161.
Löwe 116.
Lubdeh, Stadttheil in Ḥâjel, 73, 87, 90.
Lubitsch, Quarantäne-Inspector, 40.
Lütticke, Consul in Damascus, 182.
Maᶜân 181.
Mabrûk 215, 258 f.; vgl. Mubârak.
Madâïn Ṣâliḥ 98, 189, 215, 217, 223, 228, 237, 251 f, 254, 262 f, 269, 276; vgl. el-Ḥegr.
Mafârisch er-Ruzz 189.
Maghrebiner 170, 182, 215.
Mâgid, Prinz, 15—106 (häufig).
Maḥaggeh, 137 ff.
Maḥmûd, Diener, 9, 11, 15, 25, 31, 41, 56, 59, 75, 80 ff, 86 f, 89, 93, 101, 104, 108, 114, 116, 118, 121, 125, 127, 129, 162, 165, 176, 181, 184, 202 ff, 208, 225, 254, 258.
Maḥmûd el-ᶜAlâwî 161, 202.
Maḥmûd, Perser, 59.
Makhzan 90.
Manôt, Göttin, 261 f.
Manṭâr Banî ᶜAṭijjeh 165.
Mantel der Ṣlêb, 101 f.
Martini-Gewehre 12.
Maschâhideh, s. Meschhedî.
Maskat 227.
Mauser-Revolver 13, 33; vgl. Revolver.
Mazâïdeh, Stamm, 172.
Medînah 28, 36, 223, 227, 283.
Meglis 41.
Megmaᶜ(ah) 86, 226. Vgl. Nachträge.
Mehdî 88.
Mekkah 9, 24, 27 ff, 39, 45, 57, 64, 69, 91, 106, 227, 283.
el-Melêḥah, Wasserstelle, 275.
Melken 130.
Menterîs (?) 71.
el-M(e)ṛawwât 76 ff, 93.
Merdijjeh, Berg, 71 f.
Merzûḳ, Sclave, 232 f, 235 ff, 264.
Merzûḳ ibn Rueiḥil 244, 269.
Meschhed 27, 36, 54.
Meschhedî, Plur. Maschâhideh, s. Perser.
Mesgid, Gebäude in Ḥegra, 259.
Mesḥab, Platz in Ḥâjel, 11, 100, 226.
Metᶜab 16.
Meteor 64.
Midhat Pascha 81.
Midian 282.
el-Midnab 123, Anm.
Migrâd s. Ḥamûd el-Migrâd.
Minäer 224.
Minâret 90.
el-Minbar, Berg, 176, 180.
Mineralien 14.
Mîrzâ 42, 54.
Misma', Berg, 125, 128 ff.
Mis-tseh, im Negd, 17.
Môḳaḳ 110 ff, 120, 145, 169.
Mörser 122.
Möven 277.
Muᶜallaḳât 24, 58.
el-Muᶜaẓẓam 168 ff.
Mubârak 56.

Mubârak, Sclave, 262; wahrscheinlich = Sclave Mabrûk.
Mubârak el-Frêkh 73.
Mubârakât, Hügel, 114.
Mu'eddin 90, 283.
Muferrig 7, 8, 14, 156, 187.
Muḥammed, Prophet, 58, 91 Anm., 220, 254.
Muḥammed, ein Blúwî, 269 f, 273.
Muḥammed, Bruder des Rḍejjân, 264, 266 ff.
Muḥammed Abû ʿUmar 169.
Muḥammed Aghâ 181.
Muḥammed ʿAlî 215.
Muḥammed ʿAwwâd 282.
Muḥammed el-ʿAtîdz 158, 200.
Muḥammed el-Azraḳ 215, 217.
Muḥammed el-Maʿarrâwî 69.
Muḥammed ibn ʿAṭijjeh 13, 89, 111, 167, 181, 187 f, 194.
Muḥammed ibn Rânem 8, 10, 19, 42.
Muḥammed ibn Raschîd, s. Raschîd.
Muḥammed Saʿîd Pascha 182.
Muḥammed Schaḥâtah el-Bedêwî 280.
Muhánnâ el-Wâsiṭî 272.
Muhr 177.
Mukaisir, Krater, 113.
Mukhtelif, Thal, 118 f.
Mumienfratzen 242.
al-Mundir 146 f.
Munîf, Berg, 76 ff, 92.
Munîrah, Tochter des Bedr, 16 Anm. 2.
Murduk 40.
Murschid bir Refâdeh 272 f.
Mûsâ, Ḳâḍî, 220, 227, 233.
Mûsâ ibn ʿAlî 24, 69, 83, 87.
el-Muschamrakhah, der gezinnte Berg, 76 ff, 92 f.
Muscheln 14, 237.
Muṣṭafâ, Ḥâǵǵî, 215 ff.
Mustagiddeh, 103.
Mutanabbî, Dichter, 24.
Muṭêr, Stamm, 2, 6, 7, 12.
el-Muwarrʿî 284.
Mystiker 16 Anm. 2.
Nabatäer 68, 98 f, 216, 232, 246, 250, 253 f, 261; vgl. Inschriften.
Nachtunterhaltung 183 f.
Naḍîm el-ʿErḳûb 132.
Nâïf ibn ʿAtîdz 10.
Nâïf ibn Ṭalâl 27.
Nasîm el-Farag (Schiffsname) 283.
Nâṣir el-ʿAtîdz 11, 65.
Nâṣir es-Sebhân 11, 20, 26, 39, 55, 59 ff, 65.
Naṣṣâr 202.
Nattâf 10.
Naumân 112 f, 115, 119, 121, 130 f, 144, 152, 163, 165, 173, 181, 196 f, 200, 206, 208, 212 f, 215, 254, 258.
Nefûd 49, 125, 127, 130, 134.
Negd (Neǵd) 17, 18, 20, 57.
Negef 29, 40.
Neger 30, 93, 202, 220.
Neugierde 271, 273.
Nífî, im Negd, 17.
en-Nîr, s. Gebel.
Nîsân, Monat, 261 f.
Nisch 81.
Nöldeke 105, 159, 188.
en-Noḳra, Felspass, 275.
Noʿmânijjeh, Kameelsrasse, 39.
Nuḳra 189.

Nuḳrat er-Rukham 136.
Nusûr, Felsen, 120.
ʿObeid, Sclave, 245 f, 266 ff, 273, 276; vgl. auch Ḥamûd el-ʿObeid.
el-ʿÖla 74, 85, 105, 171, 208, 215, 217—246 (häufig), 253, 256 f, 262, 264 ff, 269 f.
ʿOmân 19, 227.
ʿOneizeh 14, 226 (statt ʿAnêzeh!).
ʿOrmân 40, 104.
ʿOṯmân ibn Duwâs 120 f, 124.
Palmen, krank 44.
—, wild 80, 247, 275.
Palmfackeln 113, 149, 224.
Palmgärten 74, 90, 148, 202, 237 f, 243, 264.
Palmyra 222.
Panther 71.
Papiergeld 60 f.
Paradies 86 f.
Perser (bezw. persische Kaufleute, Meschhedî, Plur. Maschâhîdeh) 13, 18, 34, 36, 40, 54 f, 57, 59, 65, 69, 76, 80, 87 ff, 98, 149, 165, 199 ff, 201, 204, 206.
Persische Kegelmütze 30.
Persischer Vers 62 Anm.
Pest 111.
Petra 68, 181.
Pferde 3 ff, 25, 39, 56, 75, 171.
Pflug 121 f.
Philopatris 262.
Phönizier 68.
Pilgerkarawane, s. Ḥagg.
Ptolemaios 225.
Puchstein 252.
Quarz, Gestein, 114, 118, 125, 128 f, 143.
Quermauer im Wâdî 174 f.
Râbaṛ, Berg, 282.
Raben 215.
— picken Zecken von Kameelen 187.
Ṛáḍâ, Baum, 176 f, 267.
Rafîḳ (Rafîdz) 49, 223.
Râïs, Quelle, 185, 188.
Râkân ibn Ḥaṯlein 73, 81.
Ṛalab, Berg, 275.
Ramaḍân, Monat, 41.
Ṛanêm, Berg, 144, 196, 209.
Ṛânem 7—106 (häufig), 223.
Ṛâr el-Ḥamâm 200.
Ṛâr Ṭalmah 109. Vgl. Nachträge.
Ṛarâmîl, Berge, 136.
Raschîd, Muḥammed Ibn, 1, 2, 57, 97, 128, 145, 149, 227, 231.
Rau, L. v., 121 Anm.
Raub, Raubzug, s. Ṛázû.
Raubvögel 118, 131.
Rauchen, s. Tabak.
Ṛaul, im Negd, 17.
Raupen 110, 127.
Ṛázû 1 ff, 11 f, 44, 56, 65, 86, 88, 91, 101, 104, 106, 152, 163, 173, 181, 194, 197, 233, 254.
Rebâbah 49.
er-Rebḳijjeh, im Negd, 17.
Regen 10 f, 24, 30 f, 33, 75, 85 f, 87 f, 90, 102, 118, 123, 134, 154, 170, 176, 238, 274.
Ṛêṯ ibn Dawwâs 207.
Revolver 54, 102, 266 ff; vgl. Mauser-Revolver.
Ṛḍejjân 244, 246, 256 f, 264, 266 ff, 272 f, 276, 282.
Rḥejjân, Wasserstelle, 211.
Rijâḍ 2, 75, 226.

Röschen, Söller, 23.
Rosenöl 36.
Rṣêf 282.
Ruâf, Berg, 143.
Rúâlah (Ruwálah), 2, 100, 123, 152, 226.
Rudolph von Habsburg 123.
er-Rukham 136.
Ruʾs uteideh, Berge, 120 Anm.
Ṣâʿ, Maass, 8, 201.
Saʿajjid, Stamm, 173.
Sabäer 68, 224.
Säbel 15, 66.
Saʿdallâhi 249.
Sägen 27.
Saʿîd, Statthalter in el-ʿÖla, 220, 222, 231 f, 234 f, 237, 239, 244, 258, 262, 264, 266.
Ṣakhr, Banî, 89, 111, 152, 167 f, 188, 194.
Ṣaḳr Abû ʿAlî 187 f.
Salamier 261 f.
Ṣâliḥ er-Rakhîṣ 104.
Ṣâliḥ ibn Ibrâhîm ibn Migrâd 99.
Ṣâliḥ, Khaṭîb, 55, 101.
Ṣâliḥ, Prophet, 240.
Sâlim, ein Blúwî, 264, 266 ff.
Sâlim el-Aʿrag 173.
Sâlim ibn Ḥamûd 66.
Sâlim ibn Mâgid 33, 98.
Salomo 206.
Ŝalûb, Berg, 193. Vgl. Nachträge.
Salzsumpf, 157, 165, 200, 205.
Samauʾal 146 f.
Samra, Berg, 32, 69, 73.
Sanânijjât, Ebenen, 144.
Sandstein 131, 136, 142 f, 174, 193, 210 f.
Sarḥah, Stadttheil von Ḥâjel, 44.
Ṣaṭṭâm ibn Fâïz 152.
Satteltaschen 224.
Saʿûd, Ibn, 2, 75, 226 f.
Saʿûd ibn Ḥamûd 67.
Savignac, s. Jaussen.
Schâh 29.
Schaʿîb 31, 145, 147.
Schaʿîb Abû Bélî 266; vgl. Wâdî.
— Aʿnâd 167.
— Fatkhah 110.
— Meṛêrah 274.
— Scherhût 274.
— Umm Ḥaschîm 266.
Schaḳrâ, Ort, 12, 17, 150.
Schaḳrâ, Frauenname, 99.
Schammar (bezw. Schammarî) 2, 7, 8 Anm. 4, 12, 29, 56, 65, 100, 103, 128, 181, 213, 226.
Schangalâ, Gottheit, 159 f.
Schaʿrâ, im Negd, 17.
Schaṭṭ 98.
Schâwerî, Tabak, 165, 201.
Schbêrmeh, im Negd, 17.
Schebeitseh 118.
Schedâd, Sattel, 273.
Scheibân, Berg, 167, 176 f.
Scherârî (bezw. Scherârât) 8 Anm. 4, 103, 152, 165, 167, 201.
Scherîf von Mekkah 29, 106.
Scherûrah, Gebirge, 176. Vgl. Nachträge.
Schîʿah, Schiiten, 18, 28, 49, 55, 87.
Schifâ Maḥaggeh 166.
Schifaḳ 121, 123 f, 127, 165.
Schijûkh 10, 11 f, 19 f, 20, 25, 31, 89.
Schimlânî 233.
Schlange 166, 266.

Schmidt, Commerzienrath, 27.
Schnee 176, 183.
Schôhar 178 ff, 185 f, 209.
Schuner 281.
Schwalben picken Zecken von Kameelen 187.
Schweinsborsten 204.
Schweinsleder 98, 162.
Schwerter 19.
Schwielen am Fuss 119; vgl. Wunden.
Schwitzkur 68.
Sclavennamen 249.
Scolithus 191.
Sculptur 155.
Sedûs 12, 68, 75.
Seide bei Wahhabiten verboten 38 f.
Selâmah 163.
Selâmah el-ʿÂid 162.
es-Self 109.
Ṣelêm, Gott, 155, 159 f, 205.
Ṣelêm-Schêzêb, Sohn des Peṭosirî, 159 f.
Selmâ, Berg, 114.
Semâḥ, s. Brunnen.
Sened ibn Rubʿa 98.
Senûsî 216, 283.
es-Serḥah 282.
Serrâʾ, Berg, 51 f, 115, 118.
Sîʿ 236.
Siegesbote 225.
Sinai 180.
Singârî 59, 201 f.
es-Sirr, im Negd, 17.
Sirwâl, Berg, 113.
Ṣlêb (bezw. Ṣlúbî) 101, 103.
Sleimân ibn Selâmah 272.
Slîmân 67 f, 104.
Slîmân ibn Refâdeh 234, 282.
Slîmân Mîrzâ 36, 42; vgl. Wuld Slîmân.
Sprechübungen 62.
Springmaus 126.
Stammeszeichen 16 Anm. 6, 99, 151, 234.
Statuen 240.
Staub 120, 218, 236 f, 264, 271.
Steine mit Inschriften, s. Inschriften.
Steinbeil 158.
Steinböcke 70 ff, 76 ff, 93, 97.
Steinpfeife 185, 200.
Stephanus von Byzanz 262.
Steuer, s. Tribut.
Strassburg 83, 190, 245.
Sturm, s. Wind.
Sues 223, 281.
eṣ-Ṣufâḥ 275.
Sûḳ, Bazar, 11, 65, 97, 149.
Ṣuḳûr, Stamm, 100.
Sulaimân ibn Maḥmûd 283.
Suleimân ibn Muḥammed 100.
Sulfeh 226. D. i. ez-Zilfî, s. Nachträge.
Sulṭân (Ṣulṭân) 98. Vgl. Nachträge.
Sulṭân, ein Perser, 149, 165, 199, 201, 204.
Süssigkeiten 54.
Tabak 165, 172, 200 f, 271 f, 276.
— aus Kameelsbollen 123.
— rauchen beim Fasten 41.
— — bei den Wahhabiten 100.
Ṭaïf 223.
Tajjib-ism 269, 275.
Ṭalaḳ ibn Fahad 205.
Ṭalâl ibn Naïf 27.

Ṭalâl ibn Raschîd 16 Anm. 2.
Ṭâlib el-ᶜÂïd 149, 163.
Ṯamâjil, Warte, 211. Vgl. Nachträge.
Tanger 171.
Tassen, chinesische (Aberglaube) 19.
Tauben, wilde, 276.
Ṭawîl, Berg, 165.
Tebûk 89, 151, 163, 164, 171, 174, 180 ff, 188, 201, 231.
Ṭeherân 29.
Teimâ 89, 129 f, 144, 146—207 (häufig), 222, 224 f, 231, 237.
Telegraph 206.
eṯ-Ṯenibbeh, Berg, 275.
eṯ-Ṯerwah 282.
Thamudäer (bezw. Banû Thamûd) 99, 253 f; vgl. Inschriften.
Thau 277.
Thierfiguren aus alter Zeit auf Felsen 116, 132, 137 ff, 142, 210 f.
Tihâmah 183, 185.
Titus 250.
Ṭlêḥân 147 f, 157 f, 161.
Ṭôbǵî Bâschî 281.
Trappe 116, 118.
Tribut 2, 13, 89, 221; vgl. Zéka.
Trier 125.
Tripolis 215.
Trüffeln 58, 114, 205.
Trüffelvers 58.
Tsebâd 143.
Tübingen 25 Anm.
Ṯuênî er-Rummân 149, 156, 158, 200 f.
Tûmâ 208.
Ṭûmân 98.
Tumbêkî 176.
Tunis 215.
Türken 81.
eṭ-Ṭuwâl 69.
Ṭuwâl Bêḍ 113.
Ṭuweidz, Berg, 68, 226.
Ṭuwejjil, Hügel, 173, 193.
Überfall 266 ff.
Uḍâḥ, im Negd, 17.
Udejj âl-Meschaᶜ 193.
Uhr 13, 46, 54, 57.
Uḳeiriᶜ 189.
ᶜUmejjid 140.
Umm Erkâb 32, 69, 73.
Umm es-Selmân 129.
Umm iǵ-Ǵimâl 262.
Umm Ḳrejjât 282.
Umm Nâṣir 219, 232, 243.
Ungeziefer
Flöhe 197, 280 f.
Läuse 18, 21, 88, 98, 119, 121, 158, 207, 279.
Unterhosen 48.
Ureits, Berg, 127, 129.
Uschêdzir, im Negd, 17.
Venus, Planet, 183.
Vulkan 113.
vulkanischer Auswurf 174.
vulkanisches Geröll 193.
Wachtposten 4, 212.
Wâdî Abû Bélî 267; vgl. Schaᶜîb.
— Abû Ṯôr 193.
— el-Aṯel (el-Aṯâlî) 177, 186.
— Bâʾûd (?) 194.
— Dawâsir 103.
— el-Dschisl 219, 266.
— Ferrî 275.
— el-Ḥamm 266 ff, 271, 274.
— el-Ḳdêr 275.
— Ḳmêlah 275.

Wâdî Leileh 276.
– Mûsâ 181.
– Negrân 103.
– Ṛḍejj 176, 186.
– er-Remâmijjeh 172.
– Ribâʿah 274.
– er-Rummah 6, 98, 226. S. Nachtr.
– eṣ-Ṣânî 174 f, 192.
– esch-Schillul 274.
– Sirḥân 56.
Wahab, Banî, 221.
Wahhabiten 2, 56, 98, 227.
Wälzplatz der Kameele 191.
Wakîl, Sachwalter, 29, 280.
Wâsiṭ, im Negd, 17.
Wasserrecht 152.
Wasserteich 170.
el-Weǵh 39, 223, 231, 234, 244, 263 f, 276 ff.
Wein 26.
Wettlaufen 37 f.
Wetzstein 189.
Wezîr 61.
Wind (bezw. Sturm) 121, 124, 137, 143, 166, 169, 191, 200, 210, 227, 256, 259 f, 274.
Windbüchse 14.
Wolf 116.
W̱uld ʿAlî 221 Anm.
Wuld Slîmân 130.
Wunden, am Fuss, 11; vgl. Schwielen.
Wútar, Berg, 167, 176 f.
Zabâd, Zibet, 36, 74, 82.
Zahlungsbefehl 59.
Zebûn 19, 34, 39, 90, 149, 225, 273.
Zecken 187.
Zeid ibn Ṭalâl 16 Anm. 4.
Zeidân 156 f, 199 f.
Zéka, Tribut, 2, 89, 140.
Zeltformen 29.
Zeichnungen
des Khaṭîb ʿAbdallâh 52;
des Mâgid 25, 26;
des Nâṣir es-Sebhân 21. – Vgl. Bilder, Thierfiguren.
Zháwah, Frauenname, 35, 88.
Zinnenverzierungen 244.
Zḳêḥân 130, Anm. 5.
Zmurrud 171.
Zobeir 98.
Zöpfe der Männer 26 Anm., 81.

ARABISCHER INDEX.

ا

اثل — *etil, etle* (nach H.) Tamarix articulata Vahl. 44, 50, 74, 111, 177, 185.

أخر — *mtḳh(i)r* Abtritt 29. Vgl. Nachträge.

اه — *äh* Ausruf des Unwillens 41.

ب

برد — *bârid* auf Gegenwehr verzichtend 168.

bawârdijjeh Gewehrbewaffnete 239.

برقع — *burḳaᶜ* Lederkappe 53.

برك — *birkeh* Wasserteich 170.

برنق — *bernûḳ* Phelipaea lutea Desf. 263.

بس — *bess* genug 59.

بشر — *bešîr* Siegesbote 235.

بقر — بقر الوحش Oryx beatrix 10, 166, 184.

بلاش — *balâš* umsonst 57, 174.

بلح — *belûḥ* weisse Trüffeln (nach H.) 58. Vgl. Nachträge.

بلع — بلّاعة Wasserloch 42.

بندق — *bindeg emzenned* oder *bindegin dzeddâḥî* (nach H.) Steinschlossflinte 101, Anm. 1.

بوم — *bûm* Eule 114.

بيت — Zelt 103.

بيراقدار — Fahnenträger 73.

ت

ترب — *tarbah* Malcolmia 110, 124 Anm.

ترس — *metres*, Plur. *metâris* Jägerversteck 71.

تظ — *taẓîẓ* Mistkäfer (?) 150. Vgl. Nachträge.

تلّ — *mitkâkeh* Lederbändel 53.

ج

جبأ — *ǵibât* (nach H.) Trüffelart 58.

جرّ — *ǵirreh* Fährte 194.

جرد — *Gerdân* Falkenname 53 (nach H. Kameelsname).

جسر — *ǵisr* Brücke, Damm 174.

جلوة — Pflanzenname 71.

جاز — *ǵâzah* Holznagel 20.

جيش — *ǵêš* Kameele 56.

ح

حبر — *ḥebâra* (so H.) Trappe, Otis 116.
حبس — *ḥabs* Fessel-Balken 230.
حجر — *ḥagar el-helâl* Steinart 185.
حدى — *ḥadejjeh* Schmarotzermilan 131.
حرم — *ḥarâmî* Räuber 112, 263. Plur. *ḥarâmijjeh* 239, 268.
حصن — *ḥuṣnî* grauer Fuchs 53.
حطب — *ḥaṭab* Brenngestrüpp 114, 135.
حقّ — *ḥakkuh* „gehört ihm" 41.
حمل — *ḥäml* (*ḥimĭl*) Kameelslast 8 u. Anm. 1.
حوأبو — (?) Pflanzenname; vgl. 71 Anm. 3.
حور — *maḥwar* Brenneisen 151.
حوص — *ḥôḍ* (H.: *ḥâḍ*) Lederkübel 122 Anm. 1.
حال — *kêf ḥâlak* „wie geht's dir?" 21.

خ

خبر — *khabrah* Regenwasserteich 144, 196, 195.
خرج — *khörg* Satteltasche 224.
خشب — *khašabeh* Fessel-Balken 230.
خطر — *kêf khâṭrak* „wie geht's dir?" 17, 21.
خطف — *Khaṭṭâf* Falkenname 53.
خلص — *ḫlâṣī* (so H.) Trüffelart 58 (Euting hat غلاسى).
خلف — *mâ ikhâlif* „schadet Nichts!" 5.
خلا — خلاويّة Zigeuner 282. Vgl. Nachträge.
خنجر — *khangar* breiter Dolch 19, 22, 39, 47.

د

دبس — *debbûs* Keule 128.
دس — *diss* Handschuh bei der Falkenjagd 53.
دود — *dûd Ejjûb* Hiobswürmer 167, 190.
ديم — *dîm* Regenwolke 88. Vgl. Nachträge.

ذ

ذكر — *ḏikr* Litanei 283, vgl. 217.

ر

ربّ — *rebâbah* Geige 49.
ربحل — *rubäḥla* (so H.) Scorzonera papposa DC 114.
ربط — *murbaṭ es-silsileh* Lederbändel mit der Kette bei der Falkenjagd 53.
erbeiṭah Koppelmeister 54.
ربع — *jerbô'a* (H.: *ǵerbû'*) Springmaus 126.
رجل — *ragâgîl* „Soldaten" 89, 111.
رد — *Roddeh* Hundename 54.

ردف — *radîf* 246; *muraddaf* doppelt besetztes Reitthier 194.

رشرش — *rašraš* Bohnerz 130, Anm. 4. Vgl. H. zur Stelle.

رعى — راعى الجيش Oberhirte 56.

رقب — *Umm erḳeibe* Käferart 173.

ركب — *merkâbeh* Sitzteller 53.

ركا — *markā* Lehne aus Lehm 18 Anm. 3.

ز

زبّ — *zubb el-arḍ* Cynomorium coccineum L. 217.

زبد — *zebêdī* (nach H.) weisse Trüffelart 58.

زبر — *zebĕr* Lehmbank 18 Anm. 3.

زبن — *zebûn* vgl. Register.

زمل — *ziml* brünstiger Kameelhengst 104, 127.

زنا — ولد الزنا Schimpfwort 8 Anm. 4.

س

سبح — *subḥâna 'llâh* 61, 94.

سبخ — *sabkhah* Salzsumpf 157, 165, 205.

ستر — *jā sattâr* Ausruf 61.

سطح — *Saṭḥah* Hundename 54.

سلح — *silâḥ* (H.: *silîḥ*) eine Crucifera 124 Anm. 1.

سلق — *slûḳi* pl. *sulḳân* Jagdhund 53.

سمر — *musâmarah* Nachtunterhaltung 183.

سنبر — *senôbar* (bzw. *ṣen*...) Piniennüsse 54.

سنبق — *sambûḳ* Schuner 281.

سند — *senejjid* Sandlehne 214.

سود — *Suêd* Falkenname 53.

سوق — *sûḳ* Bazar, s. Register.

سوم — *suwâmah* Rauchloch 90 (H.: *samâwe*).

سيخ — *sîkh* Stil des Falkensitztellers 53.

سيل — *sêl* Wildwasser 31, 39, 153.

ش

شلّ — *Šelleh* Hundename 54.

سلح — *Šelḥah* „ 54.

شىء — *šwôje* (nach H. *šweije*) langsam 32. Vgl. بلاش

ص

صدف — Muscheln 283.

صفر — *ṣuffâra* Barbarea arabica sp. n. 124 Anm. 1.

صفق — *Ṣaffâḳ* Falkenname 53.

صقر — *ṣaḳar* Falke 51.

ط

طرثث — *ṭerṯûṯ* Cynomorium coccineum L. 217.

طرف — *Ṭurfah* Hundename 54.

طلح — *talḥ* Acacia Seyal Del. 166, 169 f., 172, 239, 267, 269.

طاق — *ṭāḳijjeh* Filzkappe 37.

ظ

ظربان — *derbûn*, *ẓrimbûn*, *drimbûn*, *ẓrimbân* Stinkmarder 193.

ع

عرج — *ʿArǵân* Falkenname 53.

عزم — *ʿAzzâm* „ 53.

عشب — *ʿöšub* Grünfutter 153.

عشج — *ʿaušag* (H.: *ʿaušez*) Lycium arabicum Schw. 118 Anm. 6.

عصنصل — *ʿaṣanṣal* Colchicum Szowitzii 110.

عقب — *ʿuḳâb* Raubvogel 118.

عقل — *ʿaḳḳâl* (*ʿöḳâl*) Kopfstrick 204.

عوذ — *aʿûḏu billâh* 94.

عين — *ʿijûn* Kundschafter 3 Anm.

غ

غرمل — *ġurmûl* pl. *ġarâmîl* spitzkegelförmige Hügel 136 Anm. 5.

غصب — *biṛaṣb* mit Gewalt 130, 174.

غضا — *ṛaḍâ* Strauch 176, 267. Vgl. 176 Anm. 4.

غنم — *Ṛannâm* Falkenname 53.

غيصلان — Pflanzenname = عصنصل 110.

ف

فجر — *fegr* das erste Tagesgrauen 119, 158.

فستق — *fustuḳ* Pistazien 54.

فضا — *faḍwah* Mauerschlitz 30.

ق

قحب — ابن قحبة Schimpfwort 8.

قدس — قدس الله روحه 16 Anm. 2.

قدم — قدام vor 278.

قرب — قريّب ganz nah 279.

قرد — *ḳrâd* Zecken 187 Anm.

قرى — *ḳirrî* (?) Strauchname 131, 156.

قنط — *ḳanâṭî* rothe Pasten 54.

قود — قوّاد Schimpfwort 8 Anm. 2.

قوى — قوى kräftig 75 Anm. — قوّة Manneskraft 54 Anm. 2. — *lâ ḳuwwah illâ billâh* 6, 60.

قاء — *eš-šijûkh iḳajj* princeps vomit 25.

ك

كحل — *kaḥlah* oder *kḥêlah* Echium longifolium 194, Anm. 6.

كلخ — *kalḫ* (so H.) Ferula, 114 Anm. 3.

كمأ — *tsemâʾ* Trüffeln 114; vgl. Trüffeln im Register.

ل

لبس — *mläbbäs* Bonbon 54.

لبن — *leben* Buttermilch 128, 156, 222.

لحف — *loḥuf* Absturz des Lavastromes 174.

لقط — *mulaiḳiṭ* (H.: *meleigîṭ*) Zänglein 131.

م

مرغ — *merâṛah* Wälzplatz 191.

ميل — *mîl* Schminkstift 71.

ن

نتف — *nattâf* Depilator 10 Anm. 4.

نجر — *niǵîr* Kaffeemörser 122.

نعم — انعام اللهِ عليك 202.

نمر — *nimĭr* Felis pardus L. 71.

نمس — *nawâmîs* Grabbauten 180.

نوب — نوبة Mal 74 Anm.

ناك — futuere 8 Anm. 3, 74 Anm. (Thamudisch 210).

ه

هزع — *Hazzâ'* Falkenname 53.

هضب — *haḍab* (bezw. *ḥadbe*, pl. *heḍâb*) Sandstein- oder Granitberge 214.

هيك — *heik* Ruf der Kameeltreiber 276.

و

وبر — *wabĕr* Klippschliefer, Hyrax syriacus Schreber 39, 71.

وجد — واجد vorhanden 278.

وسم — *wasm* Stammeszeichen 99, 234.
— *maisûm* (Eisen) mit Stammeszeichen 151.

وعر — *wa'r* unwegsamer Boden 192.

وين — *wên* wo 268.

ى

يا — يالله *jallâh* „vorwärts" 268.

NACHTRÄGE UND VERBESSERUNGEN.

S. 2, Anm.: *L.* Ruwála (nach H.).

S. 6: H. verweist auf die Marschroute des Ṛázû bei Huber, Journal, S. 106—108, wonach el-Ḳaṣîm nicht berührt wäre.

S. 8, Anm. 1: *L.* ḥimĭl. *L.* 187—250 Kilogramm (H.).

S. 10: Nach H. ist der Name Nattâf nur ein Scherz.

S. 16, Anm. 6: *L.* el-ʿörgā und el-muṭrag.

S. 19, Z. 14: *L.* Khangar. — Z. 21: *L.* ʿAbâ.

S. 22, Z. 1: *L.* Khangar.

S. 29, Anm.: Mîkhr, wörtlich „das hinterste [Zelt]" (nach H.).

S. 32, Z. 8: Nach H. *l.* schweije.

S. 36: Statt Slîmân schlägt H. vor überall Slēmân zu lesen. Vielleicht hat der Perser seinen Namen wirklich mit *î* gesprochen; aber im Arabischen ist hier wohl Slēmân besser.

S. 37, Z. 1: *L.* Unheil.

S. 39: Nach H. wird die in Syrien Noʿmânijjeh genannte Rasse in Inner-Arabien ʿOmânijjeh genannt.

S. 47, Z. 5: *L.* bringst.

S. 54, Anm. 1: *L.* أساكى.

S. 58, Anm. 1: Nach H. sind die *belúḥ* weiss; er verweist auf Wetzstein, in Sitz.-Ber. d. Botan. Ver. d. Prov. Brandenburg, 22 (1880), S. 127.

S. 59, Z. 21: *L.* Maḥmûd.

S. 64: „ʿAun er-Rafîḳ Pascha war der durch seine freigeistigen Anwandlungen bekannte Grosscherif von Mekkah. Ein Schech aus ʿÔnêzeh erklärte mir, ʿAun habe wohl nie gebetet, und ein ägyptischer Oberst erzählte mir, ʿAun habe ihm gesagt, der heilige Stein sei Unsinn (*hels*)". So H.

S. 65, Z. 12 u. Z. 3 v. u.: *L.* Muhânuâ.

S. 68: Über Sedûs vgl. noch لغة العرب, Bd. III, N°. 7, S. ٣٥١, wo auch von der berühmten Inschrift die Rede ist. H. verweist mich jedoch auf Pelly (Journ. R. Geogr. Soc. London, 1865, vol. 35, p. 175), der auf dieser Säule nur „two Greek crosses" gesehen hat.

S. 71, Z. 2 v. u.: *L.* Ḳischrijjeh. Ebenso S. 72, Z. 9 und 10.

S. 88: Nach H.'s Erkundigungen ist *dîm* „lang anhaltender, nicht starker Regen"; so auch in den Lexicis.

S. 90, Z. 2 v. u.: *L.* Palmgärten.

S. 98, Z. 4: Nach H. wird in Inner-Arabien Ṣulṭân gesprochen; diese Aussprache ist mir auch aus Syrien und Aegypten bekannt.

S. 98, Z. 11 v. u.: *L.* Wâdî er-Rumah, heute Wād' ér-Rmeh gesprochen. (Nach H.).

S. 101. Z. 3 v. u.: *L.* Maḥmûd.

S. 109, Z. 4: *L.* Ṛâr Ẓalmah, غار ظلمة (H.). — Anm. 1: *L.* ربيع (H.).

S. 132: *L.* el-Âj, = „die Zeichen" (H.).

S. 142, Anm. 2: Vgl. A. Lucas, The Blackened Rocks of the Nile Cataracts and of the Egyptian Deserts, Cairo, 1905 (H.).

S. 150, Anm. 2: *L.* vielleicht ترزيز; vgl. ابو ترزاز „Pferdefliege", Lerchundi, Voc. 56 (H.).

S. 151, Anm.: Wohl *miḥwar maisúm* „eine mit dem Stammeszeichen versehene eiserne Axe". Die Axe (vgl. Islam IV, 317) wird nach H. wie jedes andere Eisen zum Brennen der Kameele benützt.

S. 165, Anm. 4: H. kennt nur die Form Manṭar.

S. 170, Z. 13: *L.* Ḥaram oder Ḥarîm (H.)

S. 176, Z. 17: *L.* Scherôrā (H.). — Z. 4 v. u.: *L.* Ṛḍejj. — Z. 3 v. u.: *L.* Ṛaḍâ.

S. 177, Z. 4. v. u.: *L.* Ṛaḍâ.

S. 183, Z. 14: *L.* „wollte Huber die in der Connaissance des Temps vorausberechnete Bedeckung der Venus durch den Mond nicht versäumen" (H.).

S. 191, Z. 3 v. u.: *L.* 938.

S. 193, Z. 4 v. u.: Huher (S. 362, 364) giebt Sālûb (H.).

S. 204, Z. 10 v. u.: H. liest ʿÖḳâl.

S. 211, Z. 5: Nach H. ist ṯemîle, Plur. ṯemâjil „ein Wasserloch im Wâdî-Bett"; er verweist auch auf Huber, S. 393.

S. 226, Z. 4 u. 5: *L.* el-Megmaʿah und ez-Zilfî (H.). — Z. 4 v. u.: *L.* besser ʿOnêzeh.

S. 227, Z. 8 v. u.: *L.* Waidmann.

S. 229, Z. 2. v. u.: *L.* das.

S. 246, Z. 1 v. u.: Nach H. el-ʿÖḏêb.

S. 255, Anm.: *L.* Madâïn Ṣâliḥ.

S. 282, Anm. 1: H. giebt *ṣuṛl khluwijjeh* „Arbeit der Ṣluba".